endlich leben

12 SCHRITTE FÜR DIE SEELE

einfach endlich leben

Helge Seekamp

Nadine Synofzik

Hoffnung
Entfaltung
Gelassenheit

Das christliche 12-Schritte-Programm

Unterstützung und Training für die Gruppen-Arbeit erhalten Sie beim Endlich-Leben-Netzwerk e.V.
www.endlich-leben.net

1. Auflage

Umschlaggestaltung und Satz: Helge Seekamp unter Verwendung
des Baumbildes und der Personenillustration von Darya Moroz
Illustrationen Innenteil: Darya Moroz
Druck und Bindung: PB Tisk, a.s., Pribram
Printed in Czech Republic
ISBN 978-3-579-07472-6
www.gtvh.de

Gelassenheits-Gebet

Herr, gib mir die Gelassenheit,
Dinge hinzunehmen,
die ich nicht ändern kann,
den Mut, Dinge zu ändern, die ich ändern kann,
und die Weisheit, das eine vom anderen zu unterscheiden.

Lass mich den Tag ganz ausleben im Bewusstsein seiner Zeit.
Lass mich jeden Augenblick ganz genießen
im Bewusstsein seiner Begrenzung.

Lass mich Not auch als einen Weg
zum inneren Frieden akzeptieren.

Lass mich – wie Jesus es auch tat – diese sündhafte Welt annehmen,
wie sie ist, nicht wie ich sie gerne hätte.

Lass mich dir vertrauen, dass du alle Dinge richtig machen wirst,
wenn ich mich dir und deinem Willen überlasse.

So werde ich glücklich werden
in diesem Leben
und überglücklich mit dir
für immer im kommenden Leben.

(Reinhold Niebuhr)

Wir unterstützen dich auf deinem Weg

Unsere vier Wachstumsangebote auf deiner Reise zu dir selbst

Wir laden dich mit dem Arbeitsbuch auf eine Reise ein, gute Fähigkeiten im Umgang mit dir selbst zu entdecken, einzuüben und ständig weiter zu vertiefen.

1. Steige ein, indem du dieses Buch für dich alleine durcharbeitest. Die anregenden Beispielgeschichten erleichtern es dir, dich selbst besser zu verstehen.
2. Du suchst Beziehung mit Gleichgesinnten. Nutze unsere digitalen Gruppenangebote und erlebe die Kraft des intensiven Austausches über Videokonferenzen. Oder du gründest mit 5-7 Interessierten deine Gruppe vor Ort.
3. Du willst als Moderator:in andere in deiner Gruppe begleiten. Wir trainieren dich. Besuche unser digitales Moderator:innen-Training. Kaufe unser Handbuch für Modertor:innen in unserem Shop oder nutze unser Selbstlernzentrum.
4. Gruppengründer:innen, die mit uns eng zusammen arbeiten wollen, begleiten wir intensiv für eine gute Selbsthilfearbeit. Als Netzwerk-Partner:innen achten wir auf Qualität deiner Endlich-Leben-Gruppen-Arbeit vor Ort. Unsere Service-Hotline der Geschäftsstelle hilft bei allen Fragen zur Gründung und Gruppengestaltung.

Siehe deinen Wachstumsweg und die Angebote im Überblick rechts im Schaubild.

Hinter dem Arbeitsbuch steht das Endlich-Leben-Netzwerk. Wir organisieren uns als gemeinnütziger Verein. Auf unserer Jahreskonferenz lernst du ermutigende Menschen, Erfahrungen und Ideen kennen. Du kannst als **Vereinsmitglied Botschafter:in** werden, wenn du mit unseren Werten und dem Programm tief verbunden bist. Vereinsmitglieder treffen sich zur Konferenz, auf dem »Digitaltag zur Stärkung« oder in unserem Intranet.

Besuche unsere Angebote hier: www.endlich-leben.net

Für deine professionelle Werbung bietet das Netzwerk dir Materialien an und berät dich bei der Gruppengründung. Dort gibt es **Flyer, Infobroschüren und Gründungshilfen.**

www.shop.endlich-leben.net
Telefon Geschäftsstelle: +49-(0)5261-94 32 598
E-Mail: netz@endlich-leben.net

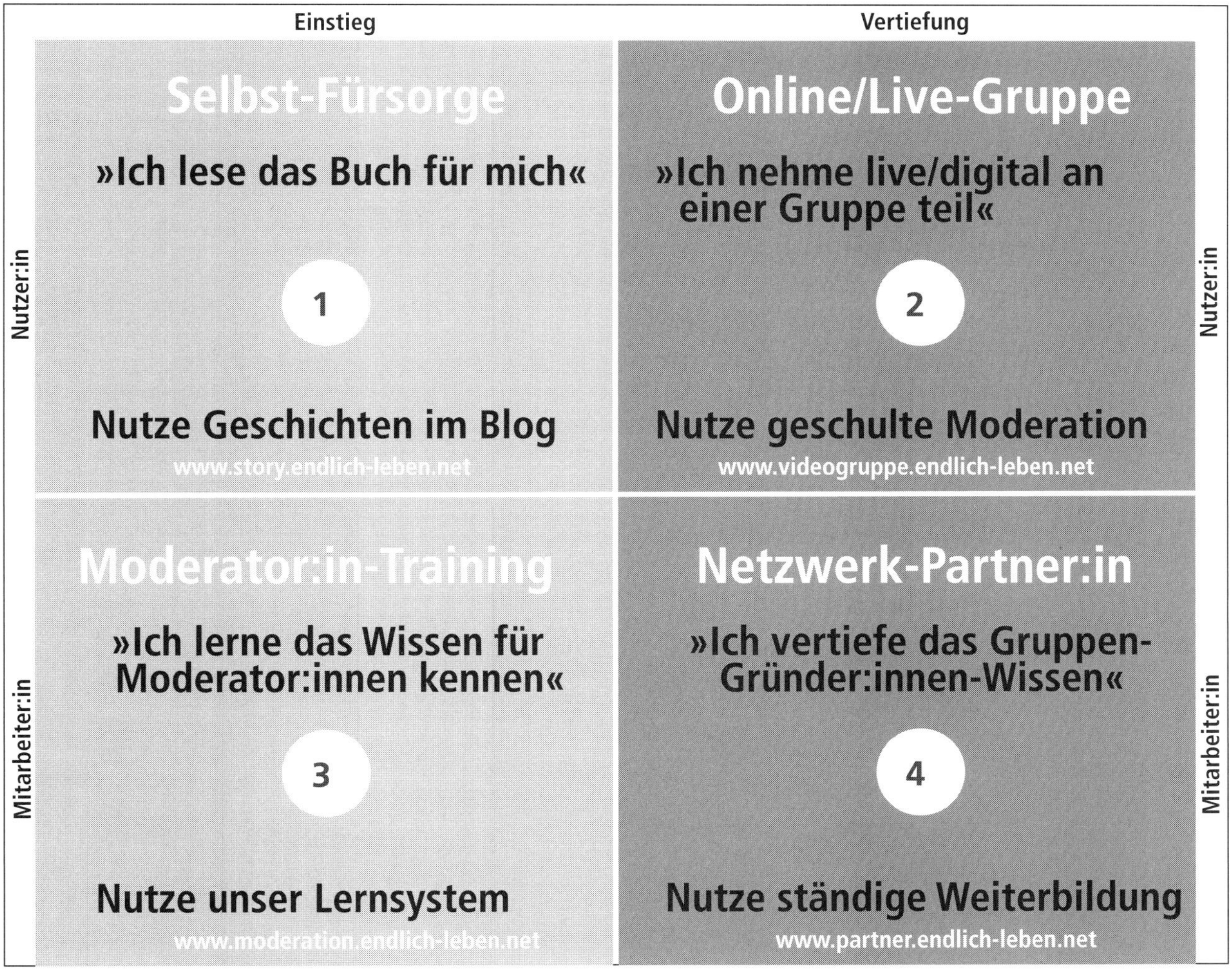

Kostenloses Arbeitsmaterial und Druckvorlagen für die Gruppe

Auf unserer Webseite findest du weitere ausgefüllte Beispiels-Inventuren von Nina, Thomas, Emma und die Druckvorlagen der verschiedenen Schritte-Inventuren. Gehe zu
www.material.endlich-leben.net
Bestelle unseren kostenlosen Newsletter und du bekommst vertiefende Infos:
www.news.endlich-leben.net
Hinweise zur Verbesserung des Materials nehmen wir gerne entgegen unter
www.feedback.endlich-leben.net

Was dich erwartet

Schritt 0.1

»Wir gehen der Sehnsucht nach, endlich zu leben.

Wir wollen lernen, wie sich unser Potenzial entfaltet.

Dazu nutzen wir die Weisheit der Endlich-Leben-Gruppe.«

Woche 1

Gemeinsam Potenzial entfalten

Die Endlich-Leben-Gruppe lässt dich aufblühen.
Sie ist ein Schutzraum voller Barmherzigkeit.
Du erfährst etwas über Vorgehensweisen, Ziele und die Struktur des Endlich-Leben-Programms.
So verstehst du die Funktion von Arbeitsbuch und Gruppenregeln.
Sinn und Ablauf eines Abends übst du von der ersten Stunde an als tragendes Ritual ein.

Aufblühen, sich entfalten und Frucht bringen

Entstressen, Hoffnung gewinnen und aufblühen

Der Name »Endlich-Leben!« soll diese Hoffnung pflanzen: Es gibt einen Weg in 12 Schritten, um Gelassenheit zu finden. Die meisten unserer Gruppenmitglieder hatten unterschiedliche Lebensthemen, aber eins war uns gemeinsam: Unser Leben war von Stress und Überforderung gekennzeichnet. Männer, die hinterher sind, alles im Griff zu haben, lernen in der Endlich-Leben-Gruppe, ihre Anliegen Gott zu überlassen. Sie werden gelassen. Frauen, die es leid sind, mit ihrer Lebenssituation aufgrund ihrer Verhaltensmuster ums »Überleben« zu kämpfen, finden endlich ein klares »Nein!« Menschen, die das eigene Verhalten wegen offensichtlich schädlicher Auswirkungen ändern wollen und gemerkt haben, dass es gar nicht so einfach ist, schaffen es dank der unterstützenden Gruppe. Christen, deren Gemeinde ihnen vermittelt, dass sie ihre Probleme am besten mit sich und Gott alleine in den Griff bekommen sollten, finden eine liebevolle und tragende Gemeinschaft anderer »Sünder«. Endlich wird es besser statt immer schlimmer.

Die offene und regelmäßige Gemeinschaft einer Endlich-Leben-Gruppe ist die passgenaue Antwort: »Bitte, nicht mehr alleine mit deinen Problemen verzweifeln! In dieser Gruppe teilen wir unser seelisches Ringen miteinander.« Ja, das ist möglich. Unsere Gruppenmitglieder sind ermutigt, wenn sie feststellen: Wir finden hier Verbündete für unsere Herausforderungen. Das weckt Hoffnung und lässt mutig eigene Schritte gehen. Und die beglückendste Erfahrung ist: »Selbst in meiner Not und trotz meines Versagens bleibe ich angenommen!« Hier lässt es sich aufblühen, stark werden wie ein Baum.

Wie ein Baum, gepflanzt an Wasserbächen

Die deutsche Kulturpflanze ist ja der Baum. Fest gegründet trotzt er jeder Wetterlage. Er steht für Beständigkeit, grünt wie die Hoffnung und überdauert auch eisige Winter. Bäume zeigen sich in unterschiedichsten Gestalten; klein und biegsam, hoch mit gewaltiger Krone, erhaben oder pfiffig, tiefverwurzelt oder flachverwurzelt in steiniger Gegend. Sie beeindrucken uns durch ihre Widerstandskraft und Anpassungsfähigkeit und verschenken hungrigen Mäulern die leckersten Früchte. Hunderte von Apfel- oder Birnensorten, süße Pflaumen, Kirschen, Aprikosen oder aparte Nüsse. Wir träumen von exotischer Pracht in Dattel-, Orangen- oder Granatapfelhainen und genießen gerne den kühlenden Schatten und das duftende Harz ganzer Wälder an heißen Sommertagen.

Bäume – kräftig genug zum Anlehnen – stehen für Leben, wenn wir unter ihren Wipfeln, die fein im Wind säuseln, träumend zu kindlicher Geborgenheit finden.

Entdecke den Lebenstraum Gottes

Hier möchte man verweilen und allem Alltagsstress und den hässlichen Nebenwirkungen einer hocheffizienten, technisierten Welt endgültig entfliehen. Ja, jede und jeder von uns träumt auf ihre oder seine Weise von einem Paradies. Hat uns die Bibel nicht schon diesen Prachtort herrlicher Bäume mit den verführerischsten Früchten in bunten Farben als Sehnsuchtsort vor Augen gemalt? Zurück zum Neustart?

Diese Vision der Bibel führt uns in den letzten Kapiteln der Menschheitsgeschichte erstaunlicherweise nicht einfach zurück in ein Paradies unverdorbener Natur, sondern in die heilige Stadt Jerusalem von gewaltigen Ausmaßen, höchster menschlicher Kunstfertigkeit und kostbarster Materialien. Dem Traum vom Rückzug in eine unkomplizierte Natur stellt Gott hier eine größere Vision entgegen: Er garantiert eine dem Leben dienende Herrschaft. Er selbst macht sich zur tragenden Mitte der hochkomplexen Welt unterschiedlichster Völker, Sprachen und Kulturen und führt die Lernerfolge einer jahrtausendealten Menschheitsgeschichte in ein produktives Miteinander. In dieser Umgebung sehen wir den Baum des Lebens wieder, in wunderschönen Alleen gepflanzt an lebensspendenden Wasserläufen. Kein Geschrei, keine Angst, weder Krieg noch Tod prägen die Szene, sondern Gottes liebevolles Wesen. Diese Vision lässt uns aufblühen, diese Zukunft üben wir in unseren Gemeinden schon ein. Dazu gehören diese Fähigkeiten:

- Friedfertig miteinander umgehen bei hoher Toleranz für Originalität;
- Gelassenheit bewahren trotz Spannungen und die gemeinsame Mitte finden;
- jeden Menschen nach seinen Begabungen fördern und ihm einen Platz zuweisen.

Christliche Gemeinden sind also berufen, Modelle für heilsames Miteinander zu sein und ein gerechtes, gutes und gelingendes Leben zu erproben.

Du bist Teil von etwas Größerem

Gott hat die Endlich-Leben-Gruppenarbeit mit einem Bild ins Leben gerufen: Überall in unserem Land, im Abstand von vielleicht 30 km, bilden sich zuerst kleine blühende Inseln. Dort entsteht so etwas wie eine Baumschule, die sich zu einer ausgewachsenen fruchtbaren Oase mit Austrahlung entwickelt. Stell dir in Gedanken eine Landkarte vor, ausgerollt auf dem Boden, aus der 1000 solcher kleiner Baumgruppen hervorstechen.

Du bist Teil einer größeren Vision. Du gehörst mit in dieses Bild. Die Arbeit an deiner Persönlichkeitsentfaltung wird größere Früchte tragen, als du bisher geträumt hast. Du wirst zu einem Lebensbaum in einer Oase des Lebens. Zusammen mit anderen wird dein Leben leckere und wohlschmeckende Früchte hervorbringen. Eine Attraktion und ein Wohlgeruch für viele. Ja, es geht hier um dich. Und du bist Teil eines größeren Plans.

Hilfreiche Methoden fördern Wachstum

Wachstumsorte machen Menschen selbstbewusst

Der Vorteil von Seelsorge in Gruppen liegt auf der Hand. Nur selten erfahren wir sonst eine solch dichte, heilsame Gemeinschaft, die vor allem nachhaltig und mit relativ geringem Aufwand erzielt wird. Das stärkt uns bei seelischen Herausforderungen.

Solch ein Gruppenangebot kann dir und vielen anderen für Alltagsnöte und Lebensthemen einen passenden Raum schaffen.

Das Endlich-Leben-Programm besteht also im Kern aus Menschen, die sich gegenseitig einen Schutzraum zur Entfaltung bieten. Was machen sie aber praktisch zusammen?

Die Arbeit am Lebensbaum

Sie finden einen gemeinsamen Rhythmus für den Austausch (Gruppenablauf), und eine Sprache und Denkmodelle zum besseren Verständnis (Arbeit im Arbeitsbuch). Um dir die Arbeit möglichst einfach zu machen, nutzen wir ein starkes Bild, an dem du alle Verständnisfortschritte festmachen kannst: einen Baum mit einem festen Stamm, tragenden Ästen und Zweigen, die leckere Früchte hervorbringen. Das ist der für Beobachter sichtbare Teil deines Lebensbaumes.

Die Arbeit am Wurzelwerk

Der in der Erde verborgene, unsichtbare Teil deines Baumes ist das Wurzelwerk. Wir kümmern uns um 3 Hauptwurzeln, die – in 7 unterschiedlichen Erdschichten verankert – die Nährstoffe aufnehmen, die für Wachstum und Gedeihen notwendig sind. Dazu benötigt der Baum gutes, sauberes Wasser und förderliche Umweltbedingungen.

Jedes dieser Bildelemente steht für einen wichtigen Prozess in deinem Leben. Darum steht dieser Baum im gesamten Endlich-Leben-Programm als Projektionsfläche für deinen Lebens- und Entfaltungsprozess zur Verfügung.

Endlich-Leben-Gruppen bauen gewissermaßen »Gewächshäuser« für unsere oben beschriebenen Lebensbäume: Sie bieten eine förderliche Atmosphäre und unterstützende Nahrung. Sie geben die notwendige Zeit zur Entfaltung, bis wir stark genug sind, uns in rauer Umgebung selbstständig zu bewähren.

Gewächshaus mit barmherziger Atmosphäre

Die 12-Schritte-Methode entstand 1939 in den USA mit der AA-Bewegung (Anonyme Alkoholiker) und später ergänzt um EA (Emotions Anonymous) und viele andere Themen. Wir haben sie in unserem Arbeitsmaterial für das 21. Jahrhundert neu gefasst. Es sind 12 aufeinander aufbauende Phasen zur Selbstentfaltung. Jedes Gruppenmitglied übernimmt für sich selbst Verantwortung und investiert seine Hoffnung und Energie vor allem in sein persönliches Wachstum. Und Gott – wie wir ihn verstehen – gibt das Seine hinzu. Die Gruppe teilt Glaube, Mut und Hoffnung.

Eine Schlüsselerfahrung in unseren Endlich-Leben-Gruppen haben wir auf den Begriff »Raum der Barmherzigkeit« gebracht. Wer sich auf den Endlich-Leben-Weg wagt, lernt es mit der Zeit, sich auf andere Menschen in der Gruppe einzulassen und dadurch ermutigende Rückmeldungen zu erfahren. Du wirst es genießen.

Den meisten von uns fällt das zu Beginn schwer. Doch sobald du beobachtest, dass die anderen in der Gruppe sich entwickeln wollen wie du, entsteht in dir die innere Weite, andere ihren Weg finden zu lassen und sie trotz aller Unterschiedlichkeit vorbehaltlos anzunehmen. Gleichzeitig entwickelst du ein Gespür, wie wertvoll es ist, ehrlich und echt zu werden, und erlebst von den anderen ebenfalls vorbehaltlose Annahme.

Wir üben es ein, respektvoll miteinander umzugehen. Dabei leiten uns Gruppenregeln. Mit der Zeit erlernst du dann auch, eigenen Fehlern und Schwächen gegenüber barmherzig zu sein. Du findest in der Gruppe vorbehaltlose Annahme und, wenn du willst, auch in Gottes Liebe!

Wir haben erlebt, dass Gebete Gott – wie wir ihn verstehen – Raum verschaffen und uns durch seine Liebe befähigen, einander in Liebe zu begegnen. Solche Annahme ist vielen von uns zum Inbegriff einer göttlichen Atmosphäre geworden, die wir uns für die ganze Welt erträumen. Deine Endlich-Leben-Gruppe ist somit das Gewächshaus für Beziehung mit dir selbst, mit anderen und mit Gott und seiner Schöpfung.

Warum das Baumbild?

Die Baummetapher erschien uns stark genug, um viele unterschiedliche psychologische und geistliche Weisheiten zusammenzusehen. Sie ist lebendig genug, um wachstümliche Prozesse zu veranschaulichen. Sie kann vor allem die beiden Seiten der Arbeit zusammenhalten: die Arbeit an den sichtbaren Verhaltensweisen und deren Folgen (Früchten) sowie die Arbeit am unsichtbaren Innenleben und die Logik unserer Seele, also alles, was sich unter der Oberfläche abspielt.

So ist das Baumbild schlicht genug, um unser anspruchsvolles Programm für jedes Gruppenmitglied einfach handhabbar zu halten, und zugleich ist der Baum vielfältig genug, um weit verzweigte und doch zusammenwirkende Abläufe des inneren und äußeren menschlichen Funktionierens abzubilden.

Natürlich hat ein Bild immer auch Grenzen. Nicht alles lässt sich in ein Bild packen, ohne dass es am Ende schief wird oder unlogisch erscheint. Wir sehen die Gefahr, dass eine Bildwelt sich verselbstständigen und zu komischen Schlüssen verführen kann. Die ordnende Kraft eines Gesamtbildes erscheint uns aber wertvoller.

Der Baum deiner Träume

Gute Qualität lässt sich messen

Einige unserer Gruppenmitglieder haben viele Jahre mit dem Vorgängerbuch »Endlich Leben! Heilung. Veränderung. Gelassenheit.« gearbeitet. Dieses Material basierte auch auf dem 12-Schritte-Prozess, war in Sprache und Form aber abstrakter.

Die Wirkung der Endlich-Leben-Gruppen mit diesem Arbeitsmaterial hat sich als so positiv gezeigt, dass wir durch eigene jahrelange Erfahrung persönlich von der Qualität überzeugt waren. Doch das war uns nicht genug. Darum haben wir 2004 das Endlich-Leben-Netzwerk gegründet und arbeiten eng mit allen Gruppenverantwortlichen zusammen. Zusätzlich haben wir 2010-2017 die Qualität der Gruppenarbeit wissenschaftlich erforscht, um zu überprüfen, ob unser subjektive Einschätzung objektiv berechtigt ist. Die Effekte der Gruppenarbeit für Menschen mit unterschiedlichsten Anliegen und Lebensthemen kamen auf den Prüfstand von unbestechlichen, wissenschaftlichen psychologischen Tests, die Veränderungen an Symptomen und Verhaltensmustern messen. Das erfreuliche Ergebnis findest du auf www.endlich-leben.net dokumentiert: Die Mehrheit der Teilnehmer:innen profitiert deutlich messbar auf ihrem 12-Schritte-Weg in einer Jahresgruppe.

Für Personen mit besonders herausfordernden Symptomen ist der Nutzen auch spürbar, aber sie brauchen länger und unterstützende Maßnahmen, damit sie zur Gelassenheit finden. Dabei gibt es motivierende Hochphasen und anstrengende Durchhaltephasen. Beides ist wichtig und ergänzt sich. Am meisten hat uns verblüfft, dass sich nach der Gruppe die positiven Effekte in der Regel steigern und sogar sechs Monate danach noch auf höherem Niveau stabil bleiben.

Diese Gruppenarbeit bereichert traditionelle Seelsorge-Werkzeuge (Einzelgespräche, seelsorgliche Beratung) um den Faktor Gruppen-Selbsthilfe, aber auch ärztliche Therapien unterschiedlichster Fachrichtungen profitieren durch sie. Unser Endlich-Leben-Netzwerk definiert für Endlich-Leben-Gruppen Grenzen, Werte und Methoden. Wir legen Wert auf Qualität. Das gibt dir Sicherheit.

Wunder und harte Arbeit

Kritisch haben wir uns gefragt, ob wir Heilung in allen Fällen versprechen können. Im Einklang mit der 12-Schritte-Tradition hatten wir schon immer von »Genesung« als lebenslangem Prozess gesprochen. Manchmal kam es zu spontanen Verbesserungen und erstaunlichen Heilungen. In der Regel geht es um geduldige, hoffnungsvolle Arbeit in kleinen machbaren Schritten. Es ist beides: Wunder und harte Arbeit. Unser Slogan macht das bewusst: »Hoffnung. Entfaltung. Gelassenheit« – ein Gruppenprogramm zur Persönlichkeitsentfaltung. Wir werden aus Gottes Gnade wachsen und blühen wie ein Baum, der an Wasserbächen gepflanzt ist und dort seine Frucht bringt zu seiner Zeit. Mit Gottes Hilfe und in Begleitung durch die Gruppe.

Die 7 Gruppenregeln

Klare Regeln sind notwendig, damit Gruppen funktionieren und zu einem wirklich sicheren Raum für alle werden. Sie schaffen die Grundlage für wertschätzenden Umgang miteinander. So entsteht wie von selbst eine vertrauensvolle Atmosphäre für ehrliche und verlässliche Beziehungen zum Aufblühen und Entfalten.

Regel Nr. 1: »Ich sage Ich.«

In Endlich-Leben-Gruppen verlernen wir Sätze wie: »Man fühlt sich in solchen Situationen eben einfach schlecht!« Viel zutreffender klingt das so: »Ich fühle mich in solchen Situationen schlecht!« Der Ich-Satz macht einen großen Unterschied, weil er dich in Kontakt zu dir selbst und deinen Gefühlen bringt. Eine scheinbar kleine sprachliche Veränderung bedeutet einen großen Schritt weiter auf dem Weg, die Beziehung zu dir selbst zu verbessern: Ich sage Ich!

Regel Nr. 2: »Ich lasse alles stehen.«

In Endlich-Leben-Gruppen dürfen sämtliche Gefühle ausgedrückt werden. Alles Gesagte bleibt stehen. Niemand kommentiert, keiner verteilt schlechte Zensuren oder gute Bewertungen. In einer Atmosphäre von Liebe, Annahme und Vergebung hat alles Raum, was wir selbst und die anderen in der Gruppe ausdrücken wollen.

Regel Nr. 3: »Ich bin ehrlich und echt.«

In Spannung zu Regel zwei, das Gesagte unbedingt stehen zu lassen, ist es genauso wichtig, den Gruppenmitgliedern unsere ungeschminkten Reaktionen offenzulegen. Unser Feedback ist für die anderen Gruppenteilnehmer sehr wichtig, um etwas über sich und die eigene Wirkung auf andere zu lernen. Um diese Spannung gut auszubalancieren, halten wir uns in Endlich-Leben-Gruppen an drei Feedbackregeln:

1. Ich frage, ob eine ausdrückliche Rückmeldung erwünscht ist: *»Darf ich dir zu diesem Thema was sagen?« – »Darf ich dir dazu noch eine Frage stellen?«*
2. Ich gebe Rückmeldungen in der Ich-Form. Es sind meine spontanen Gefühle und meine Überlegungen zum Gehörten: *»Wenn du das sagst, fühle ich mich bedrückt.«*
3. Geschichten erzählen. Ich erzähle, inspiriert durch Beiträge der anderen, meine eigenen Geschichten zum Thema: *»Ich war mal in einer wohl ziemlich ähnlichen Situation. Aber ob es dir was sagt, entscheide selbst.«* Endlich-Leben-Gruppen sind also Geschichten-Erzähl-Gruppen. Viele Weisheiten entdecken wir in den Beispielgeschichten der anderen, indem wir Ideen und Strategien von ihnen wahrnehmen, übernehmen oder sie so verändern, dass sie zu uns und unserer eigenen Situation passen.

Regel Nr. 4: »Ich gebe keine Ratschläge.«

Wenn Gruppenmitglieder von Situationen erzählen, die in dir ein Gefühl von Überforderung und Mitleid wecken, ist die Gefahr groß, dass du vorschnell beschwichtigen willst: »Das wird schon!« oder Befehle ausgibst: »Du musst nur …«. Das nennen wir billige Lösungen. Sie lösen einzig das eigene Unsicherheitsgefühl.

Manche Situationen bleiben erschreckend. Wir lernen in der Gruppe, Not gemeinsam zu spüren und auszuhalten. Linderung verschafft, Leid mit anderen teilen zu dürfen. Die teure und passgenaue Lösung für die eigenen Probleme wird jede/r selbst entdecken. Dabei hilft die Gruppe durch Vorbildverhalten. Das ist Hilfe zur Selbsthilfe.

Regel Nr. 5: »Ich lasse Glaubensüberzeugungen stehen.«

Unsere Glaubensüberzeugungen und Frömmigkeitsstile unterscheiden sich. Das tolerieren wir. Wir sind alle auf dem Weg, einen lebensförderlichen Glauben zu entfalten. Darum gilt: Ich darf der Gruppe frei heraus sagen, wie ich Glauben sehe und erlebe. Dafür erhält jede/r uneingeschränkt Respekt. Rückmeldungen zu schädlich wirkender Religiosität darf es geben, aber gemäß Regel 3.

Regel Nr. 6: »Ich lasse in der Gruppe, was dort besprochen wird.«

Zu Beginn einer Endlich-Leben-Gruppe ist den meisten Teilnehmenden diese Regel am Wichtigsten. Und das ist verständlich. Eine Atmosphäre des Vertrauens kann nur entstehen, wenn wir uns alle gegenseitig zusichern, dass das Gesagte und gemeinsam Erlebte auf jeden Fall in der Gruppe bleibt! Deshalb bewahre ich außerhalb der Gruppe Verschwiegenheit.

Regel Nr. 7:»Ich melde mich ab, wenn ich nicht komme.«

Wir üben in Endlich-Leben-Gruppen die Fähigkeit zu verlässlicher Beziehung ein. Deshalb ist es für die Gruppe so wichtig, dass du absagst, wenn du zum Treffen nicht erscheinst.

Zum anderen gehört zur Beziehungsfähigkeit auch, uns den anderen genau dann zuzumuten, wenn es uns gefühlt »total schlecht« geht. So werden gerade die »schlechten« Tage, in denen du sonst üblicherweise jeden sozialen Kontakt meidest, besonders »gute« Tage, selbst wenn du dich zur Endlich-Leben-Gruppe schleppst. Du bleibst verbunden.

So nutzt du dieses Arbeitsbuch

Dieses Arbeitsbuch ist von Frauen und Männern geschrieben worden, die das Programm selbst durchlaufen haben. Es liefert Rahmen und Anleitung für die Selbsterkenntnis, indem es Woche für Woche auf unserem Endlich-Leben-Weg Impulse zum Nachdenken setzt. Jede Sinneinheit bekommt eine große Überschrift, es ist in Wochen eingeteilt, siehe Wochen-Nummer unten links und rechts auf jeder Seite.

Gruppenmoderator:innen sind selbst betroffen

Wir als Autor:innen sind Gruppenmoderator:innen und verstehen uns selbst als betroffene Gruppenmitglieder, nicht als Theoretiker. Wir geben in unserer Gruppen und in diesem Buch ehrlich an unseren Erfahrungen in 12 Schritten teil. Pro Schritt brauchen wir meist zwei Wochen. Du findest die Nummern des Schrittes am Rand jeder rechten Buchseite. Zur Zeit befinden wir uns in Schritt 0, der Einleitung zum Start der Gruppe.

Die Funktion des Buches für die Gruppe und jeden persönlich

Dem einzelnen Gruppenmitglied hilft das Arbeitsbuch, sich durch Beispiele und Anregungen Gedanken zum eigenen Empfinden und Erleben zu machen. Jeder Mensch nimmt einzigartig sich und seine Welt wahr. Wir leiten an, mit Hilfe des Buches, sich selbst auf dem Weg der Selbstentfaltung besser auf die Schliche zu kommen. Außerdem gibt jeder Schritt der Gruppe ein gemeinsames Thema vor. Das hilft uns, bei den Gruppentreffen gut und tief unsere Erfahrungen und Deutungen auszutauschen.

Der Ablauf unserer Gruppen

Zur heilsamen Struktur des Endlich-Leben-Programms gehört neben den Regeln ein gut eingespielter, klarer Ablauf eines Gruppentreffens. Das sorgt dafür, dass jede:r seinen Gesprächsbeitrag einbringen kann. Das hilft besonders denen, denen eher schwerfällt zu reden. Auch Schweigen kann ein wertvoller Beitrag sein.

Verschiedene Gesprächsrunden helfen uns dabei, nicht aus dem Blick zu verlieren, dass wir uns in der Gruppe entwickeln wollen. Ein gut eingeübter Rhythmus beim Gruppentreffen sorgt dafür, auch zeitlich begrenzt zu bleiben. Werdet kreativ, visualisiert z.B. die Gruppenregeln auf Kärtchen und haltet sie hoch, wenn es nötig ist. Als Zeitwächter könnt ihr z.B. eine Sanduhr oder einen digitalen Wecker einsetzen, um für eine gute zeitliche Ordnung zu sorgen. So wird der Ablauf ein festes Ritual.

Ablauf Gruppentreffen

Zeit	Inhalt
20.00 Uhr	*Herzliche Begrüßung* (evtl. Erinnerung: die Regeln)
20.05 Uhr	Geistliche Einstimmung Lieder und Gebete
20.25 Uhr	1. Gesprächsrunde – Blitzlicht »Wie geht es mir?«
20.45 Uhr	2. Gesprächsrunde Inhalte rund um den Schritt · Was ist mir wichtig? · Fragen zum Schritt · Geschichten aus der letzten Woche vertiefen · Feedback der Gruppe erleben/erbitten
21.30 Uhr	3. Gesprächsrunde Stille und anschließend Austausch über deine Ziele und Hausaufgaben
21.40 Uhr	Abschlussgebet · mit- und füreinander beten · Segensgebete
22.00 Uhr	Abschluss mit Vaterunser oder Gelassenheitsgebet

Beschreibung der Phasen

Jede Gruppe hat ihre Rituale und Regeln. Wir üben sie ein, bis sie automatisch gelebt werden.

1. Phase: Sein

Jede christliche Gemeinschaft hat ihre Lieder und Gebete. In Endlich-Leben-Gruppen nimmt man Rücksicht auf Suchende und Anfänger im Glauben. Unser Grundwert: Voreinander und vor Gott so sein dürfen, wie man wirklich ist.

2. Phase: Zeigen

So arbeiten wir inhaltlich an unserer Entfaltung: Wir stellen die Arbeitsergebnisse des jeweiligen Schrittes einander vor. Dabei teile ich meine Geschichten aus dem Alltag zum Schritte-Thema mit. Jede/r bekommt gleich viel Redezeit! Schweigen ist erlaubt. Die Gruppenmitglieder sind mir wie ein Spiegel durch erbetenes oder spontanes Feedback (auch ohne Worte!) und die hilfreichen persönlichen Geschichten aus ihrem Leben. Ich bitte um Korrektur oder Bestätigung und lerne mich selbst dabei kennen.

3. Phase: Mitnehmen

Was habe ich heute für mich gehört?
Was möchte ich behalten und mitnehmen?

4. Phase: Entscheiden

Ich formuliere meinen Vertrag mit mir selbst, mit Gott oder der Gruppe. Ich mache also etwas fest. Andere stehen für mich in Fürbitte und Segen ein oder unterstützen mich.

5. Phase: Geistlicher Rückenwind

Jetzt gehe ich mit Gottes Beistand weiter in die Woche, geklärter und ermutigt für neue Schritte.

Geschichten der Hoffnung und Entfaltung

Jetzt stellen wir dir Nina, Emma, Thomas und Christian vor. Sie sind fiktive Gestalten, die beispielhaft ihre Erfahrungen im 12 Schritte-Programm durchleben und kommentieren. Diese Beispiele sind dem wirklichen Leben entnommen. Es gäbe sicher noch viele Geschichten mehr. Aber ihr selbst seid ja dafür in der Gruppe, euch gegenseitig Modell zu werden. Eure eigenen Beispiele werden euch ermutigen und zu eigenen Schritten anleiten.

Die Endlich-Leben-Geschichte ist eine unendliche Geschichte. Menschen vor uns haben angefangen, sie mit ihrem Leben zu schreiben, und haben uns davon erzählt. Wir haben diese Geschichte mit unserem Leben weitergeschrieben und teilen in diesem Buch unsere Erfahrungen mit dir.

Mit deinem Weg durch das Endlich-Leben-Programm bist du in diese große Geschichte eingewebt und schreibst auch selbst daran weiter. Die Beispielgeschichten der zwei Frauen und zwei Männer auf dem Weg zur Gelassenheit unterstützen dich bei deinem Weg durch das Programm.

Nina: Kreativ. Süchtig & kompetent

Nina*: Zu meiner Vorstellung hole ich etwas aus. Ich bin zusammen mit meinem älteren Bruder und meinen Eltern in einem großen Einfamilienhaus in einer Kleinstadt aufgewachsen. An Geld hat es bei uns nie gefehlt. Mein Vater war ein ständig abwesender Unternehmer und meine Mutter Hausfrau.*

Sie litt an Depressionen und drohte häufig, sich das Leben zu nehmen, was mich als Kind sehr verunsicherte.

Mein Vater war oft untreu. An den Wochenenden, an denen er zu Hause war, stritten sie fürchterlich. Schlimme Drohungen und körperliche Gewalt waren an der Tagesordnung. Ich fühlte mich zu Hause wie im Krieg.

Dazu kam, dass meine Eltern sehr hohe Ansprüche an mein Verhalten hatten. Sauberkeit, Ordnung und sehr gute Schulleistungen waren ihnen so wichtig, dass sie sehr streng reagierten, wenn ich ihren Normen nicht entsprach. Manchmal auch mit Schlägen. Nach außen war es ihnen immer wichtig, den Schein einer guten Familie zu wahren. Dies fiel besonders auf, wenn wir als Familie von Geschäftspartnern meines Vaters zum Essen eingeladen waren. Für mich war das so verlogen!

Der große Aufstand zur Freiheit

Als ich in die Pubertät kam, fand ich Gefallen daran, mich den Normen meiner Eltern zu widersetzen. So begann ich mit 13 Jahren zu rauchen, zu trinken und die Schule zu schwänzen. Meine Eltern bemerkten dies natürlich nicht, dennoch verschaffte es mir ein Hochgefühl, allein weil ich wusste, dass dieses Verhalten so gar nicht das war, was sie von mir erwarteten. Auch mein Freundeskreis änderte sich so: Ich verließ die Clique der »braven Mädchen« und kam in die Clique der »coolen Jungs und Mädels«. Mit 15 begann ich Drogen zu nehmen. Mit 16 hatte ich einen fünf Jahre älteren Freund, der ebenfalls Drogen nahm. Ab da hatte ich mich aus meinem Elternhaus schon verabschiedet. Ich war quasi nicht mehr zu Hause und erlaubte meinen Eltern nicht mehr, in mein Leben hineinzureden.

Meine Ausbildung als Verwaltungsfachangestellte schloss ich ab. Allerdings geriet ich mit meiner Beziehung in eine neue Abhängigkeit. Drogen, Alkohol und sexuelle Gewalt waren die Regel.

In geordneten Bahnen?

Mit 23 schaffte ich es schließlich, mich aus dieser Beziehung zu lösen. Aber ich merkte, dass ich allein völlig lebensunfähig war. Schnell geriet ich in eine neue Beziehung – mein jetziger Mann. Er war zehn Jahre älter als ich und arbeitete in einer Bank. Er stabilisierte mein Leben. Ich hörte auf mit den Drogen. Bald wurde ich schwanger und wir heirateten. Ich bekam Zwillinge – zwei gesunde Mädchen.

Ich war überglücklich und dachte, jetzt wäre alles gut. Doch die beiden Kleinen überforderten mich bald. Da waren sie wieder, meine alten »Gefährten«: Ängste, Depression, Suizidgedanken, Alkohol und Zigaretten. Sie halfen mir und benebelten mein Leben. Eines Tages traf ich eine alte Schulfreundin, der ich in Ansätzen von meinem Leid berichtete. Sie erzählte mir von ihrer Kirchengemeinde und den Endlich-Leben-Gruppen, die es dort gäbe. Ich hatte mit Gott nie etwas am Hut und dachte, »so ein Quatsch!«. Aber bei dem Namen »Endlich Leben« rührte sich etwas in mir. Das war es doch eigentlich, was ich wollte — leben! So ließ ich mich darauf ein, zu einem Infoabend zu gehen. Das war vor fünf Jahren.

Ich bin geliebt

Heute bin ich 33 Jahre alt, immer noch verheiratet und habe zwei wunderbare Töchter. Ich bin trockene Alkoholikerin und vor zwei Jahren habe ich es sogar geschafft, mit dem Rauchen aufzuhören. Ich arbeite ein paar Stunden am Vormittag in einem Büro und moderiere Endlich-Leben-Gruppen. Mein Leben hat sich nach außen sichtbar stabilisiert. Aber das Entscheidende, das mir passiert ist, kann man nicht sehen: Ich habe erkannt, dass ich gewollt und geliebt bin. Ich habe einen Gott gefunden, der mich gesucht hat und in dessen Augen ich wertvoll bin. So habe ich es mir erlaubt, mich selbst auch wertzuschätzen und meine persönlichen Grenzen wahrzunehmen und sie nach außen zu verteidigen. Ich war begeistert zu erfahren, was ich alles kann. Und dieses Zutrauen in meine Fähigkeiten und Talente wird jeden Tag größer. Mein Leben hat einen Sinn bekommen!

Emma: Sensibel. Depressiv & mutig

***Emma**: Endlich-Leben sind Geschichten-Erzähl-Gruppen. Deshalb möchte ich dir jetzt meinen Teil der unendlichen Geschichte erzählen. Mein Name ist Emma. Seit meiner Pubertät leide ich an Depressionen. Ich war schon oft in der Klinik und nehme starke Psychopharmaka.*

Als vor sieben Jahre die erste Endlich-Leben-Gruppe in unserer Kirchengemeinde startete, wusste ich: »Ich bin dabei!« Es war wunderbar für mich, dass es nun endlich auch in meiner Gemeinde eine Gruppe gab, in der ich mich traute, über meine Sorgen und Nöte zu sprechen.

Dort erkannte ich, dass ich mir in meinem Leben ein stabiles Verhaltensmuster angeeignet hatte: meine Opferrolle. Ich war immer und überall das Opfer. Um mich musste man sich kümmern. Als Kind war das für mich die einzige Möglichkeit gewesen, von meiner Mutter Zuwendung zu bekommen. Allerdings machte mich dieses Muster als Erwachsene völlig lebensunfähig.

Nicht mehr allein

Ich bin Single und schlage mich deshalb mit meinen täglichen Nöten allein durchs Leben. Das Erste, was ich in der Endlich-Leben-Gruppe als heilsam erlebte, war, dass ich endlich nicht mehr alleine war. Ich konnte in dieser Gruppe lange nicht sagen, was mich beschäftigte, weil ich es nicht wusste. Ich hatte niemals gelernt, darüber wirklich nachzudenken.

Die verlässliche Gruppe von Frauen, die mich ernst nahmen und so annahmen, wie ich bin, wurde mein Halt. Mittlerweile bin ich Mitarbeiterin in unserem Endlich-Leben-Team.

Keine Angst vor der Traurigkeit

Ich bin mit meinen Themen nicht fertig, aber ich habe drei wichtige Dinge gelernt:

1. *Ich darf mich mit meinen Problemen anderen Menschen zumuten und muss mich nicht mehr in die Depression zurückziehen und in mir selbst versinken.*
2. *Ich lerne es mehr und mehr, meine schädigenden Verhaltensmuster und Gedanken zu erkennen und sie zu benennen, um daran zu arbeiten.*
3. *Ich habe in der Endlich-Leben-Gruppe mit Jesus Gott neu kennengelernt, der mir wirklich nah ist. Und das, obwohl ich schon immer in einer Kirchengemeinde war. Meine Gebete helfen mir, mit meinem Herzen in Berührung zu kommen.*

Ja, auch wenn ich immer noch Phasen der Depression erlebe, habe ich gelernt, dass ich niemals tiefer fallen werde als in Gottes Hand. Deshalb machen mir meine Depressionen heute keine Angst mehr und die Phasen gehen immer schneller vorbei.

Thomas: Engagiert. Erfolgreich & gewalttätig

***Thomas**: Auch ich schreibe mit meinem Leben Endlich-Leben-Geschichte! Ich habe einen christlichen Arbeitskollegen, der mir schon vor Jahren von der Endlich-Leben-Arbeit in seiner Kirchengemeinde erzählte. Aber mir war völlig klar: »So was brauche ich nicht!«*

Ich bin erfolgreich in meiner Arbeit. Schon immer war ich sehr fleißig und stets bemüht, herausragende Leistungen zu erbringen. Mir war überhaupt nicht bewusst, dass ich ein Problem haben könnte, bis meine Frau mich mit den Kindern verließ.

Es fing damals damit an, dass sie sagte, mit mir könne man keine Beziehung leben. Ich konnte das überhaupt nicht verstehen. Ich verlor die Kontrolle über mich. Ich war nicht mehr in der Lage, an der Arbeit die gewohnten Leistungen zu erbringen. Und ich rastete aus – wurde sogar gewalttätig gegenüber meiner Frau und meinen Kindern. Ich war am Ende. In dieser Lebenssituation ließ ich mich von meinem Arbeitskollegen mitnehmen in so eine Endlich-Leben-Gruppe.

Reden und Fühlen ist schrecklich

Am Anfang konnte ich die Gespräche in der Gruppe kaum aushalten. Dieses ständige Gerede darüber, wie ich mich fühlte. Mir kam das vor wie Zeitverschwendung. Ich wollte doch etwas tun! Lesen, lernen, Leistung bringen! Ich fieberte dem erfolgreichen Abschluss in so einer Lebensgruppe entgegen und damit dem Ziel, meine Familie zurückzubekommen! Ich wurde ganz kribbelig, weil ich keine passende Aktion entdecken konnte.

Mir wurde bald klar, dass ich schon als kleiner Junge gelernt hatte, mich nur über meine Leistungen und meinen Erfolg zu definieren. Meine Eltern waren beide hochgebildet und erfolgreich in ihren Berufen. Ich wurde von meinen Mitschülern nicht ernst genommen, sogar verlacht, weil ich kleiner war als sie. Um in dieser Lebenssituation zu überleben, übte ich es ein, fleißig und erfolgreich zu sein. Meine wahren Gefühle und Bedürfnisse waren dabei nicht wichtig. Ich wollte Erfolg. Den Rest lernte ich zu übersehen.

Die anderen sind zu dumm

Ich war meist Klassenbester und gewöhnte es mir an, die anderen nicht richtig ernst zu nehmen, weil diese ja zu »dumm« seien. Um ehrlich zu sein, fand ich die Menschen in meiner Endlich-Leben-Gruppe am Anfang auch ganz schön »dumm«.

Wäre ich nicht so verzweifelt gewesen, wäre ich da garantiert nicht weiter hingegangen. Aber die Menschen in meiner Kleingruppe wurden mir zu Modellen: Sie sprachen ehrlich und offen miteinander und sie verrieten tatsächlich ganz mutig ihre Gefühle!

Menschen wurden mir zum Spiegel

Diese Menschen wurden mir zu einem wertvollen Spiegel. Sie schienen zu erspüren, was mich hinter meiner »Supermann-Fassade« bewegte, und erzählten mir davon. Das half mir, mich selbst besser zu verstehen.

Da waren Menschen, deren Leben schien zunächst so viel kaputter als meins. Doch ich lernte, darüber zu staunen, wie mutig meine Gruppenmitglieder ihre schmerzhaften Gefühle ansahen und zu ihrem persönlichen Scheitern standen.

So wagte ich es langsam, auf mein Scheitern in meiner Ehe zu sehen und in der Gruppe meine gut gehütete Wahrheit zu enthüllen: »Ich bin emotional total verkrüppelt, aber ich brauche Liebe! Nehmt ihr mich auch auf, wenn ich nicht stark und erfolgreich bin?«

Was ich mit den Menschen in meiner Gruppe lernte, war: »Beziehung leben!« Ich erfuhr ehrliche Annahme und hatte endlich Menschen, die bei mir blieben, auch wenn mein Scheitern offen auf dem Tisch lag.

Der Höhepunkt des Kurses war für mich, als ich mit Schritt 5 den Ort fand, an dem mein Scheitern und meine Schuld aufgehoben sind. Was ich an diesem Gebetsabend erlebte, war eine Verwandlung: Ich kam ja aufgrund einer Krise, war aber immer noch überzeugt, dass ich ein »Erfolgreicher« war. Wie absurd! Mit diesem Treffen wurde mir klar, dass ich ein »Gescheiterter« bin. Doch ich erlebte Gnade. An jenem Abend blieb die Wahrheit zurück: Ich bin ein »Geliebter«. Egal, ob ich scheitere oder ob ich erfolgreich bin, ich bleibe geliebt.

Fühlen, spüren, lieben

So lerne ich seitdem, als »Geliebter« zu leben. Ich fühle jetzt etwas, was ich vorher nicht kannte. Ich fühle mich Menschen gegenüber tief verbunden. Ich spüre Wärme und ich spüre Liebe. Ich fühle mich mit Gott verbunden und darin beginne ich, mich selbst zu fühlen! Das klappt nicht immer, aber ich bin auf einem guten Weg.

Christian: Sozial. Streng gläubig & wertvoll

***Christian**: Ich bin Sozialarbeiter. Sehr religiös erzogen, war ich immer stolz darauf, nicht nur Christian zu heißen, sondern auch Christ zu sein. Meine Eltern (beide Lehrer!) haben ehrenamtlich viel in der örtlichen Kirchengemeinde mitgearbeitet. So wurde ich auch schon früh ein treuer Mitarbeiter der Gemeinde: im Kindergottesdienst, in der Jungschar, später Gruppenleiter in Hauskreisen. In meinem Elternhaus ging es mir gut. Ich hatte auch sonst in meinem Leben nichts besonders Schlimmes erlebt. Außer die schrecklichen drei Monate, als ich ein kleiner Junge war: Damals musste ich ganz alleine eine Kur für meine Atemwege an der Nordsee machen. Im Studium hatte ich in einem*

christlichen Wohnheim meine heutige Frau kennengelernt. Schnelle Heirat, drei Kinder, neuer Wohnort, Mitarbeit in der dortigen Kirchengemeinde.

Übereifer für die Anderen

Und dann lernte ich die Endlich-Leben-Arbeit kennen und war begeistert. Endlich ein Angebot für die »Mühseligen und Beladenen«! Es fielen mir auch gleich ganz viele Menschen ein, die ich einladen musste. Dass dieser Kurs auch etwas für mich sein könnte, darauf kam ich nicht. Schließlich hatte ich doch kein Problem!

Als der Mann, dem ich dieses heilsame Angebot vermitteln wollte, bemerkte: »Ja, ich mach das! Aber nur, wenn du mitkommst!«, wurde ich unfreiwillig Gruppenmitglied. Um seinetwillen hatte ich mich angemeldet. Nach drei Treffen verließ er die Gruppe, ich blieb. Um meinetwillen. Ich tat kein gutes Werk für irgendjemanden in der Gemeinde oder bei der Arbeit.

Ich blieb für mich

Ich blieb ausschließlich nur wegen mir. Das war mir so fremd! Ständig fragte ich mich, ob das denn so in Ordnung sei, mich hier nur um mich selbst zu drehen. Ein Leben lang hatte ich verinnerlicht, mich und meine Bedürfnisse zu verleugnen, um wie Jesus Gott und den Menschen zu dienen. Aber die Gruppe ließ mich nicht los. Ich wusste, dieser Endlich-Leben-Prozess war für mich dran!

Dort habe ich entdeckt, dass die Übertreibung des Guten sich zum Bösen verkehrt: So sehr um das Wohl anderer Menschen bemüht, war ich nicht mehr in der Lage, meine eigenen Bedürfnisse zu fühlen. So sehr in meinem Leben Gott dienend, war ich unfähig, in seiner Gegenwart einfach nur zu sein! Es war wie eine Offenbarung, dass ich es Gott wert bin, mir Gutes und Schönes zu gönnen. Doch was um alles in der Welt war für mich »gut« oder »schön«?

Was tat mir gut oder was wünschte ich mir? Erschrocken darüber, wie schwer es mir fiel, ein einziges Wochenende lang an einer Einkehrzeit in einem Kloster teilzunehmen, ohne dort selbst mitzuarbeiten, gab ich zu: Ich war süchtig danach zu dienen.

Dienen – keine meiner Stärken?

Ja, wenn ich Menschen diente, fühlte ich mich wichtig. Tat ich es nicht, fühlte ich mich verkehrt. Schlimmer: Ich fühlte nichts. Ich war wie hohl und leer. Ein schwarzes Loch. Erst auf meinem Endlich-Leben-Prozess wurde mir klar, dass Gott dieses schwarze Loch in mir mit seinem Leben auffüllen wollte. Doch ohne einen Dienst für Gott – wo war da die Beziehung zu Gott? Erschrocken stellte ich fest, dass meine Beziehung zu Gott – wie ich ihn verstand – allein daraus bestand, dass er mir die Gnade und die Kraft gab, anderen Menschen zu dienen. Das war ich: sein Diener Christian.

Schwächen sind auch okay

Mühsam lernte ich, die Angst auszuhalten, die ich immer sonst fühlte, wenn ich Gott nichts zu geben hatte. Mir wurde ja ständig gepredigt: »Du musst Gott keinen Grund geben, dich zu lieben, indem du gute Taten tust.« Allerdings konnte ich mir nicht vorstellen, geliebt zu sein, ohne etwas dafür getan zu haben. Doch für mich unvorstellbar: Gott zeigte mir bedingungslose Annahme durch meine Gruppe.

Als ich erlebte, wie die Menschen mir dort begegneten, als ich ihnen ehrlich von meiner Angst und Schwachheit berichtete, wuchs in mir die Gewissheit: Gottes Liebe zu mir muss viel größer sein, als ich es mir je vorstellen konnte. Und zwar bedingungslos! Unabhängig von meinen guten Taten.

Noch heute kriecht manchmal die Angst in mir hoch, nicht geliebt zu werden, wenn ich nicht der gute und fromme Christian bin. Ich fürchte, unwichtig zu sein. Aber ich bin auf dem Weg und lerne es, Gottes bedingungsloser Liebe zu mir zu vertrauen.

Kurzvorstellung deiner Person

Deine Geschichte interessiert die anderen

Jetzt bist du an der Reihe! Natürlich stehst du noch ganz am Anfang. Du weißt noch nicht, was sich bewegen wird. Vielleicht weißt du nicht einmal, ob du dich auf den spannenden Endlich-Leben-Weg mit uns machen willst. Aber du kannst Teil einer großen Geschichte werden. Nutze die nächste Seite für eine Kurzvorstellung deiner Person.

Diese Übung ist zum Präsentsein: Sie soll dir helfen, mit deiner Geschichte in der Endlich-Leben-Gruppe anzukommen und dir selbst näherzukommen. Denn du darfst hier sein, wie du bist. Du bist herzlich willkommen. Mit deinem ganzen Lebenslauf, gelungen oder weniger erfreulich.

Keine Sorge, du musst deine Notizen im Arbeitsbuch nicht mit den Gruppenmitgliedern teilen, wenn du nicht möchtest. Aber es ist doch schön, wenn du etwas von dir zeigst. Deute soviel an, wie du selbst willst. Entscheidender ist hier: Werde dir selbst bewusst, wer du bist, wie du hierher kamst und was dich motiviert hat, dabei zu sein.

Fasse deine Geschichte in Stichworten zusammen. Kurz. Skizzenhaft.

Geburtsort, mein Umfeld, meine Kindheit:

Schlagzeilen: Schönes und Schwieriges (Tops und Flops eben)

Das treibt mich heute um, damit bin ich beschäftigt:

Geht das eigentlich nicht anders? Davon träume ich:

Darum mache ich in der Gruppe mit:

Schritt 0.2

»Wir machen uns bereit, uns mit unseren Lebensthemen auseinanderzusetzen, und nutzen dazu die Weisheit der Endlich-Leben-Gruppe.«

Woche 2

Einführung in die Gruppenarbeit

Das erste Treffen führt in die zwei grundlegenden Methoden ein:

1. Was bedeutet der »Endlich-Leben-Prozess«?

2. Wie beschreibt das Baummodell diesen Prozess?

Vertiefende Übungen folgen:

Das Stimmungsbarometer hilft dir, dich selbst besser wahrzunehmen.

Du beobachtest deine Vermeidungstricks.

Ein Blick in die Bibel zeigt, wie sie dich ins Leben führen kann.

Die Gruppe fordert heraus

Das erste Treffen aus Ninas Sicht

***Nina**: Ich möchte euch von meinem ersten Endlich-Leben-Abend erzählen. Es war ein Montagabend. Das Treffen fand in einem Gemeindehaus neben einer Kirche statt. Ich war sehr aufgeregt.*

Als ich die anderen Menschen in dem Raum sah, dachte ich: »Das sind ja alles völlig normale christliche Spießer! Von denen hat doch bestimmt keiner Ahnung vom Leben da draußen, aus dem ich komme. Hier werde ich niemals von meinem Alkoholkonsum erzählen können! Wie komme ich aus der Nummer nur ganz schnell wieder raus?«

Noch bevor ich wegrennen konnte, wurde ich sehr freundlich begrüßt. Eine intensiv grinsende Frau reichte mir ein Schokoladenherz mit den Worten: »Damit du in deinem Körper spürst, dass du hier herzlich willkommen bist!«

Das war nett gemeint. Ich konnte nicht mehr weg. Ich aß das Herz und setzte mich beschämt auf einen Stuhl im Stuhlkreis. Die beiden Leiterinnen begrüßten uns freundlich. Sie schienen mir offen, ehrlich und herzlich. Zu Beginn der Endlich-Leben-Abende sei es üblich, zu singen und zu beten. »Oh nein!«, dachte ich. »Peinlich. Ein bisschen wie in einer Sekte.«

Die Lieder und Gebete waren einfach, fast kindlich, und es war für mich nicht so schwer, das auszuhalten. Sie sprachen von Gottes Liebe und Annahme. Irgendwie schön. Ich muss zugeben, es sprach mich an, dass die beiden da vorne das, was sie sagten und sangen, wirklich ernst zu meinen schienen.

Emma erlebt das Blitzlicht

***Emma**: Als ich zum ersten Mal in meiner Kleingruppe saß, wäre ich am liebsten im Boden versunken! Ich schildere euch mal, wie ich den ersten Austausch in der Gruppe erlebte. Sie nannten es »Blitzlicht« – jede von uns sollte sagen, wie sie sich jetzt fühlte und warum sie hier war.*

»Hoffentlich komm ich nicht als Erste dran, das halte ich nicht aus!«, dachte ich sofort. Die Gruppenmoderatorin, wie sie sich bezeichnete, begann selbst und nahm danach ihre Co-Moderatorin dran.

»Puh! Gefahr gebannt!« Jetzt ging es der Reihe nach im Kreis, was bedeutete, dass ich fast als Letzte dran war. So war ich erstmal »sicher« und konnte beobachten, was die anderen taten. Die eine da wusste nicht wirklich, was sie sagen wollte. Ich wurde gar nicht so richtig schlau daraus. Meine Aufregung stieg wieder. Ich musste ja nichts sagen – hatte sie extra vorher gesagt.

Jetzt sprach die Frau gegenüber. Die war völlig unsympathisch. Wie komisch die redete! Zu fromm, zu laut und viel zu lange! Wofür brauchte die eine Gruppe? Ich musste mir echt überlegen, ob ich hier bleiben wollte. Nach zwei weiteren Frauen war ich an der Reihe.

Es fiel mir so schwer, in einer Gruppe zu reden. Mir wurde ganz heiß. Und ich spürte, wie ich rot wurde. »Ich bin immer so niedergeschlagen«, hörte ich mich sagen. Dann versagte meine Stimme. Peinlich.

»Danke!«, sagte die Gruppenmoderatorin freundlich. Ich hatte nichts Großartiges gemacht. Aber sie meinte das ernst.

Sie stellte den Kurzzeitwecker aus, den sie in der Hand hatte. Der sollte uns allen helfen, dass wir es lernen, uns an den vereinbarten Zeitrahmen von zwei Stunden für einen Abend zu halten. »Sonst wird so ein Abend zu lang und zu anstrengend«, hatte die Gruppenmoderatorin uns erklärt. Naja. Für mich brauchte sie diesen komischen Wecker sicher nicht! Eher für die Frau da drüben.

Thomas beeindruckt die Ehrlichkeit der Gruppe

***Thomas**: Ich möchte euch auch Anteil daran geben, wie es mir anfangs in der Kleingruppe so erging.*

Ein paar Männer erzählten vorsichtig etwas von ihren Problemen und Änderungswünschen. Ich war erstaunt darüber, wie ehrlich einige schon bei der ersten Runde waren! So hatte ich Männer noch nie reden hören. Ich fragte mich immer, was die hier bei dem Gruppentreffen wohl von mir erwarteten.

Als ich an der Reihe war, erzählte ich von meiner Enttäuschung darüber, dass meine Frau mich einfach verlassen hatte. Ohne einen echten Grund. Ich hatte ihr Mitleid geweckt. Sie schienen alle sehr betroffen von meiner Situation und signalisierten mir durch ihre Blicke, dass sie mir gut zuhörten.

Das verunsicherte mich, da ich sofort dachte: »Irgendwas wollen die von mir noch hören.« Und so fügte ich meinen Ausführungen noch schnell eine fromme Floskel zu. So was Plattes wie: »Ich hoffe, dass Gott mir hilft.« Ich war ganz schön stolz auf mich. Ich fand, ich hatte die Anforderungen hier ganz gut gemeistert.

Wie hast du deinen ersten Endlich-Leben-Abend erlebt? Welche Gedanken gingen dir durch den Kopf? Welche Schlüsse hast du für dich gezogen?

Wir gehen die 12 Schritte in Schleifen

Die 12 Schritte, die wir uns in diesem Buch aneignen, sind keine Gesetze. Es gibt keine »Techniken«, die wir einfach anwenden. Es sind 12 Erfahrungssätze, die den Weg beschreiben, den viele Menschen bei ihrer persönlichen Verwandlung gegangen sind. Da sie alltagstauglich Veränderungswege beschreiben, wurden sie von vielen als hilfreich empfunden. Wir passen die Formulierungen so an, dass sie in die heutige Zeit passen.

Am liebsten steil bergauf

***Thomas**: Ich hatte bei den 12 Schritten immer das innere Bild einer Treppe: »Ich muss es nur schaffen, alles richtig zu machen und Stufe für Stufe hochgehen, um dann erfolgreich mein Ziel zu erreichen!« Es fiel mir schwer zu verstehen, dass es darum gerade nicht geht.*

Mir half das Bild einer »Schraube« oder einer »Spirale«:

Dann ist der Prozess eher ein Weg, der auf und ab geht. Manchmal hatte ich nämlich das Gefühl, mich im Kreis zu drehen. Wieder am Anfang. Es hat sich ja noch nichts verändert!

Und es war auch kein gerader Weg, sondern es gab Höhen und Tiefen. Aber es ging voran! So wie die Schraube sich dreht und immer tiefer in die Wand kommt, so kam ich auf meinem Weg auch weiter und mir selbst immer tiefer auf den Grund.

Weg der geschenkten Möglichkeiten

***Emma**: Das, was mir auf meinem Weg passiert ist, hat sich ereignet. Jetzt kann ich sagen: Es ereignete sich nach Gottes Zeitplan, und mein Prozess der Verwandlung ist ein Gnadengeschenk Gottes. Die Prozesse in den Endlich-Leben-Gruppen sind eigentlich ganz natürliche Gruppenprozesse, aber Gott wirkt immer mit. Er ist auf unserer Seite, selbst wenn wir es nicht merken.*

Und ich habe gestaunt, was mir auf diesem Weg geschenkt wurde: Ich durfte mich entfalten! Heute weiß ich: Was ich in der Endlich-Leben-Gruppe erlebt habe, war nur der Anfang. Der Entfaltungsprozess meines Lebens ist ein lebenslanger Weg – deswegen darf ich ganz gelassen bleiben und muss mich nicht unter Zeitdruck oder Erfolgsdruck setzen.

Der Endlich-Leben-Prozess: Entfaltung wie ein Baum

Das Baumbild ist auch deshalb so passend, weil es uns stets daran erinnert, den Endlich-Leben-Prozess als natürlichen, langsam wachsenden Prozess zu denken.

Wie ein Baum seine Zeit beim Wachsen benötigt, hat jede Phase ihr Tempo. Nichts lässt sich erzwingen. Es gibt Wachstumsschübe und Winterzeiten. Klar. Und es müssen die natürlichen, schöpferischen Bedingungen stimmen: Er braucht gute Nährstoffe, die Umgebung muss auf seine Wachstumsvorlieben abgestimmt sein, und er liebt Wasser und Licht.

Unsere Gruppe und die Inhalte, die wir gemeinsam durcharbeiten, gehören zu solchen schöpferischen »Wachstumsbedingungen«, die förderlich wirken. Doch das Wachstum selbst ist ein Geschenk Gottes. Wachstum braucht Zeit. Und jede Pflanze wächst anders. Wir können das Entscheidende nicht erzwingen, aber darauf vertrauen, dass förderliche Umstände zu Wachstum führen werden.

Wenn wir über das Baummodell sprechen, dämpfen wir damit überzogene, gewaltsame Versuche, die Dinge hinzukriegen. Damit können wir den perfektionistisch-erfolgsorientierten »Macher« in uns beschwichtigen. Der Druck zum Erfolg perlt von uns ab. Mit diesem Arbeitsbuch wirst du also bei jedem der 12 Schritte eingeladen, dir deine Entfaltung am Baummodell jeweils in einer anderen Perspektive zu verdeutlichen.

Sich selbst wahrnehmen lernen

***Thomas**: Ich als Mann kann wirklich aus Erfahrung sagen: Sich selbst ehrlich wahrzunehmen ist gar nicht so einfach! Ich hatte, wie viele von uns, das Motto eingeübt: »Augen zu und durch!« So waren Gefühle und zwischenmenschliche Beziehungen für mich oft Zeitverschwendung und hinderten mich bei der erfolgreichen Ausübung meiner Arbeit.*

Aber wir haben immer wieder erlebt, dass das Entscheidende in meiner Endlich-Leben-Gruppe dadurch passiert, dass wir ehrlich werden. Und zwar nicht nur ehrlich in Bezug auf das, was wir tun, sondern auch ehrlich in Bezug auf das, was wir denken und fühlen.

Jahrelang bin ich nur erfolgsorientiert durch mein Leben gerannt und habe mir nicht bewusst gemacht, was ich denke oder fühle. Selbst mein Verhalten war mir nicht bewusst. Ich habe einfach nicht großartig darüber nachgedacht, wie ich mich anderen Menschen gegenüber verhalte oder was die anderen Menschen denken und fühlen, wenn sie auf mich getroffen sind.

Zugegeben, ich war ein »harter Brocken«. Ich habe ziemlich lange gebraucht, wieder zu lernen, mich selbst wahrzunehmen.

Ich habe am Anfang meines Weges darüber gestaunt, wie einfach die Wahrnehmungsübung mit Hilfe des Stimmungsbarometers in diesem Kapitel ist. Ich konnte sie jederzeit am Tag oder auch bewusst mit dem Arbeitsbuch in der Hand abseits des alltäglichen Trubels durchführen.

Sie hat mir so richtig auf die Sprünge geholfen. Dabei geht es überhaupt noch nicht darum, harte Kopfarbeit zu leisten. Ich musste nicht mal Hintergründe oder komplizierte Zusammenhänge verstehen, um diese Fähigkeit zu entwickeln. Am Anfang stand schlicht und einfach das Spüren. Und das geht leichter, als gedacht, wenn man weiß, wie.

Stimmungsbarometer

Wir schlagen dir vor, wie Thomas und den anderen in den nächsten Tagen dieser Woche ab und zu im Tagesverlauf nach guten oder schwierigen Situationen sofort eine kleine Stimmungsmessung zu machen. Wenn du dich bewusst spüren lernst, kommst du dir selbst mehr und mehr auf die Schliche.

Ja, du darfst dir gewissermaßen deinen Puls messen. Das ist entgegen aller Vorurteile völlig in Ordnung. Denn nur, wenn du deine Stimmungslagen wahrnehmen lernst, wirst du überhaupt einen Ansatz finden, irgendetwas zu verändern.

Negative und positive Stimmungen klingen gleichzeitig

Bisher hast du vielleicht gedacht, dass du entweder positive oder negative Gefühle hast. Die neuere psychologische Forschung hat gezeigt, dass zwei grundlegend unterschiedliche Grund-Stimmungszustände (postive oder negative Affekte) zur gleichen Zeit in unterschiedlicher Mischung unser Gestimmtsein ausmachen.

Wie bei einer Gitarre mit sechs Saiten macht der Gesamtklang am Ende den Sound. Wenn da nur eine Saite verstimmt ist, klingt es schief. Da hilft es auch nicht, eine andere Saite gewissermaßen dagegen zu stimmen. Jede der Saiten verdient ihre eigene Aufmerksamkeit für ihre ganz eigene Stimmung. Und die Mischung am Ende ist dann verstimmt oder ein Supersound. Jetzt lernen wir, die zwei Saiten der Seele zu stimmen.

Die zwei Regler

Für die Stimmung der Seele nutzen wir zwei Anzeigesäulen auf einem Stimmungsbarometer, mit denen du deine unterschiedlichen Stimmungen festhalten kannst. Einen Plusregler und einen Minusregler.

Jede Erfahrung, die du machst, vermittelt dir über deinen Körper eine Gefühlsmischung aus genau zwei Stimmungs-Zuständen, positive und negative: Bauchkribbeln oder Bauchschmerzen, Nacken, Rücken, Hals, an vielen Stellen gibt es Körpersignale. Das lässt sich mit jeder Situation durchspielen. Am besten geht es intuitiv: ohne viel Grübeln auf einer Skala von 0 bis 100 einschätzen, wie viel negative Stimmung es gibt und wie hoch der Zeiger gleichzeitig auf der positiven Seite steht? Die 0 unten bedeutet ganz wenig und die 100 oben sagt, dass da ganz viel von dieser Sorte Gefühl mitschwingt.

***Thomas**: Ich erzählte ja von meiner Enttäuschung darüber, dass meine Frau mich einfach verlassen hatte. Das war auf meiner negativen Skala 100, ganz krass schmerzhaft eben. Ich spürte das tief im Magen als Brennen. Als ich aber an die positive Skala dachte, waren da gar nicht einfach nur 0, also null Freude, sondern erstaunlicherweise so 25 Punkte. Das spiegelte die kleine Erleichterung wider, dass der ganze Streit und der Beziehungsstress ein Ende hatten.*

***Nina**: Wenn ich an meine Jugend in der Clique der »coolen Jungs und Mädels« denke, kriege ich heute noch Gänsehaut. Meine Stimmung war damals so gefühlt eine Mischung aus 70 negativ und 100 positiv. Die 70 kamen durch das schlechte Gewissen gegenüber meinen Eltern und der Polizei, weil ich illegale Drogen nahm und zu Hause häufig Stress hatte. Die 100 waren wegen der Wirkung der Drogen und der tollen Zeiten mit meinem Freund.*

Wie genau fühlst du Stimmungen?

Manche unter uns sind Weltmeister im Vermeiden. Sie schaffen es, die positiven Gefühle jederzeit zu spüren, haben aber wie Thomas kein Sensorium für die negativen Erlebnisanteile. Anderen fallen ständig nur die Schwierigkeiten und Depressionen auf, so zum Beispiel Emma. Sie spürt eigentlich die ganze Zeit nur ihre negative Stimmung. Für positive Effekte ist sie wie vernagelt, die gibt es in ihrer Welt anscheinend gar nicht.

Was für ein Stimmungsmesstyp bist du? Achtest du eher auf die positiven oder eher auf die negativen Stimmungen? Mache dazu einen Test. Schreibe in die linke Spalte der folgenden Liste die zehn Ereignisse der letzten Tage, die dich eindeutig so richtig negativ gepolt haben, und in die rechte Spalte danach zehn Beispiele, bei denen du starke positive Erlebnisse hattest. Und ab die Post! Nicht viel nachdenken, sondern aus dem Bauch, so viel wie möglich flott auflisten!

Negative Stimmungen erzeugen …

Positive Stimmungen kommen, wenn …

Und? Wie ist es dir ergangen? Was fällt dir leicht, welche Gefühle vermeidest du?

Die Spalte, bei der dir sofort ganz viele Beispiele einfallen, sagt dir die Wahrheit darüber. Jetzt weißt du, welcher Stimmungsmess-Spezialist du bist. Wenn dir nichts einfällt, nimm deine Gruppenmitglieder als Hilfe. Du kannst sie bitten, dir zu sagen, in welchen Situationen du negative oder positive Stimmungen zeigst. Sie erleben dich ja objektiv in der Gruppe. Oder du fragst deine Frau, deinen Mann oder Freunde, ob sie dir bei den Listen helfen können. Vielleicht können sie dir etwas auf die Sprünge helfen? Nun zur hohen Kunst der Feinabstimmung im Stimmungsmessen.

Gemischte Gefühle

An den Geschichten von Nina und Thomas hast du ja eben gesehen, dass es gemischte Gefühle gibt. Welche Beispiele kennst du bei dir für gemischte Gefühle? Vielleicht bist du zur Zeit noch nicht in Übung, deine Stimmung in diese beiden Anteile zu zerlegen. Darum starten wir mit einfachen Beispielen für gemischte Stimmungslagen:
Thomas bekommt bei Prüfungen zugleich starke Bauchschmerzen (90 negativ) und große Motivation (90 positiv): »Ich werde es allen zeigen, wie gut ich bin!« Das nennt er dann für gewöhnlich »Prüfungsangst« oder »Lampenfieber«.

Beispiele für gemischte Stimmungslagen

Jetzt bist du dran. Denke an Situationen der letzten Zeit und finde Beispiele für solche gemischten Gefühle. Gib ihnen einen Namen und zeichne den Zustand in das Regler-Schaubild ein. Oder du malst zuerst einen Zustand im Regler-Schaubild und suchst das dazu passende Gefühl.

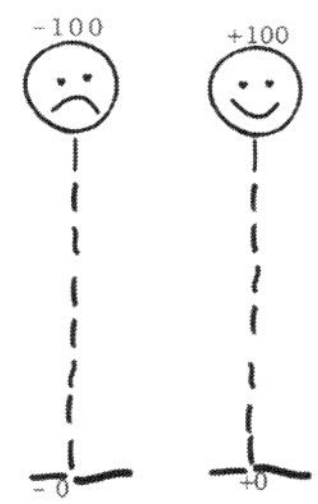

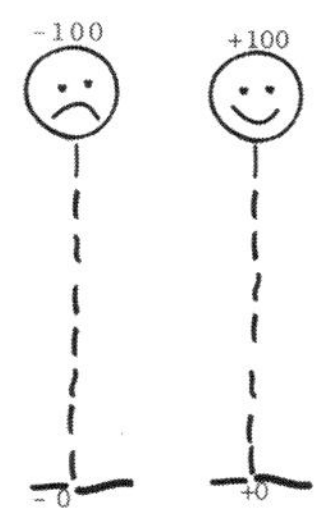

7 typische Vermeidungstricks

Endecke deine Vermeidungstricks

Sieh dir die folgende Liste von beliebten Tricks an, mit denen Menschen sich vor unangenehmen Wahrheiten schützen. Vielleicht entdeckst du schon, hinter welchem Verhalten du selbst dich gerne versteckst.

1. Leugnen

- Jemand wiegt 120 kg und sagt: Das liegt an meinem schweren Knochenbau.
- Du meldest dich krank, obwohl du nur die ganze Nacht vor dem Computer gesessen und gesurft hast und eigentlich einfach hundemüde bist.

2. Verharmlosen

- Wenn du z.B. bei der Steuererklärung schummelst und das zum Kavaliersdelikt erklärst dann ist das eine Verharmlosung.

3. Entschuldigen

- Ein Mann erklärt seine emotionalen Ausraster immer mit seiner Nationalität: »Ich bin halt Italiener!«
- Eine Frau erklärt am Telefon auf Nachfrage, dass der Partner krank sei. Der wahre Grund seiner Abwesenheit von der Arbeit ist: Er schläft seinen Rausch aus.

4. Verallgemeinern

- Ein Mann ist ständig traurig und läuft mit hängendem Kopf herum. Er will morgens nicht aufstehen und hat zu nichts Lust. Er sagt: »Traurig ist doch jeder mal. Wir sind doch alle mal nicht gut drauf!«
- Dein Freund sitzt jedes Wochenende zu Hause und trinkt. Sein Kommentar: »Was regst du dich so auf, das machen doch alle!«

5. Ausweichen

- Eine Frau will sich mit ihrem Mann über ihre Ehe unterhalten. Er witzelt herum und spricht davon, dass er noch den Rasen mähen will.

6. Angreifen

- Der Mann wird von seiner Frau angesprochen: »Hast du die Telefonrechnung bezahlt?« Er hat es völlig vergessen. Statt es zuzugeben, fängt er an, ihr Vorwürfe zu machen: »Was du immer hast. Du lässt ständig die Bratkartoffeln anbrennen.«

7. Anklagen

- Wir machen unsere Eltern, andere Autoritäten oder sogar Gott für unsere Schwierigkeiten verantwortlich – z.B. weil sie/er etwas Schlimmes zugelassen haben/hat.

***Thomas:** In den Wochen, in denen ich es lernte, mich selber wahrzunehmen, half es mir, meine Tricks zu entdecken, die ich zum »Verstecken« vor mir selbst benutzte.*

Was sind nun deine Tricks? Welche der sieben wählst du am meisten und warum? Mache es dir an Beispielen aus deinem Leben klar.

Wenn es so einfach wäre, den eigenen Vermeidungstricks auf die Schliche zu kommen, würden wir vielleicht keine Gruppe brauchen. Thomas erzählt seine Erfahrung:

***Thomas:** Ich habe z.B. immer alles verharmlost. Immer wenn meine Frau darüber geklagt hat, dass ich zu viel arbeite, habe ich alles schöngeredet und die Wahrheit verharmlost. Oder ich habe oft Albernheit so genutzt, indem ich über das Thema auch mit möglichst viel Humor gesprochen habe und damit den Ernst der Lage abwehren konnte. Hat das nicht mehr funktioniert, habe ich umgeschaltet und meine Frau direkt angegriffen und bin äußerst aggressiv geworden. Dann gab sie Ruhe. Ich hatte mich an meine Tricks so gewöhnt, dass sie mir selbst nicht aufgefallen sind. Mir sind diese Verleugnungsweisen eigentlich erst richtig klar geworden, weil die anderen in der Gruppe sie mir durch ihr einfühlsames und vorsichtiges Feedback gespiegelt haben.*

Dein Raum für Lachen und Weinen

Wir glauben, dass Gott – wie wir ihn verstehen – an deinem Leben interessiert ist. So lesen wir die Bibel als seine Gute Nachricht. Was immer du zur Zeit glaubst, wir machen dir Mut: Lausche neugierig auf die Stimmen anderer, wenn sie über ihren Glauben erzählen. In diesem Buch zeigen wir dir kleine Ausschnitte der Bibel als Kraft- und Inspirationsquelle. Nähere dich dem Geheimnis Gottes an. Vielleicht lässt sich etwas von dem anwenden und ausprobieren, was wir hier teilen. Wir geben Impulse aus der Bibel weiter. Oder du findest eine Anleitung zur Meditation. Genieße sie als Appetitmacher. Guten Hunger!

Lohnt sich die Mühe?
Buch Prediger: Kapitel 1, Verse 12-14:
»Ich, der Prediger, war König von Israel
in der Stadt Jerusalem.
Eines Tages nahm ich mir vor,
allen Dingen auf den Grund zu gehen.
Ja, ich wollte mit Weisheit erforschen,
was unter dem Himmel getan wird:
Was ist das nur für ein vergebliches Tun?
Gott hat es den Menschen aufgegeben,
damit sie sich damit plagen!
Ich beobachtete alle Taten,
die unter der Sonne getan werden.
Mit dem Ergebnis:
Alles ist Windhauch und vergebliche Mühe!«

So viel Gutes und so viel Not
Kapitel 3, Verse 1-9:
»Für alles gibt es eine bestimmte Stunde.
Und jedes Vorhaben unter dem Himmel
hat seine Zeit: Eine Zeit für die Geburt
und eine Zeit für das Sterben.
Eine Zeit zum Pflanzen
und eine Zeit zum Ausreißen des Gepflanzten
Eine Zeit zum Töten
und eine Zeit zum Heilen.
Eine Zeit zum Einreißen
und eine Zeit zum Bauen.
Eine Zeit zum Weinen
und eine Zeit zum Lachen.
Eine Zeit zum Klagen
und eine Zeit zum Tanzen.
Eine Zeit, Steine zu werfen,
und eine Zeit, Steine zu sammeln.
Eine Zeit, sich zu umarmen,
und eine Zeit, sich zu trennen.

Eine Zeit zum Suchen
und eine Zeit zum Verlieren.
Eine Zeit zum Aufheben
und eine Zeit zum Wegwerfen.
Eine Zeit zum Zerreißen
und eine Zeit zum Zusammennähen.
Eine Zeit zum Schweigen
und eine Zeit zum Reden.

Eine Zeit zum Lieben
und eine Zeit zum Hassen.
Eine Zeit für den Krieg
und eine Zeit für den Frieden.
So tut der Mensch seine Arbeit.
Doch was hat er davon, dass er sich müht?«

Zwischen Weltschmerz und Hoffnung. Wo stehst du?

Diese uralte Meditation über das Leben, den Sinn oder Unsinn, die Not oder Freude, über Arbeit, Erfolge und Entwicklungen schenkt dir Impulse, deine Worte, Stimmungen und Deutungen des Lebens zu finden.

Schreibe dein eigenes Gedicht. Wo stehst du zwischen Weltschmerz und Hoffnung? Du kannst diesen 2.300 Jahre alten Text als Anregung nutzen. Nimm dir die Freiheit, dort abzuschreiben oder etwas so umzuschreiben, damit es am Ende dein Text ist, der etwas von dir aufzeigt, bewahrt und bewegt:

Lohnt sich für dich die Mühe?

Was siehst du an Schönem oder Gutem? Was macht dir Not?

Irgendwo zwischen Weltschmerz und Hoffnung: Wo stehst du gerade?

Hoffnung, Entfaltung und Gelassenheit messen

Um Entwicklung und Entfaltung im Vergleich von vorher zu nachher oder im Vergleich zu anderen besser zu erkennen, haben wir wissenschaftlich genormte Fragebögen genutzt. 1.716 Personen haben auf ihrem Weg durch die 12 Schritte ihre Entwicklung durch unsere internetgestütze Ergebnisdarstellung der Fragebögen sehr genau beobachten können. Sie konnten erkennen, in welchen Bereichen sie sich entfaltet haben und wo noch Entwicklungsmöglichkeiten warteten. Dann haben wir wissenschaftlich die Statistiken ausgewertet und sind stolz auf das Ergebnis.

Zwischen 2010 und 2017 haben unsere Selbsttests in den Kursen bestätigt, dass wirklich rauskommt, was wir versprechen. Dabei ist berücksichtigt, dass wir bei mehreren Gruppendurchgängen ganz unterschiedlicher Gruppen in Deutschland und der Schweiz gemessen haben. Damit zeigt sich die ganze Bandbreite unserer Gruppenarbeit.

Unsere Wirksamkeitsforschung belegt: Alle Endlich-Leben-Teilnehmer, die den Test ausgefüllt haben, fühlen sich nach dem Kurs seelisch weniger belastet.

Nadine Synofzik, Co-Autorin und Psychotherapeutin, untersuchte in ihrer psychologisch wissenschaftlichen Auswertung als Baccelorarbeit die Frage: Sind Endlich-Leben-Selbsthilfegruppen zur Reduktion der psychischen Belastung ihrer Teilnehmenden wirksam und welche Faktoren beeinflussen die Wirksamkeit?

Fachlich formuliert sind es folgende eindeutigen Ergebnisse:

Die Analysen der Mittelwertdifferenzen aus den Vor- und Nachhermessungen durch t-Tests ergaben, wie angenommen, eine deutlich messbare und statistisch signifikante psychische Entlastung der Gruppenteilnehmenden.

Regressionsanalytisch konnte hypothesenkonform belegt werden, dass die Prädiktoren Bindungsstil und Symptomschwere der Teilnehmenden zu Beginn des Gruppendurchlaufs einen signifikanten Beitrag zur Vorhersage der Symptombelastung danach leisten.

Ein zweiter Forschungsdurchlauf 2018-2019 bestätigte das Ergebnis, das in ihrer Masterarbeit publiziert wurde. Da die Ergebnisse 2010-2017 nur eingeschränkt generalisierbar waren, und zwar wegen einer 80%igen Abbrecher-Quote in der internetgestützten Erhebung der Daten, arbeiteten wir diesmal mit einer Papierversion, so dass alle Teilnehmenden besser motiviert waren, die Fragebögen komplett auszufüllen.

Einschränkend muss zum Ergebnis noch gesagt werden: Es erfolgte keine kontrolliert randomisierte Zuordnung zu einer Kontrollgruppe. In einer eigenen Untersuchung wurde der Grund für die Abbrüche analysiert. Entgegen der angenommenen Hypothesen ergaben sich keine eindeutigen Ergebnisse für die hohe Abbrecherrate der 1. Studie, die als Dropouts gewertet wurden, die wir in den Gruppen selbst so überhaupt nicht erleben. Damit ist auch die Zuverlässigkeit der Messungen der ersten Studie bestätigt worden.

Vertraue in die Gruppe: Hoffnung, Entfaltung, Gelassenheit wachsen

Wir machen dir Mut. Du darfst erwarten, dass deine Gruppenteilnahme wirkt. Ja, die Effekte schwanken bei Einzelnen. Und doch geht der Trend für dich spürbar, messbar und statistisch bedeutsam in Richtung Besserung der seelischen Belastung.

Schritt 1.1

»Wir lernen, unser schädigendes Verhalten zu erkennen und es ehrlich zu benennen. Wir beginnen, schädigendes Verhalten zu verstehen, und geben zu, dass wir unsere Probleme nicht im Griff haben – wir kapitulieren.«

Woche 3

Endlich am Wendepunkt

Faule Früchte im Baummodell symbolisieren deine Beschwerden.

Schädigendes Verhalten sind die Äste am Baummodell.

Du übst ein, schädigendes Verhalten ehrlich zu benennen,

und verstehst, was genau dich hindert, ehrlich zu werden:

Willst du ein makelloses Bild aufrechterhalten? Oder willst du vermeiden,

die Verantwortung für dich und dein Verhalten zu übernehmen?

Du findest heraus, was dir hilft, ehrlich zu werden,

und was es dir bringt.

Dein schädigendes Verhalten erkennen

Beschwerden – die faulen Früchte im Baummodell

Christian berichtet über seine Situation bei Schritt 1.1 so:

Ich konnte beim besten Willen zu Beginn meines Endlich-Leben-Prozesses nicht mein »schädigendes Verhalten« benennen! Eigentlich hatte ich doch keine wirklichen Probleme. Ich hatte doch alles richtig gemacht. Ich hatte mich immer für das Gute eingesetzt!

In der Gruppe beruhigten sie mich: »Versuch nicht gleich, dein schädigendes Verhalten zu benennen. Das ist viel zu schwer, da du dieses oft mit deinen Tricks verleugnen möchtest. Versuche erst mal, zu erkennen und zu benennen, welche Beschwerden du hast – worunter du leidest. Deine Beschwerden sind, im Bild unseres Baummodells gesprochen, faule Früchte, die aus deinem Lebensbaum wachsen. Versuche, diese zu erkennen und zu benennen. Macht das für dich Sinn? So musst du nicht gleich bewerten, ob dein Verhalten gut oder schlecht ist. Jetzt geht es erst mal darum, was dir Beschwerden macht.«

Einigen in der Kleingruppe fiel es total leicht, diese Frage zu beantworten. Mir nicht. Ich war es nicht gewohnt zu fühlen, wie es mir ging.

Beschwerden beschweren

Also gut: Was waren meine Beschwerden? Was fühlte sich in meinem Leben nicht gut an? Das Einzige, was mir zunächst in den Sinn kam, waren meine körperlichen Schmerzen. Ich hatte dauernd Kopfschmerzen, Rückenschmerzen und Magenschmerzen. Mehr fiel mir zu diesem Zeitpunkt nicht ein. Doch unser Gruppenmoderator versicherte mir, dass es nicht darum gehe, dass ich eine möglichst große und vollständige Liste von Beschwerden fände. Durch das Baumbild würden wir über dieses Thema immer wieder sprechen und ich könnte meine »faulen Früchte« später noch beliebig ergänzen.

So war ich beruhigt und trug in mein Arbeitsblatt »mein Lebensbaum« drei faule Früchte, meine Beschwerden, ein: 1. Kopfschmerzen, 2. Rückenschmerzen, 3. Magenschmerzen. Zu jedem der Beschwerden dann noch ein Stimmungsbarometer. Fertig!

Und du? Trage deine Beschwerden in die Früchte auf dem Baumbild rechts ein. Du siehst eine Beispielsfrucht von Christian mit Stimmungsbarometer. Finde die Intensität deiner Beschwerden mit Hilfe des Stimmungsbarometers heraus. Sind es leichte, mittlere oder schwere Beschwerden?

Meine faulen Früchte am Lebensbaum benennen

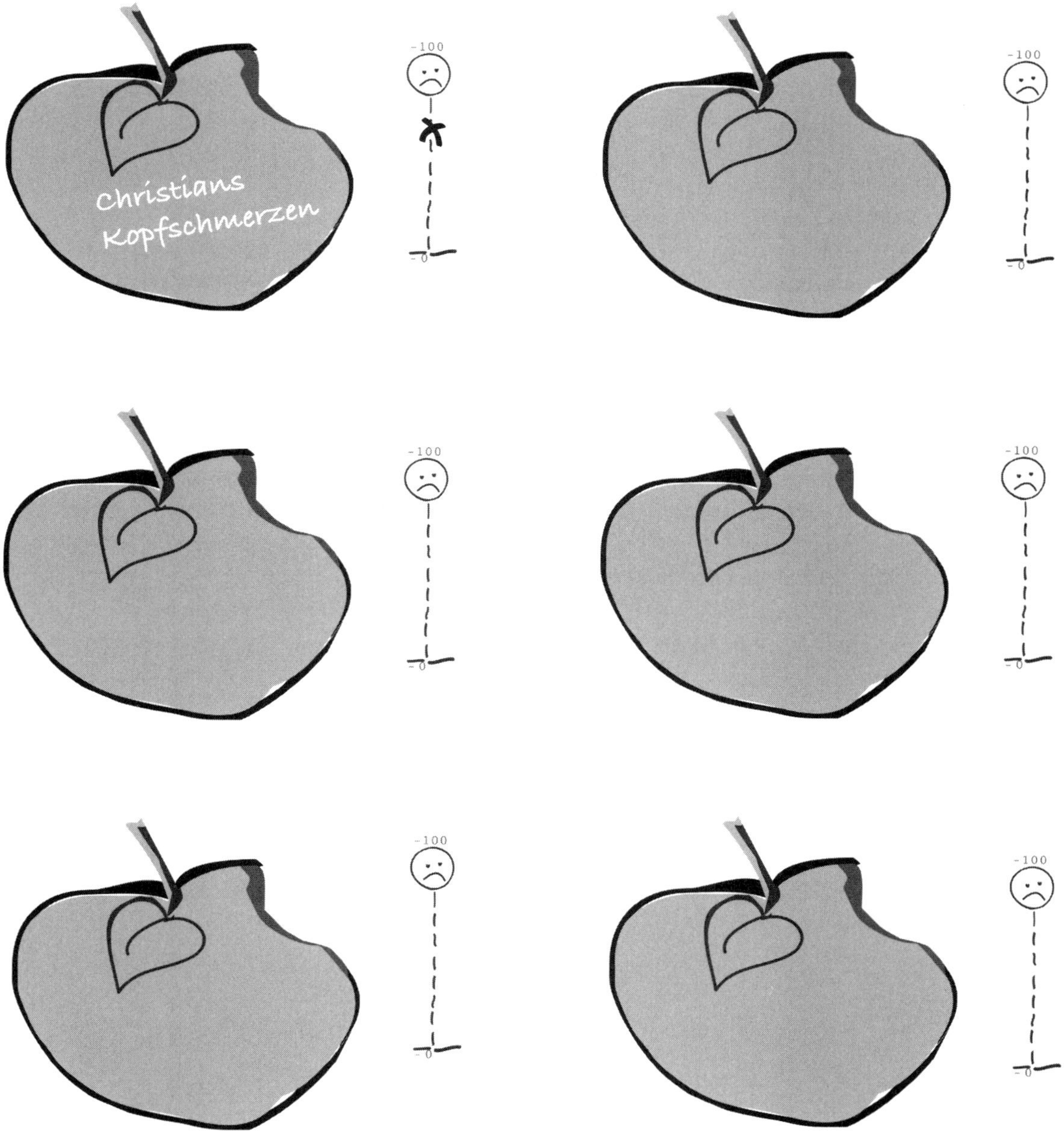

Dein schädigendes Verhalten ehrlich benennen

Was dich hindert, ehrlich zu werden

Jetzt gehen wir einen Schritt weiter und wenden uns unserem Verhalten zu. Doch wenn wir beginnen wollen, unser schädigendes Verhalten ehrlich zu benennen, regen sich in uns unangenehme Gefühle, die uns sofort blockieren weiterzudenken. Hier zwei Beispiele:

Beispiel 1: Menschen wollen ein makelloses Bild von sich aufrechterhalten

***Nina**: Mir ist es ganz schön schwergefallen, in eine solche Gruppe zu gehen. Damit hatte ich ja irgendwie schon eingestanden, dass irgendwas in meinem Leben nicht in Ordnung ist. Ich hatte eine ungeheure Angst davor, dass es da etwas gibt, das ich alleine nicht bewältigen konnte. Mir war es so peinlich, davon zu sprechen, dass ich zu viel Alkohol trinke und es nicht schaffe, das zu ändern. Ich wollte mich nicht blamieren und ich war mir sicher, dass die anderen Frauen hier solche Probleme nicht kannten und mich dafür verurteilen würden! Ich schämte mich so vor ihnen! Es war für mich unglaublich schwer, allein die Nähe der Gruppe zu ertragen. Ich hatte doch zu Hause gelernt, nach außen immer ein makelloses Bild aufrechtzuhalten. Auf keinen Fall durfte ich es zulassen, dass meine Fassade Risse bekam und sichtbar wird, welche verzweifelte und oft auch betrunkene Frau ich eigentlich war.*

Aber Moment mal, war es nicht genauso eine heuchlerische Fassade, die ich zu Hause so verabscheut hatte? Bei den Geschäftspartnern meines Vaters mussten wir doch immer alle so tun, als wäre alles in Ordnung! Es durfte bloß keiner merken, was eigentlich in unserer Familie los war.

Welches Bild von dir möchtest du vor anderen Menschen aufrechterhalten? Beschreibe es hier möglichst genau!

***Nina**: Als ich irgendwann wagte, mich in der Gruppe zu öffnen, stürzte die Welt nicht ein. Kein Donnerwetter oder vernichtendes Urteil kam. Keiner brach in anhaltendes Gelächter aus oder rümpfte verächtlich die Nase über mich. Ich wurde ernst genommen und verstanden! Tatsächlich kämpften andere Frauen in der Gruppe mit ziemlich ähnlichen Problemen.*

Beispiel 2: Menschen vermeiden, die Verantwortung für ihr Verhalten zu übernehmen

Immer wieder kommen Menschen nur einem anderen zuliebe in die Endlich-Leben-Gruppen. Doch solange wir die Dinge anderen zuliebe tun – und sei es für Gott, um ihm zu gefallen –, haben wir nicht wirklich erkannt, worum es geht: um uns! Es ist wichtig, aus uns selbst heraus motiviert an der Gruppe teilzunehmen. Nur so können wir lernen, die Verantwortung für uns und unser Verhalten zu übernehmen.

Bring es zu Papier. Warum bist du in der Gruppe?

***Emma**: Mir fiel es sehr schwer, die Verantwortung für mich selbst und meine Probleme zu übernehmen. Ich hatte doch nie etwas Schlechtes getan. Schon als Kind war ich ständig krank, hatte Allergien und Migräne. Als dann die Depression in mein Leben brach, war ich doch völlig hilflos! Ich war eben wirklich das Opfer meiner Umstände.*

Aber wie sollte ich jemals ein stabiles Leben als erwachsene Frau leben, wenn ich immer das Opfer meiner Umstände blieb? Ich wollte es lernen, die Verantwortung für mein Leben zu übernehmen!

Wo erlebst du dich als Opfer deiner familiären Situation, deiner Herkunftsfamilie oder anderer Umstände?

Es gibt sicher noch weitere Gründe, warum es dir vielleicht schwerfällt, dein schädigendes Verhalten ehrlich zu benennen.

Warum fällt es dir schwer, dein schädigendes Verhalten ehrlich zu benennen?

Wir denken über unser Verhalten zu wenig nach

Ein weiterer Grund, der uns daran hindert, unser Verhalten ehrlich zu benennen, ist: Wir machen uns darüber im Alltag meist keine Gedanken mehr. Was wir am Tag tun, läuft meist ganz automatisch ab. Wir stehen auf, gehen auf die Toilette, putzen uns die Zähne, lesen die Zeitung, steigen ins Auto usw.

Für so viele Dinge, die wir tun, schalten wir unseren Kopf nicht mehr ein. Das liegt daran, dass unser Gehirn nur wenig auf einmal bewusst verarbeiten kann. Der unbewusste Teil unseres Gehirns kann dagegen parallel unzählig viel gleichzeitig. Unbewusst und automatisch. Deshalb läuft das Allermeiste im Leben automatisiert ab.

Das gilt auch für die meisten unserer schädigenden Verhaltensweisen: Oft haben wir uns so sehr an sie gewöhnt, dass sie automatisiert im Hintergrund ablaufen und wir uns bewusst gar keine Gedanken mehr darüber machen.

Gegenmaßnahme: Bewusstmachen hilft

Deshalb legen wir mit Schritt 1 großen Wert darauf, einzuüben, uns die Dinge, die wir tun, wieder bewusst zu machen. Hier lernen wir im Endlich-Leben-Prozess, unsere Wahrnehmung so zu schulen, dass wir uns selbst und die Dinge, die wir tun, wieder wahrnehmen. Sonst wird sich an den Beschwerden und unserem Verhalten nichts verändern lassen.

Christlich geprägte Automatismen

***Christian**: Mir war es immer schon wichtig, mir am Morgen eine Zeit zu nehmen, um in der Bibel zu lesen und zu beten. Ich ging dazu in mein Büro. Wenn ich durch die Bürotür ging, kam ich an meinem Schreibtisch vorbei, schaltete meinen Computer an, checkte kurz die Mails und setzte mich dann auf meinen Lesesessel, um zu beten. Danach musste ich meist ganz schnell zu irgendwelchen beruflichen oder ehrenamtlichen Terminen.*

Dieser Ablauf spulte sich unter der Woche fast immer gleich ab und ich hinterfragte ihn nicht. Doch als ich in der Endlich-Leben-Gruppe lernte, die Dinge achtsam wahrzunehmen, die ich tue, mir fiel auf, wie eigenartig die Reihenfolge meiner Morgenroutinen war: Büro, Computer, Mails, Gebet.

Wenn ihr das jetzt lest, fällt euch bestimmt auf, dass die Reihenfolge aus spiritueller Sicht ziemlich verdreht ist.

Verkehrte Prioritäten

Von außen oder bei klarem Verstand betrachtet, liegen Probleme oft klar auf der Hand. Deshalb hat mir übrigens die Gruppe an vielen Stellen geholfen. Mein Morgenritual war für mich ein ganz nomaler automatisierter Ablauf, den ich in keiner Weise mehr hinterfragt hatte: Ich begann den Tag damit, in meinen Mails zu lesen, was noch alles zu tun war. Meine Gebete waren entsprechend davon bestimmt, Gott zu bitten, mir zu helfen, diese Dinge zu erledigen. Meine Gedankenwelt und meine Wahrnehmungsprozesse drehten sich um Aufgaben – auch im Gebet!

Welches Verhalten, das du ganz automatisch abspulst und nicht mehr hinterfragst, wird dir gerade jetzt bewusst? Findest du ein Beispiel?

Dein schädigendes Verhalten: Die Äste

***Christian**: Ich hatte vorhin schon erwähnt, dass ich in meinem Leben eigentlich kein schädigendes Verhalten entdecken konnte. Bei den anderen in meiner Gruppe fand ich es viel offensichtlicher, wo ihr Verhalten schädigend war. Über mich dachte ich nur Gutes, hatte ich doch vor allem anderen Mensch geholfen.*

Naja. Dumm war ich aber auch nicht. So dämmerte mir langsam, worauf es in der Gruppe hinauslief. Deshalb bin ich schließlich geblieben.

Der Zusammenhang zwischen Früchten und Ästen

Im Baummodell gesprochen, hingen meine »faulen Früchte« an bestimmten Ästen meines Lebensbaums. Nachdem ich mich entschlossen hatte, mich auf dieses Denkmodell einzulassen, machte es richtig Spaß, auf Spurensuche zu gehen. Ich fing an, mir Gedanken zu machen, an welchen Verhaltens-Ästen meines Lebensbaums diese faulen Früchte wohl gewachsen sind.

In meinem Fall lag es auf der Hand, dass sowohl Kopfschmerzen als auch Magenschmerzen mit Stress im Zusammenhang standen. Ich hatte wohl manchmal anderen Menschen zu viel geholfen. Es widerstrebte mir sehr, in das Baumbild »Menschen helfen« als meine Art von schädigendem Verhalten einzutragen. Doch etwas in mir ahnte, dass ich der Wahrheit auf der Spur war.

Noch erhellender für mich war diese Unterscheidung, die ich bei Endlich-Leben kennenlernte: »Schädigendes Verhalten« ist nicht nur das, was ich tue, sondern Verhalten hat noch drei weitere Ebenen.

Die vier Ebenen des Verhaltens

1. Tat: Was genau tue ich (der sichtbare, beobachtbare Vorgang)?
2. Gefühl: Was genau fühle ich während meiner Handlung?
3. Gedanke: Was genau denke ich bei meiner Handlung?
4. Körper: Wie genau erlebe ich die Handlung in meinem Körper?

Christians Ast–Frucht-Analyse

***Christian**: Zunächst sollte ich mir eine ganz konkrete Situation vorstellen, wo ich mein Helfer-Verhalten an den Tag gelegt hatte und meine Beschwerden die offensichtliche Folge gewesen waren. Ich wählte als mein Beispiel: »alleinerziehender Mutter beim Umzug geholfen.« Jetzt ging es darum, meinen »Verhaltensast« in dieser Situation genauer zu analysieren:*

Tat

Was genau habe ich getan? Ich war den ganzen Tag da und habe die schwersten Sachen geschleppt. Es gab andere Männer, die kräftiger gebaut sind als ich, doch ich habe die Sachen lieber selbst getragen.

Gefühl

Wie habe ich mich beim Schleppen gefühlt? Am Tag selbst habe ich mich sehr gut gefühlt!

Gedanke

Was habe ich beim Schleppen gedacht? Ich habe in etwa gedacht: »Es ist gut, dass ich das mache! Das ist eine wichtige und sinnvolle Hilfeleistung. Wie hätte die arme Frau das ohne mich wohl hinbekommen?«

Körper

Mein Körper war stark beansprucht und mein Rücken schmerzte furchtbar. Ich habe diese Schmerzen ignoriert, obwohl etwas in mir genau wusste, dass mein Körper sich für solch einen Gewaltakt-Verhalten rächt.

Etwas in mir war klar, dass ich am nächsten Tag mit starken Kopfschmerzen reagieren würde und mein Rücken unter der Verspannung noch stärkere Beschwerden machen würde. Aber das war meinem bewussten Ich in dem Augenblick nicht so wichtig. Und irgendwo in mir dämmerte die Frage: »Warum bitte ich nicht meine Arbeitskollegen um Hilfe, die körperlich einfach stärker sind als ich?« Aber diese Frage verdrängte ich, sobald sie mir bewusst wurde. Denn irgendwie stieg mit dieser Frage in mir ein Gefühl von Angst auf. Sonderbar.

Langsam begriff ich: Bei meinem »helfenden Verhalten« nahm ich nicht alle Ebenen meines Verhaltens gleichermaßen ernst. Ich fühlte beim Helfen zwar eine starke Zufriedenheit, jedoch missachtete ich die körperliche Ebene völlig. Da entdeckte ich starke negative Gefühle, eine Belastung. Mir dämmerte: Auf den ersten Blick sah mein Verhalten gut aus. Aus einer anderen Perspektive schädigte ich mich. Das Stimmungsbarometer zeigte mir diese gemischte Gefühlslage an.

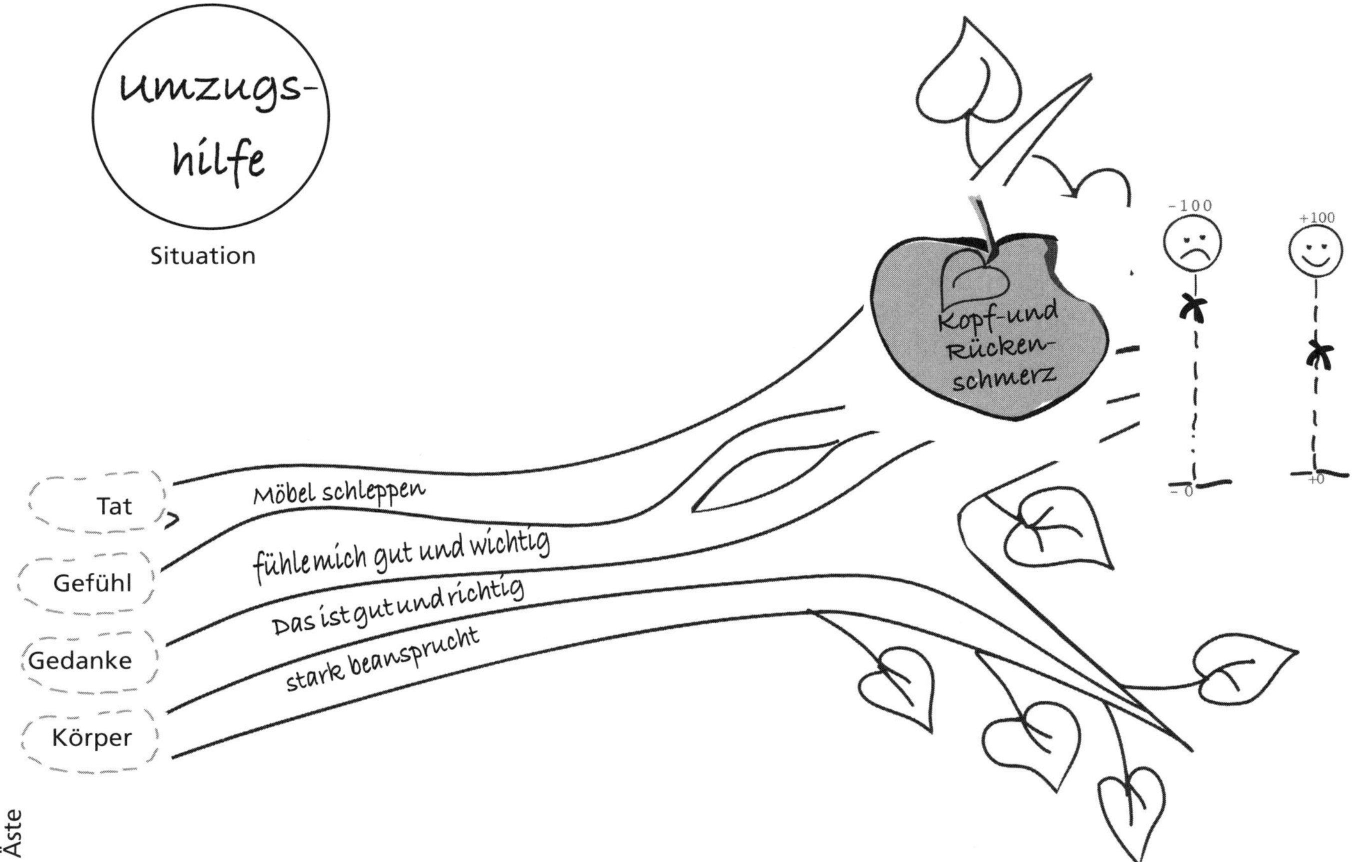

Am Vorbild von Christian auf der vorigen Seite hast du ein Modell kennengelernt, mit dem du in Zukunft dein Verhalten in den Situationen deines Alltags genauer unter die Lupe nehmen kannst. Hier siehst du den Beispielast von Christian ausgefüllt.

Emmas Baumbild trägt noch undeutliche Züge

***Emma**: Meine Beschwerden waren mir klar: Ich fühlte mich immer so schwach und traurig. Aber was tat ich denn dazu, dass das so war? Was sollte der Verhaltensast meines Baumbilds sein?*

Erst ein paar Wochen später bin ich mir auf die Schliche gekommen. Mein Baum-Bild und die der anderen findest du hinten im Buch ab den Seiten 375.

Wichtig für mich wurde an dieser Stelle, dass meine Gruppenmoderatorin mich darin bestärkte, dass ich mein schädigendes Verhalten jetzt noch nicht genau benennen können musste. Schließlich war ich noch am Anfang meines Endlich-Leben-Weges und lernte erst, mich wahrzunehmen.

Deine Ast-Frucht-Analyse

Mache jetzt deine eigene Ast-Frucht-Analyse auf der nächsten Seite. Ziel dieser Übung ist es, dass du das Zusammenspiel von Ast und Frucht deutlicher erkennst.

- Da sind Gefühle, die sich nicht gut anfühlen. Trage ihre Bezeichnung in den Ast ein. Daneben im Gefühlsbarometer markierst du, wie stark sie auf beiden Skalen sind.
- Überlege dir, in welcher Situation es zu diesem Gefühl kam; schreib sie in den Kreis und notiere in der Frucht, welche Beschwerden daraus erwachsen sind.
- Ast-Analyse: Was hast du genau »gemacht«, als das Gefühl aufkam? Unterscheide die vier Ebenen (Tat, Gefühl, Gedanke, Körper) deines Verhaltens.
- Was kannst du wahrnehmen? Gibt es in der Situation auch angenehme Gefühle? Trage ihre Intensität auch ins Stimmungsbarometer ein.

Bei dieser Analyse kommt es nicht auf die genaue Reihenfolge an. Finde deinen Weg.

Tipp: Mache die Wahrnehmungsübung immer wieder!

Unser Tipp für deinen weiteren Erkenntnisgewinn: Achte in den nächsten Wochen darauf, wann genau du deine Gefühle wahrnimmst, und nutze das Arbeitsblatt, um weitere Situationen, Verhaltensaspekte und Früchte zu verstehen.

Im Anhang dieses Buches findest du weitere Arbeitsblätter als Kopiervorlage.

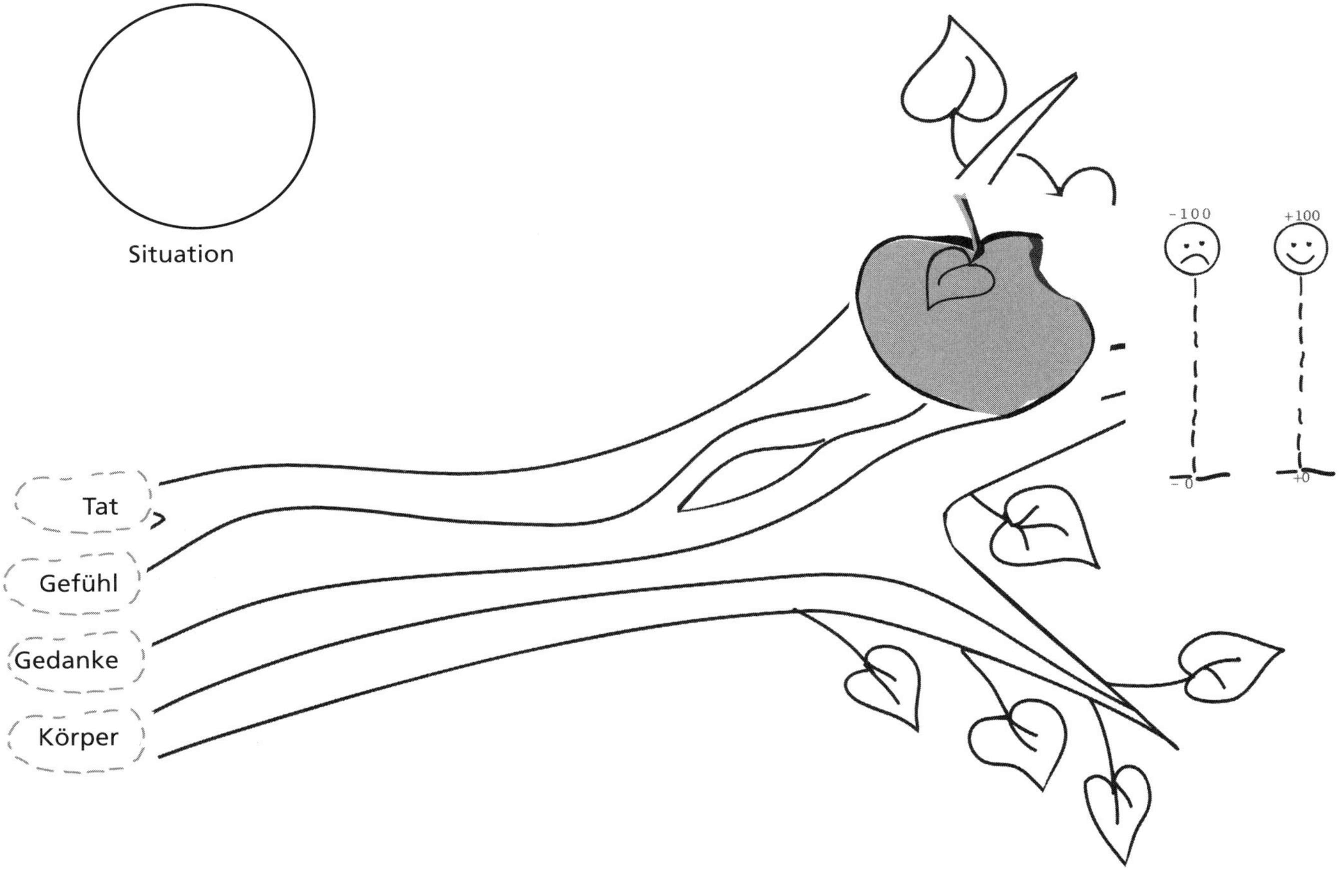
Situation
-100
+100
-0
+0
Tat
Gefühl
Gedanke
Körper

Was hilft dir, ehrlich zu werden?

Bei vielen Gruppenteilnehmer:innen regt sich ein Alarmgefühl oder Angst, wenn es darum geht, ehrlich zu werden. Das hat Christian oben auch von sich erzählt. Doch was hilft, trotz innerer Abwehr ehrlich zu werden?

Andere Menschen haben auch Probleme

***Nina**: Was mir geholfen hat, in der Gruppe ehrlich zu werden? Ich habe mitgekriegt, dass andere auch Probleme haben. Ich war plötzlich nicht mehr die Einzige, die mit ihrem Leben nicht zurechtkam.*

Solange ich mich allein durchs Leben kämpfte, schienen die Menschen um mich her immer alles super hinzubekommen. Zu sehen, dass die anderen in meiner Gruppe auch ihre Kämpfe hatten, machte mir Mut, über meine Themen offen zu reden. Und dieses ehrliche Reden tat so gut! Es war so befreiend, als würde sich ein innerer Druck in mir auflösen.

Finde Schutzraum in der Gruppe – die Gruppenregeln

***Thomas**: Für mich waren die klaren Gruppenregeln der Endlich-Leben-Gruppe wichtig. Zum einen die Verschwiegenheitsregel: »Was wir sagen, bleibt hier!« Unser Gruppenmoderator hat am Anfang immer wieder darauf hingewiesen. Ich dachte noch: »Wer kann das schon überprüfen?« Aber mit der Zeit merkte ich, dass die anderen auch ein berechtigtes Interesse daran hatten. Wir saßen alle im gleichen Boot. Es hat mir sehr geholfen, dass wir uns gemeinsam verpflichtet haben, diese und andere Gruppenregeln einzuhalten. Zum anderen half mir die Regel »keine billigen Lösungen«. Es tat mir gut, dass ich die Chance bekam, meine Sicht der Dinge zu schildern, und dass dies in der Gruppe einfach stehen blieb. Kein »Du musst doch« oder »Das geht doch nicht«. Ich musste mich nicht mehr so sehr wie im Kampf fühlen und konnte irgendwie »weicher« werden.*

Gott sei Dank, kein religiöser Zwang mehr

***Christian**: Ich erlebte den Schutzraum der Endlich-Leben-Gruppe auch dadurch, dass ich dort keinen »religiösen Zwang« spürte: Die Gruppenregel »Glaubensüberzeugungen dürfen stehen bleiben« war für mich als überzeugter Christ am Anfang eine echte Herausforderung. Manche Männer haben Dinge gesagt, die ich zu gerne theologisch richtiggestellt hätte. Aber das durfte ich nicht und das musste ich auch nicht. Ich stellte fest, wie der gnädige und liebevolle Gott auf seine Weise in unserer Gruppe*

wirkte – und zwar auch an meinem Herzen. Er wurde ja zu Beginn eines jeden Abends durch unser Gebet eingeladen, unter uns zu wirken, und am Ende haben wir dann auch noch mal für alles gebetet, was im wahrsten Sinne auf dem Tisch lag. Denn manchmal haben wir die Lernergebnisse in Stichworten auf Zettel geschrieben und für das Gebet hingelegt. Wer dafür beten wollte, nahm sich den Zettel.

Mit der Zeit wurde mir klar, dass mein Gottesbild sehr von der inneren Überzeugung geprägt war, dass Gott – wie ich ihn verstand – *mich nicht lieben würde, wenn ich ihm nicht absolut selbstlos dienen würde. Irgendwie schien er mir doch wie ein strenger Gott, fast bedrohlich. Obwohl ich anderen Menschen immer von einem guten Gott erzählte, hatte ich das Gefühl, dass mir diese Güte nicht gilt.*

So hatte ich am Anfang echt Angst, dass Gott mich verdammt, wenn ich ehrlich werde. Doch in der Art und Weise, wie wir Männer es lernten, in einer liebevollen Haltung von Annahme und Barmherzigkeit miteinander umzugehen, bekam ich die innere Vorstellung und das Zutrauen, dass Gott mit mir mindestens genauso gut umgeht. Das machte mir Mut und ich riskierte es mehr und mehr, zu vertrauen: den Menschen, aber auch einem liebevollen Gott, der sich um die Menschen kümmert, auch um mich.

Was hilft dir, ehrlich zu werden?

Was bringt es dir, ehrlich zu werden?

Wir leben wieder in Beziehung

***Nina**: Es hat mich unheimlich viel Kraft gekostet, nach außen eine »makellose« Fassade aufrechtzuerhalten. Ich hab mir selbst und anderen immer vormachen wollen, dass es eigentlich nicht so schlimm um mich steht. Letzlich habe ich eine Lüge gelebt. Mit dem Ehrlichwerden kam folgende Wahrheit ans Licht: »Ja, es gibt ein Problem in meinem Leben. Sogar einen ganzen Sack voll. Und ich bin damit absolut überfordert!« Ich hab mir selbst und anderen nichts mehr vorgemacht und lebte so wieder in Beziehung, in einer wohltuenden Beziehung zu den Menschen in meiner Gruppe und auch wieder etwas mehr in einer Beziehung zu mir selbst. Beides tat mir wirklich gut!*

Stell dir vor, du würdest in einer total ehrlichen Beziehung zu den Menschen in deiner Gruppe leben. Welche Gedanken und Gefühle kommen dir in den Sinn?

Wir erleben Erleichterung

***Nina**: Ich kann mich noch genau daran erinnern: Nachdem ich es gewagt hatte, zum ersten Mal in meiner Kleingruppe davon zu berichten, wieviel Alkohol ich tatsächlich täglich trank, erlebte ich eine erstaunliche Gefühlswandlung! Vor dem Geständnis erstickten mich Trauer und Angst fast. Doch durch die Reaktion der Gruppe kam ein tiefes Gefühl von Ruhe, Freude und Erleichterung.*

Der Satz: »Ist der Ruf erst ruiniert, lebt's sich völlig ungeniert!« kam mir in den Sinn, und ich musste etwas in mich hineinlachen. Ich war so erleichtert, weil ich mich jetzt wirklich auf den Endlich-Leben-Prozess einlassen konnte. Der Kampf in mir, die bohrende Frage, das ewige Für und Wider: »Sag ich es ihnen oder nicht?«, waren endlich vorbei.

Es war wie mit einem Wasserball: Wenn ich alle meine Energie aufbringe, um einen Ball unter Wasser zu halten, strebt der immer wieder nach oben. Erst als ich müde den Ball losließ, erlebte ich, wie meine Hände frei wurden für etwas Neues.

Die Bibel schätzt Ehrlichkeit

Wenn du noch zögerst, ehrlich zu werden, dann ist das verständlich. Aber mach dir bitte klar: Du machst es dir schwerer, wenn du die Wahrheit über dein schädigendes Verhalten verdrängst oder vor anderen verleugnest. Die Bibel ist voll von Geschichten, die dich ermutigen, ehrlich zu werden. Ein Beispiel ist Paulus. In seinem Brief an die Römer, Kapitel 7, Verse 18-25 schreibt er offen und persönlich über sich:

Der Apostel Paulus nimmt seine Situation ehrlich wahr

»Der Wille zum Guten ist bei mir zwar vorhanden,
aber nicht die Fähigkeit, es zu tun.
Ich tue nicht das, was ich eigentlich will –
das Gute.
Sondern ich tue das, was ich nicht will –
das Böse.
Ich tue also das, was ich nicht will.
Das bedeutet: Ich bin nicht mehr der Handelnde.
Es ist vielmehr die Sünde, die in mir wohnt.
Ich entdecke also bei mir folgende Gesetzmäßigkeit:
Obwohl ich das Gute tun will,
bringe ich nur Böses zustande.
Meiner innersten Überzeugung nach
stimme ich dem Gesetz Gottes mit Freude zu.
Aber in meinen Gliedern nehme ich
ein anderes Gesetz wahr.
Es liegt im Streit mit dem Gesetz,
dem ich mit meinem Verstand zustimme.
Und dieses Gesetz macht mich zu seinem Gefangenen.
Es ist das Gesetz der Sünde,
das in meinen Gliedern steckt.
Ich unglücklicher Mensch!
Mein ganzes Dasein ist dem Tod verfallen.
Kann mich denn niemand davon befreien?
Doch! Und dafür sei Gott Dank
durch Jesus Christus, unseren Herrn.«

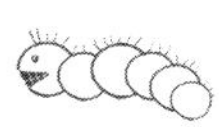

Widersprüchlichkeiten zulassen ist menschlich

Paulus beklagt hier seine eigene Widersprüchlichkeit im Leben. Die eigentlichen, guten Absichten gemäß den Weisungen Gottes, der »Thora«, dem Gottesgesetz, stehen auf dem einen Blatt. Auf dem anderen die seiner Einschätzung nach ganz handfest-praktischen, misslungenen Umsetzungen. Er ist erstaunlich ehrlich.

Dieser Mann steht zu seinen schmerzhaften Widersprüchen. Einige Worte springen dir ins Auge und sprechen zu dir, andere sind dir eventuell fremd. Du darfst in deiner Gruppe ehrlich und kritisch sein. Niemand zwingt dir fremde Glaubensüberzeugungen auf.

Mach diesen 2000 Jahre alten Text versuchsweise zu deinem, indem du ihn so veränderst, bis er zu dir passt. Nimm dir die Freiheit, nur das aufzunehmen, was dich voranbringt.

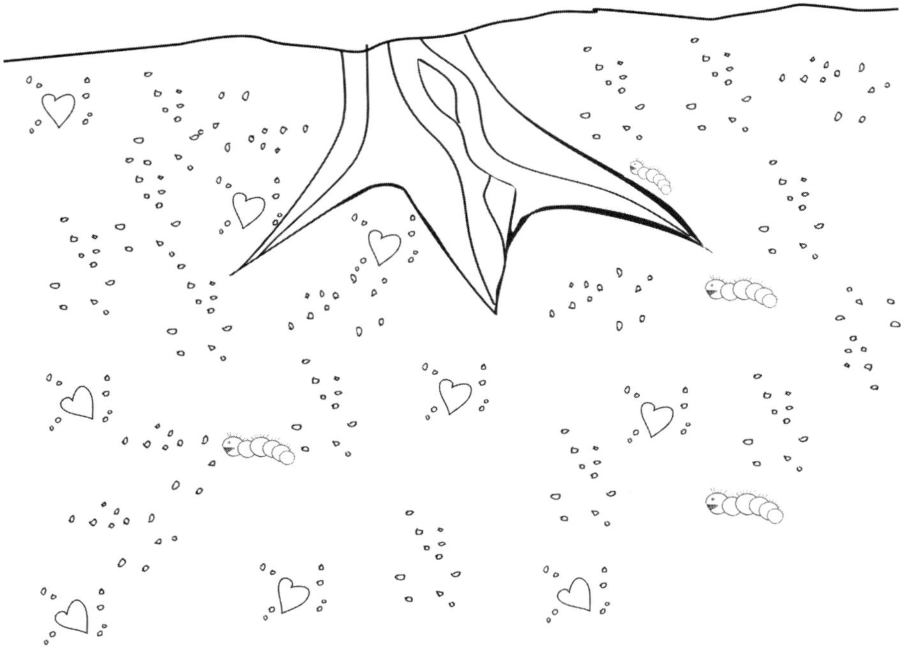

Schritt 1.2

»… und geben zu, dass wir unsere Probleme nicht im Griff haben – wir kapitulieren.«

Woche 4

Endlich kapitulieren wir

Du beginnst nun, dein schädigendes Verhalten zu verstehen:

Du wolltest dich selbst heilen – deine Überlebensmechanismen.

Wurzel 1 im Baummodell symbolisiert Selbstheilungs-Muster.

Du beobachtest genauer, was dich hindert, zu kapitulieren:

Du glaubst, es ganz gut im Griff zu haben.

Du hast Angst vor den Schmerzen.

Du erkennst den Nutzen, den es dir bringt, zu kapitulieren:

Du wirst gelassen und frei. Du wirst offen für neue Lösungen.

Du erlebst Gnade.

Überlebensmechanismen – sich selbst heilen

Der heimliche Nutzen des Verhaltens

Wir lernen jetzt: Jedes Verhalten bringt etwas. Auch selbstzerstörerisches Verhalten kann unter bestimmten Umständen Sinn machen. Deshalb wollen wir versuchen, dem »Sinn« oder dem Gewinn unseres Verhaltens auf die Schliche zu kommen. Die Frage, der wir jetzt nachgehen, ist also: Welchen Schmerz wollen wir eigentlich heilen?

***Nina**: Ich bin ja kein schlechter Mensch, nur weil es in meinem Leben Probleme, Schwierigkeiten oder sogar Abhängigkeiten von Suchtstoffen gab. An meinem Beispiel zeigt sich, dass genau die Verhaltensweisen, die mir heute Beschwerden bereitet haben, ursprünglich für mich sehr sinnvoll und sogar hilfreich waren.*

Mein Alkoholkonsum und auch mein Zigarettenkonsum hatten für mich einen Sinn! Sie konnten meinen inneren Schmerz, meine »Seelenqual« lindern. Damit hatten diese Suchtmittel für mich, genau genommen, die Funktion eines Heilmittels. Mein Verhalten war zuerst etwas Heilsames: gewissermaßen mein Überlebensmechanismus.

Wurzel 1 im Baummodell – kurzfristige „Selbstheilung"

Um unser Verhalten zu verstehen, müssen wir ihm auf den Grund gehen. Im Baummodell bedeutet das, dass wir uns anschauen, was unter der Erde geschieht. Wir erforschen die erste von drei Wurzeln unseres Lebensbaums. Im Wurzelwerk finden wir die Wachstumsgrundlagen, um zu verstehen, warum unser Baum diesen speziellen Verhaltens-Ast mit seinen Folgen hervorbringt. Die Wurzel 1 im Baumbild gibt uns Aufschluss über diesen Versuch der kurzfristigen »Selbstheilung«. Ein Beispiel:

***Thomas**: In meiner Geschichte klang schon durch, was mein Überlebensmechanismus war. Ich war in der Schule immer der »Kleine« und wurde von meinen Mitschülern nicht wirklich ernst genommen, sondern sogar verlacht! Überlebt habe ich diese Situation, indem ich mich sozusagen selber »groß« machte. Das ging durch drei Strategien der Selbstheilung: Ich wurde sehr fleißig und ehrgeizig und war immer darauf aus, herausragende Leistungen zu erbringen. So schaffte ich es, fast überall der Beste zu sein. Die anderen habe ich für »dumm« gehalten und mich ihnen gegenüber auch so benommen. Wo meine »Größe« – der schwer erarbeitete Selbstwert – in Frage gestellt war, wurde ich aggressiv. So klar, wie ich das jetzt formuliere, war mir das natürlich zum Gruppenbeginn noch nicht. Aber beim Ausfüllen meines Baumarbeitsblattes und der ersten Wurzel »Selbstheilung« kam ich schnell einen gehörigen Schritt weiter.*

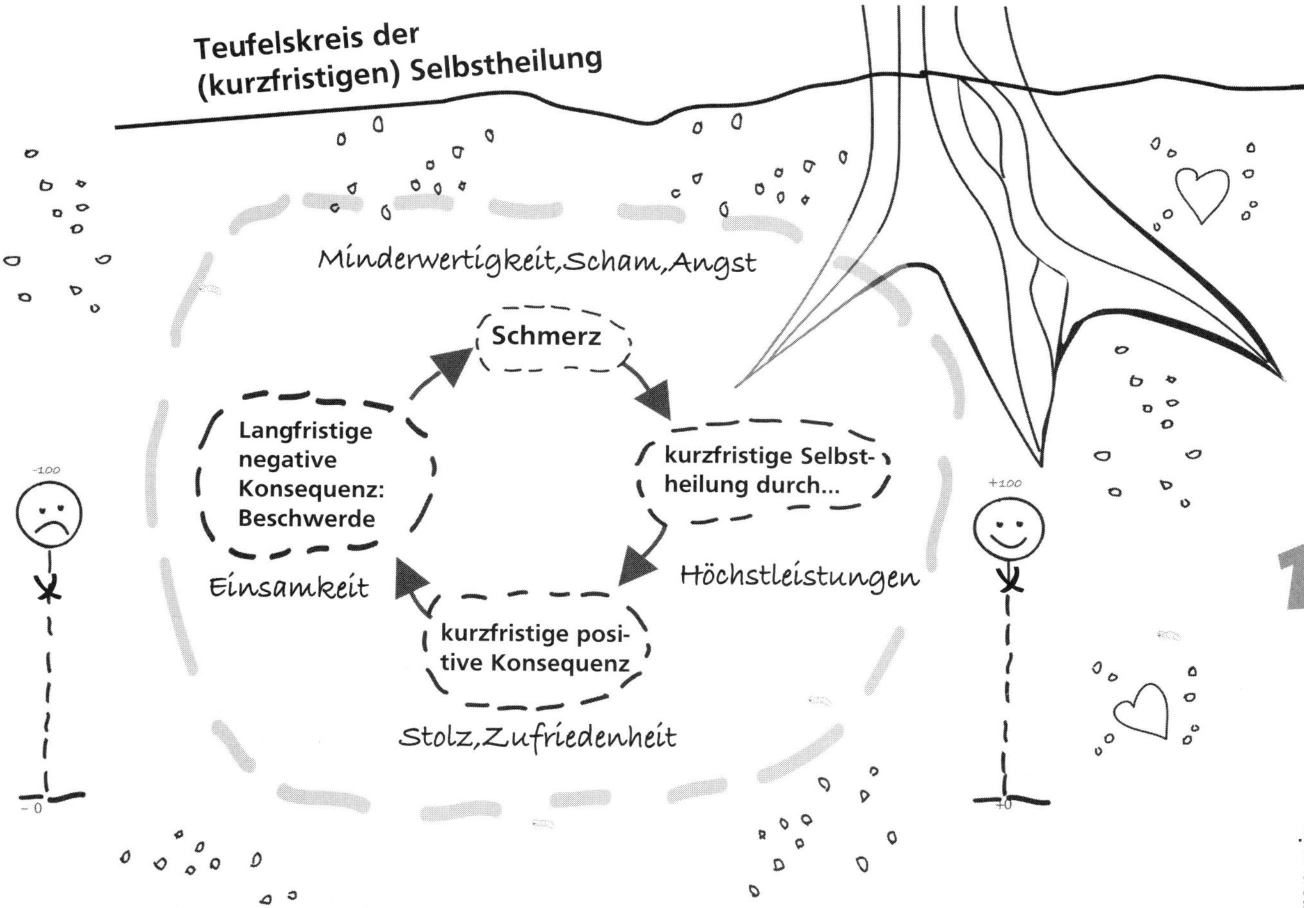

Angenommen, du könntest wie durch eine Lupe in die Wurzel deines Lebensbaums hineinblicken. Dann würdest du darin vielleicht einen »Teufelskreis« entdecken. Ich zeige es dir hier mal an meinem Beispiel:

Mein Selbstheilungsverhalten war wie ein »Teufelskreis«. Das Erbringen von Höchstleistungen war natürlich verbunden mit arbeiten, arbeiten, arbeiten. Doch welchen Schmerz habe ich versucht durch dieses Verhalten zu heilen? Heute würde ich sagen, es war der Schmerz meiner gefühlten Minderwertigkeit. Gefühle, die ich damit verband, waren vor allem Angst und Scham. Da ich wie alle Menschen diese Gefühle gerne vermeide, fiel es mir schwer, das an dieser Stelle im Endlich-Leben-Prozess so aufzuschreiben. Die anderen Männer meiner Gruppe waren sehr viel mutiger, zu ihrer Schwachheit zu stehen. So wagte ich es dann auch, mir Schwachheit einzugestehen.

Höchstleistungen bringen mir Befriedigung

__Thomas__: Erbrachte ich nun Höchstleistungen, fühlte mich sauwohl mit meinem Erfolgen! Deshalb machte das Verhalten zunächst auch Sinn: Ich war stolz und zufrieden mit mir.

Aber diese emotionale Konsequenz hielt nicht lange an. Meine Leistungen mussten immer größer werden , damit sie mir noch den gleichen Effekt an Befriedigung verschafften.

So musste ich z. B. immer mehr arbeiten, um eben dieses Hochgefühl aufzubauen. Denn der Schmerz musste ja immer neu abgewehrt werden.

Dosissteigerung wie bei einer Sucht

Es war tatsächlich ähnlich wie bei einer Droge, an die man sich auch gewöhnt und deren Dosis deswegen steigern muss – deshalb passt auch »Teufelskreis« so gut. Das Problem an der Sache ist, dass es nach der kurzfristigen positiven Konsequenz, dem Wohlgefühl, leider eine langfristige negative Konsequenz nach sich zieht. Das sind unsere Beschwerden, an denen wir leiden – die faulen Früchte unseres Lebensbaums. Bei mir war es die Einsamkeit. Ihr wisst ja, was mit meiner Ehe passiert ist.

Thomas wurde an dieser Stelle sehr ernst. Der Mechanismus der Selbstheilung wirkte in ihm, ob er ihn sich bewusst machte oder nicht. Er ist die Wurzel 1 des Lebensbaums, die entscheidend verantwortlich ist für das Wachstum des Baums.

Als seine Frau ihn verlassen hatte, konnte er nicht mehr verleugnen, dass sein Lebensbaum faule Früchte produzierte. Um zu verstehen, warum sein Verhalten faule Früchte hervorbrachte, war es für ihn sehr wichtig, sich die Abläufe im Teufelskreis seiner Selbstheilung bewusst zu machen. Dazu half ihm das Schaubild zur Wurzel 1 »Teufelskreis der (kurzfristigen) Selbstheilung« sehr.

Fülle das Innere der Wurzel 1 deines Baum-Arbeitsblattes aus. Du startest oben mit dem Schmerz: weiter geht es dann mit deinem Versuch, diesen Schmerz zu besänftigen (Selbstheilungsverhalten), und welchen Erfolg du damit wenigstens kurzfristig hattest. Im nächsten Schritt zeigt sich die langfristige Folge, meistens das, was Beschwerden macht. Wie sieht dein »Teufelskreis« deiner Selbstheilungsversuche aus?

Die Wurzel kurzfristiger »Selbstheilung«

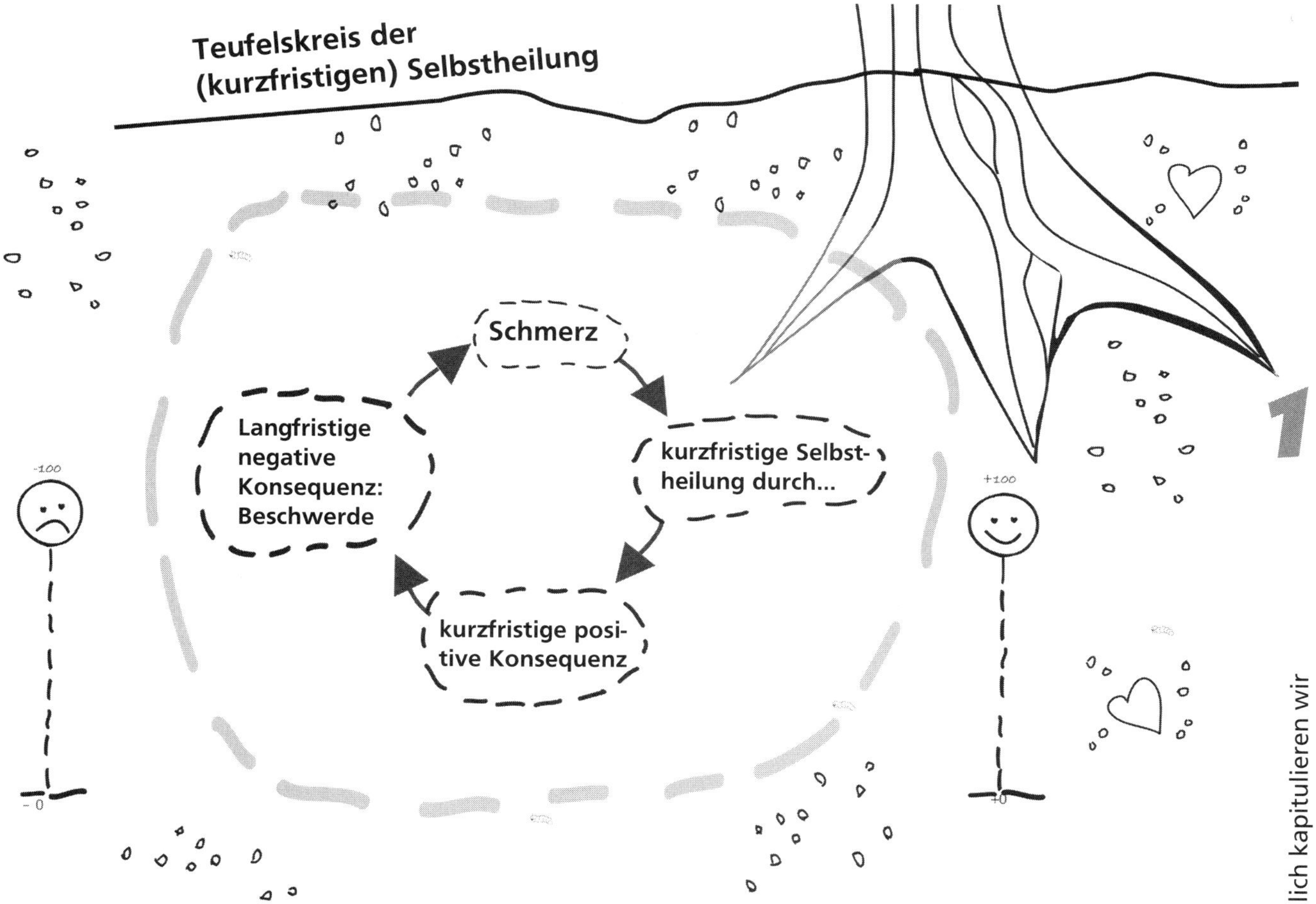

Passiv-Strategie – im Schmerz bleiben

Emma: *Bei mir war es an diesem Punkt ähnlich wie bei Thomas. Auch ich hatte tief in mir diesen Schmerz, dass ich mich wertlos fühlte. Wir nennen diesen tiefen Schmerz in uns auch Grundschmerz.*

Thomas bekämpfte diesen Schmerz, indem er sich aktiv dagegen wehrte: Er wurde erfolgreich. Diese Methode klappte bei mir nicht. Mein großer Bruder war immer besser als ich, was meine Eltern auch ständig betonten.

So konnte ich meinen Schmerz der Wertlosigkeit nur dadurch bekämpfen, also selbst »heilen,« indem ich schwach wurde. So paradox das klingt. Das war meine Lösung. Ich machte mich zu einem kranken Opfer, das deshalb keine Leistungen erbringen konnte. Das war für mich über viele Jahre eine erfolgreiche passive Strategie, diesen tiefen Schmerz abzuwehren.

Emma sichert durch schlechte Gedanken ihre Beziehungen

Eine andere Strategie war, selbst schlecht über mich zu denken: »Ich kann nichts!«, »Ich bin nichts wert!« Das klingt vielleicht absurd, aber es half mir effektiv, den Schmerz darüber abzuwehren, dass meine Eltern mich scheinbar für wertloser hielten als meinen Bruder. Denn wenn ich mich selbst für wertlos hielt, war das Verhalten meiner Eltern für mich nachvollziehbar und gewissermaßen stimmig und tat nicht mehr so weh.

Als ich in der Endlich-Leben-Gruppe begann, mich diesem alten »Grundschmerz«, den ich mit all meiner Kraft so viele Jahre abgewehrt hatte, wieder zu nähern, kamen in mir große Angst hoch und eben dieser Schmerz, den ich natürlich gleich wieder verdrängen wollte. Mich meinen Vermeidungsstrategien zu widersetzen fühlte sich an wie ein Drogenentzug: Unangenehmste Gefühle kamen an die Oberfläche und ich hatte das Gefühl, dass ich das nicht aushalten konnte.

Emma wird lebendig und erlebt ihren Schmerz

Doch ich möchte dir Mut machen: Diese schmerzhaften und unangenehmen Gefühle gehören zum Lebendigwerden dazu! Man kann es mit einer Geburt vergleichen: Die Schmerzen lassen sich nicht vermeiden, doch es lohnt sich durchzuhalten, bis das wunderbare neue Leben das Licht der Welt erblickt.

Als ich es gewagt habe, meinen zugrunde liegenden Schmerz nicht mehr zu vermeiden, sondern aufzudecken und zu fühlen, machte ich die Erfahrung: ich fiel nicht so tief, wie ich immer befürchtet hatte! Ich wurde aufgefangen von der Gemeinschaft der Gruppe und von der Hoffnung und dem Trost, die ich in der Liebe Gottes fand.

Und mein größter Gewinn war, dass ich wieder begann, mit mir selbst in Kontakt zu kommen. Nur so konnte ich bewusster, erwachsener und lebendiger werden. Und eins wollte ich: lebendig werden! Ich wusste, dass es so wie bisher nicht mehr weitergehen konnte. Deshalb habe ich mich auf den Endlich-Leben-Prozess eingelassen.

Welche Gedanken und Gefühle bewegen dich bei der Vorstellung, dein Vermeidungsverhalten (Abwehrverhalten) hier nun aufzudecken / aufzugeben?

Was hindert dich, zu kapitulieren?

Der Glaube, es gut im Griff zu haben

Nina*: Ich habe oft vergeblich versucht, mein Trinkverhalten in den Griff zu bekommen. Ich war sicher, es müsste für mich doch möglich sein, diese Abhängigkeit unter Kontrolle zu bekommen! Ich versuchte immer wieder, mir neue »Trinkmuster« anzueignen, um es in den Griff zu bekommen:*
Nur noch in Gemeinschaft trinken – plötzlich lud ich ständig Menschen zum Essen ein!
Nur noch zu festlichen Anlässen trinken – plötzlich hatte ich ständig was zu feiern!

So habe ich mich jahrelang eifrig weiter betrogen und mir die Lüge erzählt, ich hätte alles im Griff. Dabei hatte mich die Sucht längst im Griff. Doch ich war sicher, ich müsste nur ein bisschen mehr meinen Willen einsetzen, dann würde ich das Problem schon lösen können. Ich wollte halt nur noch nicht richtig. Redete ich mir ein.

Damals wollte ich noch nicht zugeben, dass ich abhängig war. Aber dadurch konnte sich in meinem Leben auch nichts verändern! Ich drehte mich immer wieder im Kreis und meine Abhängigkeit wurde eher schlimmer als besser. Was ich vor der Endlich-Leben-Gruppe noch nicht verstanden hatte: Mit meinem Verleugnen und Verstecken, das mich so unglaublich viel Kraft kostete, verhinderte ich die Lösung.

Doch mit dem Beginn des Endlich-Leben-Prozesses merkte ich: »Ich habe keine Kraft mehr! Ich kann nicht mehr!« Ich war spürbar am Ende!

»Endlich am Ende« hieß es in der Gruppe. Und ich hörte dort, dass genau hinter diesem scheinbar aussichtslosen Zustand Hoffnung wartet, die Veränderung erst möglich macht. So kapitulierte ich: Ich gab zu, dass ich die Situation nicht im Griff hatte. Ich schaffte es nicht, aus eigener Kraft mit dem Trinken aufzuhören. Was ich in dem schwächsten Moment meines Lebens erlebte, war Gnade. Und in den nächsten Monaten begann eine dramatische Befreiung in meinem Inneren.

Die Angst vor den Schmerzen

***Thomas**: Schmerzhafte Gefühle, die uns keine Lust und Freude bereiten, wollen wir unbedingt vermeiden. Als ich zugeben sollte, dass ich mein Problem nicht im Griff hatte, kamen in mir genau diese unangenehmen Gefühle hoch. Ich konnte ja nach außen immer noch ganz gut funktionieren, z.B. an meiner Arbeitsstelle. Nur zu Hause wurde sichtbar, dass ich vielleicht tatsächlich etwas nicht mehr im Griff hatte.*

Es machte mir furchtbare Angst, meine Grenzen wahrzunehmen und anzuerkennen. Ich hatte Angst davor, dieses wunderbare Gefühl von Zufriedenheit und Stolz zu verlieren, das ich immer hatte, wenn ich erfolgreich war. Ich war wie süchtig nach diesem Hochgefühl. Es war mein Suchtstoff, der mein Verhalten immer weiter verstärkte.

So arbeitete ich bis zum Umfallen. Ich verbrachte so manche Nacht am Schreibtisch. In mir sträubte sich alles, meine erfolgreiche Arbeit zu reduzieren, selbst wenn ich mir damit schadete.

Heute weiß ich, dass die Angst vor dem »Entzug« nicht meine größte Angst war. Noch größer war die Angst davor, den schamvollen Schmerz meiner Minderwertigkeitsgefühle wieder zu spüren, den ich doch so tapfer zu verdrängen versuchte.

Ich glaube, dass die Angst vor diesen Schmerzen einen ganz erheblichen Anteil daran hatte, warum es so lange brauchte, bis ich meine Machtlosigkeit zugeben konnte.

Doch bei Endlich-Leben lernte ich zu verstehen, womit diese Angst zusammenhing. Das half mir, mit all meinen Erfahrungen in der Kleingruppe mutig zu werden und meine Machtlosigkeit zuzugeben. Ich kapitulierte, weil ich erkannte: »Ich stecke mit meinem über lange Jahre eingeübten und verfestigten Verhalten in einem Teufelskreis, aus dem ich alleine nicht mehr rauskomme.«

Beschreibe mit deinen eigenen Worten, was dich noch daran hindert, deine Machtlosigkeit zuzugeben und zu kapitulieren.

Was bringt es dir, zu kapitulieren?

Gelassen und frei werden

***Christian**: Als ich mit Schritt 1 angefangen habe, mein Verhalten genauer unter die Lupe zu nehmen, spürte ich, dass hinter meinem Verhalten mehr verborgen ist, als ich bewusst wahrnehme. Aber ich wusste, dass es für mich dran war, hierzubleiben und genauer hinzusehen. Deshalb blieb ich in der Gruppe, obwohl der Mann, für den ich das Ganze hier angefangen hatte, mittlerweile die Gruppe verlassen hatte. Ich begann zu überlegen: Was liegt hinter meiner aufopferungsvollen Bereitschaft, anderen Menschen zu dienen über meine Schmerzgrenze hinaus?*

Beim Ausfüllen des Arbeitsblattes »Teufelskreis meiner Selbstheilung« kamen in mir starke Widerstände hoch: Was war der »Schmerz«, den ich mit meinem Helferverhalten zu heilen versuchte? Ich hatte relativ schnell eine Idee, wollte mir diese aber nicht eingestehen. Vielleicht war es ja zu platt und ähnelte der Geschichte von Thomas.

Trotzdem wollte ich meine Vermutung bezüglich meines tieferen Schmerzes in einen Begriff fassen. Unser Gruppenleiter versicherte mir, dass ich mich damit nicht auf eine Sache festlegen würde. Solch ein Begriff sei nur eine erste Spur, um mir selber besser auf die Schliche zu kommen. Ich sei frei, die Worte auf meinen Arbeitsblättern noch tausendmal zu verändern. So könnte ich über das Ganze in aller Ruhe nachdenken und sehen, welcher Begriff für mich passend sei. Das Leben, unser Verhalten und Erleben seien ohnehin zu komplex, um sie 100%ig zu erfassen. Da könne ich ganz gelassen sein.

Gelassen. Gelassenheit. Das hörte ich hier oft. Aber das war tatsächlich das, was ich brauchte! Ich brauchte die Gelassenheit, es zu wagen, einen Begriff für den zugrunde liegenden Schmerz aufzuschreiben. Es war der Begriff »Hilflosigkeit«. Ich wusste noch nicht genau, wie das zusammenhing, aber ich ahnte, dass ich ein Gefühl eigener Hilflosigkeit dadurch abwehren wollte, dass ich anderen half.

Offen für neue Lösungen sein

***Nina**: Ich hatte alle Hände voll damit zu tun, meine Probleme zu verstecken. Nach außen sollte mein Leben ja makellos erscheinen. Dabei war es alles andere als makellos. Wenn wir, mein Mann und ich, mit Freunden verabredet waren, kreisten meine Gedanken sofort darum, wie ich bei diesem Treffen nur zu meinem Alkohol und zu meinen Zigaretten kommen würde, ohne dass es peinlich oder auffallend wäre.*

Ich kann es heute kaum fassen, wieviel Kraft meiner Gedanken es beansprucht hat, meinen Alltag zu organisieren, dass ich meine ungesunden Verhaltensmuster ausüben konnte! Wenn wir in den Urlaub fuhren, musste ich »Pipipausen« einplanen, obwohl keiner musste. Aber ich musste rauchen! Ich musste mir alle möglichen Anlässe einfallen lassen, warum wir abends unbedingt chic essen gehen sollten, nur damit ich ohne schlechtes Gewissen Rotwein trinken konnte usw.

In dem Moment, als ich zugab, dass ich süchtig war, kam auf eine besondere Art und Weise Entspannung in mein Leben: Ich musste nicht mehr ständig Situationen suchen und schaffen, in denen es scheinbar normal war, meine Suchtstoffe zu konsumieren. Ich tat es schlicht, weil ich süchtig war. Weil ich jetzt aber nicht mehr ständig einen Raum für mein Suchtverhalten in meinem Kopf vorbereiten und suchen musste, hatte ich Raum in meinem Kopf, um mir Gedanken darüber zu machen, wie ich aus meiner Sucht herauskommen könnte. Als ich endlich das Versteckspiel aufgab – meinen krampfhaften Versuch, so zu tun, als ob mein Verhalten ganz normal sei –, da war plötzlich Kraft in mir übrig, um mir Gedanken über neue, ganz andere Lösungen bezüglich meines Problems zu machen.

Eine erstaunliche Gnade erfahren

***Thomas**: Ich finde ja Ninas Geschichte im Vergleich zu meiner ganz einfach. Klar ist es schlecht, zu rauchen und zu trinken! So was hätte ich nie gemacht. Dass genau dieses Erfolgsstreben irgendwann mal zu meinem Problem wird, war für mich lange nicht vorstellbar. Selbst dann nicht, als meine Ehe scheiterte.*

Als ich zu erahnen begann, dass meine Sehnsucht nach Erfolg mein Leben und meine Beziehungen zerstörte, war das schlimm für mich. Ich glaube, ich hätte diese Wahrheit über mich und mein Verhalten weiter verdrängt, wenn nicht die Männer in meiner Gruppe gewesen wären.

Einige von denen waren echt »kaputt«, gefangen in so offensichtlichen Süchten wie Nina. Deshalb war ich nicht so allein und es fiel mir nicht ganz so schwer, zu meiner Art »Sucht« zu stehen.

Außerdem lernte ich in dieser Zeit ein christliches Wort kennen, mit dem ich bis dahin noch nichts anfangen konnte: »Gnade«. Es bedeutet, dass ich wirklich angenommen und geliebt bin, so wie ich bin. Gnade – die Grundhaltung Gottes uns Menschen gegenüber.

In der Gruppe habe ich einen Vorgeschmack davon bekommen. Ich hatte das Gefühl, dass von mir nichts mehr übrig war, als ich zugab, dass ich nicht existieren könnte ohne besondere Leistungen zu erbringen. Es fühlte sich so an, als würde eine riesige Fassade um mich herum wegbrachen und darunter kommt mein wahres Ich zum Vorschein – ein Nichts!

Was die anderen mir in der Gruppe spiegelten, passte überhaupt nicht zu meinem inneren Gefühl: Sie waren so wertschätzend, so nah und so vorsichtig mit mir! Ihnen schien meine äußere Fassade nicht so wichtig zu sein. Und vor allem schienen sie den »kleinen Thomas«, der hinter dieser großen Fassade versteckt saß, zu mögen! Ich erlebte Gnade: Ich war angenommen und wertgeschätzt, so wie ich war, ohne etwas zu leisten. Damit war mein inneres Prinzip »Leistung ist gleich Anerkennung« völlig ausgehebelt. Für meinen Kopf war das zunächst eine Überforderung! Es brauchte eine Zeit, bis es bei mir ankam.

Gnade ist unwiderruflich

***Christian**: Tja, das mit der Gnade wurde auch für mich als »Berufschrist« ganz neu zum Thema. Das Wort kannte ich zwar schon seit dem Kindergottesdienst, hatte es aber nie auf mich bezogen. Gnade galt den »armen Sündern« da draußen, denen ich immer helfen wollte, aber mit mir hatte das nicht viel zu tun. Ich war ja ein Christ.*

Für mich galten biblische Sätze wie: »Ich bin eine neue Kreatur … das Alte ist vergangen, Neues ist geworden.« Mit diesen Sätzen verband ich, dass ich nicht in der Ver-

gangenheit wühlen darf. Wenn ich Schmerzen oder gar Wut in mir fühlte, dann war ich sicher, dass ich etwas falsch gemacht hatte. Wahrscheinlich hatte ich nur nicht genug gebetet oder in der Bibel gelesen.

So strengte ich mich an, mehr zu »glauben« und gute Taten zu tun, um diese »schlechten« Gefühle, die man als Christ ja wohl wirklich nicht haben durfte, möglichst schnell wieder loszuwerden. Doch in meiner Gruppe habe ich erfahren, dass Christus in großer Gnade auch mir entgegenkommt!

So erklärten die anderen: Meine angeblich »schlechten« Gefühle sind erst mal nur meine wahren Gefühle. Und Gott möchte mir in Wahrheit begegnen, so wie ich bin. Er straft und verdammt mich auch nicht für meine Gefühle, sondern er nimmt mich an, tröstet mich und richtet mich wieder auf.

Jesus liebt bedingungslos

Wenn auch du wie Christian aus religiösen Gründen oder eher wie Thomas und Nina aus Selbstwertgründen Mühe damit hast, ehrlich zu werden, dann ist das verständlich. Die Bibel beschreibt, wie Gott auf Menschen zugeht: mit Liebe.

In den Endlich-Leben-Gruppen werden wir auch lernen, wie die Bibel und die darin enthaltene gute Botschaft, das »Evangelium«, unseren Weg zu einem seelisch gesunden und stabilen Leben unterstützt.

Viele haben jahrelang ihre Schattenseiten versteckt gehalten – auch vor Gott. Doch Jesus ermutigt Menschen: Gott liebt dich – selbst wenn du es noch nicht glauben kannst, selbst wenn die schlimmsten Dinge ans Licht kommen.

Christen glauben, dass sich am Handeln Jesu Gottes Haltung zu uns erkennen lässt: Jesus begegnete unsicheren und schwachen Menschen ohne Vorwürfe und Verurteilungen. Typisch für Jesus waren daher solche Szenen:

Er aß und trank mit von anderen verächtlich betrachteten Personen
vgl. im Lukasevangelium Kapitel 5, Verse 27-31:
Jesus sah einen Zolleinnehmer mit Namen Levi.
Der saß an seiner Zollstation.
Jesus sagte zu ihm:
»Komm, folge mir!«
Da ließ Levi alles zurück, stand auf
und folgte ihm.

Später gab Levi in seinem Haus
ein großes Festessen für Jesus.
Viele Zolleinnehmer und andere Gäste aßen mit ihnen.
Da beschwerten sich die Pharisäer
und die Schriftgelehrten unter ihnen
bei den Jüngern von Jesus:
»Warum esst und trinkt ihr mit Zolleinnehmern
und schuldbeladenen Menschen?«
Jesus gab ihnen zur Antwort:
»Nicht die Gesunden brauchen einen Arzt,
sondern die Kranken.«

Jesus nahm Menschen an, die von anderen verurteilt und ausgegrenzt wurden
z.B. eine Ehebrecherin (Johannesevangelium Kapitel 8, Verse 1-11).

Jesus berührte Aussätzige und heilte sie
(Lukasevangelium Kapitel 5, Verse 12-16)

Jesus war sich bewusst, wie sehr seine Auslegung des Gotteswillens und sein daraus folgendes Verhalten von den religiösen Führern seiner Zeit missbilligt wurde. Doch er wollte den Menschen bedingungslos Gottes Liebe zeigen und ermutigte alle, sich dem liebenden Gott anzuvertrauen. Sein Auftreten zeigte, was Gnade Gottes meint: Du bist angenommen trotz »Aussatz«, trotz angeblicher oder wirklicher Gottlosigkeit, trotz deiner Schuld.

Mit welcher Personengruppe identifizierst du dich am ehesten?

Was denkst du, wenn du das über Jesus und seine Einstellung liest?

Deine Selbstverpflichtung

Nachdem du die ersten Treffen mitgemacht hast, hast du eine Menge an neuen Erfahrungen in der Gruppe sammeln können. Du hast schon etwas mehr Vertrauen zu den anderen entwickelt. Diese Selbstverpflichtung kann deinen Mut zur Offenheit stärken und gibt dir und den anderen einen festeren Sicherheitsrahmen für die kommenden Schritte. Lies die Punkte durch und prüfe gemeinsam mit den anderen, wo du noch Diskussionsbedarf hast, bevor du deine Unterschrift unter die Selbstverpflichtung setzt.

Ich, ______________________________ verpflichte mich dazu, mit den anderen Mitgliedern dieser Gruppe das Endlich-Leben-Programm weiter zu durchlaufen. Ich erkläre mich mit folgenden Punkten einverstanden:

1. Ich werde, wenn es eben geht, an den wöchentlichen Treffen pünktlich teilnehmen.
2. Ich verpflichte mich, die Gruppenregeln zu beachten, vor allem die Regel zur Verschwiegenheit.
3. Ich bin wichtig für die Gruppe, deshalb schenke ich meine Aufmerksamkeit.
4. Weil ich wichtig für die Gruppe bin, will ich meine Erfahrungen, meine (neu gewonnenen) Stärken und meine Hoffnung während der Gruppentreffen einbringen.
5. Ich verpflichte mich vor allem zu Offenheit und Ehrlichkeit. Das hilft mir und anderen weiter.
6. Ich werde mein Bestes geben, die ganze Bandbreite meiner Gefühle klar zu erkennen und mitzuteilen. Ich werde mich damit zurückhalten, meine Lebensumstände und meine Situation zu erklären und zu rechtfertigen.
7. Wenn mich jemand in der Gruppe verletzt hat oder ich eine Grenze ziehen muss, um mich zu schützen, will ich offen unangenehme Gefühle wie Ärger benennen und deutlich meine für mich nötigen Grenzen definieren.
8. Ich werde meine Zeit zwischen den Gruppentreffen so einteilen, dass ich meine schriftlichen Aufgaben erledigen kann. Das mache ich vor allem für mich, aber es kann auch anderen durch meine Erkenntnisse und Geschichten weiterhelfen.
9. Ich weiß: Es werden unangenehme Gefühle und auch Schwierigkeiten auf mich zukommen, wenn ich mich an den 12 Schritten entlangarbeite. Aber damit will ich mich auseinandersetzen.
10. Ich gehe den 12-Schritte-Weg mit Hilfe der Gnade Gottes. Darum werde ich keinen Druck auf mich oder andere ausüben und negative Urteile vermeiden.

Datum: Unterschrift:

Welche Gefühle, Erinnerungen, Gedanken und Fragen melden sich, wenn du beabsichtigst, diese Selbstverpflichtung zu unterschreiben?

Schritt 2.1

»Wir kommen zu dem Glauben,

dass eine Macht, größer als wir selbst,

uns unsere Gesundheit wiedergeben kann.«

Woche 5

Nie mehr allein

Du lernst: Du brauchst es nicht mehr allein zu schaffen!

Du entdeckst die Beziehungen zu dir selbst, zu anderen Menschen, zu Gott und der Schöpfung neu. Neue Fragen lauten:

Was hindert dich noch, Beziehungen einzugehen?

Wie misstraust du anderen, dir selbst und Gott?

Willst du dir helfen lassen oder warum nicht?

Du durchdenkst, was es dir bringt, Beziehungen einzugehen:

Du findest Gemeinschaft, Vertrauen und Liebe.

Dir wächst neue Hoffnung auf innere Freiheit zu.

Ein Bibeltext zeigt dir, wie Gott um Vertrauen wirbt.

Du musst es nicht mehr alleine schaffen!

Das ist die größte Veränderung in unserem Leben, die schon nach dem ersten Schritt passiert ist: Wir sind nicht mehr allein. Ab jetzt erwarten wir die Hilfe nicht mehr nur von uns selbst. Endlich verlassen wir uns in unserem Leben nicht mehr nur auf uns. Keiner muss alleine weiterkämpfen. Die Schritte 1–3 des Endlich-Leben-Programms geben dieser Phase unseres Verwandlungsprozesses die Überschrift »Kapitulation«. Schritt 1 hat die Chancen der Kapitulation aufgezeigt: Wenn wir aufhören, unsere grundlegenden Schmerzen durch lang eingeübte Überlebensmechanismen zu vermeiden und die schädlichen Früchte ehrlich erkennen und benennen, finden wir in eine neue Lebendigkeit hinein.

Mit Schritt 2 erfahren wir nun: Wenn wir unsere Schmerz-Vermeidungsstrategien aufgeben, nehmen wir neue Beziehungen auf. Wir werden offen dafür, vertrauensvoll die Hilfe anderer Menschen und Gottes Hilfe in Anspruch zu nehmen.

In Schritt 3 setzen wir die Entscheidung um: Das »Nein« zu unserem Abwehrverhalten und unseren Selbstheilungsversuchen wird zu einem »Ja« zur Liebe und Fürsorge des barmherzigen Gottes.

Offene und ehrliche Beziehungen sind eine Grundvoraussetzung für menschliches Leben. Beziehung sollte dabei in vier Richtungen verstanden werden, die wir im Folgenden genauer anschauen: die Beziehungen zu mir selbst, zu anderen Menschen, zu Gott und zur Schöpfung.

Die ehrliche Beziehung zu mir selbst

***Emma**: Ich habe mich durch die Prozesse, die Schritt 1 in mir angestoßen hat, selbst besser kennengelernt. Früher, bevor ich meinem Schmerz auf den Grund ging, habe ich nur Niedergeschlagenheit und Schwäche gefühlt. Das hat alles andere betäubt. Irgendwann fühlte ich mich nur noch dumpf und leer. Aber als ich meinem Schmerz auf die Spur kam, fühlte sich das zwar nicht schön an, aber ich spürte etwas, was zu mir gehörte: meine wahren Gefühle und Gedanken. Das war der Weg, zu reifen und diesen Schmerz zu »verschmerzen«.*

***Thomas**: Die Beziehung zu mir wieder aufzunehmen bedeutet für mich, den Schmerz, den ich so lange vermeiden wollte, wieder zu spüren. Langsam entdeckte ich meine Bedürfnisse. Das, was mir Freude macht! Ich wurde wieder lebendiger, als ich begann, mehr auf mich zu hören. Es war mir gar nicht bewusst gewesen, dass meine ganze Kraft bisher dafür draufgegangen war, Schmerz zu vermeiden und durch Erfolg zu kompensieren. Da war gar kein Platz für andere Bedürfnisse und Freude in meinem Leben. Ich erinnere mich genau, wie sich plötzlich in meinem Körper das Bedürfnis nach*

Bewegung meldete. Eigentlich ein logisches Bedürfnis für einen Mann, der fast nur am Schreibtisch sitzt. Komisch, früher habe ich es nicht gespürt! Die Beziehung zu mir selbst war wohl wie tot gewesen.

Wie steht es um deine Beziehung zu dir selbst? Welche Gefühle, Gedanken und Bedürfnisse nimmst du wahr?

Die ehrliche Beziehung zu anderen Menschen

***Nina**: Mein Leben hatte mich immer viel Kraft gekostet. Seit ich nicht mehr alles alleine tragen musste, sondern in der Gemeinschaft getragen war, fühlte ich mehr Kraft in mir.*

An meinem Alkohol- und Zigarettenkonsum hatte sich allerdings noch nichts verändert. Wahrscheinlich habe ich zu der Zeit sogar noch mehr konsumiert. Das war schließlich mein über Jahre erlernter und eingeübter Umgang mit Angst und Schmerz. Trotzdem ging es mir besser und ich hatte mehr Kraft. Das war die Auswirkung der Gemeinschaft. Ich lebte wieder Beziehung zu anderen Menschen. Das machte mich lebendiger, trotz meiner selbstzerstörerischen Muster.

***Christian**: Mir hat der Kontakt zu meinen Männern in der Gruppe geholfen, mich selbst und mein Verhalten besser wahrzunehmen. Die Jungs sagten mir, was ich von mir selbst nicht sagen konnte. So wurde mir gespiegelt, wie oft ich auswich, wenn es darum ging, etwas von meinen Gefühlen oder Bedürfnissen zu erzählen.*

Stattdessen wollte ich immer helfend auf die anderen eingehen. Schließlich fand ich mich selbst ja nicht so wichtig! Dieses Muster kam ständig und fiel den anderen in der Gruppe natürlich auf. Sie legten den Finger drauf, vorsichtig, aber stetig, bis ich begann, dieses Verhaltensmuster selbst wahrzunehmen. Als die anderen in der Gruppe begannen, zu ihren Gefühlen und Bedürfnissen zu stehen, fasste ich Mut, das für mich selbst auch zu tun. Die dauerhafte, verlässliche und vor allem ehrliche Beziehung zu den anderen in meiner Gruppe half mir, achtsam mit mir selber umzugehen.

Wie erlebst du in den letzten Wochen die Auswirkungen der Gruppengemeinschaft in deinem Alltag?

Die ehrliche Beziehung zu Gott und zur Schöpfung

***Emma**: So gut mir die Gruppe auch tat, war mir doch sehr bald klar, dass es auch nur Menschen sind mit Schwächen, Fehler und Grenzen. Sie sind nicht immer da, zur Verfügung, wenn ich sie brauche, und haben selbst nur eine kleine Kraft. Ich spürte, dass mein tiefes Bedürfnis nach Nähe und Wertschätzung auf Dauer nicht von einem Menschen gestillt werden konnte. Das warf mich zurück auf Gott. Wohin sonst sollte ich gehen mit meinem Schmerz?*

***Thomas**: Die Frage nach einer Beziehung zu Gott blieb für mich lange noch offen. Ich empfand es gut, dass ich trotzdem in der Gruppe dabei sein konnte. Nachdem ich begonnen hatte, das Bedürfnis nach Bewegung in mir wahrzunehmen, fing ich an, alleine im Wald zu joggen. In diesen Zeiten war mir so, als könnte ich Gottes Gegenwart spüren, die mich in der Natur umgibt. Ich kann mich noch an einen Abend erinnern, als die Abendsonne durch die hellgrünen Blätter schien und mein Gesicht traf. Ich fühlte mich plötzlich geliebt. Es war wie ein Wink des Himmels. Ich glaube, in diesem Moment habe ich mein erstes kurzes, ehrlich gemeintes Gebet gesprochen: »Danke! Hilf mir!«*

Wie erlebst du deine Beziehung zu Gott? Hast du Erfahrungen mit Gebeten gemacht?

Was hindert dich, Beziehungen einzugehen?

Wir misstrauen uns selbst, anderen und sogar Gott

Beziehungen gehören entscheidend zu unserem Leben. Jeder von uns hat schon sehr früh Beziehungserfahrungen gemacht, die uns geprägt haben, positiv wie negativ. Was wir in unseren vergangenen Beziehungen erlebt haben, erwarten wir auch in neuen Kontakten. Viele in unseren Gruppen haben schlechte Erfahrungen in angeblich vertrauensvollen und sicheren Beziehungen gemacht, manche sogar traumatische Erfahrungen. So ist es kein Wunder, wenn sie ein Grundmisstrauen in ihrem Herzen tragen. Misstrauen hat außerdem weitreichende Folgen. Wir neigen dann dazu, uns selbst zu misstrauen, anderen Menschen zu misstrauen und natürlich auch Gott.

Vertrauen darf wachsen. Das Baummodell erinnert uns daran, dass dieser Wachstumsprozess seine Zeit braucht. Wir können Vertrauen nicht erzwingen. Aber wir können lernen, Beziehungen nicht mehr gezielt zu vermeiden. Denn nur so haben wir die Chance, neue, heilsame Erfahrungen zu sammeln. Diese guten Erfahrungen unterstützen den Wachstumsprozess unseres Vertrauens.

Misstrauen gegen dich selbst

***Christian**: Ich habe mir selbst sehr misstraut. Als ich begann, mein Helfersyndrom zuzugeben, kamen in mir sofort solche Gedanken hoch wie: »Das ist doch nicht so schlimm! Du übertreibst!« Oder: »Du drehst dich zu viel um dich selber!« Oder: »Die anderen spiegeln dir ein Problem nur, weil du es in der Gruppe übertrieben dargestellt hast.« Mein Kopf drehte sich. Das war ein Zeichen dafür, dass ich es noch nicht gelernt hatte, mir selbst zu vertrauen. Meine Erschöpfungsgefühle aufgrund meiner übertriebenen Helferaktivitäten sprachen eigentlich eine deutliche Sprache. Dennoch fiel es mir schwer, mir und dem, was mein Körper mir sagte, zu vertrauen.*

Wie zeigt sich bei dir Misstrauen gegen dich selbst?

Misstrauen gegen andere Menschen

***Emma**: Ich muss zugeben, dass es sehr viele Wochen brauchte, bis mein Misstrauen gegen die Menschen in meiner Endlich-Leben-Gruppe kleiner wurde. Es hatte unterschiedliche Gesichter:*

Lange saß ich körperlich völlig verspannt in der Gruppe. Ich bekam Kopf- und Magenschmerzen. Es fiel mir so schwer, Worte zu finden. Ich konnte mich in meiner Gruppe einfach nicht so leicht öffnen wie einige andere Frauen.

Eine Frau in der Gruppe machte mir richtig Angst. Irgendwas löste sie in mir aus, so dass ich mich wieder so wertlos fühlte. Eine ganze Weile fühlte ich mich in der Gruppe irgendwie fremd. Als gehörte ich nicht dazu. Ich schämte mich für alles, was ich sagte, und machte mir ständig Gedanken darüber, was die anderen Frauen wohl über mich dachten.

Heute weiß ich, dass diese Gefühle in den ersten Wochen in der Gruppe eigentlich genau dem entsprach, wie ich in meiner Herkunftsfamilie gefühlt hatte. Ich war zu Hause unsicher, voller Scham, fühlte mich wertlos, hatte Angst, fühlte mich irgendwie fremd und allein. Ich war tief überzeugt: Ich war immer schon anders als die anderen in meiner Familie.

Als ich merkte, wo mein Misstrauen herkam, ließ ich mich auf vertrauensvolle Beziehungen in der Gruppe endlich ein.

Welche Aspekte von Emmas Misstrauen der Gruppe gegenüber kommen dir bekannt vor? Formuliere sie in deinen Worten und beschreibe die Situationen.

Kennst du dieses Misstrauen auch aus früheren Beziehungserfahrungen? Erzähle davon!

Misstrauen gegen Gott

***Nina**: Ich hatte große Schwierigkeiten damit, einem Gott, der mir total fremd war, zu vertrauen. Einem Gott könnte ich vertrauen, wenn er ein guter Gott wäre. Aber woher sollte ich das wissen?*

Die Christinnen in meiner Gruppe sprachen von Gott als ihrem »himmlischen Vater«. Das konnte ich nicht gut ertragen. Sollte ich mir Gott wie einen Mann vorstellen? Mit den Männern meiner Vergangenheit hatte ich viele wirklich schmerzvolle Erfahrungen gemacht. Ich war von ihnen emotional oder körperlich missbraucht worden. Wie sollte ich es jetzt lernen, einem »himmlischen Vater« zu vertrauen?

Eines wusste ich: Wenn das jemals gelingen sollte und wenn es ihn überhaupt gab, diesen Gott, dann müsste er sich selbst mir zeigen. Er müsste sich als vertrauenswürdig erweisen. Aus eigener Willenskraft konnte ich das Vertrauen nicht aufbringen. Das wäre nicht echt gewesen.

Dann erwischte ich mich bei dem Gedanken, dass ich doch beten könnte: »Gott, wenn es dich wirklich gibt, dann musst du dich mir zeigen! Ich kann nicht aus eigener Kraft an dich glauben. Und wenn ich dich nicht kenne, dann kann ich dir auch nicht vertrauen. Jetzt bist du an der Reihe.«

Irgendetwas in mir hatte mich dazu bewegt, so zu beten. Vielleicht war es die Gruppendynamik? Oder die Verzweiflung und Gewissheit in mir, dass ich ohne eine »höhere Macht« niemals die Kraft aufbringen würde, aus meinen Süchten herauszukommen. Deshalb ließ ich es wohl darauf ankommen. Vertrauen zu Gott hatte ich zu diesem Zeitpunkt nicht.

Wie würdest du dein Verhältnis zu Gott beschreiben? Vertraust du ihm? In welchen Bereichen misstraust du ihm vielleicht?

Scheinbare Vorteile, Beziehungen nicht einzugehen

Dies sind die scheinbaren Vorteile, dich auf Beziehungen, die sich dir in dieser Phase des Endlich-Leben-Prozesses anbieten, nicht einlassen zu müssen:

- Du musst dir dann nämlich nicht helfen lassen.
- Du wirst dich dann nicht hilflos fühlen müssen.

- Du kannst dann einfach so weitermachen wie bisher.
- Du kannst weiter auf deine alten Hilfsmittel (Essen, Trinken, Arbeiten bis zum Umfallen) vertrauen und kommst nicht in die peinliche Lage, andere Menschen oder gar Gott um Hilfe zu bitten.
- Du wirst dich »frei« und »unabhängig« fühlen, weil du nicht von der Hilfe anderer Menschen oder der Hilfe Gottes »abhängig« bist.
- Du musst keine Angst haben, von anderen Menschen abgelehnt zu werden, wenn du ihnen etwas von deiner Schwachheit zeigst.
- Du musst nicht die Vorstellung aufgeben »Ich habe alles unter Kontrolle«, und deshalb musst du auch nicht lernen, ein Gefühl der Ohnmacht auszuhalten.
- Du kannst alles selbst im Griff behalten und niemand kann dir etwas tun.

Doch warum hat dich das bisher nicht weitergebracht? Was meinst du?

Was bringt es dir, Beziehungen einzugehen?

Du erlebst Gemeinschaft, Vertrauen und Liebe

Der größte Unterschied in der Endlich-Leben-Gruppe zu deinem Leben vorher ist schlicht der, dass hier Menschen sind, die dich akzeptieren, wie du bist.

Nina: *Nachdem das mit meinem Alkohol- und Zigarettenkonsum in meiner Gruppe erst mal raus war, dachte ich, jetzt müsste ganz schnell alles anders werden, sonst blamiere ich mich völlig vor denen.*

Aber so schnell kam es nicht zu einer Veränderung. Und trotzdem blieb ich in der Gruppe angenommen. Das erstaunte mich sehr. Und es tat mir so gut! Die Erfahrung ging sogar noch weiter: Sie versuchten, mir bei Endlich-Leben zu vermitteln, dass selbst Gott mich so annimmt, wie ich bin, trotz meiner Süchte.

Die Veränderung meines Suchtverhaltens war für mich in dieser Phase gar nicht mehr so zentral. Ich konnte hier wirklich so sein, wie ich es wollte – obwohl ich manchmal zwischendurch zum Rauchen rausgehen musste! Mein Verhalten war nicht so wichtig. Ich war ihnen wichtig.

Langsam begann ich zu glauben, dass es bei Gott auch so ist: Ich bin ihm wichtig, nicht mein Verhalten! Diese Erfahrung in der Gruppe und die Vorstellung, dass es einen Gott geben könnte, der an meiner Seite ist, waren für meine Seele unglaublich heilsam. Ich habe diese Phase so genossen! Ich durfte rauchen und saufen und war trotzdem geliebt. Mir dämmerte, dass es mir so vielleicht sogar irgendwann gelingen könnte, auch mich selbst zu lieben.

***Thomas**: Die Männer in meiner Gruppe machten es mir leicht, Vertrauen zu ihnen aufzubauen. Obwohl ich in meiner Grundschulzeit so viele schlechte Erfahrungen mit meinen Mitschülern gemacht hatte. Sie nahmen sich Zeit füreinander, nahmen einander ernst, interessierten sich füreinander und teilten ehrlich unbequeme Wahrheiten miteinander.*

Mit der Zeit lernte ich von ihnen, wie man das mit ehrlichen Beziehungen macht. Ich erwischte mich dabei, wie ich über unsere Gruppe mit dem Wort »wir« sprach: »Wir sind bei Endlich-Leben füreinander da.«

Was für eine Veränderung war da in mir passiert? Mit dieser Wandlung hatte ich nicht gerechnet. Wir gingen in der Gruppe respektvoll miteinander um. Das tat mir gut. Ich bekam die Liebe und Wertschätzung, wie ich es brauchte. Diese Erfahrungen befähigten mich, mit anderen Menschen in meiner Umgebung auch liebevoller umzugehen.

Du bekommst eine neue Freiheit

Viele Menschen sind auf ihrem Endlich-Leben-Weg frei geworden von ihren Abhängigkeiten und Zwängen. Sie mussten nicht weiter krampfhaft ihre Verhaltensmuster aufrechterhalten, um den seelischen Schmerz zu vermeiden, und konnten ihre eingeübten Lebensmuster aufgeben. Die neue Freiheit hing entscheidend damit zusammen, dass sie lernten, sich nicht mehr allein auf sich selbst und ihre unpassenden Hilfsmittel zu verlassen, sondern auf eine »höhere Macht«.

***Emma**: Ich möchte dir Mut machen: Es gibt eine Hoffnung aus einer unsichtbaren Dimension für unser Leben. Als ich anfing, mich in meinem Schmerz auf Gott zu verlassen, wurde ich gelassen. Als ich in meiner Depression wieder einmal in ein dunkles Loch ohne Boden stürzen wollte, erlebte ich, dass Gott mich auffing.*

Das war ganz unspektakulär. Ich spürte einfach, dass er mir ganz nah war. Ich war von ihm gehalten. Meine dumpfe Traurigkeit war noch nicht weg, aber ich wurde gelassener. Ich hatte plötzlich keine Angst mehr vor der Depression, weil ich wusste: Die Depression kann mir nichts mehr tun; denn der, der mich hält, ist größer als alle Angst und Bedrückung dieser Welt! Er ist wahrlich eine höhere Macht! Und nichts und niemand kann mich aus seiner liebevollen Hand reißen.

Ich erlebte etwas, das mir bis zu diesem Zeitpunkt unmöglich schien: Ich hatte in mir tiefe Hoffnung und Zuversicht. Und ich betone: obwohl ich noch depressiv war! Ich wusste, dass diese Gefühlsabstürze keine Macht mehr über mich hatten, weil ich von Gott gehalten war. Selbst in solchen Zuständen blieb diese erstaunliche Gewissheit.

Was geht dir jetzt durch den Kopf? Was fühlst du?

Die Gottheit der Bibel hat einen Namen

Die Bibel erzählt von einer erstaunlichen Entdeckung über Gott: Im Vergleich mit den Nachbarvölkern fällt auf, dass das jüdische Volk eine einzige Gottheit mit Namen »Jahwe« verehrte, auch wenn ihm bewusst war, dass es viele Götter gibt. Denn ausnahmslos alle Völker der Nachbarländer verehrten eine Vielzahl unterschiedlicher Götter mit je verschiedenen Aufgaben. Sie gaben ihnen unterschiedliche Bilder und Namen und verehrten diese Symbole.

Heute ist es ähnlich verwirrend und vielfältig in religiöser Hinsicht. Unterschiedlichste Vorstellungen über Gott, göttliche Kräfte, Energien oder religiöse Kulturen und Anbetungsformen existieren nicht nur in anderen Ländern, sondern auch in unserer Nachbarschaft. Durch wenige extremistische Gläubige, die vor Terror nicht zurückschrecken, wird nun leider Religion insgesamt verdächtigt, den gesellschaftlichen Frieden zu gefährden.

Das fordert uns heraus, unseren Glauben im Gespräch und in der Auseinandersetzung mit anderen genau zu überdenken. Deshalb brauchen wir eine offene Gemeinschaft, die uns ehrlich über Zweifel, Anfragen und Kritik an bestimmten Glaubensformen reden lässt. Unsere Endlich-Leben-Gruppe kann dafür ein guter und geschützter Ort sein. Der folgende Text ist eine Schlüsselstelle der Bibel. Hier stellt sich Gott das erste Mal mit seinem hebräischen Namen »Jahwe« vor, und zwar einem geflohenen Mörder und Viehhirten und Befreier seines Volkes aus ägyptischer Sklaverei namens Mose in der Wüste am Berg Sinai. Gott wirbt bei Mose mit seinem Namen um Vertrauen, denn dieser Name hat eine tiefere Bedeutung.

2. Buch Mose Kapitel 3, Verse 6-15*: Mose fragt: »Gott – wer bist du?«

Gott sagte zu Mose: »Ich bin die Gottheit deiner Eltern,
Gott Abrahams, Gott Isaaks, Gott Jakobs und ihrer Frauen!«
Mose bedeckte sofort sein Gesicht, denn er hatte Angst, die Gottheit anzusehen.
ER sagte: »Ich habe das Elend meines Volkes in Ägypten sehr wohl bemerkt.
Ich habe gehört, wie sie vor ihren Peinigern aufschrieen. Ich kenne ihre Schmerzen.
Deshalb bin ich heruntergekommen. Ich will sie aus der Gewalt Ägyptens retten,
ich will sie aus diesem Staat hier herausbringen in ein gutes und weites Land,
ein Land, das von Milch und Honig trieft, ...«
Moses sagte zu Gott: »Wenn ich aber zur Gemeinde Israel zurückkomme,
und ihnen sage: ›Die Gottheit eurer Vorfahren hat mich zu euch geschickt‹,
dann werden sie fragen: ›Wie heißt sie‹? Was soll ich ihnen da antworten?«
Gott erwiderte Mose: »Ich bin da, weil ich da bin!«
ER sagte: »Das sollst du den Israeliten mitteilen: ICH-BIN-DA, JAHWE,
hat mich zu euch geschickt«,
und Gott redete weiter zu Mose:
»Das Folgende sollst du zu Israel sagen:
›ICH-BIN-DA, Beschützer eurer Eltern,
Gott Abrahams, Isaaks und Jakobs und ihrer Frauen,
hat mich zu euch geschickt.
Das ist mein Name für alle Zeit;
mit ihm sollen alle Generationen sich an mich erinnern.‹«

Welche Gedanken und Gefühle macht diese Selbstvorstellung Gottes dir?

Wie passt dieser Bericht zu deinen bisherigen Vorstellungen von Gott?

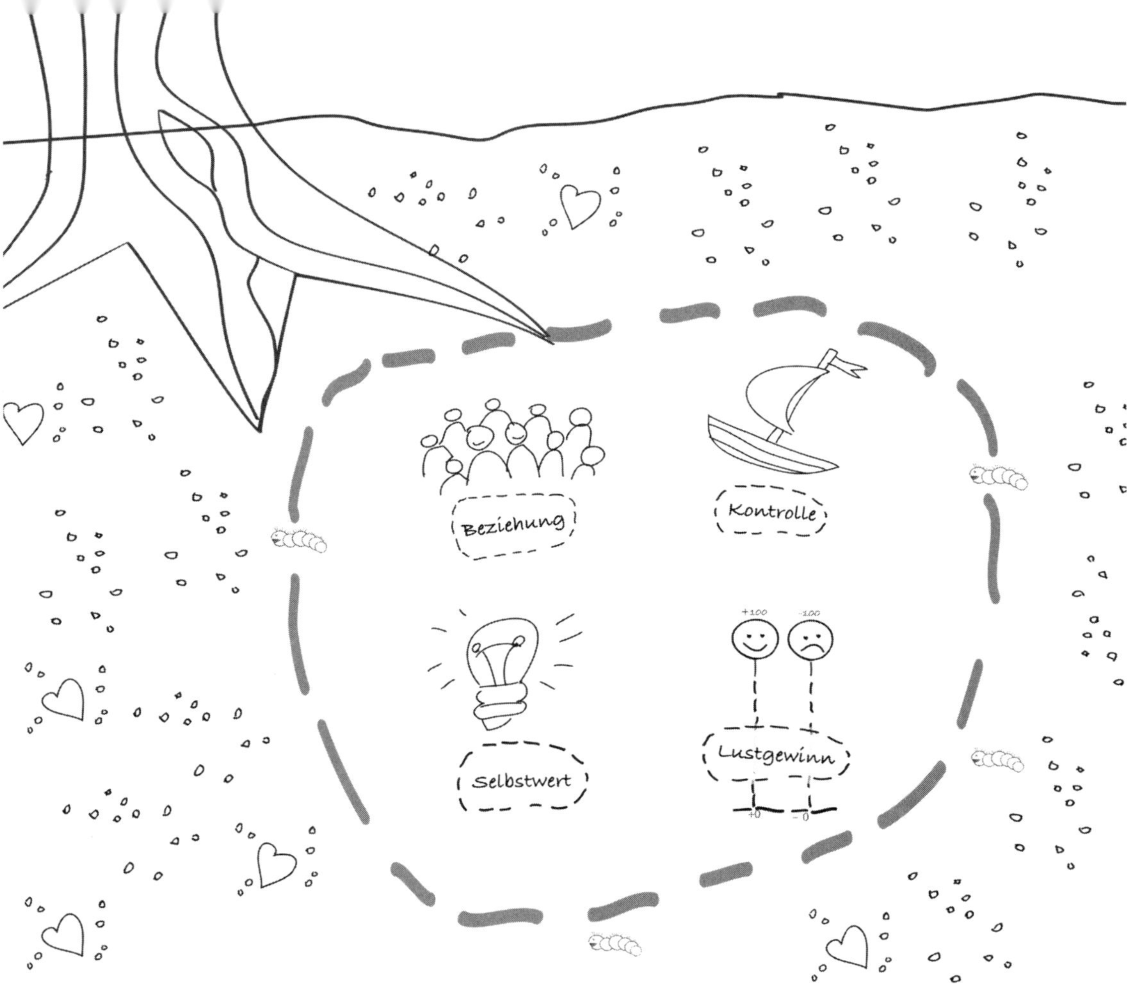

Schritt 2.2

»Wir kommen zu dem Glauben,

dass eine Macht, größer als wir selbst,

uns unsere Gesundheit wiedergeben kann.«

Woche 6

Die höhere Macht und deine Gesundheit

Du setzt dich mit dem Begriff »höhere Macht« auseinander und siehst, was bisher deine höhere Macht war und wozu sie dir diente.
»Gesundheit« – hier mit dem Fokus seelische Gesundheit – wird in Bezug gebracht zu Gott und Grundbedürfnissen. Es zeigt sich, welche Rolle Grundbedürfnisse spielen und wie sie mit Hilfe der »höheren Macht« gestillt werden.
Das Bild der »Wurzel 2« im Baummodell symbolisiert deinen Schmerz. Du verstehst so besser, welche Funktion Schmerz hat. Du erfährst, welche Nährstoffe der Baum für gesundes Wachstum braucht und was das mit deinen Grundbedürfnissen zu tun hat.

Was ist eine höhere Macht?

Die Redewendung von einer »höheren Macht« wurde vor Jahrzehnten entwickelt, um einen möglichst neutralen Begriff für »Gott« zu haben. Sicher, »sich einlassen auf eine höhere Macht« ist dem christlichen Sprachgebrauch zunächst fremd. Manchen bereitet es Unbehagen, weil sie sich bei dieser Vorstellung ausgeliefert fühlen und die Dinge dann nicht mehr selbst im Griff haben. Andere bezweifeln, dass es überhaupt möglich ist, sich auf etwas zu verlassen, das sie nicht sehen können. In letzter Zeit steigt zudem mit jedem fanatisch-religiös motivierten Terroranschlag der kollektive Verdächtigungsdruck auf die Religionen insgesamt. Wieso, fragen sich viele, setzen sie den Gläubigen den Floh ins Ohr, dass man sein Leben Gott »hingeben« oder gar »opfern« soll, anstatt es als Geschenk zu genießen? Oder – wenn Gott ohnehin nur eine Projektion ist, die den Bedürfnissen der Menschen entspringt, wäre es dann nicht viel sinnvoller, diese gefährliche Projektion zu entlarven?

Tatsächlich ist es völlig alltäglich, sich einer unsichtbaren höheren Macht anzuvertrauen. Wir tun es ständig, benennen es nur nicht so. Die Idee »höhere Macht« vermittelt diese Lebensphilosophie: Es gibt etwas Größeres, woran wir unser Herz hängen können. All das, woraus wir im Leben unsere Kraft beziehen, was uns wirklich wichtig ist, was uns im Leben aufrechterhält – all das ist größer als unsere eigene Macht.

Es gibt viele Dinge im Leben, denen wir vertrauen, ohne groß nachzudenken. Immer, wenn es uns schlecht geht, hängen wir uns intuitiv an diese Dinge. Wenn wir Stress haben, greifen wir wie selbstverständlich danach und achten nicht auf die Nebenwirkungen. Das, was wir meinen zum Überleben zu brauchen, das ist unsere »höhere Macht«.

Was bisher unsere »höhere Macht« war

***Nina**: Ich glaube, ich habe verschiedenen Dingen in meinem Leben den Status einer höheren Macht eingeräumt. Mein erster Freund war so etwas. Ich habe mich total abhängig gemacht von ihm und dachte, dass ich ohne ihn nicht existieren könne. So habe ich mir sehr vieles von ihm gefallen lassen, weil ich ihn nicht verlieren wollte. Zugegeben, diese höhere Macht war nicht unsichtbar. Aber ihre »Nebenwirkungen« waren schlimm für mich. Ich träume heute noch manchmal von den Erniedrigungen, die ich in dieser Beziehung erfahren musste. Naja und das andere: Wann immer ich ein Gefühl von Unwohlsein hatte, vertraute ich mein Leben den Zigaretten und dem Alkohol an. Und wahrscheinlich hätte ich damit niemals aufgehört, wenn es nicht diese Nebenwirkungen gäbe.*

Ich brauchte mehr und mehr … und blieb am Ende in meinem Herzen trotzdem leer. Leer und voll Scham. Ich zog mich zurück. »Rauchen kann tödlich sein!« steht auf der Schachtel. Nur war mir das egal; ich fühlte mich innerlich eh schon tot.

***Thomas**: Meine höhere Macht war der Erfolg. Den konnte man nicht immer sehen. Ich lebte dafür, dass ich mir ein Bild von mir selbst aufbaute, das einem großen, starken Mann entsprach, der ich nie war. Aber an dieses »aufgeblasene« Bild von mir selbst habe ich mich gehalten. Das hat mir Kraft gegeben. Das hat mich getragen. Nur leider stand ich am Ende völlig allein da.*

***Emma**: Meine höhere Macht war meine Opferrolle. Sie gab mir Sicherheit. Niemand konnte meine Leistung beurteilen und mich für wertlos erachten, denn ich war ja krank. Sehr lange habe ich in dieser Rolle Schutz und Trost gefunden. Doch irgendwann merkte ich, dass sie mich von anderen Menschen isoliert und mich daran hindert, wirklich zu leben.*

***Christian**: Meine höhere Macht war Gott. Schon als kleiner Junge hatte ich ihm mein Leben anvertraut. Doch irgendwann hängte ich mein Herz mehr an die Dinge, die ich für Gott tat, als an ihn. Selbst wenn ich anderen Menschen geholfen habe, dann hat mir das ein Gefühl von Wichtigkeit gegeben.*

Es wurde mir zu meinem Halt im Leben. Wenn es mir schlecht ging, half es mir zuverlässig wieder auf die Beine, wenn ich anderen half. Nach wie vor muss ich sagen, dass es nicht schlecht ist, anderen Menschen zu helfen. Je mehr ich mich auf dieses gute Gefühl verließ, desto weniger hängte ich mich an Gott. Das Gleichgewicht verschob sich schleichend über die Jahre. Irgendwann war ich so damit beschäftigt, angeblich gute Werke für Gott zu tun, dass ich nicht mehr wahrnehmen konnte, dass ich für Gott wichtig bin, so wie ich bin. Ich begann sogar, Gott zu misstrauen und ihm zu unterstellen, dass ich ihm nur wichtig sei, wenn ich ihm diene.

Was war bisher deine höhere Macht? Woran hast du dein Herz gehängt?

»... uns unsere Gesundheit wiedergeben kann«

Was ist Gesundheit?

Gesundheit ist ein dynamischer Prozess; das bedeutet: Niemand von uns ist zu einem bestimmten Zeitpunkt ganz gesund oder ganz krank. Wir befinden uns immer auf einem Weg und sind mal mehr oder weniger gesund oder krank. Insbesondere seelische Gesundheit steht und fällt mit der Erfüllung unserer tiefsten Sehnsüchte und Bedürfnisse. Dabei bleiben wir angewiesen auf eine heilsame Umgebung. Die Sehnsucht nach Nähe und Annahme zum Beispiel können wir uns niemals alleine stillen. Eine sichere Beziehung ist also ein heilsamer Faktor.

Oft gibt es eine Spannung zwischen dem, nach dem wir uns sehnen, und dem, was wir tatsächlich in unserem Leben erleben. Das, was wir in unserem Alltag erleben, passt nicht zu unseren inneren Zielen und Wünschen. Diese Spannung beeinträchtigt die seelische Gesundheit und hat oft sogar Auswirkungen auf unser körperliches Befinden. Eine solche Spannung erleben wir als »Stress« oder »Frust«. Andauernder Frust ist ein ernster Hinweis darauf, dass Grundbedürfnisse verletzt werden. Normalerweise machen wir uns über solche Zusammenhänge selten Gedanken. Wir spüren diesen Frust, der uns krank macht, und versuchen, ihn aber so schnell wie möglich durch irgendeine unserer Ersatzhandlungen zu beseitigen.

Vielleicht bist du noch nicht gewohnt, dich zu fragen, welches unerfüllte Bedürfnis dein Frustgefühl auslöst. Solange du nicht auf das Bedürfnis achtest, das den Frust auslöst, beseitigst du den Frust zwar durch alle mögliche Ersatzhandlungen für kurze Zeit, aber das zugrunde liegende Bedürfnis bleibt weiter ungestillt. Die Sehnsucht hinter der Sucht bleibt ungestillt. In dieser Phase im Endlich-Leben-Prozess geht es also darum zu lernen, unsere Sehnsüchte und Bedürfnisse wahrzunehmen. Unsere Gefühle sind wie Kontrolllampen für unsere Bedürfnisse: Freude (positive Erfüllung der Bedürfnisse), Angst (negative Bedrohung der Bedürfniserfüllung). Gefühle sind unsere Orientierungsmarker.

Wir üben diesen Blick gemeinsam ein. Ja, es ist noch ungewohnt. Oft fehlen uns schon die Worte, um unsere Gefühle zu beschreiben. Wie sollen wir jetzt auch noch Sehnsüchte und Bedürfnisse benennen?

Der Psychotherapieforscher Klaus Grawe (s. die Literatur im Anhang) macht es uns leicht, indem er den Blick auf vier menschliche Grundbedürfnisse reduziert. Bei Endlich-Leben arbeiten wir mit seinem Denkmodell, das uns hilft, unsere Sehnsüchte und Bedürfnisse zu beschreiben. Dabei ist es nicht so wichtig, ob die Liste der genannten Grundbedürfnisse komplett und »richtig« ist.

Grundbedürfnisse steuern uns

Klaus Grawe extrahiert in seinen Forschungsarbeiten vier Grundbedürfnisse, die für seelische Gesundheit entscheidend sind. Wenn wir unbewusst Mangel an einem dieser Bedürfnisse empfinden, dann ist es unsere natürliche Reaktion, alles zu tun, um es zu stillen. Diese Grundbedürfnisse steuern unbewusst unser Verhalten, indem sie uns motivieren, bestimmte Ziele zu verfolgen. Dabei gibt es zwei Arten von Zielen, die unser Verhalten beeinflussen:

1. Die Annäherungsziele (Freude): Wir versuchen, mit unserem Verhalten unser Grundbedürfnis zu befriedigen.
2. Die Vermeidungsziele (Angst-Abwehr): Wir versuchen, durch unser Verhalten den Schmerz zu vermeiden, der in uns ausgelöst wird, wenn unser Grundbedürfnis nicht befriedigt wird.

Vier entscheidende Grundbedürfnisse für seelische Gesundheit

1. Das Bedürfnis nach Bindung und Beziehung

Menschen tragen in sich eine tiefe Sehnsucht nach Nähe, Annahme und Geborgenheit. Wenn sie sich alleine fühlen, suchen sie sich Gemeinschaft.

Beispiele:

- Ich suche mir Gemeinschaft, die mein Bedürfnis befriedigt (Annäherungsziel).
- Ich versuche, um jeden Preis den Schmerz der Einsamkeit zu vermeiden. Deshalb tue ich alles, um nicht allein zu bleiben (Vermeidungsziel).

2. Das Bedürfnis nach Kontrolle und Orientierung

Menschen weltweit sehnen sich nach Sicherheit und Schutz. Niemand will freiwillig hilflos und ausgeliefert sein. Jeder möchte sich als handlungsfähig erleben. Und wer sich unsicher und ohnmächtig fühlt, verschafft sich solche Kontrollerfahrungen:

- Ich schaffe mal Ordnung in meinem Haushalt. So bekomme ich wieder den Überblick (Annäherungsziel: eine positive, erreichbare Kontrollerfahrung).
- Ich vermeide den Schmerz, den Überblick und die Kontrolle zu verlieren. Deshalb halte ich krampfhaft eine gewissenhafte Ordnung in meinem Haushalt ein (Vermeidungsziel: eine negative, weil nie abgeschlossene Kontrollerfahrung).

3. Das Bedürfnis nach Selbstwertschutz

Jeder Mensch sehnt sich nach Wertschätzung und Anerkennung. Wenn er sich wertlos fühlt, sucht er Wege, sich irgendwie aufzuwerten. Beispiele, wie das Bedürfnis nach Selbstwerterhalt bzw. Selbstwertschutz befriedigt werden kann:

- Ich wage mich an neue Aufgaben heran. Danach kann ich richtig stolz auf mich sein (Annäherungsziel).
- Ich vermeide den Schmerz, meinen Wert vor anderen Menschen zu verlieren. Deshalb mache ich sie aggressiv nieder oder rede ihnen nach dem Mund (Vermeidungsziel).

4. Das Bedürfnis nach Lust / Unlustvermeidung

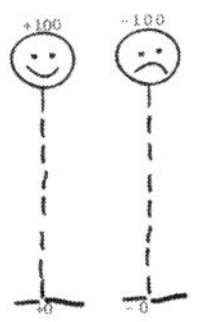

Unangenehmes möchte niemand gerne fühlen oder erleben. Jeder Mensch sehnt sich nach Freude und meidet instinktiv Traurigkeit. Wer traurig ist, sucht sich Trost.
Beispiele:

- Ich suche mir gezielt Dinge, die mir Freude bereiten (Annäherungsziel).
- Ich vermeide den Schmerz, den die Traurigkeit in mir auslöst, indem ich mich z.B. durch mein Suchtmittel betäube (Vermeidungsziel).

Schmerz »verschmerzen« statt vermeiden

Das ist also das Modell der vier Grundbedürfnisse von Klaus Grawe. Seine Begriffe werden uns auf unserem weiteren Endlich-Leben-Weg helfen, Worte für unseren Schmerz und unsere Sehnsüchte zu finden. Es ist völlig normal, wenn wir die Bedürfnisse, die wir empfinden, auch stillen wollen. Ein Problem taucht nur da auf, wo wir das auf eine langfristig ungute Weise tun. Wie in Schritt 1 gesehen, haben wir uns Verhaltensmuster antrainiert, die das Ziel hatten, Schmerzen zu vermeiden (Vermeidungsziel). Leider verhindern Vermeidungsziele letztlich die Erfüllung unserer Grundbedürfnisse: Wenn wir das Ziel haben, den Schmerz der Traurigkeit zu vermeiden, indem wir ihn irgendwie betäuben, werden wir den Schmerz nie los. Wir rennen vor ihm weg. Wenn wir aber beginnen, Schmerz nicht mehr zu vermeiden, sondern ihn wahrzunehmen und dabei ihn zu verschmerzen, dann werden wir offen dafür, wirklichen Trost zu empfangen. So könnten wir bald auch wieder Freude empfinden, was unser Grundbedürfnis nach »Lust« stillt. Hier ein Beispiel:

***Emma**: Ich habe es über viele Jahre erfolgreich vermieden, Erfahrungen zu machen, in denen ich Ablehnung erleben könnte. Ich war einfach krank, chronisch depressiv. Ich lebte zurückgezogen, war oft in Kliniken und war nicht in der Lage zu arbeiten. Mein Ziel war ein Vermeidungsziel. Das Problem war nur, dass dadurch mein Grundbedürfnis nach Wertschätzung natürlich nicht gestillt werden konnte. Erst als ich es wieder wagte, Aufgaben zu übernehmen, konnte dieses Grundbedürfnis auch wieder gestillt werden. Das Wagnis, aktiv zu sein, beinhaltete das Risiko, auch mögliche mangelnde Wertschätzung auszuhalten. Und das passierte auch: Ich übernahm Aufgaben in meiner Kirchengemeinde, und mir wichtige Menschen fanden mein Engagement*

nicht gut und schätzten meine Arbeit nicht. Doch ich habe es gelernt, diesen Schmerz auszuhalten und zu überwinden – ihn zu verschmerzen, statt ihn zu vermeiden! Nur mit diesem Risiko wurde es mir möglich, auch positive Erfahrungen zu sammeln. Ich habe es gewagt, Dinge anzupacken (Annäherungsziel), die mich stolz auf mich machten und mir Wertschätzung von anderen brachten. Nur so ließ sich endlich mein Grundbedürfnis nach Wertschätzung erfüllen.

Was dich seelisch krank macht, ist also dein Vermeidungsverhalten! Es verhindert die Befriedigung deiner Grundbedürfnisse und erhöht damit deine seelische Verletzbarkeit.

Was vermeidest du?

Ungestillte Grundbedürfnisse machen seelisch krank

Wenn unsere Grundbedürfnisse nicht befriedigt sind, hat das gravierende Auswirkungen auf das seelische Wohlbefinden – wir werden seelisch krank. Oder andersherum gesagt: Wenn die vier menschlichen Grundbedürfnisse ausgewogen Befriedigung finden, werden wir seelisch gesund. Leider ist es manchmal schwierig, diese Ausgewogenheit oder Balance zu erreichen. Oft passiert es, dass eines unserer Grundbedürfnisse chronisch unbefriedigt bleiben. Seine Befriedigung wird dann zur fixen Idee und so wichtig, dass die anderen Grundbedürfnisse unerfüllt bleiben.

***Thomas**: Bei mir war das Bedürfnis nach Selbstwert sehr lange unbefriedigt. So wurde es zu einem unbewussten »Motor« in meinem Leben. Mein ganzes Verhalten war nur noch darauf ausgerichtet, dieses Bedürfnis zu stillen. Die anderen Bedürfnisse nach einer gesunden Beziehung, Kontrolle und Lust verlor ich völlig aus den Augen. Das hat mich und meine Familie krank gemacht.*

Dein »Schmerz« – Wurzel 2 im Baumbild

Was ist dein Schmerz?

Schmerz spüren wir also, wenn unsere Grundbedürfnisse nicht erfüllt werden. Er ist der »Motor« für unser Verhalten. Schmerz »motiviert«, unerfüllte Grundbedürfnisse zu stillen. Das ist ein natürliches, automatisch ablaufendes Verhalten. Wir lernen in dieser Phase des Endlich-Leben-Weges, uns darüber bewusst zu werden.

Im Baumbild gesprochen, gehört Schmerz zu den Wachstumsblockaden unseres Lebensbaums. Die Äste und Früchte, die für unsere Verhaltensweisen und deren Ergebnisse stehen, wachsen oder verkümmern am Baum diesen Bedingungen entsprechend. Die Wachstumsbedingungen eines Baumes sind also abhängig von seinen Wurzeln. Deshalb nehmen wir die Wurzel 2, unseren »Schmerz«, im Baummodell jetzt einmal genauer unter die Lupe.

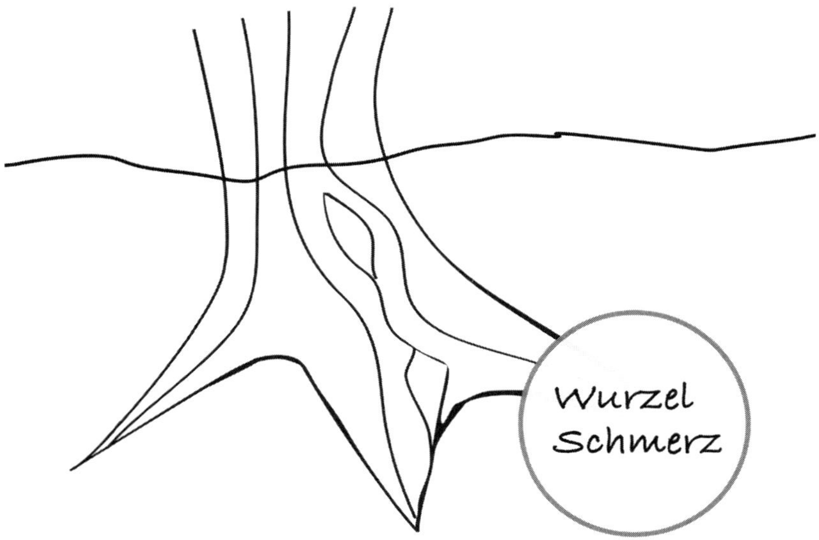

Die vier Grundbedürfnisse im Wurzelbild

Welche Nährstoffe braucht der Baum für gesundes Wachstum? Schmerz entsteht, wenn menschliche Grundbedürfnisse nicht erfüllt sind. Sehen wir uns das im Baummodell mal genauer an:

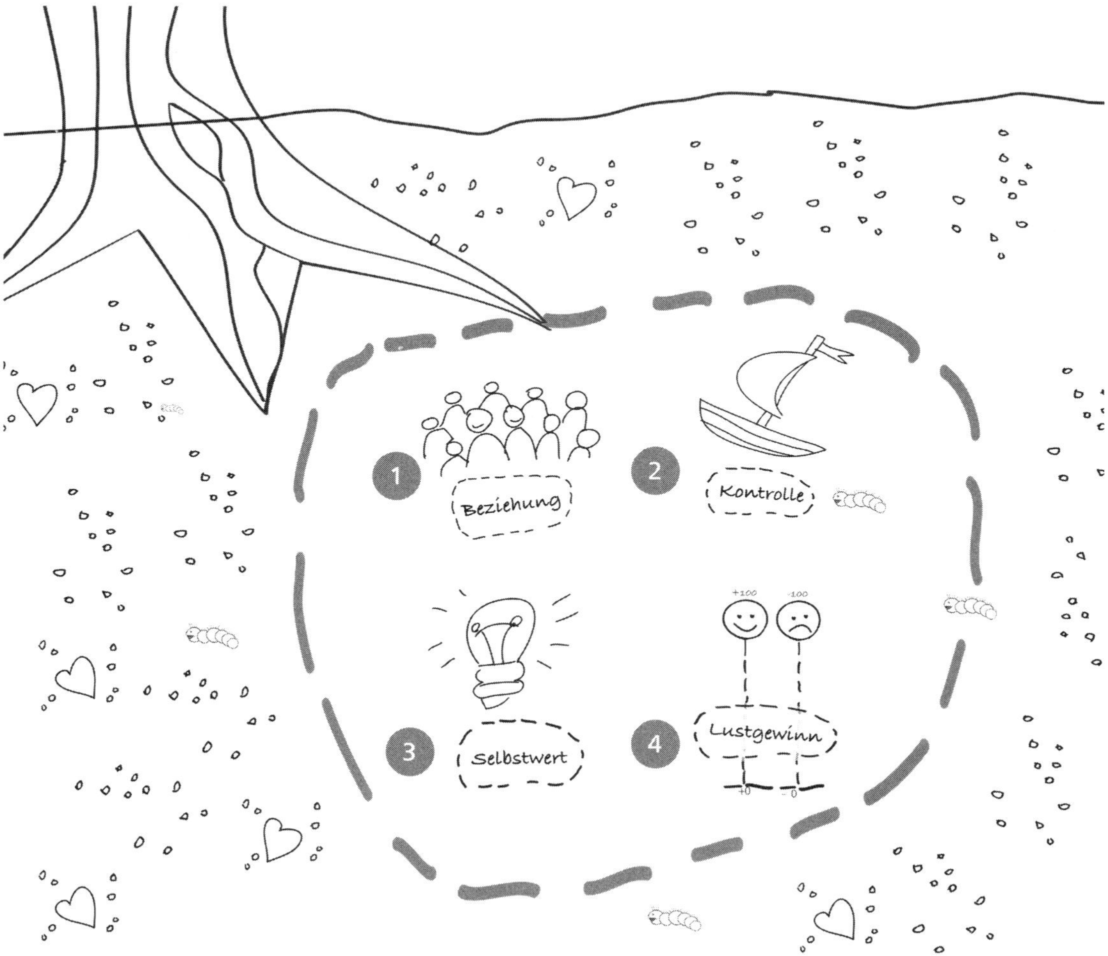

Im Baumbild stehen die Nährstoffe, die der Baum für gesundes Wachstum braucht für die Grundbedürfnisse. Ein Baum nimmt Nährstoffe aus seiner Umgebung, dem Boden, auf. Für gesundes Wachstum braucht der Baum ein ausgewogenes Verhältnis der vier Nährstoffe.

Die Hülle der Wurzel arbeitet sehr geschickt: Sie ist halbdurchlässig.Es gibt offene Poren, durch die die Nährtoffe in das Wurzelwerk eindringen können (Annäherungsziele), und geschlossene Poren, durch die keine Nährstoffe in das Wurzelwerk eindringen können (Vermeidungsziele).

Christian beschreibt die Wirkung fehlender Nährstoffe auf die Früchte

***Christian**: Für mich wurde an dieser Stelle klar, dass kein Grundbedürfnis wichtiger oder unwichtiger ist. Der Baum braucht alle vier Nährstoffe, um gesund wachsen zu können. Durch meine Prägung dachte ich, es sei schlecht, ein Bedürfnis nach Wertschätzung zu haben. Es durfte ja im Leben nicht um mich gehen, sondern nur um Gott. Durch das Baumbild wurde mir deutlich, dass Gott auch mich als ein Wesen mit Bedürfnissen geschaffen hat. Sie gehören zu mir und sind nicht von Vornherein schlecht! Und ja, es ist wahr! Auch ich sehne mich nach Wertschätzung. Ich sehne mich danach, von Menschen gesehen und von Gott geschätzt zu werden. Und ich möchte mich auch selbst als wertvoll ansehen können.*

Die Wirkung fehlender Nährstoffe auf die Fruchtentwicklung

Bei Endlich-leben sollte ich in mein Baumbild eintragen, welche Nährstoffe bisher fehlten, so dass er solche faulen Früchte trug, wie ich es in Schritt 1 eingetragen hatte. Also blätterte ich zurück und analysierte mein Baummodell aus Schritt 1.

Meine faulen Früchte waren meine Schmerzen in Kopf, Rücken und Magen.

Der Ast meines Helferverhaltens, an dem diese Früchte hingen, hatte vier Komponenten (siehe mein Astbild S. 56 in Schritt 1). Die Wurzel 1 – der Teufelskreis in meinem Baumbild – startete mit meinen Höchstleitungen, meinen »Selbstheilungsversuchen«, um diesen tief verborgenen Schmerz von mir selbst fernzuhalten.

Komisch! Zum ersten Mal in meinem Endlich-Leben-Prozess schreckte ich nicht mehr zurück, diesen Schmerz anzuschauen! Ich wusste jetzt, dass Grundbedürfnisse naturgegeben sind. Und dass es viele Gründe gibt, wenn sie mal nicht gestillt werden. Jetzt hatte ich die Idee, dass es Möglichkeiten gibt, meine Grundbedürfnisse zu stillen, auch wenn ich noch nicht wusste wie. Das gab mir Hoffnung. Ermutigt konnte ich mich so fast ohne Furcht daran machen, meine Wurzel 2 – »Schmerz« – in meinem Baumbild zu markieren.

Ich sehe jetzt klarer, dass der Nährstoff, der meinem Baum besonders fehlte, »Kontrolle/Orientierung« hieß. Deshalb ist mein Lebensbaum so gewachsen und hat diese Äste und faulen Früchte entwickelt. Es gab eine Lebensphase, in der ich mich extrem hilflos gefühlt habe: Als kleiner Junge war ich allein in der Kur an der Nordsee. Derart ausgeliefert und hilflos wie damals wollte ich nie wieder sein! Ich hatte in meinem Leben ein Verhalten eingeübt, um den Schmerz der Hilflosigkeit, bzw. des Kontrollverlus-

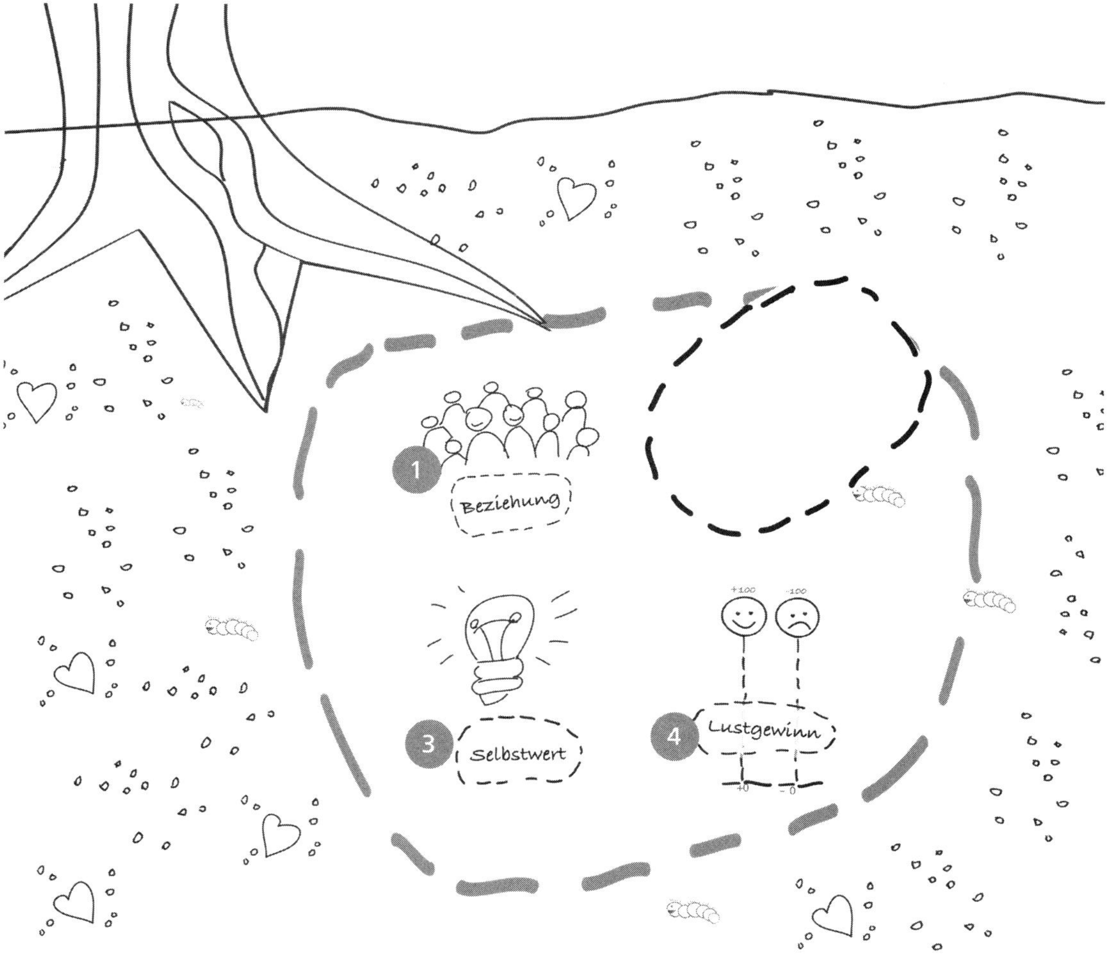

tes zu vermeiden: Ich habe anderen geholfen. Das war für mich logisch: Helfen gegen Hilflosigkeit! Leider habe ich mit diesem Verhalten nur meinen Schmerz vermieden (Vermeidungsziel), statt mich einem Ziel anzunähern, das mein Grundbedürfnis nach Kontrolle und Orientierung erfüllt hätte (Annäherungsziel). An dieser Stelle wollte ich jetzt umlernen!

Schau dir dein Baumbild aus Schritt 1 nochmal an! Welcher Nährstoff fehlte deinem Lebensbaum, so dass er so gewachsen ist? Welches deiner Grundbedürfnisse blieb ungestillt? Es können auch mehrere sein. Kennzeichne sie im Bild.

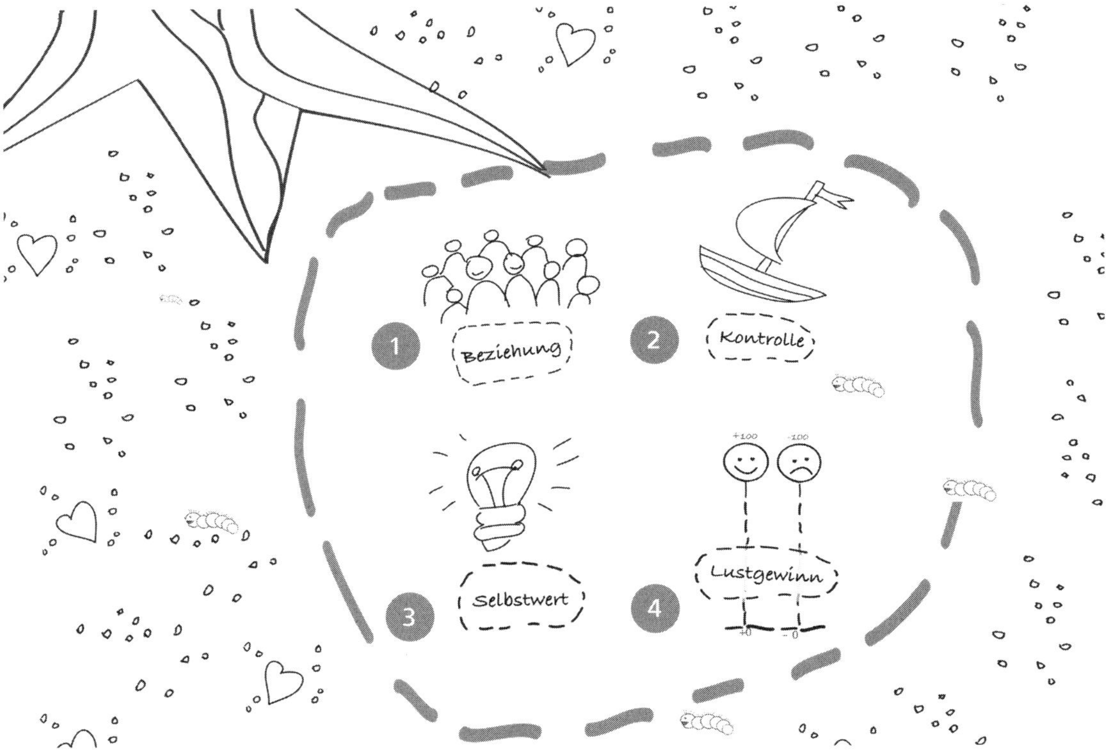

Ein Gott, der Grundbedürfnisse stillen hilft

Wir werden als Menschen in dieser Welt nie »statisch-perfekt« gesund sein. Auch deine Grundbedürfnisse werden nie vollständig und ausgewogen erfüllt sein. Es wird immer wieder Umstände im Leben geben, die dir eine Erfüllung deiner Grundbedürfnisse unmöglich machen.

Doch auch da gibt es Hoffnung! Du bist vielleicht selbst nicht in der Lage, deine seelische Gesundheit wiederherzustellen, aber Gott, der größer ist als wir selbst, behält deine Gesundheit im Blick. Gott, so wie wir ihn verstehen und erleben, ist eine Lebensquelle. Weil er Leben will, sorgt er für Lebens-Bedürfnisse, auch für die Stillung der Grundbedürfnisse, die für seelische Gesundheit so wichtig sind. Und das macht er z.B. so:

Bindung und Beziehung

Gott ermöglicht es, dass eine gute und vertrauensvolle Bindung zu ihm und zu den Menschen aufgebaut werden kann, indem er seinen Geist der Liebe in das menschliche Herz gibt. Unsere Hoffnung führt nicht ins Leere, denn die »Liebe Gottes ist durch die Geisteskraft in unsere Herzen gegossen«. Das bedeutet: Sie ist uns von Gott geschenkt worden (Römerbrief Kapitel 5, Vers 5).

Kontrolle und Orientierung

Gott hat Menschen den Auftrag gegeben, die Erde zu bebauen und zu bewahren. Wir sollen aktiv und kreativ tätig sein und uns in unseren Handlungen als selbstwirksam und mit Kontrollerfahrungen erleben. Diese Schöpfung Gottes, wie sie die Bibel beschreibt, gibt uns Antworten bei Sinnfragen und Deutungen für das Leiden in der Welt. Unser Glaube fördert also Orientierung: »Dann segnete Gott sie, indem Gott zu ihnen sprach: ›Seid fruchtbar, vermehrt euch, füllt die Erde und bemächtigt euch ihrer …‹« (1. Buch Mose Kapitel 1, Vers 28).

Selbstwert erhalten

Die Geschichte von Jesus ist das Paradebeispiel für den liebevollen Umgang Gottes mit verachteten und ausgegrenzten Menschen. Jesus schenkte Menschen neue Würde. So lesen wir in der Bibel über Gnade und unbedingte Liebe. Weil Gott sich Menschen gegenüber so verhält, dürfen auch wir den eigenen Selbstwert schützen und ihn möglichst erhöhen.

Lustgewinn/Unlust vermeiden

Gottes Heiliger Geist ist unser Tröster. Nicht nur »Essen und Trinken machen Gottes Welt aus, sondern Gerechtigkeit, Frieden und Freude – bewirkt durch die heilige Geistkraft«, wie Paulus es den Römern in seinem Brief (Kap. 14, V. 17) ans Herz legt. Für Menschen bedeutet diese Geisterfahrung Freude (Lustgewinn) und das sogar in einer Umgebung, die von Unfrieden, Streit, Zerstörung oder Trauer beherrscht sein kann. Auch Essen, Trinken, Sex und andere körperliche und geistige Genüsse sind gute Gaben Gottes, die uns zur Freude dienen.

Welche Gedanken und Gefühle entstehen in dir, wenn du dir vorstellst, dass solch ein Gott als »höhere Macht« mitwirkt, deine Grundbedürfnisse zu stillen?

Schritt 3.1

»Wir fassen den Entschluss, unseren Willen und unser Leben der Sorge Gottes – soweit wir ihn verstanden haben – anzuvertrauen.«

Woche 7

Sich Gott geben

Du bedenkst die Wichtigkeit und Grenzen deines Willens.
Deine Willensentscheidung für Gottes Güte öffnet dir neue Türen.
Respektvoll geht Gott mit dir um: Er achtet deinen Willen.
Deine Weichenstellung zum Guten wird noch durch Angst vor Veränderung, Kontroll- und Freiheitsstreben oder Unsicherheiten gehindert.
Du wägst die Vorteile, dich auf Gott zu verlassen, ab
im Blick auf deine Beziehungen und deine Lebendigkeit.

Ein »Ja« für das Gute finden

Mit dem dritten Schritt endet die erste Phase unseres Endlich-Lebens-Prozesses, die wir »Kapitulation« nennen. Kapitulation bedeutet also:

- Wir geben mit Schritt 1 auf, den Grundschmerz zu vermeiden, der hinter unserem schädigenden Verhalten steht.
- Mit Schritt 2 geben wir auf, alleine mit unserem Schmerz zu bleiben. Mit Schritt 3 geben wir auf, gegen unseren Schmerz zu kämpfen. Wir kapitulieren!
- Wir lernen, Schmerz zuzulassen, weil wir unsere Hoffnung darauf setzen, dass Gott uns durchtragen wird. Wir treffen eine freie Willensentscheidung.

Wir sagen damit andererseits »Nein«: Wir verlassen uns nicht mehr auf Abwehrverhalten und unsere Selbstheilungsversuche. Dagegen stellen wir »Ja«: Wir vertrauen auf Liebe und Fürsorge eines mitfühlenden Gottes.

Der Wille will das Gute

***Nina**: Es war schmerzhaft für mich zu sehen, wie ich mein Problem mit gutem Willen allein nicht in den Griff bekam. Mein Wille schien mir das einzige Mittel gegen dieses schädigende Verhalten zu sein. Wie oft hatte ich mich dahinter versteckt: »Wenn ich nur wirklich will, dann höre ich auf zu rauchen.« Dabei wollte etwas in mir doch aufhören. Es musste doch irgendwie mit fehlender Willenskraft zu tun haben!*

Mit Schritt 3 sah ich mich in neuem Licht: Ja, die Veränderung hatte mit meinem Willen zu tun. Allerdings ging es um die Richtung: Früher hatte ich meinen Willen immer auf das schädigende Verhalten gelenkt. Jetzt lernte ich es, meinen Willen auf Gottes Kraft hinzulenken.

Wer auch immer dieser Gott ist ... Da war ich noch auf der Suche. Also lenkte ich meine Willenskraft auf das Gute. Auf alles Gute: meine Kinder, den Duft der Rosen in meinem Garten, den warmen Wind und den Sonnenschein.

Ich nutzte meine ganze Willenskraft, mich all den guten und schönen Dingen zu öffnen, die mich umgaben. Auch wenn ich noch nicht die Kraft hatte, mit meinem Problem klarzukommen. Leise bekam ich eine Ahnung, wie Gott mich durch diese Dinge anspricht und mir seine Liebe zeigt. Ganz langsam bekam ich eine Vorstellung von ihm. Diese Phase vermittelte mir den Gedanken: »Ich will das Gute!« Und wenn tatsächlich alles Gute von Gott kommt und er gut ist, dann will ich auch mit ihm gehen.

Die Entscheidung für das Vertrauen

Es ist gut, wenn wir uns auf uns selbst und unsere Kraft verlassen. Aber genauso wichtig ist es, uns auf Gott, seine Kraft und Liebe einzulassen. Das fühlt sich abenteuerlich an, ein Wagnis auch für diejenigen, die schon lange mit Gott gehen. Solange das Leben eben nicht glattläuft und Gebete unerhört bleiben, treibt uns die Frage um: Können wir uns auf Gott wirklich verlassen? Das ist die entscheidende Vertrauensfrage.

***Nina**: Vertrauen lässt sich nicht erzwingen! Eines hat mich überrascht: Als ich begonnen hatte, mich nur ganz leicht und vorsichtig auf die Idee eines guten Gottes einzulassen, wuchs mein Vertrauen. Selbst wenn er unsichtbar blieb, zeigte er sich mir in all den guten Dingen, die mich umgaben: durch die Frauen in meiner Gruppe, durch die Natur. Auch durch Textzeilen zeigte er sich mir in den Liedern, die in meiner Gruppe regelmäßig gesungen wurden. Ich hatte in meiner Vergangenheit so viele Erfahrungen mit gewaltsamer Nähe gemacht, dass ich aus eigener Kraft niemals das Vertrauen aufgebracht hätte, mich auf die Nähe Gottes zu verlassen. Es war mir so, als warb er um mich, als holte er mich achtsam ab. Und zwar genau von dort, wo ich war.*

Wie erlebst du Gott mittlerweile? Hat dir in den letzten fünf Wochen irgendetwas deine Zuversicht gestärkt: Ist Gott vielleicht doch bei mir?

Gottes Liebe lockt, zu vertrauen

Christen folgen Jesus Christus nach. Sie orientieren sich am Modell seines Lebens. Jesus predigte, heilte und befreite. Damit zeigte er die Liebe Gottes. Auch im Leiden und Sterben war er sich sicher: Gott steht an meiner Seite! Er betete am Kreuz: »Vater, in deine Hände befehle ich meinen Geist.« Gott hat ihn dann vom Tod erweckt. Damit wurde Jesus in seinem Vertrauen bestätigt: Gottes Liebe ist absolut verlässlich, größer als der Tod!

Den Geist des Vertrauens, den Jesus in sich trug, nennen Christen den Heiligen Geist. An der Geschichte von Jesus erkennen sie, dass er ein Geist der Liebe und der Kraft ist. Sie bezeugen: In seinem Geist ist Freiheit und Leben. Dieser Geist soll die Atmosphäre in unseren Endlich-Leben-Gruppen bestimmen.

Christen beten darum, dass Gottes Geist ihnen dabei hilft zu vertrauen: »Ich glaube, hilf meinem Unglauben.« Wenn sie dann Kraftwirkungen und Energien erfahren, verstehen sie die als Antwort von Gott. Jesus lebte diese Vertrauensbeziehung zu Gott, den er seinen Vater nannte und der ihn wie eine Mutter tröstete. Jesus lockt uns, eine Beziehung zu Gott, ICH-BIN-DA, Jahwe, aufzubauen und, vom Geist getragen, lebendig zu werden.

Die göttliche Beziehung

Johannes, ein Schüler von Jesus, beschreibt im Buch Offenbarung die göttliche Beziehungsaufnahme in einem Bildwort, in dem er Jesus sprechen hört: »Da! Ich stehe an der Tür und klopfe: Wenn du meine Stimme hörst und die Tür öffnest, werde ich auch zu dir hineingehen und mit dir essen und du mit mir« (*Offb Kapitel 3, Vers 20).

Ein Maler hat dieses Bild weiterentwickelt: Jesus steht in der Dunkelheit mit einer Laterne in der Hand vor einer großen Tür und klopft. Die Besonderheit der Tür: Sie hat außen keinen Griff. Jesus wartet respektvoll vor dieser Tür, das heißt: Gott drängt sich uns nicht auf. Er akzeptiert die menschliche Freiheit, die er erschaffen hat. Gott manipuliert nicht. Er respektiert uns und unseren Willen.

Nur so gelingt eine gute Beziehung in der Spannung aus Nähe und respektvoller Distanz. Darum gehört zu einer Beziehung zu Gott eine freiwillige Entscheidung ohne Druck und Angst. Wenn er also an unsere Tür klopft, dürfen wir zweifeln, kritisch fragen und überlegen, ob wir ihn einlassen. Gott wartet geduldig: Die Tür hat von außen keinen Griff.

Schritt 3 leitet die Phase in unserem Leben ein, in der wir den Entschluss fassen, uns mit unserem Willen Gott anzuvertrauen. Wir finden ein »Ja« zu ihm, so wie wir ihn verstehen, und setzen auf die Fürsorge und Hilfe Gottes. Dazu gehört auf der anderen Seite ein »Nein« zu allen Gedanken und Verhaltensweisen, die unser Leben beeinträchtigen. Denn Gott ist nicht nur Liebe und nimmt uns an, sondern auch Leben und fördert unsere Entfaltung.

Stell dir vor, du lebst eine Beziehung zu Gott, er wäre dir immer und überall nah und ihr könntet auf persönliche Art miteinander kommunizieren. Welche Gedanken und Gefühle kommen in dir hoch?

Was hindert deinen Willen an einer Entscheidung?

Die Erfahrung von Schritt 3 bleibt kein Gedankenspiel. Das Fundament verändert sich. Diese christliche Grunderfahrung betrifft unser Denken, Handeln und Fühlen. Kopf, Hand und Herz geraten in Turbulenzen. Kein Wunder, wenn das Widerstand und Angst in dir weckt!

***Thomas**: Meinen Willen und mein Leben Gott geben? Kopf, Herz und Hand nicht mehr mit Abwehrverhalten beschäftigen, sondern mich auf Gott und seine Kraft in mir verlassen? Aber wo bleibe ich denn da noch? Ich hatte ein Bild von meinem Leben mit einem ständig arbeitenden Thomas. Anders konnte ich mir das beim besten Willen nicht vorstellen. Mir kroch die Angst zur Kehle. Mir war, als ginge es um Kopf und Kragen. Die Entscheidung von Schritt 3 fühlte sich für mich an, als müsste ich sterben!*

***Christian**: Ich hatte keine Ahnung, wie mein Leben aussehen sollte, wenn ich »nein« sagen und nicht mehr auf mein schädigendes Verhalten vertrauen würde. Ich bin Sozialarbeiter; ich würde doch nicht »nein« dazu sagen können, Menschen zu helfen! Was sollte denn hier anders werden und wie? Für einen Moment war ich völlig durcheinander. Müsste ich jetzt mein ganzes Leben umstellen, gar den Beruf wechseln? So schlimm stand es doch nicht um mich! Im nächsten Augenblick dachte ich: »Vielleicht ist es doch besser, diese Gruppe zu verlassen.« Ich hatte Angst davor, eine Entscheidung zu treffen, die meine Existenz so grundlegend verändern würde und von der ich nicht wusste, welche genauen Folgen sie mit sich bringen würde. Genauso klar war mir: Keine Entscheidung für einen Anfang mit Gott ist auch eine Entscheidung. Das würde bedeuten: Weitermachen wie bisher! Und das wollte ich nicht mehr!*

Wie wird dein Leben sich entwickeln, wenn du dich heute entscheidest, keine neue Entscheidung für oder gegen Gott zu treffen?

Kontrolle und Selbstbestimmung aufgeben?

***Nina**: Bei aller Abhängigkeit, in die mich meine Sucht gebracht hatte, hatte sie mir doch in gewisser Weise Macht und Kontrolle gegeben! Ich konnte den Schmerz in mir kontrollieren, indem ich ihn betäubte. Das vermittelte mir ein Gefühl von Sicherheit und ja, auch Macht, denn ich blieb dem Schmerz in mir nicht hilflos ausgeliefert. Ich fühlte mich groß! Eine Zeit lang. Leider verloren die Suchtstoffe mit der Zeit ihre Wirkung und ich brauchte immer mehr, um gut in Stimmung zu kommen.*

Ein weiterer positiver Aspekt des Konsums meiner Suchtstoffe war: Ich fühlte mich selbstbestimmt und unabhängig. Die ersten Kippen damals mit 13 Jahren rauchte ich bewusst, um mich innerlich von meinen Eltern zu trennen. Ich wollte ihren ständigen Streitereien nicht mehr ausgeliefert sein. Rauchen machte mich unabhängig. Es verschaffte mir ein Gefühl von: »Jetzt bin ich Herrin und mache, was ich will! Keiner kann mir reinreden!« Leider machten die Zigaretten mich sehr schnell von der Herrin zur abhängigen Sklavin. Aber das habe ich mir sehr lange nicht eingestanden.

Heute beobachte ich, wie dieses Gedankenmuster in mir immer noch wirkt: Ich habe bestimmt schon 10-mal aufgehört zu rauchen. Doch bei Beziehungsstress (so wie damals bei meinen Eltern) blitzt der Gedanke auf: »Ich muss sofort rauchen!« Denn mit meinem Rauchen ist dieses Unabhängigkeitsgefühl verknüpft: »Ich kann machen, was ich will. Ihr könnt mich alle mal!« Das verschafft mir Abstand zu Beziehungen, die stressig sind. Rauchen verspricht mir Sicherheit vor dem großen Schmerz, an den ich mit jeder schwierigen Beziehung erinnert werde: an den Schmerz der zerbrochenen Beziehung zu meinen Eltern.

Beschreibe: Welche »positiven« Effekte bringt dir dein Abwehrverhalten?

Welchen Preis zahlst du, wenn du dein Abwehrverhalten weiterlebst?

Hin- und hergerissen

Wenn wir zwischen Kosten und Nutzen unseres alten Verhaltens abwägen, fühlen wir uns hin- und hergerissen. Selbst wenn der Kopf weiß, dass die Kosten unseres zerstörerischen Verhaltens viel höher sind als der Gewinn, bringt der Bauch die wenigen Aspekte, die dafür sprechen, einfach weiterzumachen, ziemlich überzeugend rüber. Mit Schritt 3 gewinnt das Vertrauen zu Gott gegen dein Selbstvertrauen. Auch wenn das dein bisheriges Verhalten nicht auf der Stelle ändert, wirst du etwas Neues spüren: Du erkennst damit auch die Wahrheit an, dass dein Überlebensverhalten dir nur kurzfristig Linderung verschaffte, aber langfristig Schaden.

***Thomas**: Ich war mir bei diesem Schritt wahrlich nicht sicher, ob ich das alles wirklich wollte! Es kam mir irgendwie zu nah. Wie gesagt, in dieser Phase dachte ich manchmal, ich müsse sterben. Als ich an einem Abend richtig aggressiv wurde, fragte mich mein Gruppenmoderator, ob ich mich unter Druck gesetzt fühlte. Ich war überrascht, dass er das so deutlich ansprach. Und wie ich mich in die Ecke gedrängt sah! Ich befürchtete, dass von mir ein Schritt zu Gott verlangt würde, zu einem Gott, den ich weder wirklich kannte und an den ich auch nicht wirklich glaubte. Gut, ich hatte dieses Erlebnis im Wald, als das Sonnenlicht durch die Bäume mein Gesicht traf und ich ahnte, wie nah mir Gott ist. Aber vielleicht war das auch nur Einbildung?*

»Lass dir Zeit!«, sagte mein Gruppenmoderator an diesem Abend zu mir. »Hör auf dein Herz und bleib einfach bei uns.« Das tat mir gut.

Dann brachte er das ein, was meinen Blick auf den inneren Kampf mit Schritt 3 nachhaltig wandelte: »Warte nicht, bis die Widerstände gegen den Gedanken, dich der Liebe Gottes anzuvertrauen, weg sind! Es ist normal, dass wir Menschen Angst haben Gott zu vertrauen. Wir werden ihn auch nie ganz verstehen. Und es macht uns unsicher, nicht mehr alleine auf uns selbst zu vertrauen. Das geht mir bis heute so.«

Das fand ich erstaunlich! Mein Gruppenmoderator war für mich eine Art Überchrist und bekannte seine Angst davor, sich Gott anzuvertrauen? In meinem Kopf schwirrten die Gedanken, aber ich bat ihn ausdrücklich weiterzureden.

»Es gibt noch einen Grund, warum wir immer wieder hin- und hergerissen sind, wenn wir uns auf Gott zubewegen wollen: Es gibt Stimmen in uns, die uns das ausreden wollen. Das ist ganz normal. Als Jesus in seiner Zeit auf dieser Welt vor der Herausforderung stand, sich Gott in seiner Not ganz anzuvertrauen, wurde er von solchen Stimmen bearbeitet: ›Folge Gott nicht!‹ Die Bibel nennt die Quelle dieser Stimmen griechisch ›Diabolos‹, zu Deutsch ›Teufel‹. Das ist kein Eigenname, sondern heißt wörtlich übersetzt ›Durcheinanderbringer, Verwirrer‹.

Bis heute kämpfen unterschiedliche Stimmen um die Wahrheit. Näherst du dich Gott, der das Gute für dich bereithält, treten Gegenstimmen auf den Plan und bringen dich durcheinander. Deshalb kannst du damit rechnen, dich zerrissen zu fühlen. Schließlich geht es um eine grundlegende Entscheidung, die die ganze Existenz betrifft: dein Leben Gott anzuvertrauen und dich fortan von ihm lenken und führen zu lassen. Nur Mut! Du wirst ruhiger werden, nachdem du die Entscheidung getroffen hast.«

Genau. Ich fühlte mich durcheinandergebracht, verwirrt. Aber die Worte meines Gruppenmoderators halfen mir, mich zu sortieren. Ich wollte das Ganze erst mal sacken lassen. Aber etwas in mir wusste: »Ich will diese Entscheidung. Ich will leben! Und zwar grundlegend anders als bisher!«

Welche Stimmen gehen dir bei dem Gedanken durch den Kopf, dich Gott anzuvertrauen?

Was bringt dir diese Entscheidung?

***Nina**: Solange ich zurückdenken kann, war mein Leben von Einsamkeit bestimmt. Als ich noch klein war, begann der Krieg zwischen meinen Eltern. Ich bin dabei völlig auf der Strecke geblieben. Ich fühlte mich zutiefst alleine gelassen. Und dieses Gefühl wurde ich nicht mehr los. Es bestimmte mein Denken und meine Wahrnehmung: Egal, wo ich war und mit wem ich zusammen war, ich fühlte mich innerlich allein.*

Ich glaubte: Niemand versteht mich wirklich! Und war überzeugt: Nur alleine bin ich wirklich sicher davor, von anderen enttäuscht oder verletzt zu werden. Im Grunde habe ich mich durch mein Rauchen und Trinken extra von den Menschen um mich her isoliert. So habe ich mir meine eigene kleine Welt erschaffen. Eine Welt, in die ich keinen anderen hineinlassen wollte. Zum eigenen Schutz.

Das gipfelte im trotzigen Streben nach Unabhängigkeit. Ich rebellierte gegen meine Eltern, denen ich mich ausgeliefert fühlte, da ich als Kind dieser Beziehung nicht entfliehen konnte. Das Gefühl, »ausgeliefert zu sein«, wiederholte sich in allen Beziehungen und so rebellierte ich weiter. Einsamkeit erschien mir nun wie ein sicherer Zufluchtsort. Ließ ich niemanden wirklich an mich heran, war ich auch unverletzbar.

Zum Schluss merkte ich: Ich schaffe es aber nicht allein! Ich kann mich weder aus meiner Sucht noch aus meinem Schmerz selbst rausziehen.

Durch gute Erfahrungen in der Gruppe wagte ich es, mich neu auf Beziehung einzulassen. Weil ich in einer christlichen Gemeinschaft gelandet war, ahnte ich, dass es auch um eine Beziehung zu Gott gehen würde, der mir näherkommen würde, als jede menschliche Beziehung.

Doch mit Erstaunen stellte ich fest: Ich hatte keine Angst mehr davor, dass mir die Liebe Gottes zu nahe kommen würde! Stattdessen sehnte ich mich nach seiner Nähe. Ein Gott, der gleichermaßen in mir und um mich ist. Der meine Gedanken versteht und meine Gefühle kennt und der mich liebt.

Ich weiß nicht, woher diese Sehnsucht plötzlich kam. Ich konnte das vom Verstand her nicht wirklich ergründen. Ich wusste auch nicht, ob es so eine Liebe wirklich gibt. Aber ich hoffte es. Und so betete ich: »Gott, ich kann immer noch nicht glauben, dass es dich gibt. Aber ich würde es so gerne glauben. Bitte hilf mir! Zeig dich mir so, dass ich es verstehe!«

Gottes Gegenwart wahrnehmen

Zu dieser Zeit hatte ich mir ein freies Wochenende erbeten. Mein Mann kümmerte sich um die Kinder und ich fuhr an die See. Ich saß am Strand, rauchte, trank Rotwein, schaute den Wellen zu und beobachtete den Himmel. Und dann hatte ich völlig unerwartet so etwas wie einen »heiligen Moment«: Es war mir, als würde ich im Zusammenspiel von Licht und Wolken die ausgestreckten Arme Gottes sehen. Er streckte mir riesige Arme entgegen. Doch sie wirkten kein bisschen bedrohlich, eher einladend, als wollten sie mir sagen: »Komm zu mir, meine Tochter, ich helfe dir auf! Ich halte dich, und ich schütze dich!« Ich fühlte mich erfüllt, geliebt und geborgen. Ich wurde ganz ruhig. Ich war sprachlos glücklich.

Am nächsten Morgen schlenderte ich durch den Ort, kam zufällig zu einem kleinen Flohmarkt und fand ein Bild, nicht irgendein Bild! Auf dem Bild sah man einen Strand und Wolken. Am Horizont waren Gottes geöffneten Arme abgebildet. Hammer! Genauso, wie ich es am Abend zuvor selbst gesehen hatte!

Ich wusste, er sorgt für mich und das wird Auswirkungen in meinem Leben haben. Eine ungewohnte Gelassenheit umgab mich. Ich war nicht mehr allein. Ich besaß eine neue, ganz nahe Beziehung. Beziehung pur!

Stell dir vor, der liebende Gott trägt den Namen ICH-BIN-DA. Er versteht deine Gedanken und Gefühle. Er liebt dich bedingungslos. Welche Gedanken und Gefühle weckt diese Vorstellung in dir?

Lebendig werden

***Christian**: Als ich damals solche Geschichten wie die von Nina erzählt bekam, wurde mir ganz übel: »Warum passierte den anderen so was und mir nicht?« Bis heute hatte ich kein Erlebnis dieser Art mit Gott, obwohl ich schon mein ganzes Leben mit ihm unterwegs war. Als ich mit Schritt 3 darüber nachdachte, mein Vertrauen noch einmal ausdrücklich auf Gott zu setzen, wurde ich überwältigt von Wut und Trauer. Ich fühlte mich ungerecht behandelt und von Gott allein gelassen, dem ich doch mein ganzes Leben lang treu gedient hatte!*

Ich hätte schreien können! Das war ein ganz neues Gefühl in mir. Woher kam solch eine Wut? Zorn hatte ich in meinem Leben nie wirklich empfunden. Aber jetzt war er da und brannte in mir! Ich konnte das nicht wegdrängen. So platzte ich in der Gruppe damit heraus: »Es ist ungerecht, dass andere besondere Erlebnisse mit Gott haben und ich nicht!«

Kurz war es still in der Runde. Dann sagte der Mann mir gegenüber: »Darf ich dir sagen, was ich denke?« »Meinetwegen«, antwortete ich trotzig.

»Ich bin froh, diese Wut bei dir zu erleben. Sie macht dich für mich sympathisch. Bisher hatte ich immer das Gefühl, du bist nicht ganz echt und versteckst deine Gefühle hinter einer großen Fassade. Aber als du gerade deinen Zorn zum Ausdruck gebracht hast, hatte ich das erste Mal das Gefühl, dass du lebst.«

Das hat gesessen! War das mein »heiliger Moment«? Mir wurde plötzlich klar, wie Gott mir in diesem Gruppenprozess begegnet, in dem ich »zufällig« gelandet war. Und zwar in allem, was um mich passierte. Mein Gruppenkollege hatte Recht! Wut und Zorn in mir waren so eine Art Lebenszeichen. Echte Gefühle fühlen und keine Fassade mehr leben. Nicht mehr eingefroren sein. Anscheinend veränderte sich auch bei mir etwas; ich hatte es nur nicht bemerkt. Gefühle haben zu können bedeutet, lebendig zu sein.

Irgendwie musste Gott wohl doch auch bei mir am Werk sein.

Welche neuen Gefühle sind in dein Leben gekommen, seit du auf deinem Endlich-Leben-Weg bist?

Strandspaziergang mit Gott – eine Meditation

Wandere in deiner Vorstellung mit Gott an einem schönen, langen Strand entlang. Stell dir die Szene in allen Details vor, das Gras und die Blumen, die Küste, das Meer …

Nun siehst du zurück und erblickst zwei Fußspuren, die eng nebeneinander verlaufen. Dann kommt eine dunkle Phase, verbinde sie mit konkreten Gefühlen und Erinnerungen. Du wanderst weiter und siehst nach einer Weile wieder zurück: Diesmal siehst du nur eine Spur im Sand.

Du denkst: »In dieser Zeit hat Gott mich getragen.«

Schließe deine Augen und sieh dir die Spur innerlich genau an. Wie sieht sie aus? Wie tief ist sie? Wiederhole beim Einatmen den Satz: »In dieser Zeit …« und beim Ausatmen: »hat Gott mich getragen«.

Atme ruhig weiter und wiederhole diesen Satz mit jedem weiteren Atemzug. Atme und bete dabei den Satz einige Minuten lang.

Schritt 3.2

»… und der Sorge Gottes – soweit wir ihn verstanden haben.«

Woche 8

Sich der Sorge Gottes überlassen

Du vertiefst Schritt 3, indem du Missverständnisse ausschließt wie:
»Ab jetzt läuft alles für immer gut«, oder:
»In Wahrheit muss ich doch alles selbst machen.«
Ein neuer Ast am Baummodell symbolisiert den Schritt 3 als kommenden »Veredelungsprozess«.
Du bekommst konkrete Vorschläge, wie du die Erfahrung von Schritt 3 in dein Leben bringen kannst: im Gebet – als Gespräch mit Gott – und mit einem Menschen deines Vertrauens.

»Nur für heute«-Vertrauen

***Emma**: Nach der Entscheidung, Gott mein Leben anzuvertrauen, wollte ich sofort mit seiner Kraft aus meiner Krankenrolle heraus! Aber ehrlich gesagt, lief zunächst alles schief! Ich versuchte, mein Antidepressivum abzusetzen, wegen der vielen Nebenwirkungen, worauf ich einen Absturz in die Depression erlebte – sechs Wochen Klinik! Wieder stabilisiert, bekam ich eine Erkältung, die kein Ende nehmen wollte, Entzündungen der Nasennebenhöhlen und des Mittelohres. Mein Gleichgewichtsorgan war so angegriffen, dass ich mich nicht mehr aufrechthalten konnte – wieder ab in die Klinik! Schließlich diagnostizierte man eine Vorstufe von Gebärmutterkrebs. Operation – zurück in der Klinik!*

Unterstützung durch Menschen und Gott

Was habe ich mit Gott diskutiert! »Warum geschieht mir das alles?« In all dem fand ich große Unterstützung und viel Zuspruch durch die Mitglieder meiner Gruppe. Sie besuchten mich in der Klinik oder schickten mir wunderschöne Texte. Das machte Mut.

Ich musste sehr viel weinen. Im Unterschied zu früher dachte ich beim Weinen nicht mehr: »Keiner sieht mich. Besser, ich wäre tot!« Stattdessen betete es in mir: »Herr, du siehst meine Tränen. Du bist bei mir.«

Nein, es war nicht alles gut. Aber es war anders mit Gott. Mitten in Leid und Not war Halt, den ich vorher nicht kannte. Ich war gelassener, denn die neue »Stimme« in mir flüsterte mir zu: »Fürchte dich nicht, ich bin bei dir!« Ich war gewiss, dass er mir helfen wird.

Vertrauen gegen die Erfahrung

Ich weiß also, wie herausfordernd es ist, auf Gott zu vertrauen, solange es in unserem Leben dunkel ist. Ein Endlich-Leben-Merksatz ermöglichte dennoch Vertrauen: »nur für heute!«

An schlimmsten Tagen konnte ich Gott nicht vertrauen, sondern wollte nur bald sterben. Meine Krisen haben mich gelehrt, »nur für heute« zu leben. Es gab z.B. solche Tage: »Nur für heute entscheide ich, dass ich mich nicht umbringe.« Mit dem Nachsatz: »Nur für heute vertraue ich Gott mein Leben an und setze darauf: Er macht es gut.«

Wenn wir den Schritt 3 so durchleben, unser Leben Gott anvertrauen, so wie wir ihn verstehen, verbünden wir uns mit dem Gott, dem alle Dinge möglich sind. Er trägt lebenslang durch und darüber hinaus, selbst wenn unser Vertrauen an Tagen ohne Glauben schwächelt. Er glaubt an uns.

Die Entscheidung in Schritt 3 gehört zu der Sorte von Grundentscheidungen, die wir in ihrer Tragweite nie ganz überblicken. Große Entscheidungen mit existenziellen Folgen wie Ehebund, Berufswahl oder Auswandern gehören dazu. Das Vertrauen zur Richtungsentscheidung entfaltet sich Tag für Tag. Niemand kann lebenslanges Vertrauen blauäugig voraussagen. »*Nur für heute*« kann man sein ganzes Ich Gott ehrlich anvertrauen. Mit diesem Gebet legst du dich in seine Hand. Das ist eine Wahrheit, die sich dir immer wieder erweist und die sich erst im Rückblick enthüllt.

Was denkst und fühlst du bei der Vorstellung, dich und dein Leben »nur für heute« Gott anzuvertrauen?

Vertrauen oder doch selbst machen?

***Christian**: Ich gebe zu, dass ich lernen musste: Sich der Sorge Gottes anzuvertrauen bedeutet nicht, dass Gott immer sofort so eingreift, wie ich mir das vorstelle. Es gab Lebensthemen, da betete und betete ich ohne Ergebnis. Deshalb meinte ich, die Dinge doch wieder selbst in die Hand nehmen zu müssen.*

Ich kann nicht unbedingt sagen, dass meine Gebete ins Leere liefen, aber Gott wirkte manchmal anders, als ich es mir vorgestellt hatte. So beschlich mich das Gefühl, ich müsse selbst das tun, was Gott »vergessen« hatte.

Ein Beispiel: Ich nahm einer jungen psychisch kranken Frau alle Behördenaufgaben und Herausforderungen ab, ließ sie sogar mit unserer Familie wohnen. Irgendwie fand ich, Gott kümmerte sich nicht um ihre Not trotz der vielen Gebete. Ich konnte Gottes Tatenlosigkeit nicht akzeptieren und nahm die Dinge selbst in die Hand.

Als wir in der Kleingruppe über dieses Thema sprachen, sagte ein Mann: »An einen Gott, den ich als Mensch verstehen kann, könnte ich nicht glauben.« Vielleicht war es wirklich vermessen von mir zu erwarten, dass Gott so wirkte, wie es meinen Vorstellungen entspricht oder mir gefällt. Vielleicht hätte ich an manchen Stellen einfach mehr Geduld gebraucht.

Berichte, wo du Gottes Wirken nicht verstehen konntest.

Wie hast du dich in dieser Situation verhalten?

Wie würdest du dich anders verhalten, wenn du geduldig und vertrauensvoll auf Gottes Eingreifen gewartet hättest?

»Veredelung« – Jesus im Baumbild

Mit Schritt 3 wachsen wir in der Weisheit, unseren Willen, unsere Vorstellungen und üblichen Verhaltensmuster nicht mehr über alles zu setzen. Darum geht es auch bei der Entscheidung, auf Gott zu vertrauen: Wir legen Erwartungen, Wünsche und Vorstellungen vertrauensvoll in Gottes Hand und sind gespannt auf sein Wirken: Wie zeigt sich seine Art von Hilfe in unseren Lebensumständen? In unserem Baumbild haben wir lange für einen bildlichen Vergleich gesucht. Vielleicht hilft ein Vergleich mit »Veredelung«.

Zur Erinnerung: Das Problem unseres Lebensbaumes ist, dass er faule Früchte hervorbringt (unsere Beschwerden). Solche faulen Früchte erwachsen aus bestimmten Ästen (zerstörerischen Verhaltensmustern). Zu den Wachstumsbedingungen des Baumes gehören Wurzeln.

Wir kennen schon Wurzel 1: »Selbstheilung« (der Teufelskreis unseres Vermeidungsverhaltens) – und Wurzel 2: »Schmerz« (Symbol für unsere unbefriedigten Grundbedürfnisse).

Nun kommt mit Wurzel 3 »Religion« in den Blick: Sie steht für eine tief in uns wachsende Beziehung zu Gott. In Schritt 5 schauen wir später diese Wurzel noch genauer an. Die neue Beziehung mit Gott startet aber zunächst mit einem neuen Ast: einem aufgepropften Ast.

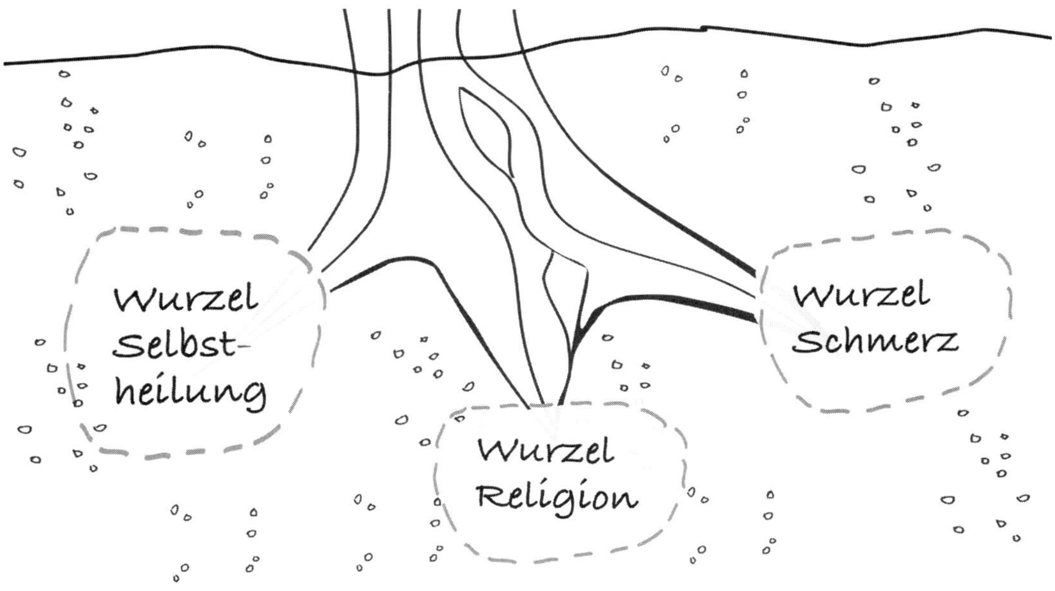

Veredelung durch Aufpfropfen eines neuen Astes

Für den Prozess, den eigenen Willen der »Sorge Gottes zu überlassen«, nutzen wir im Baummodell das Bild der Veredelung: Ein neuer Ast wird aufgepropft. Ein Obstbaum wird immer dann veredelt, wenn er keine guten Früchte hervorbringt.

Wenn ein Baum im richtigen Boden steht, aber keine leckeren Früchte hervorbringt, hilft eine alternative Methode zu guten Früchten: die Veredelung einen Astes, indem er bis auf einen Stumpf abgeschnitten wird. Genau an der Schnittstelle propft ein Gärtner den Ast eines Baumes auf, der die Eigenschaft bewiesen hat, gute Früchte hervorzubringen. Einen solchen Ast nennt man »Edelreiser«. Die Schnittstelle beider Äste liegen aufeinander und werden gut miteinander verbunden. So bringt der alte Baum an dem erneuerten Ast doch gute, leckere Früchte hervor.

Jetzt unser gewagter Vergleich: Der Edelreiser im Baumbild symbolisiert die Funktion, die Jesus in der Weltgeschichte spielt. Unsere Lebensbäume sind verwurzelt mit dieser Welt, dafür sind wir auch genau richtig geschaffen. Gott sandte Jesus in unser Leben, um sich mit uns zu verbinden und uns von innen heraus zu verändern. So wird nicht der ganze »Baum« ausgerissen und weggeworfen. Ja, wir bleiben verwurzelt in dieser Welt. Und ja, Jesus veredelt unser Leben.

Aktive Phase

Die Veredelung ist im realen Leben ein längerer Prozess, genau wie unser 12-Schritte-Weg. Wenn bei dem Baum, der veredelt werden soll, ein Ast abgeschnitten wird, ist das ein Bild dafür, dass wir aktiv und bewusst »Nein« sagen und nicht mehr auf uns selbst und unsere Verhaltensmuster vertrauen.

Wird dann der Baum mit dem edlen Ast, dem Edelreiser, verbunden, ist das ein Bild dafür, dass wir bewusst »Ja« zur Kraft Gottes sagen, wenn wir Gottes Geist durch unser Gebet in unser Leben einladen. Wie im Baummodell der edle Ast mit dem Baum verbunden wird, so gehen wir eine feste Bindung mit dem lebendigen Gott ein.

Passive Phase

Der veredelte Baum bringt an dem neuen Ast leckere Früchte hervor. Das tut nicht der Baum aus sich heraus, sondern es geschieht durch den Edelreiser. Dies ist ein Symbol für das Geschenk unserer Verwandlung, die wie von allein passiert, wenn wir uns der Sorge Gottes überlassen. Du brauchst also nicht verbissen alles alleine zu tun. Die Verwandlung geschieht wie von selbst – aus Gnade – durch deine Verbindung mit Jesus Christus.

Die Auswirkungen der Veredelung sieht man einem veredelten Baum nicht sofort an. Dennoch passiert sehr viel und irgendwann später wird er leckere Früchte hervorbringen. Dies ist ein Bild dafür, dass auch bei dir die Verwandlung nicht unbedingt gleich sichtbar werden muss. Selbst wenn du das Gefühl nicht loswirst, dass Stillstand herrscht: Du wirst erleben – manchmal erst im Rückblick –, dass sich ganz allmählich deine Wahrnehmung, dein Denken und auch deine Gefühle wandeln.

Das Bild der Veredelung macht also klar: Es geht um einen wechselseitigen Bund: Werden wir aktiv, wird Gott aktiv. Weil Gott aktiv ist, dürfen wir uns ihm überlassen.

Veredelung durch den mitleidenden, liebenden Jesus

Sich Gott anvertrauen

Wie Schritt 3 praktisch wird: Gebet

Ist ein ausdrückliches gesprochenes Ja nötig? Gott begegnet uns in Jesus und Jesu Lebensbotschaft, und er wirkt durch seinen Heiligen Geist kraftvoll in unserem Leben, wenn wir ihn hereinlassen. Er berührt uns nicht als unpersönliche Kraft, ohne eine Beziehung. Er ist uns in unserem Leben ein Gegenüber. Entscheidend für eine Beziehung sind das wechselseitige Gespräch und die gegenseitige Achtung. Beten bedeutet in diesem Sinne, mit Gott im Gespräch zu sein. Wenn wir durch unsere Gebete Gott in unser Leben mit hineinnehmen, sind wir nicht mehr allein und erfahren seine Liebe und Zuwendung.

Gott achtet unseren Willen. Das ist Liebe. Deshalb laden wir ihn im Gebet ein, in unserem Leben mit seiner Geistkraft zu wirken. Er würde sich niemals aufdrängen. Für solch ein Gebet gibt es keine zwanghaften Regeln. In einer freundschaftlichen, liebevollen Beziehung entwickelt sich der Wunsch nach Gemeinschaft und die Form der Gespräche ganz von alleine. Jeder:r darf eine ganz eigene Form finden, ihre oder seine Sehnsüchte Gott mitzuteilen. In unserem Gebet fassen wir unsere Sehnsucht in Worte.

Ja, es ist tatsächlich ein entscheidender Unterschied, ob wir einen Gedanken nur denken oder ihn auch in Worte fassen. Gedanken, Gefühle, die wir aussprechen, werden uns selbst klarer. Wir unterstreichen mit unserem Aussprechen unsere Ernsthaftigkeit und legen uns fest.

Wenn wir im Gebet mit Gott reden, können wir ihm alles erzählen, was uns durch den Kopf und vor allem durchs Herz geht. Auch die Dinge, die wir sonst eher verheimlichen würden. Er kennt uns durch und durch und versteht genau, wie wir es meinen.

Gott sehnt sich nach uns. Jesus kommt mit seinem Heiligen Geist in unser Leben, wenn wir ihn darum bitten. Er lässt uns in unserem Herzen die Sehnsucht nach tiefer Annahme spüren. Auf diese Gemeinschaft mit uns wartet er schon lange.

Gebet vor einem Zeugen

***Thomas**: Als ich Schritt 3 im Gebet umsetzen wollte, merkte ich, dass ich das alleine nicht packe. Zum einen war da diese Sehnsucht nach bedingungsloser Annahme, Halt und Unterstützung in meinen Lebenskämpfen, zum anderen kamen aber auch immer wieder Gedanken wie: »So ein Quatsch! Das ist doch nur eine Traumvorstellung! Diesen Gott gibt es doch gar nicht. Die wollen in diesem Kurs mit mir eine Gehirnwäsche machen!«*

Doch dann erschien mir die Sache mit dem intelligenten und liebenden Schöpfer-Gott auch wieder recht logisch. Ich war wirklich hin- und hergerissen, doch so wie bisher sollte mein Leben auch nicht weitergehen. Irgendwie wollte ich diesen Vertrauensschritt wagen. Nur für heute. An einem Abend ergab es sich dann: Wir sprachen in der Gruppe über unsere Gedanken zu Schritt 3 und ich gab zu, dass ich so ein Gebet nicht schaffte.

Da fragte mich der Gruppenmoderator, ob es mir helfen würde, mit ihm zusammen zu beten. Angst, Zweifel und Scham seien in so einer Gebetssituation ganz normal, aber er würde mich gerne unterstützen.

Ich hatte mich in dieser Zeit auf so vieles eingelassen, das für mich früher undenkbar gewesen wäre. So habe ich mich auch auf diese Situation eingelassen. Ich betete mit meinem Gruppenmoderator und sprach das vorformulierte Gebet laut vor ihm aus, während er für mich um Mut bat.

Es hatte eine besondere Qualität, diesen wichtigen Schritt nicht alleine zu gehen. Wann immer mich im folgenden Endlich-Leben-Prozess Zweifel überkamen, konnte mich mein Gebetspartner an diese besondere gemeinsame Situation erinnern. Irgendwie hat das Gebet vor einem Zeugen meine Ernsthaftigkeit unterstrichen. So war ich mir sicher, dass ich mir nichts vorgemacht hatte, sondern dass ich mich wirklich Gott anvertraut hatte. Mein Herz raste wie wild, als ich mit diesem Mann betete, aber dadurch ließ ich mich nicht davon abhalten, den Vertrauensschritt zu gehen.

Schritt 3 wird konkret

Wir haben das Bild schon erwähnt: Jesus steht vor der Tür deines Lebens und klopft an. Da die Tür von außen keinen Griff hat, wartet er, bis du von innen die Tür öffnest und ihn in dein Leben z.B. durch ein Gebet einlässt.

Wenn du nun für diese Öffnung bereit bist, kannst du ein Gebet so formulieren, wie es für dich passend ist. Wir bieten dir auf der nächsten Seite eine Formulierungshilfe an. Wenn das folgende Gebet für dich stimmig ist, dann kannst du es so beten. Fühl dich aber frei, es zu verändern, bis es zu dir passt. Schließlich geht es um deine persönliche Beziehung mit Gott. Nur du alleine weißt, was zwischen euch besonders wichtig ist und in diesem Gebet ausgedrückt werden könnte.

Vorschlag für dein Vertrauensgebet

Vater im Himmel,
ich komme zu dir, so wie ich bin.
Ich habe mein Leben lang nur mir selbst und meinen Verhaltensmustern vertraut.
Ich wollte mich mit meinem Verhalten immer selber retten.
Ich dachte, dass nur ich wirklich weiß, was gut für mich ist.
Ich habe mir selbst und anderen Menschen dadurch oft geschadet.

Jesus Christus,
ich habe immer noch Angst davor, dir ganz zu vertrauen.
In mir kommen immer wieder Zweifel hoch.
Ich habe Angst vor einer Veränderung in meinem Leben, die ich nicht kontrollieren kann.
Aber ich habe entschieden, dir zu vertrauen, dass du gut bist.
Du bist gut, und du sorgst gut für mich, wenn ich mich dir mit meinem Leben überlasse.

Heiliger Geist,
komm in mein Leben!
Ich entscheide mich heute:
Ich vertraue nicht mehr allein auf mich selbst. Ich suche deine Weisheit.
Ich vertraue dir, Gott. Bitte komm in mein Leben.
Bitte erfülle mich, Geist Gottes!
Ich brauche deine Kraft, deine Liebe und deine Führung.

Dreieiniger geheimisvoller Gott, ich vertraue dir heute mein Leben an!
Bitte lenke ab jetzt meine Schritte.
Amen.

Wie konntest du Schritt 3 praktisch umsetzen?

Was hast du dabei erlebt?

Die Einladung von Gott verinnerlichen

Wenn wir mit Gott unterwegs sind, heißt das nicht, dass nichts mehr schiefläuft im Leben. Aber es macht einen gewaltigen Unterschied zu vorher: Gott fühlt in unseren Lebens-Situationen mit uns – das wird uns mehr und mehr bewusst. Egal, ob wir die Umstände schon verstehen oder noch nicht; er ist mittendrin in Freude und Leiden und er hält uns. Er hilft uns wieder auf die Füße. Nicht immer so schnell, wie wir das wollen. Gottes Wahrheit wird sich bewähren. Vertraue ab jetzt auf ihn täglich neu!

Formuliere das Gebet von der linken Seite in immer neuen Varianten. Übersetze es in Worte, die dir entsprechen. Wiederhole es kommende Woche jeden Tag! Vielleicht nimmst du auch nur einen dir besonders wichtigen Satz oder zwei. Bete ihn.

Beende dein tägliches Gebet dann mit dem folgenden Versprechen von Paulus aus seinem Römerbrief Kapitel 10, Verse 9-10 + 13**:

»Wenn du also mit deinem Mund bekennst:
›Jesus ist der Herr!‹
und wenn du aus ganzem Herzen glaubst:
›Gott hat ihn vom Tod auferweckt!‹,
dann wirst du gerettet werden.

Denn aus dem Herzen kommt der Glaube,
der gerecht macht.
Und aus dem Mund kommt das Bekenntnis,
das zur Rettung führt.
...
Denn es heißt ja auch:
›Jeder, der den Namen des Herrn anruft,
wird gerettet werden.‹«

Schritt 4.1

»Wir sehen unser Leben in einem

größeren Zusammenhang, der uns prägt.

Wir machen eine furchtlose Inventur in unserem Inneren.«

Woche 9

Das Ganze sehen

Du wirst dich jetzt mit den größeren Zusammenhängen deines Lebens beschäftigen.
Wie bist du so geworden? Welche Faktoren spielten dabei eine entscheidende Rolle?
Im Bild der Wetterlagen bringen wir die prägenden Umfelder ins Bewusstsein.
Du lernst zu unterscheiden, wie Lebensmuster entstanden sind und ihren Sinn bekommen haben.

Größere Zusammenhänge sehen

Was passiert, wenn du mit Schritt 3 aufhören würdest?

Wenn dieses Programm mit Schritt 3 aufhören würde, dann hättest du gelernt, deine Beschwerden (faulen Früchte) zu erkennen, zu benennen und ihre Gründe zu erklären. Du bist sogar schon so weit gekommen, dass du Gott kennengelernt hast, der dich liebt und annimmt, wie du bist, der hilft und stärkt und der deine neue Hoffnung ist. Du bist nicht mehr allein! Nie mehr!

Aber wahrscheinlich würdest du dich dabei erwischen, wie du immer wieder die gleichen Fehler machst. Fast zwanghaft. Du wiederholst dein Verhalten, weil du noch nicht gelernt hast, wie es anders geht. Die Folge wäre: Du würdest dich über dich selber ärgern und vielleicht sogar verdammen. Du müsstest denken, dass du nicht richtig glaubst. Oder zweifeln, ob es Gott überhaupt gibt. Oder verzweifeln: »Wenn es ihn gibt, dann will er mir einfach nicht helfen!«

Deshalb ist die tiefere Erkenntnis zu deinen Lebenszusammenhängen und gewachsenen Lebensmustern in Schritt 4 so wichtig. Um nicht immer wieder wie blind über das alte Fehlverhalten zu stolpern, darfst du Schritt für Schritt lernen, wie es anders geht – lebensförderlich. Das braucht Zeit.

Bei unserem Endlich-Leben-Prozess nehmen wir uns diese Zeit. Gott schenkt uns einen Schutzraum der Gnade und barmherzigen Annahme, und die Gruppe spiegelt und verstärkt ihn. In diesem Schutzraum darfst du umlernen. Dein Stolpern und Fallen über altes Fehlverhalten verändert nicht deinen Wert bei Gott. Selbst wenn sich ab jetzt nichts verändern würde, wärst du geliebt und angenommen. Aber schade wäre es schon.

Bist du also bereit, jetzt die Geschichte deiner Symptome zu erzählen? Es hat einen Grund, warum du dich so verhältst. Solche Zusammenhänge zu verstehen macht es dir leichter, dein neues, lebensförderliches Verhalten einzuüben.

Du lernst jetzt mit Schritt 4, dein Leben in einem größeren Zusammenhang zu sehen. Jede Endlich-Leben-Gruppe sollte sich so viel Zeit für Schritt 4 nehmen, wie es nötig ist. Es gibt keine Eile! Im ersten Teil von Schritt 4 erklären wir, was wir genau damit meinen, dein Leben in einem »größeren Zusammenhang« zu sehen. Der zweite Teil von Schritt 4 ist dann ein praktischer Teil, in dem wir dich zu einer Lebensinventur einladen. Es hat sich bewährt, dass jede:r ausreichend Zeit bekommt, die Inventur in Ruhe vorzubereiten und – wer will – seine oder ihre Ergebnisse auch in der Gruppe vorzustellen.

Was ist der »größere Zusammenhang«?

***Emma**: Bis wir in unserer Endlich-Leben-Gruppe zu Schritt 4 kamen, habe ich mich immer völlig allein wahrgenommen. Ich war die Kranke und keiner um mich herum konnte das wirklich verstehen. Ich hatte Depressionen und alles mögliche andere, das meiner Wahrnehmung nach nur mit mir zu tun hatte. Ich saß in einem schwarzen Loch. In mir war Krankheit, um mich herum war Finsternis und keiner um mich herum kam an mich ran. Ich fühlte mich völlig isoliert und merkte nicht, dass das Leben um mich herum etwas mit meiner inneren Finsternis zu tun hat. Ich hatte den Blick dafür völlig verloren, dass ich Teil eines Systems bin, das nicht nur um mich herum existiert, sondern in das ich verwurzelt bin, zu dem ich gehöre.*

Als ich das verstand, hat mich das irgendwie entlastet, denn so konnte ich lernen, dass nicht nur ich das »Opfer« war, sondern dass meine Eltern auch ihre Geschichte hatten, durch die sie zu dem geworden sind, was sie heute sind.

Zu dem System, von dem Emma spricht, gehört die Familie, in der sie groß geworden ist: Normen, Werte und Regeln, die Atmosphäre, in der sie aufgewachsen ist. Kein Mensch kann sich diesen prägenden Einflüssen entziehen. Selbst wenn wir uns manchmal völlig isoliert sehen, haben diese Einflüsse uns doch sehr geprägt. Unser Leben hat sich so entfaltet, wie es dank der Bedingungen unserer Herkunftsfamilie möglich war. Nicht nur das, was in uns »drinnen« passiert ist, spielt eine Rolle. Alles, was »um uns herum« geschah, hat großen Einfluss auf die Entwicklung unseres inneren Erlebens gehabt bis heute. Wir sind gewissermaßen »verwoben« mit unserer Umgebung. Sie ist wie ein Stempel auf unserem Herzen.

Oder anders gesagt: Das, was uns von unserem primären Lebensumfeld mitgegeben wurde, wirkt wie eine »Brille«, durch die wir unsere Welt und auch uns selbst zu sehen gelernt haben. Alles, was wir denken, fühlen und erleben, wird also durch diese Brille wahrgenommen.

Mit Schritt 4 lernst du, auf die prägenden Einflüsse deiner Umgebung zu schauen und sie zu erkennen. Die spezielle Brille, durch die du dein Leben wahrgenommen hast, ist oft etwas verschmutzt: Du kannst dich und die Welt nicht klar sehen. Schritt 4 ist der Schritt der Wahrheit, in dem du anfängst, quasi mit gereinigter Brille auf dein Leben zu schauen. Du lernst, dich in den Zusammenhängen zu betrachten, in die du hineingewachsen bist. Du arbeitest daran herauszufinden, was eher lebensförderlich wirkte und was eher zerstörerisch war. Förderliches behältst du dankbar, aber Dreck auf deiner Brille lernst du nun mit Gottes Hilfe wegzuwischen, um klar zu sehen.

Deine Wir-Tradition

Schon im Mutterleib hat der Beziehungsaufbau zu deiner Umgebung begonnen. Zum Einen war da die intensive Zweierbeziehung zu deiner Mutter, zum anderen startete indirekt bereits eine Beziehung zu der Umwelt, in die du hineingeboren bist. Kein Baby kann das aktiv beeinflussen oder sich diesen Einflüssen entziehen. Jeder von uns lebt von Anfang an in einer Wir-Tradition anderer Menschen.

Wir sind in einen Lebenszusammenhang hineingeboren, der unser Wahrnehmen, Denken und Fühlen ganzheitlich prägt. Unsere Wir-Tradition gibt uns Normen, Werte, Regeln und Verbote vor, die unser Leben im höchsten Maße beeinflussen. Diese Wir-Traditionen sind soziale Systeme. Am bedeutsamsten ist zunächst unsere Herkunftsfamilie. Später ist es die weitere Gesellschaft und Kultur.

Die Geschichte deiner Symptome verstehen

Emma*: Bei Schritt 4 wollte ich am liebsten abbrechen! Ich konnte nicht verstehen, warum ich jetzt in der Vergangenheit herumwühlen sollte. Und es machte mir Angst. Bei der Vorstellung daran, die Einflüsse meiner Wir-Tradition zu betrachten, bäumte sich ein enormer Widerstand in mir auf, den ich mir nicht erklären konnte.*

Meine Reaktion auf diese starken, unangenehmen Gefühle war mein Muster: Ich stürzte mich innerlich in mein »schwarzes Loch« und isolierte mich in Depression und Migräne. Ich ging zwar noch in die Gruppe, hielt mir dort aber nur noch die Hände vors Gesicht und sagte nichts. Doch die Gruppe hielt das aus und ließ mir liebevoll die Tür offen. Und sie warteten geduldig darauf, bis ich auch so weit war, dass ich mich weiter öffnen konnte.

Es half mir, als meine Gruppenmoderatorin einer anderen Frau in der Gruppe erklärte, dass es bei Schritt 4 nicht darum gehe, einen Schuldigen aus der Herkunftsfamilie zu finden, sondern nur darum, die Geschichte unserer Symptome zu verstehen. Dieser einfache Satz hat in mir irgendwie einen Hebel umgelegt. An diesem Abend ging ich erleichtert nach Hause und konnte in der kommenden Woche tatsächlich beginnen, mir Gedanken über meine familiäre Vorprägung zu machen.

Die Inventur wagen

Alles beginnt mit deinen Emotionen.

Die Frage ist: Wie kontrollierst und veränderst du diesen wichtigen Teil deiner Persönlichkeit? Gefühle wirken wie Wegweiser, die dein Verhalten beeinflussen. Du hast in Schritt 2 gelernt, dass du ein Mensch mit grundlegenden Bedürfnissen bist. Diese Bedürfnisse haben wir »Grundbedürfnisse« genannt, weil sie die Grundlage für seelische Gesundheit bilden: Selbstwert, Bindung, Kontrolle und Lust (siehe Schritt 2).

Ist eines dieser Grundbedürfnisse in dir nicht erfüllt, empfindest du ein unangenehmes Gefühl, das du beseitigen willst. Dieser Prozess läuft meist unbewusst, automatisiert und sehr schnell in uns ab. Mit den Schritten 1 und 2 haben wir begonnen, uns diesen Prozess wieder bewusst zu machen. Wenn du dir jetzt mit Schritt 4 die Geschichte deiner Symptome klarmachst, wirst dich selbst bessser als einen Teil einer größeren Wir-Tradition verstehen und neue Zusammenhänge erkennen.

Angst vor der Inventur

Deine Wir-Tradition ist gewissermaßen deine zweite Haut, deine Kultur. In diesen Beziehungen hast du erlebt, wie deine Grundbedürfnisse gestillt wurden oder unbefriedigt blieben. Das hat in dir Gefühle (Emotionen) ausgelöst. Empfandest du diese Emotionen als unangenehm, hast du versucht, sie durch dein Verhalten zu regulieren. Das ist deine »Emotionsregulation«.

Das erklärt vieles; zum Beispiel, warum wir einen Widerstand gegen Schritt 4 spüren: Wenn wir die Geschichte unseres Schmerzes besser verstehen lernen, löst das in uns eben auch Angst vor diesem Schmerz aus. Das ist normal.

Nimm dir die Freiheit, nur so viel an dir zu arbeiten, wie du es im Moment aushältst. Überfordere dich nicht! Wenn es sich für dich zu viel anfühlt, dann arbeitest du Schritt 4 zu einem späteren Zeitpunkt in deinem Endlich-Leben-Prozess durch. Prozesse ereignen sich, wenn sie dran sind. Bleib trotzdem in der Gruppe.

***Nina**: Dieses ganze Gefühlsgeschwafel machte mich ganz wahnsinnig! Als ich die Schritt 4-Inventur als Aufgabe vor mir sah, steigerte sich mein Bedürfnis, mich mit Alkohol und Zigaretten zu betäuben, ins Unermessliche. Na klar, das war ja auch mein Mittel, mit dem ich meine Emotion immer hervorragend reguliert bzw. betäubt hatte.*

Heute kann ich sagen: Mein heftiger Widerstand gegen Schritt 4 kam von meiner Angst vor dem Schmerz in meinem Leben, zu dem mich meine Lebensinventur führen würde. Ich war kurz davor, meinen Endlich-Leben-Prozess abzubrechen.

Das erzählte ich meiner Gruppe. Die Gruppenmoderatorin tröstete mich: »Nina, es ist nicht wichtig, wie viel du rauchst oder trinkst. Wir haben dich gerne bei uns, so wie du bist. Wenn dir Schritt 4 so viel Stress macht, dann führst du deine Inventur erst dann durch, wenn du spürst, dass es für dich möglich ist. Hör doch einfach bei den anderen Lebensinventuren zu. Bestimmt kannst du davon etwas für dich mitnehmen.« Das hat mich entlastet. Mein Wunsch, mich zu betäuben, war sofort weniger geworden – interessant!

Nachdem ich in den nächsten zwei Wochen die Lebensinventuren von zwei Frauen gehört hatte, dachte ich: »So schwer ist das vielleicht doch nicht!« Ich fasste Mut und führte meine Lebensinventur durch. Und tatsächlich! Es war bei Weitem nicht so schlimm, wie ich es mir vorgestellt hatte!

Was denkst und fühlst du angesichts der bevorstehenden Inventuraufgabe?

Gott ist dabei

Wenn wir mit Schritt 4 die Zusammenhänge unseres Lebens betrachten, dann tun wir das nicht mehr ohne Gott. Mit Schritt 3 begann schon die neue, liebevolle Beziehung zu Gott. Seine Liebe wird zur »neuen Brille«, durch die wir die Beziehungen zu uns selbst und zu den Menschen, mit denen wir gemeinsam im Leben unterwegs sind, anders wahrnehmen können als bisher. Er steht uns mit Liebe und Kraft zur Seite und hilft uns zu erkennen, was wichtig ist.

Schritt 4 soll nur einer Bestandsaufnahme dienen. Das ist schon viel. Wie Gott in unser Leben konkret eingreift und es zur Entfaltung bringt, vertiefen wir dann mit den Schritten 6 und 7. Die treibende Kraft unserer Inventur ist Liebe. Niemand soll krampfhaft alle unangenehmen Details seines Lebens ans Licht zerren. Wir können dich aus eigener Erfahrung beruhigen: Gott selbst hilft dir herauszufinden, was in deinem aktuellen Prozess wichtig für dich ist und was nicht.

Gottes Hintergrundhilfe bei der Inventur

***Thomas**: Dieses schwammige »Gott hilft dir schon herauszufinden, was für dich im Moment wichtig ist« war für mich kein handhabbarer Arbeitsauftrag.*

Als ich meine Widerstände gegen eine Inventur meines Inneren überwunden hatte, setzte ich mich hin mit dem Vorhaben, diese auch vollständig und gut strukturiert zu erarbeiten, wie ich es von meiner Arbeit gewohnt war.

Doch bald kam ich an meine Grenzen, da ich feststellte, dass ich mich gar nicht so gut an meine Kindheit erinnern konnte. In mir kam plötzlich eine Art Versagensangst hoch. Ich wollte meine Inventur eben meinen Ansprüchen gemäß »richtig« machen!

Da ich es mittlerweile gelernt hatte, in der Gruppe über mein »Scheitern« zu reden, erzählte ich beim nächsten Gruppentreffen den anderen, dass mir kaum was einfiel und dass mich das innerlich total unter Druck setzte.

Einem Mann aus unserer Gruppe ging es ähnlich und er betete mit uns als Gruppe etwas wie: »Gott, du weißt alles und du siehst alles. Du warst in unseren Leben schon immer mit dabei und auch schon lange, bevor es uns gab. Bitte hilf uns zu erkennen, was für unsere Entwicklung wichtig ist. Amen.«

Das war schlicht. Aber der Gedanke, dass Gott immer schon da war und so mein ganzes Leben in ihm aufgehoben ist, ließ mich von da an nicht mehr los. Gott spielte in meinem Leben bisher keine Rolle, aber dennoch war er ja da.

Das war der Startpunkt, meine Inventur mit Gott zusammen zu machen. So habe ich mir angewöhnt, bevor ich über mich und mein Leben nachdenke, kurz zu beten und mir so bewusst zu machen, dass Gott immer schon da war. Und ob ihr es glaubt oder nicht, ich bekam plötzlich Gedanken, die mich wirklich weiterbrachten.

Gottes Leitung im Leben

Das Gebet ist ein wichtiger Teil der Inventur. Leben ist so vielfältig: Wir können nicht alles bewusst im Kopf haben und verstehen. Deshalb vertrauen wir darauf, dass Gott unsere Gedanken leitet. Er ist bei uns und war es schon immer, auch wenn wir es nicht wussten.

Das ist übrigens ein weiterer Aspekt, wenn es darum geht, den großen Zusammenhang zu verstehen. Jeder Mensch ist einmalig und eine Idee Gottes. Er hat uns Menschen geschaffen und die Welt um uns herum. Wir sind von ihm so, wie wir sind, gewollt, begleitet und geliebt. Die Bibel sagt, dass jeder von uns ein »Ebenbild« Gottes ist, also gewissermaßen ein »Denkmal« für Gott. Wer Menschen sieht, muss an Gott denken. So ein wunderbares, kreatives, geheimnisvolles Wesen. Wir sind Denkmale für Gott.

Doch diese Grundidee Gottes ist erschüttert worden. Das »Denkmal« ist verunstaltet. Zerstörung fand in unser Leben. Dies deutet auf eine Beziehungsstörung zum Ursprung, zu Gott. Die Zerrüttung der Gottesbeziehung erklärt die Bibel als Ursache für Zerstörerisches im Leben. Folglich ist ein Ziel deiner Inventur, mit Gott wieder in die vertraute Beziehung zu treten, die seiner Schöpfungsidee entspricht. In Schritt 5 wird das praktisch. Werde also wieder zu dem Menschen, wie du eigentlich gedacht warst bei Gott: sein »Denkmal« für die Welt. Es geht darum, du selbst zu werden und Gott die Ehre zu geben.

In der vor dir liegenden Inventur deiner Verhaltensmuster, deiner Verwurzelung in Gott und in Wir-Traditionen, also zu den Menschen um dich herum, entdeckst du beides:

- lebensförderliche, heilsame, segensreiche Erfahrungen, weil Gott durch den Heiligen Geist in seiner Liebe immer schon dabei war und dir Leben schenkte;
- zerstörerische, krankmachende, ja sogar Tod bringende Erfahrungen, da du auch immer schon unter den Auswirkungen zerrütteter Beziehungen gelebt hast.

Zerstörerische Einflüsse auf das Leben deuten wir im Arbeitsbuch als Einflüsse eines »Un-Geistes«. Dieser Begriff soll deutlich machen, dass es um Kräfte geht, die dem »Heiligen Geist«, der über die Menschheit ausgegossen ist, entgegenwirken. Wenn wir unsere Inventur aufschreiben, unterscheiden wir lebensförderliche Einflüsse des Heiligen Geistes von zerstörerischen Einflüssen des Un-Geistes. Mittendrin in diesen Einflusszonen bewegt sich unser Leben, entscheiden wir uns für bestimmte Reaktionen und Verhalten und erleben so Gefühle und werden die, die wir sein können.

Wut auf Gott

***Nina**: »Ist das nicht alles ein bisschen zu einfach? Alles Gute kommt von Gott und alles Böse vom Un-Geist«, platzte es in meiner Kleingruppe aus mir heraus. »Ist denn der Un-Geist stärker als Gott? Oder warum konnten diese schrecklichen Dinge in meinem Leben passieren, z.B. wie mein Vater mit mir umgegangen ist. Wenn Gott, der mich angeblich liebt, immer dabei gewesen sein soll, warum ist das dann passiert?«*

Ich war selbst erschrocken über die Wut, die hinter meinen Sätzen steckte. »So darfst du das nicht sehen«, begann eine Frau in meiner Kleingruppe. Doch die Gruppenmoderatorin unterbrach sie scharf: »Hier darf alles stehenbleiben, was gesagt und empfunden wird!«

So entstand plötzlich eine Stille in der Gruppe. Eine Stille, in der meine bohrende Frage Raum bekam: »Wo warst du Gott?« Ich weiß nicht, wie lang diese Stille anhielt, aber irgendwann wurde sie von einer Frau unterbrochen, die vorsichtig fragte: »Darf ich dir meine Geschichte erzählen?«

Ich überlegte kurz und antwortete: »Ja.«

Da begann sie, uns zu erzählen, wie sie von ihrem Stiefvater jahrelang sexuell missbraucht wurde. Keiner in der Gruppe hatte das bisher gewusst.

Alle waren mucksmäuschenstill und hingen wie gebannt an ihren Lippen. Sie erzählte, wie sie mit niemandem darüber reden konnte. Der einzige Ort, an dem sie Trost fand, war der Kindergottesdienst in ihrem Ort. Die Geschichten, die dort von Gott erzählt wurden, hatten ihr Mut gemacht. Das Gehörte gab ihr Hoffnung und Kraft, um ihre Situation durchzustehen. Sie lernte dort, zu beten und Gott zu vertrauen. Und irgendwann verließ ihre Mutter diesen Mann.

Diese tapfere, kleine Frau vermittelte mir an diesem Abend sehr deutlich: »Ich habe damals im Kindergottesdienst Gott, meinen himmlischen Vater, kennengelernt. Und ich weiß bis heute nicht, warum mir so was passieren musste, aber ich weiß genau, dass Gott nicht so ist wie mein Stiefvater. Und zu wissen, dass Gott so nicht ist, hat mir eine solche Hoffnung und Kraft für mein Leben gegeben, dass ich nicht weiß, wie ich sonst hätte überleben können.«

Das hat mich berührt! Mir wurde klar, dass es zwar zerstörerische Dinge in meinem Leben gibt, aber dass Gott so nicht ist. Und wenn Gott auf der Seite von Tod, Schmerz und Zerstörung mit seiner Liebe dabei ist, dann gibt es Hoffnung für mich. Er wird meine Kraftquelle sein, die mir hilft, durch meine Schmerzen zu kommen. Denn bei Gott ist es anders, als es bei mir zu Hause war. Nur so würde ich die Kraft finden, eine furchtlose Inventur in meinem Inneren zu machen. An diesem Abend hatte ich durch die Gruppe meine Antwort gefunden auf die bohrende Frage »Wo warst du Gott?« Es gibt die Macht der Zerstörung, aber Gott ist da, auch wenn wir es nicht merken. Und weil wir es nicht merken, steht er wie draußen vor unserer Tür – und ist mitfühlend da.

Das Wetter im Baummodell

Die Zusammenhänge, die uns prägen, sind im Baumbild all die Dinge, die das Wachstum unseres Lebensbaums von außen beeinflussen. Neben dem Boden, in dem der Baum verwurzelt ist und aus dem er seine Nährstoffe bezieht, ist das zunächst das Wetter. Deshalb nehmen wir an dieser Stelle also das Wetter genauer unter die Lupe.

Beim Blick durch die Lupe unterscheiden wir sieben Wetterlagen. Grundsätzlich gilt für unser Leben, wie auch für die Bäume, dass die Sonne für alle in gleicher Weise scheint und auch der fruchtbare Regen für uns alle regnet, sodass grundsätzlich gute Lebensbedingungen vom Schöpfer für alle geschaffen sind.

Gibt es aber zu viel Sonne oder zu viel Regen oder Unwetter oder Sturm, dann gerät das Leben in Not bis hin zum Tod. Die Umweltbedingungen in unserer Welt sind so beschaffen, dass ein höchst sensibles Wetter-Gleichgewicht über Leben und Aufblühen, Leid und Tod entscheidet. Schauen wir uns das jetzt an:

Sieben unterschiedliche Wetterschichten

1. Im Baumbild nennen wir die oberste Wetterschicht »Großwetterlage«: eine Mischung der Einflüsse aus dem Reich Gottes, aus dem das Leben fließt, und dem lebenszerstörenden »Reich des Un-Geistes«. Dieser »Großwetterlage« sind wir alle ausgesetzt, ohne Ausnahme.
2. In dieser Wetterschicht sehen wir globale Systeme, Kultur/Gesellschaft, denen wir unterstellt sind und die unsere Entwicklung beeinflussen.
3. Hier wirken die regionalen Systeme, z.B. die Kulturen und Eigenarten unserer Heimat, z.B. unserer Bundesländer und Regionen.
4. Diese Wetterschicht fokussiert die formellen Systeme wie z.B. Arbeit/Schule.
5. Hier geht es um informelle Systeme wie z.B. Freundeskreise, Vereine.
6. Die sechste Wetterschicht steht für unsere Herkunftsfamilie.
7. Unsere siebte Wetterschicht steht für das aktuelle »zu Hause«, z.B. Familie oder Singlehaushalt, in der bzw. in dem du gerade lebst.

Soziale Systeme: die verschiedenen Wetterschichten

Der übergeordnete Fachbegriff für die Wetterschichten im Baumbild lautet: »soziale Systeme«. Die Wetter versinnbilden unsere ineinander verflochtenen menschlichen Traditionen, unterschiedliche »Wir-Traditionen«. Unsere Lebensbäume wurden von den Wettern, unter deren Bedingungen sie aufwuchsen, beeinflusst. In unserer Inventur wird es darum gehen, diese verschiedenen Einflüsse auf unser Baumwachstum zu verstehen und zu unterscheiden.

Manche von uns haben vielleicht dauerhaft zu viel Gegenwind erlebt, was zu einem schiefen Baumwachstum geführt hat, ähnlich wie man es bei Bäumen an der See oder an Berghängen beobachten kann. Andere sind vielleicht mit zu viel Wasser verwöhnt worden, was dazu führte, dass der Baum faule Früchte hervorbrachte.

Wenn wir in der nächsten Woche mit unserer Inventur beginnen, werden wir Wetterschichten von damals und heute vergleichen. Unser Hauptaugenmerk lenken wir dabei auf diese drei Wetter. Wir beginnen mit dem uns nächsten und präsentesten Wetter:

1. Die Wetterlage unseres »aktuellen zu Hauses« (heute) und unserer »Herkunftsfamilie« (damals).
2. Die Wetterlagen unserer »informellen Systeme«, also unserer freundschaftlichen Beziehungen heute und damals.
3. Die Wetterlagen unserer »formellen Systeme«, damals wie heute. Wie verhalten wir uns heute in der Schule verhalten und wie damals? Oder auch z.B. am Arbeitsplatz.

Großwetterlage
Gesellschaft
Arbeit/Schule
Freunde/Vereine
Region/Heimat
Herkunfsfamilie
Zuhause

Ich bin viele

***Emma**: Als ich anfing, mich außerhalb meines »schwarzen Lochs« wahrzunehmen, erschrak ich: »O, diese Verstrickungen in so vielen Zusammenhängen und Wir-Traditionen!« Für einen Moment stöhnte ich: »Puh, das ist mir alles viel zu kompliziert!«*

Aber es stellte sich heraus, dass es nicht so schwierig ist, diese Zusammenhänge anzuschauen. Im Gegenteil: Die Idee im Arbeitsbuch, die verschiedenen Wetterschichten getrennt anzusehen, hat mir dabei geholfen, meine Gedanken zu sortieren.

So habe ich festgestellt: Während ich die einzelnen Wir-Traditionen, die Wetterschichten, getrennt voneinander betrachtete, konnte ich mich auf eine konkrete Situation konzentrieren.
Dabei ging ich diesen Fragen auf den Grund:

- *Welche Atmosphäre herrschte dort? Und was hat das mit mir gemacht?*
- *Welche meiner Grundbedürfnisse wurden da nicht gut erfüllt. Und wie habe ich mich deshalb gefühlt?*
- *Welches Verhalten habe ich mir dann angeeignet, um meine unangenehmen Gefühle zu »heilen«?*
- *Welches Rollenmuster habe ich über Jahre in dieser intimen Gemeinschaft eingeübt?*
- *Welche Rolle spielte die Beziehung zu Gott im Zusammenhang meiner Ursprungsfamilie?*

Die immer gleichen Fragen, die ich in meiner Inventur Wetterschicht für Wetterschicht durchgegangen bin, erlaubte mir, ähnliche Muster zu identifizieren. Wie war das in meiner Familie heute und damals? Wie bei Freunden früher und heute? Wie war das bei meiner Arbeit? Welche Atmosphäre herrschte dort, und was hat das mit mir gemacht usw.

So bekam meine Inventur eine klare Struktur, und mir wurde deutlich, welchen Einfluss die verschiedenen sozialen Systeme auf meine Gefühle, meine Gedanken und mein Verhalten hatten. In jedem dieser Systeme hatte ich mir eine eigene Rolle angeeignet, um bestmöglich zu überleben. Ich war nicht die eine Emma hier wie dort. Ich war viele verschiedene Emmas. Ein spannender Prozess der Selbsterkenntnis!

Die typischen Inventurfallen

Fehlervermeidungsfalle

Mit deiner Inventur in Schritt 4 übst du also jetzt ein, die Zusammenhänge zu verstehen, in denen deine Verhaltensmuster entstanden sind. Wenn du dabei die innere Haltung hast, möglichst schnell alles »Falsche« loszuwerden, wirst du allerdings nicht besonders weit kommen. Dann nämlich konzentrierst du dich nur darauf, möglichst schnell fehlerlos und »richtig« werden zu wollen, und vermeidest so den Schmerz, »fehlerhaft« zu sein. Das aber ist nicht dein erstes Ziel, denn du lernst gerade, aus der liebevollen Annahme Gottes zu leben und Fehler machen zu dürfen.

Ja, du wirst auch zukünftig Fehler machen. Statt Fehlervermeider:in zu sein, werde Fehlerbefürworter:in! Schau dir in aller Ruhe an und verstehe, warum du welche Verhaltensmuster erlernt hast: das zerstörerische Verhalten und das förderliche Verhalten. So kannst du Schlechtes verlernen und Gutes bestärken. Das lässt dich wirklich frei werden für ein gelingendes Leben.

Selbstmitleidsfalle

Das Ziel deiner Inventur wirst du genauso verfehlen, wenn du dich besonders sensibel auf all die Zerstörung in deinem Leben fixierst, die dir widerfahren ist. Dann machst du dich selbstmitleidig zum Opfer deiner Geschichte und deiner Umwelt. Vielleicht schämst du dich zu allem Unglück noch. Solange du dabei stehenbleibst, dein Leid und die verpassten Möglichkeiten zu beklagen, bleibst du in der Selbstmitleidsfalle und verpasst die Chance, die genauen Umstände zu analysieren und dich selbst besser zu verstehen.

Wenn du überempfindlich für das Schlechte bist, siehst du das Gute und die Möglichkeiten nicht mehr. Deshalb übe ein, nicht mit Selbstmitleid auf das zu schauen, was noch nicht ideal läuft, und hoffnungsvoll und gelassen auf Gott zu schauen, der bei dir ist und dein Leben zur Entfaltung bringt.

Versuche zu beschreiben, was dir in deiner momentanen Situation Hoffnung macht.

Verdammnisfalle

Manche haben gespürt, dass ihre Eltern ihnen die Liebe entzogen, wenn sie nicht »artig« waren. Solche Erlebnisse übertragen Menschen auf ihre Beziehung zu Gott und denken, er würde genauso reagieren, wenn sie ihre Fehler offenbaren. »Gott könnte mich strafen, mich verlassen oder mir seine Liebe entziehen.«

Manche haben in ihrer Kindheit zusätzlich Sätze gehört wie: »Der liebe Gott straft dich, wenn du das machst!«(z.B. lügen). Daher rührt eine tiefe Angst vor Verdammung. Die Bibel gibt auf diese Angst eine eindeutige Antwort. Der Apostel Paulus schreibt im Römerbrief Kapitel 8, Vers 1*:

»Es gibt keine Verdammnis für die, die in Christus Jesus sind!«

Mit Schritt 3 hast du dein Leben Gott anvertraut. Für Getaufte ist unabhängig von Stimmungen oder Verhalten die Taufe das Siegel:

»Sei dir gewiss! Gottes Liebe zu dir hängt nicht an dem, was du tust oder wie du dich fühlst. Es gibt für dich keine Verdammung mehr, weil dein Leben in Jesus ruht. Das gilt für immer. Es ist sicher für dich, dass Jesu Liebe zu dir allein darin begründet ist, was er für dich getan hat: Er hat sich bis zum Tod am Kreuz erniedrigt« (Brief an die Philipper, Kapitel 2, Verse 5-11). Gott hat sich mit Jesus auf seine Liebe zu uns festnageln lassen. Seine Liebe gilt uns, unabhängig von unserem Tun! Seine Vergebung gilt – trotz unserer Fehler!

***Christian**: Was mich am meisten gehindert hat, mich darauf einzulassen, mein Leben in seinen Zusammenhägen zu sehen, waren Sätze der Bibel, die mir seit meiner Kindheit in den Ohren hingen, z.B. »Das Alte ist vergangen« aus dem 2. Korintherbrief, Kapitel 5, Vers 17*. Für mich bedeutete das, dass es nicht okay ist, in der Vergangenheit zu kramen.*

Es gab noch andere Verse wie: »Sagt Dank Gott, dem Vater, allezeit für alles, im Namen unseres Herrn Jesus Christus« (Epheserbrief Kapitel 5, Vers 20). Bedeutete das nicht, dass ich nichts Negatives denken, aussprechen oder fühlen durfte? Als ich das in meiner Kleingruppe erzählte, guckten sie mich alle fragend an. Keiner sagte etwas.*

Tief in mir ahnte ich die Antwort schon: Gott, wie ich ihn verstand und seit meiner Zeit bei Endlich-Leben neu kennenlernte, ermutigte mich, die Wahrheit anzusehen, und verlangte nicht, sie zu verdrängen. Er half mir, meine Gefühle anzusehen und sie zu verarbeiten, anstatt sie zu wegzuschieben. Ich merkte, dass in meinem Umfeld manche biblischen Sätze falsch gedeutet waren. Mir wurde klar: Gott verbietet mir diese Inventur nicht, sondern wird sie nutzen, um unsere Beziehung zueinander zu stärken.

Wie es nützt, dein Leben im Ganzen zu sehen

Mit der Inventur in Schritt 4 kommst du in die Vertiefungsphase der 12 Schritte: Du erkennst, wie tief dein Verhalten in alten Geschichten verwurzelt ist. Zaghaft fängst du an, umzudenken und lebensförderliches Verhalten vorzubereiten. Du lernst deine Emotionen besser kennen und wirst sie am Ende besser regulieren können, so dass sie keine zerstörerischen Auswirkungen mehr auf dich haben.

Du lernst auch zu unterscheiden: In deiner Lebensgeschichte entdeckst du immer mehr Jesus und seinen Geist der Liebe. In gleicher Weise wirst du aber auch klarer die genauen Auswirkungen der Zerstörung erkennen.

Konkret sieht das so aus: Du nimmst wahr, wo du in deiner Ursprungsfamilie und anderen Wir-Traditionen gesegnet wurdest durch liebevolle Annahme und Unterstützung. Darin erkennst du, wie Gottes Licht und seine Liebe schon in dein Leben gestrahlt hat, lange bevor du ihn kanntest. In gleicher Weise nimmst du aber auch Misstrauen und Verletzungen aus deiner Familientradition und anderen menschlichen Wir-Traditionen wahr und siehst darin die zerstörerischen Spuren des Un-Geistes.

Thomas entdeckt Spuren Gottes und des Un-Geistes in seinem Leben

Thomas*: Als ich meine Inventur schrieb, wurde ich daran erinnert, dass ich als Kind manchmal den Hund unserer Nachbarin ausführen durfte. Ich habe mich immer allein und verlacht gefühlt in der Schule und hatte wenige Freunde. Das war für mein Innerstes wirklich zerstörerisch. Aber wenn ich mit dem Hund durch den Wald ging, fühlte ich mich sehr wohl.*

Als ich meine Inventur aufschrieb, wurde mir klar: In solchen Momenten – der Hund und ich unterwegs – habe ich mich wie eingehüllt erlebt, ein Gefühl tiefer Geborgenheit. Heute würde ich sagen: Das waren Momente, in denen ich die Liebe Gottes gespürt habe, obwohl ich ihn noch gar nicht kannte. In diesen Augenblicken fühlte ich mich sicher und wohl.

Bei meiner Inventurarbeit wurde mir aber auch schmerzhaft bewusst, wie sehr ich unter den »großen, starken Jungs« in meiner Grundschulklasse gelitten habe. Ich wollte so gerne zu ihnen gehören! Aber sie akzeptierten mich einfach nicht. Also entschied ich mich, sie innerlich als »dumm« abzuwerten, damit ich selbst besser dastand.

So nahm ich die Rolle des schlauen Kerls ein und wurde der intellektuelle Überflieger in meiner Klasse. Dadurch war ich leider noch weniger für meine Klassenkameraden erreichbar. Ich konnte keine wirklichen Freundschaften aufbauen.

Aber wenigstens konnten die anderen mich nicht mehr verspotten, weil ich so klein war, denn durch meine Leistungen war ich jetzt der Größte.

Leider zog sich dieses Rollenmuster durch mein Leben. Ich blieb Überflieger und flog über die Köpfe aller anderen hinweg, die irgendwie nicht meine Klasse hatten. Aber so ließ sich keine Beziehung leben. Während meiner Inventur brach der Schmerz aus meiner Beziehungslosigkeit aus mir heraus. Ich erkannte das zerstörerische Werk des Un-Geistes, wie er zuerst an mir und später durch mich an anderen wirkte, etwa an meiner Frau.

Als ich in der Gruppe davon erzählte, kamen mir Tränen! Ich habe erstmals öffentlich geweint! Doch es war mir egal. Ich erlebte Annahme, tröstende Nähe und Zuwendung durch Gebet. Durch solche Erfahrungen habe ich gelernt, wie Gemeinschaft unter Menschen sein kann. Heute kann ich sagen: Ich wurde dadurch berührt und heilsam verwandelt. Ich weiß nicht, wann es geschah; es war ein langsamer, stetiger Wandlungsprozess. Heute bin ich kein Beziehungsprofi, aber ich lebe einige wenige, echte Beziehungen.

Bist du jetzt bereit für deine Inventur? Was motiviert dich dazu, was hält dich ab?

Welchen Gewinn erhoffst du dir?

Dein Gebet um ein »einsichtiges Herz«

Wenn du dich bei der Inventur den Details deines Lebens zuwendest, hilft dir eine göttliche Perspektive, die Hoffnung zu behalten. Paulus macht dir das in seinem Brief an die Epheser Kapitel 1, Verse 17-20* mit überschwänglicher Begeisterung so vor:

»Dann bitte ich den Gott unseres Herrn Jesus Christus,
den Vater, von dem alle Herrlichkeit ausgeht:
Er gebe euch den Geist,
der euch Weisheit schenkt
und Offenbarung zuteilwerden lässt.
So könnt ihr Gott erkennen.
Er mache euer Herz einsichtig.
Denn ihr sollt wissen,
welche Hoffnung mit eurer Berufung verbunden ist.
Und ihr sollt erkennen, welche Fülle an Herrlichkeit
zu seinem Erbe für die Heiligen gehört.
Und ihr sollt begreifen,
mit welch überwältigend großer Kraft
er in uns Glaubenden wirkt.
So entspricht es der Macht und Stärke,
mit der er sein Werk vollbringt.
Diese Macht ließ er auch an Christus wirksam werden:
Er hat ihn von den Toten auferweckt
und an seine rechte Seite im Himmel gesetzt.«

Wo der Geist Gottes wirkt, sind also Beziehung, Wertschätzung Gottes, Lebenssinn, Lebensfreude und Lebenskraft, kurz: Hoffnung. Welch glänzender Reichtum Gottes, der dir umsonst geschenkt ist. Du bist glücklicher Erbe oder Erbin! Das genaue Gegenteil bewirkt der Un-Geist: Trennung, Isolation, Geringschätzung, Chaos und damit Sinnlosigkeit, Kälte und Tod: ein Erbe, das keiner haben will!

Deine Inventur dient dir als Anleitung, um das Lebensförderliche vom Zerstörerischen zu unterscheiden. Dabei unterstützt dich Gott, der selbst Tote auferweckt und Menschen mit Hoffnung auf volles Leben beglückt. Du suchst dich selbst und findest Gott bei dir – die Quelle deines Lebens. Jesus schenkt dir zugleich Weisheit und Erkenntnis über dich und Gott. Das ist das Glück der Inventur.

Bitte Gott in den nächsten Wochen beim Nachsinnen, Suchen oder Entdecken um ein einsichtiges Herz, damit die Hoffnung auf die großen göttlichen Möglichkeiten in deinem Leben durchträgt.

Formuliere hier dein persönliches Inventurgebet für diese Zeit.

Schritt 4.2

»Wir machen eine furchtlose Inventur in unserem Inneren.«

Woche 10

Inventur praktisch umsetzen

Du klärst hier, was eine furchtlose Inventur im Detail beinhaltet.
Viele verschiedene Verhaltensmuster fügen sich in ein Gesamtbild.
Im Baumbild geht es um die Entdeckung des Stammes: deine Rolle.
Wir leiten dich in dieser Woche an, die Inventurfragen praktisch umzusetzen, indem du verschiedene Baumbilder für unterschiedliche Wetterschichten erarbeitest.

Was ist eine furchtlose Inventur?

Der Begriff »Inventur« wird oft in der Geschäftswelt gebraucht. Es geht um eine Bestandsaufnahme: Positives und Negatives wird aufgelistet. Früchte, die noch verkäuflich sind, werden behalten und die anderen werden entsorgt. Übertragen auf deine Situation, bedeutet das: Du kannst wahrnehmen, wo der Heilige Geist lebensförderlich in dir wirkt und gewirkt hat, und unterscheidest diese Erlebnisse von Erfahrungen, in denen der Un-Geist zerstörerisch in deinem Leben und durch dich wirkt und gewirkt hat. In Schritt 5 stehst du dann zu dieser Inventur vor Gott und einem Zeugen. Das benötigt Mut. Aber du wirst heilsame Beziehungserfahrungen machen und lernst, dich selbst liebevoll mit deiner ganzen Geschichte anzusehen. Gehe jeden Schritt erst dann, wenn du dazu bereit bist.

Symptom-Einzelanalyse und Vernetzungsanalyse

Bei der Inventur geht es um zwei Dimensionen der Selbsterkenntnis: Wir erkennen die Dinge im Detail (Symptomanalyse) und in ihren größeren Zusammenhängen (Systemvernetzung). Alles, was in unserem Inneren ist, unsere Gefühle, Gedanken, Wünsche und Bewertungen, schauen wir uns sowohl im Detail an (»Ich fühle mich in meiner Ehe allein«) als auch in größeren Zusammenhängen (»Ich habe mich schon in meiner Ursprungsfamilie allein gefühlt. Seither erlebe ich mich in Beziehungen immer allein gelassen und unverstanden«). So entdecken wir Lebensmuster: wiederkehrende Muster, in denen wir fühlen, denken, wahrnehmen und uns dann auch schließlich verhalten. Wir verstehen die steuernde Logik dieser Muster immer besser in ihrem Zusammenwirken.

Die Logik dahinter verstehen

Ein Mensch funktioniert nicht wie etwa eine Maschine. Deshalb gibt es keine einfachen Ursache-Wirkungs-Zusammenhänge wie: »Wenn ich nur alle Fehler (Ursachen) gefunden und repariert habe, dann läuft wieder alles einwandfrei.« Ein Mensch ist viel vielschichtiger. Alle einzelnen Elemente wirken aufeinander. Deshalb üben wir es ein, »systemisch« zu denken. So suchen wir die Ursache von Störungen oder Problemen nicht allein in Kindheitserfahrungen. Es gibt noch viele andere zerstörerische Beziehungserfahrungen oder Traumata, die wir in der Jugend oder als Erwachsene erlebt haben, die hinter unseren aktuellen Beziehungsstörungen mit uns selbst, mit anderen oder mit Gott stehen. Es geht mehr darum, eine bisher verborgene Verhaltenslogik zu verstehen, als alles vollständig aufzudecken.

Grenzen des Verstehens akzeptieren

Wenn du mit Schritt 4 sagst: »Ich mache eine Inventur«, solltest du nicht einem Machbarkeitszwang verfallen. Psychologen haben immer mehr erkannt, dass es Grenzen des bewussten Erkennens gibt. So sehr du auch deinen Verstand anstrengst, vieles bleibt vorbewusst oder unbewusst. Bewusstes Verstehen alleine hilft nicht. Christen rechnen schon immer mit dem Eingreifen Gottes, z.B. durch eine innere Stimme oder durch Träume oder plötzliche Eingebungen, die Zusammenhängen Sinn verschaffen. Psychologen rechnen mit der Weisheit des Fühlens und des Ahnens. Solche Ahnung über gefühlte Wahrheiten lassen sich oft besser in Bildern oder Geschichten erfassen.

Deine Beziehung zu Gott ermöglicht dir, dich diesem Fühlen mutig und vertrauensvoll zu öffnen. Erwarte, dass die Worte von Jesus wahr werden, die er seinen Jüngern mitgegeben hat: »Ich werde euch meinen Geist senden und der wird euch in alle Wahrheit leiten« (Johannesevangelium Kapitel 16, V. 13). Das gibt dir die Berechtigung, innere Wahrnehmungen, Gefühltes und Erahntes bei der Suche nach der Wahrheit ernst zu nehmen und für deine Inventur zu nutzen.

Ebenbildlichkeit Gottes als Vision hinter der Inventur

Jesus Christus wird als das Bild Gottes in menschlicher Gestalt bezeichnet. Damit ist er für uns ein Modell, wie Leben und Beziehung förderlich und Gott gemäß gestaltet werden können, Jesus hat während seines Wirkens den Un-Geist und seinen Einfluss auf Menschen durchschaut, demaskiert und durch seine Machtworte begrenzt. Selbst gegen die Übermacht der römischen Militärmacht widerstand er mutig und gewaltfrei, was ihm den Tod am Kreuz brachte. Seine Auferstehung unterstrich, wie richtig sein Leben und Reden vor Gott war.

Christlicher Glauben ist mutige Jesus-Nachfolge. Wenn du Jesus ähnlich wirst, erhältst du deine »Gott-Ebenbildlichkeit« zurück. Du fragst vielleicht, wie das geht? Der Geist des auferstandenen Jesus ist die gewaltfreie Energie der Liebe. In dieser Liebe – das haben Menschen bewiesen –, lassen sich sogar Beziehungen zu feindlich gesinnten Menschen aufbauen. Die Liebeskraft ist durch den Heiligen Geist in die Herzen von Menschen ausgegossen, die an Jesus glauben.

Deshalb gehört es zu unserem Endlich-Leben-Weg, dem sanften Ziehen der Liebe nachzugehen: Wir lernen, Gott in uns sensibel wahrzunehmen. So werden wir mehr und mehr Jesus ähnlich. Dabei finden wir zu uns selbst, so wie wir eigentlich gedacht sind.

Dieser Weg, Jesus ähnlich zu werden, bleibt unser lebenslanger Prozess und wir sind schon mittendrin! Bei deiner Inventur wirst du merken, welche deiner Verhaltensmuster förderlich für diesen Jesus-Prozess sind und welche hinderlich.

Du bist viele Bäume

Im Baumbild ist der Stamm das, was die vielen Teile zusammenfügt. Mit diesem Modell versuchen wir deine soziale Rolle, die unter dem Einfluss eines soziales Systems (einer bestimmten Wetterschicht) gewachsen ist. Aus dem Stamm ragen die starken Äste, deine einzelnen Verhaltensweisen, an denen sich schließlich deine Früchte befinden. Manche davon sind reif und lecker, aber andere faul und unansehnlich. Als Verhaltensmuster-Bündel aus vielen einzelnen Verhaltensmustern zusammengesetzt, helfen dir feste Rollen, um in verschiedenen sozialen Umfeldern zurechtzukommen. Rollen sind also größere Muster, die uns steuern. Jeder hat in unserer vielschichtigen Zeit viele unterschiedliche Rollen: Mutter, Vater, Ehepartner, Kollegin oder Freundin. Rollenmuster können dem Jesus-Prozess gut entsprechen oder aber widersprechen.

Beispiele, wie Rollen ausgefüllt werden können

***Christian**: Ich hatte mir zum Beispiel in der Kindheit zu Hause das Rollenmuster der »brave Christian« angeeignet. Daraus resultierte dann mein Verhalten: Ich war immer gehorsam. Habe das Verhalten und die Einstellungen meiner Eltern kaum hinterfragt. Ich habe die Bedürfnisse meiner Eltern schon im Vorfeld gewittert und sie erfüllt. Ich habe immer im Haushalt geholfen und Dinge gemacht, die meiner Mutter gefielen. Ich habe in der Pubertät nicht rebelliert usw. Als Erwachsener habe ich mir die Rolle des »Helden« angeeignet. Ich war wie ein Superheld immer zu Diensten, wenn Hilfe gebraucht wurde, und habe mit »übermenschlichem« Einsatz mein Umfeld »gerettet«. Diesen Teil meiner Geschichte kennt ihr ja schon.*

***Emma**: Ich hatte ja schon immer die »Opferrolle«. Das war mir schnell klar. Aber bei meiner Inventur habe ich erkannt, dass ich damals wie auch heute gerne die Rolle der »Clownin« einnehme, um mich zu verstecken und in meiner Isolation zu bleiben: Ich blende die Leute mit witzigen Sprüchen und vielen Scherzen und Grimassen, um zu verbergen, wie es mir wirklich geht.*

Es ist normal, dass Menschen in verschiedenen sozialen Umfeldern unterschiedliche Rollen einnehmen. Aber die Rollen entsprechen oft nicht den göttlichen Möglichkeiten. Wenn wir zu einem Jesus-ähnlichen Leben berufen sind, ist dies die Leitidee für die Ausformung neuer, lebensförderlicher Rollen.

***Emma**: Ich habe gelernt, es sei meine Gabe, Menschen zum Lachen zu bringen und witzig zu sein. Aber ich darf eine aufrichtige und ehrliche »Freudenbringerin« sein und muss mich nicht hinter meiner Rolle als »Clownin« verstecken.*

Teil 2: Inventur praktisch

Endlich, die Inventur beginnt! Die folgende praktische Inventur hilft dir, alles auf einem Arbeitsblatt zu erfassen. Dabei fügst du deine bisherigen Einzerlerkenntnisse aus den vorherigen Schritten auf dem Blatt an ihrem Ort ein und erkennst auf diesem Weg das ganze Bild und wie alles zusammen wirkt.

Die Arbeitsblätter

Wir haben folgende 3 verschiedenen Inventurbäume für deine Inventur vorbereitet

- Der Baum deines heutigen Zuhauses,
- der Baum der Herkunftsfamilie,
- die Bauminventur deines brennenden Anliegens, die du füllen kannst, indem du eines der folgenden Baumperspektiven als dein wichtiges Anliegen identifizierst und mit denentsprechenden Fragestellungen durchspielst:
- Der Baum deines aktuellen Freundeskreises, der Kirchengemeinde usw. heute (informelle Systeme) oder
- der Baum deines Arbeitsplatzes (deine formellen Systeme heute).

Wenn du als Erwachsene:r auf dein Leben und deine Herkunft zurückblickst, ist es evt. erhellend, deine Eltern als Menschen mit ihrer eigenen Geschichte in ihren verschiedenen Rollen wahrzunehmen und nicht nur als »Eltern«. Das wären dann diese Bäume:

- Der Baum der Herkunftsfamilie entweder des a) Vaters, oder b) der Mutter.
- Der Baum deiner frühen Freundschaften (informelle Systeme früher) oder deiner Schulzeit (formelle Systeme früher) zeigen dir Muster, die dich früh geprägt hatten.

Wie und wie viele Arbeitsblätter bearbeitest du?

Wir empfehlen, die Bauminventur deines aktuellen Themas auf jeden Fall auszufüllen. Weitere Bauminventuren nimmst du nur dann hinzu, wenn sie dir helfen, Bereiche deines Lebens genauer in den Blick zu bekommen, die dir im Moment wichtig sind oder Probleme machen. So entdecktst du den roten Faden deines Lebens durch die Zeit.

Links neben den Arbeitsblättern der Inventurbäume stehen Fragen zu den verschiedenen Baummodellteilen, die du bisher kennengelernt hast. Buchstaben helfen, die verschiedenen Modellteile im Schaubild zu finden. Trage deine Antworten in das Baumbild ein. Baum-Kopiervorlagen und Baum-Beispiele findest du im Anhang.

Die Gruppe sollte dir ausreichend Zeit geben, deine Ergebnisse vorzutragen oder dir bei deiner Inventur direkt zu helfen – natürlich nur freiwillig. Schritt 4 kann eine Endlich-Leben-Gruppe also mehrere Wochen beschäftigen.

1) Bauminventur deines Zuhauses heute

Diese Bauminventur blickt auf dein gegenwärtig nähestes Umfeld, dein Zuhause. Stell dir eine bestimmte Situation vor, die dir deutlich bewusst ist.

A: Die Äste (Verhaltensmuster): Den förderlichen oder zerstörerischen Mustern auf der Spur

Welche typischen Verhaltensmuster setzt du ein? Trage die vier Dimensionen ein: Was tust, fühlst, denkst du und was erlebst du körperlich bei deinem Muster?

B: Das Wetter (Soziales System) in deinem Zuhause prägt die Atmosphäre

Welchen Sinn macht dein Verhalten im Horizont der Werte, Gebote, Verbote und Einstellungen in deinem Zuhause? Wie erlebst du die Atmosphäre im Umfeld dieser Ereignisse deiner wiederholten Verhaltensmuster?

C: Die Früchte (Beschwerden/Wohlbefinden): Den faulen/leckeren Früchten auf der Spur

Welche Beschwerden und zugleich Wohlbefinden folgen aus deinem Verhalten? Welchen Emotionsgrad lösen die Früchte auf dem Stimmungsbarometer aus?

D: Wurzel »Schmerz/Erfüllung« der seelischen Grundbedürfnisse: Wie stark erlebst du was?

1. *Wie sicher erlebst du Bindung? Wie unsicher-distanzierte Beziehungen hast du?*
2. *Wie hoch ist die Kontrollerfahrung in Situationen? Wie sehr fühlst du dich hilflos oder ausgeliefert? Hast du gute Lebensorientierung, Sinn im Leben?*
3. *Erlebst du dich als wertgeachtet? Wie sehr musst du deinen Selbstwert puckern, beweisen oder schützen vor dir selbst oder anderen?*
4. *Wie gehst du mit Lust (Freude oder Spaß) und Unlust in diesem Umfeld um?*

E: Wurzel »kurzfristige Selbstheilung«

Wie regulierst du deine unangenehmen Emotionen? Gibt es Teufelskreise?

F: Wurzel »Religion«: Dimensionen der Religiosität verstehen

Wie erlebst du die Beziehung zu Gott dort? Welche Gefühle dominieren da?

G: Der Stamm (Rollenmuster): Förderliche oder zerstörerische Rollen entdecken

Welche Rollen nimmst du ein? Was fühlst, denkst du, was erlebst du körperlich?

A: Verhaltensmuster

Tat:

Gefühl:

Gedanke:

Körper:

B: soziales System

C: Beschwerden

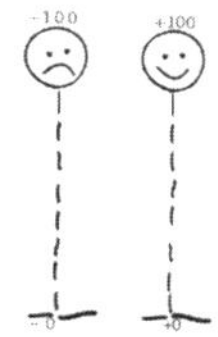

C: Wohlbefinden

G: Rollenmuster

E: Selbstheilung kurzfristig

D: Schmerz/Erfüllung

1.

2.

3.

4.

F: Religion

2) Bauminventur deiner Herkunftsfamilie

Diese Bauminventur blickt auf deine Kinderstube, wie du geprägt wurdest. Stell dir eine ausgewählte Situation vor, die dir noch deutlich bewusst ist.

A: Die Äste (Verhaltensmuster): Den förderlichen oder zerstörerischen Mustern auf der Spur

Welche Verhaltensmuster setztest du damals ein? Trage die vier Dimensionen ein: Was tatest, fühltest, dachtest du und was erlebtest du körperlich bei dem Muster?

B: Das Wetter (Soziales System) in deinem Herkunft-Zuhause prägte die Atmosphäre

Welchen Sinn machte dein Verhalten im Horizont der Werte, Gebote, Verbote und Einstellungen in deinem Zuhause? Wie erlebtest du die Atmosphäre im Umfeld dieser Ereignisse deiner wiederholten Verhaltensmuster?

C: Die Früchte (Beschwerden/Wohlbefinden): Den faulen/leckeren Früchten auf der Spur

Welche Beschwerden und zugleich Wohlbefinden folgten aus deinem Verhalten? Welchen Emotionsgrad lösten die Früchte auf dem Stimmungsbarometer aus?

D: Wurzel »Schmerz/Erfüllung« der seelischen Grundbedürfnisse: Wie stark erlebst du was?

1. *Wie sicher erlebtest du Bindung? Wie unsicher/distanzierte Bindung hattest du?*
2. *Wie hoch war die Kontrollerfahrung in Situationen? Wie sehr fühltest du dich hilflos oder ausgeliefert? Hattest du gute Lebensorientierung, Sinn im Leben?*
3. *Erlebtest du dich als wertgeachtet? Wie sehr musstest du deinen Selbstwert puckern, beweisen oder schützen vor dir selbst oder anderen?*
4. *Wie gingst du mit Lust (Freude oder Spaß) und Unlust in diesem Umfeld um?*

E: Wurzel »kurzfristige Selbstheilung«

Wie reguliertest du deine unangenehmen Emotionen? Gab es Teufelskreise?

F: Wurzel »Religion«: Dimensionen der Religiosität verstehen

Wie erlebtest du die Beziehung zu Gott dort? Welche Gefühle dominieren da?

G: Der Stamm (Rollenmuster): Förderliche oder zerstörerische Rollen entdecken

Welche Rollen hattest du? Was fühltest, dachtest du, was erlebtest du körperlich?

A: Verhaltensmuster

Tat:

Gefühl:

Gedanke:

Körper:

B: soziales System

C: Beschwerden

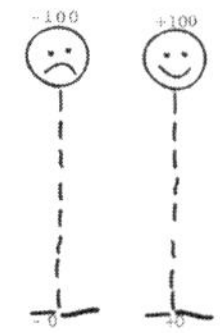

C: Wohlbefinden

G: Rollenmuster

E: Selbstheilung kurzfristig

D: Schmerz/Erfüllung

1.

2.

3.

4.

F: Religion

3) Bauminventur deines brennenden Anliegens

Diese Bauminventur blickt auf ein aktuelles Thema in einem speziellen Umfeld. Stell dir unbedingt eine bestimmte Situation vor, die dir deutlich bewusst ist.

A: Die Äste (Verhaltensmuster): Den förderlichen oder zerstörerischen Mustern auf der Spur

Welche typischen Verhaltensmuster siehst du? Trage die vier Dimensionen ein: Was tust, fühlst, denkst du und was erlebst du körperlich bei deinem Muster?

B: Das Wetter (Soziales System) in deinem Umfeld prägt die Atmosphäre

Welchen Sinn macht dein Verhalten im Horizont der Werte, Gebote, Verbote und Einstellungen in diesem Umfeld? Wie erlebst du die Atmosphäre im Zusammenhang dieser Ereignisse deiner wiederholten Verhaltensmuster?

C: Die Früchte (Beschwerden/Wohlbefinden): Den faulen/leckeren Früchten auf der Spur

Welche Beschwerden und zugleich Wohlbefinden folgen aus deinem Verhalten? Welchen Emotionsgrad lösen die Früchte auf dem Stimmungsbarometer aus?

D: Wurzel »Schmerz/Erfüllung« der seelischen Grundbedürfnisse: Wie stark erlebst du was?

1. *Wie sicher erlebst du Bindung? Wie unsicher/distanzierte Beziehungen hast du?*
2. *Wie hoch ist die Kontrollerfahrung in Situationen? Wie sehr fühlst du dich hilflos oder ausgeliefert? Hast du gute Lebensorientierung, Sinn im Leben?*
3. *Erlebst du dich als wertgeachtet? Wie sehr musst du deinen Selbstwert puckern, beweisen oder schützen vor dir selbst oder anderen?*
4. *Wie gehst du mit Lust (Freude oder Spaß) und Unlust in diesem Umfeld um?*

E: Wurzel »kurzfristige Selbstheilung«

Wie regulierst du deine unangenehmen Emotionen? Gibt es Teufelskreise?

F: Wurzel »Religion«: Dimensionen der Religiosität verstehen

Wie erlebst du die Beziehung zu Gott dort? Welche Gefühle dominieren da?

G: Der Stamm (Rollenmuster): Förderliche oder zerstörerische Rollen entdecken

Welche Rollen nimmst du ein? Was fühlst, denkst du, was erlebst du körperlich?

A: Verhaltensmuster

Tat:

Gefühl:

Gedanke:

Körper:

B: soziales System

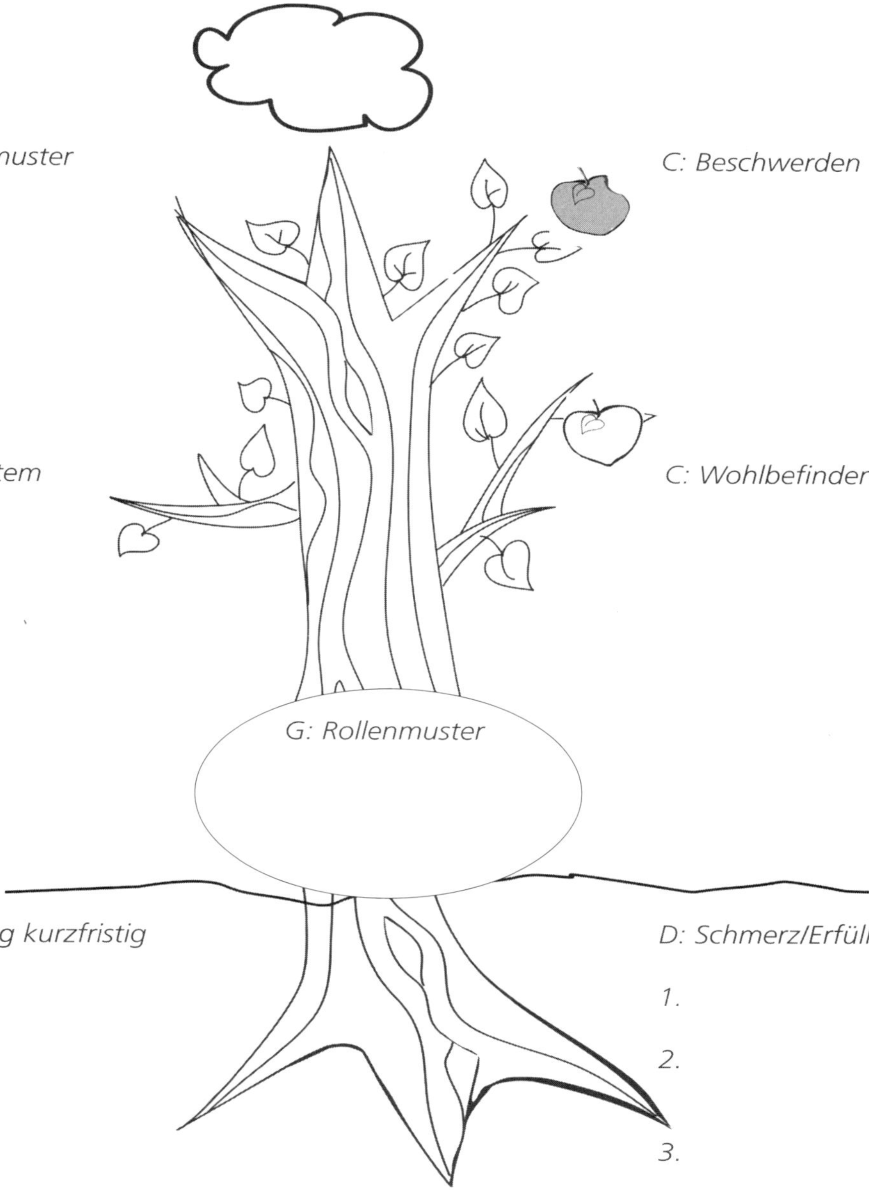

C: Beschwerden

C: Wohlbefinden

E: Selbstheilung kurzfristig

D: Schmerz/Erfüllung

1.

2.

3.

4.

F: Religion

Bauminventur Zusammenschau

Jetzt hast du dir eventuell eine ganze Sammlung an Bäumen erarbeitet. Aber auch ein Baum zu deinem aktuellen Thema reicht aus. Im Sinne einer Inventur gilt es nun, die dokumentierten Ergebnisse zu sichten, auszuwerten und deine Schlüsse daraus zu ziehen. Nur so erkennst du den größeren Zusammenhang und für deine Entwicklung wichtige Musterähnlichkeiten.

Thomas*: Als ich meine Bäume vor mir ausbreitete, fiel mir nach einigem Vergleichen ein roter Faden auf: Schon mein Vater hatte sehr ähnliche Äste und Früchte entwickelt. Jetzt verstand ich auch, warum die Ehe meiner Eltern nach 25 Jahren auseinanderging. Ich war damals 16 und konnte die Spannungen in meiner Ursprungsfamilie förmlich riechen. Darum hatte ich auch kaum Lust, zu Hause zu sein, und hing mit meinen Freunden ab. Dort herrschte aber ein rauer Ton, so dass ich mich mehr und mehr verschloss. Kurze Zeit nach der Trennung meiner Eltern bekam ich Panikanfälle. All diese Ereignisse hingen viel mehr zusammen, als mir bisher klar gewesen war.*

Nina*: Meine Baumgalerie war richtig üppig ausgefallen. Nach meinen anfänglichen Widerständen ging alles leicht von der Hand, als wäre eine innere Tür aufgegangen, und alles wollte raus. Ich entdeckte, dass ich meiner Mutter wohl ähnlicher war, als ich bisher zugeben wollte. Als junge Frau war sie eigentlich auch rebellisch gewesen, ordnete sich dann aber meinem Vater unter. Daher also meine Hassliebe gerade zu ihr. Eigentlich war sie wie ich. So bekam ich direkt Mitgefühl mit ihrer Situation. Auch sah ich deutlich, wie in den verschiedenen Situationen meine Verhaltensmuster doch ziemlich konstant blieben.*

Welche Musterähnlichkeiten oder Musterabweichungen zu deinen Eltern nimmst du wahr? Was bedeutet das? Wie haben sich die Normen und Werte entwickelt?

Wie haben sich deine Muster vom Anfang in deiner Ursprungsfamilie bis zu deiner heutigen Situation entwickelt? Gibt es Linien, Brüche, Umkehrungen, Verstärkungen?

Hast du gleiche oder unterschiedliche Muster in den jeweiligen Umständen entdeckt?

Erkennst du unterschiedliche Rollen, die du in den verschiedenen Situationen gespielt hast?

Dein Inventur-Fruchtkorb

Sammle aus all deinen Baumbildern die Früchte hier auf beiden Seiten zusammen. Beschrifte sie und gewichte die Intensität ihrer Emotionen mit dem Stimmungsbarometer. Hat das Gesamtbild der Früchte deines Lebens ein Thema?

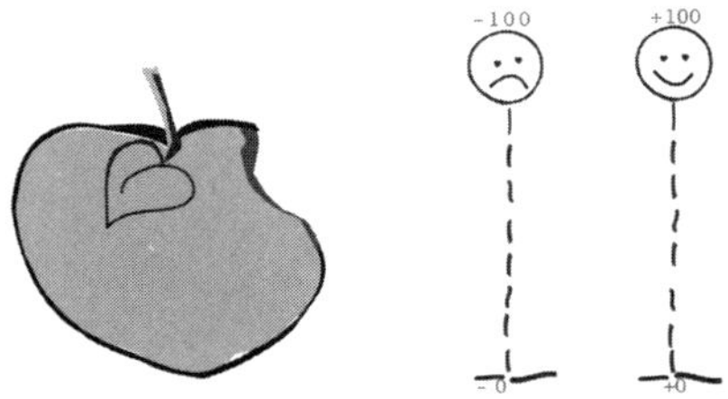

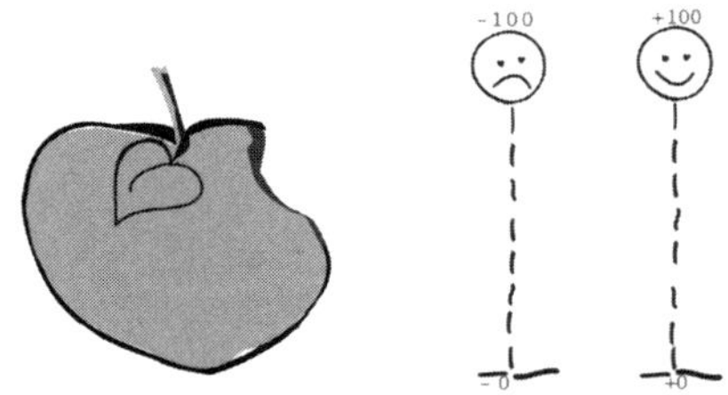

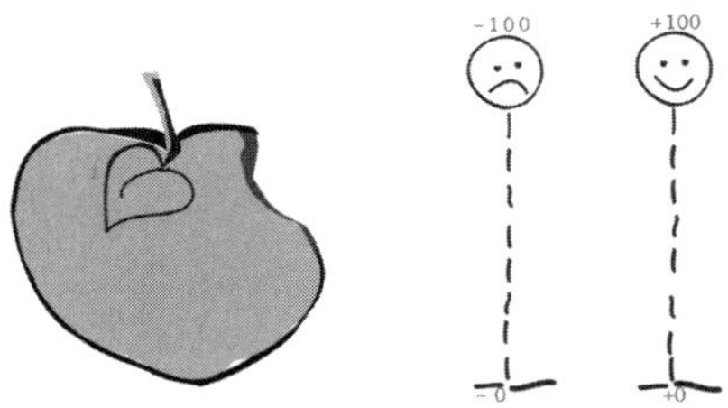

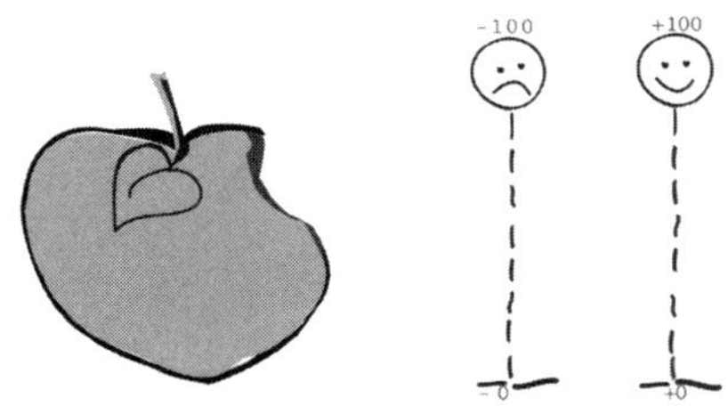

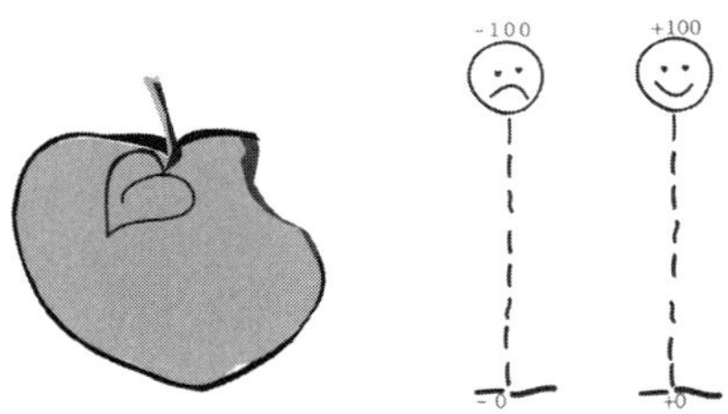

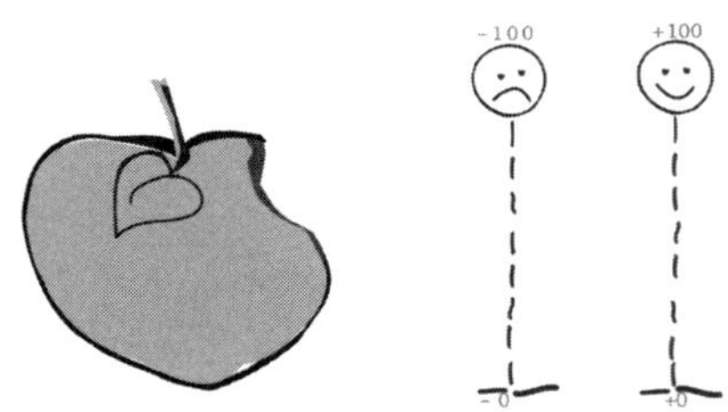

+100
-100
+0
-0

+100
-100
+0
-0

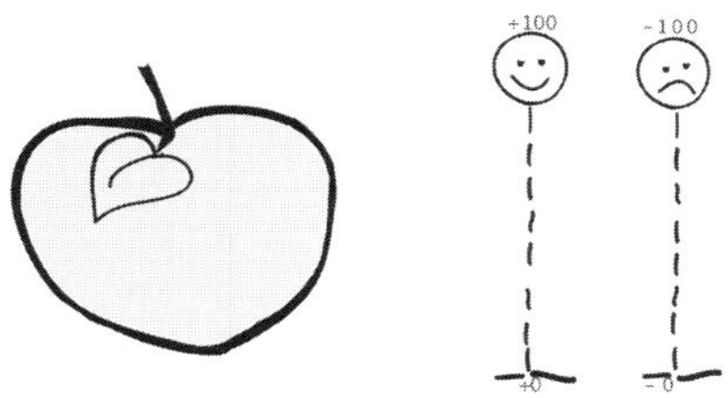
+100
-100
+0
-0

+100
-100
+0
-0

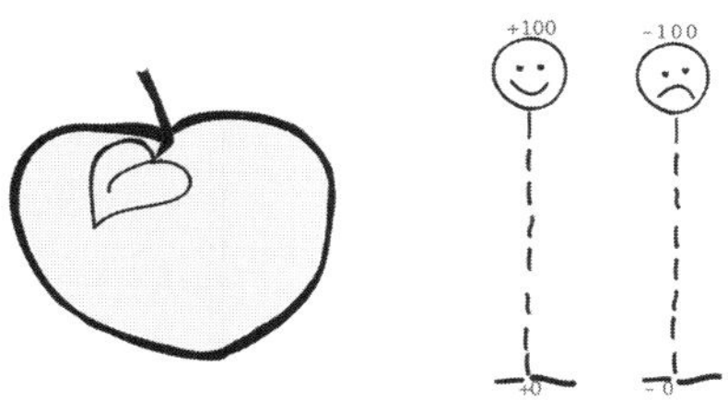
+100
-100
+0
-0

+100
-100
+0
-0

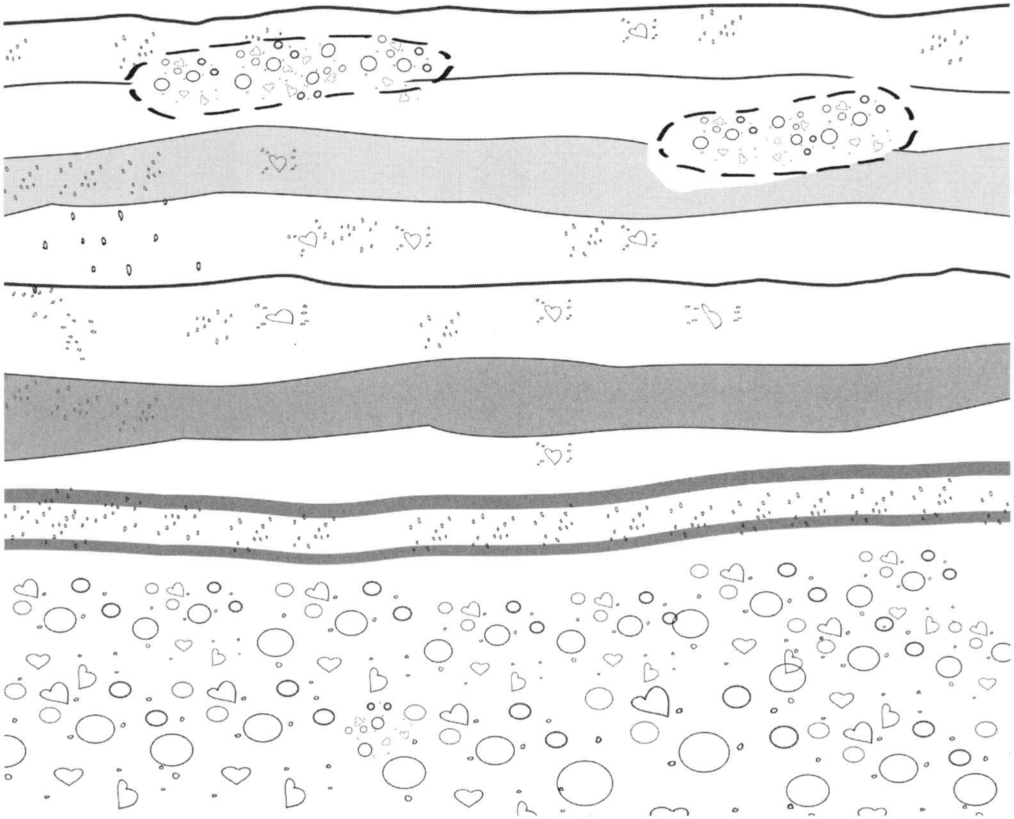

Schritt 5.1

»Wir geben unsere Fehler uns selbst,

einem anderen Menschen und Gott gegenüber zu.«

Woche 11

Bereit, zu dir zu stehen?

Du wirst motiviert, dich selbst, deine Geschichte und die daraus entwickelten Lebensmuster anderen zu zeigen.
Dazu machst du dir klar, was Liebe, Annahme und Gnade für dich bedeuten: eintauchen in das Wasser des Lebens.
So reift die Entscheidung – noch mit gemischten Gefühlen –, dich auf eine vertiefte Beziehungsaufnahme zu dir, Gott und anderen Menschen einzulassen und vor (einem) Zeugen zu dir zu stehen.

Wir geben unsere Fehler anderen gegenüber zu

Die Inventur ist geschafft! Viele unserer Gruppenmitglieder hatten wirklich zu kämpfen mit diesem Schritt. Eine Inventur ist anstrengend. In den nächsten drei Schritten werden wir aber merken, wie sehr uns das, was wir herausgefunden haben, helfen wird um weiterzukommen.

***Emma**: Ich wurde bei der Inventur förmlich von meinen alten Mustern überrannt. Ich hatte mich so daran gewöhnt zu verdrängen und mich in Depression zu stürzen, dass es mir vorkam, als müsste ich etwas ganz Neues lernen bei der Inventur: Meine eigene Geschichte und Lebenssituation mit offenen, ehrlichen Augen anzusehen und Worte dafür zu finden, kam mir so fremd vor, wie vielleicht Fallschirmspringen! Aber am Ende war ich stolz auf mich, dass ich es geschafft hatte!«*

Wie hast du dich nach deiner Inventur gefühlt?

Lebensförderliches würdigen

Ein ganz wichtiges Element unserer Inventur ist es, neben den zerstörerischen Teilen unseres Lebensstils auch die lebensförderlichen Aspekte der Muster herauszufiltern, die es ja geben musste, ansonsten wären wir längst tot. Vielen von uns fiel das besonders schwer, weil sie es gewohnt waren, sich als Opfer zu verhalten. Andere hatten es eingeübt, das Zerstörerische auszublenden und zu verdrängen, um nur das Positive zu sehen. Die Inventur hat unsere Wahrnehmung geschult: An den Stellen, an denen wir früher die Dinge einseitig wahrgenommen haben, werden wir es in Zukunft leichter schaffen, das Förderliche und das Zerstörerische zu erkennen.

Das Lebensförderliche unserer Inventur ist ein großer Schatz, mit dem wir in den Schritten 6 und 7 noch intensiv arbeiten werden. Deshalb hebe die Bäume gut auf. Solltest du bei deiner Inventur wirklich kaum etwas Förderliches gefunden haben, wirst du in den Schritten 6 und 7 lernen, förderliche Entwicklungen deines Lebens zu entdecken. Aus der Beziehung zu Gott hast du viele Möglichkeiten für dein Leben. Es wird sich entfalten, egal wie viel Zerstörung da ist und war!

Zerstörerisches auf die Mülldeponie abladen

Für das Zerstörerische unseres Lebens gibt es einen Ort, den wir jetzt in Schritt 5 näher kennenlernen. Schritt 5 ist die Phase in unserem Endlich-Leben-Prozess, in der wir die Dinge loswerden, die uns verletzt, beschwert, verängstigt, beschmutzt oder gequält haben oder mit denen wir anderen geschadet haben. Für Zerstörerisches ist Schritt 5 eine Art große Mülldeponie, wo wir alles abladen können. Danach gehen wir befreit und gereinigt wieder nach Hause.

Deshalb nehmen wir jetzt noch mal mutig den Teil unserer Inventurbäume zur Hand, auf dem »zerstörerisch« steht. Es gab Zerstörerisches in unseren Leben. Das sind die Auswirkungen des Un-Geistes in unserer Welt. Auf unseren Baumbildern stehen destruktive Dinge, die uns widerfahren sind oder die wir selbst gedacht und getan haben. Mit Schritt 4 haben wir gelernt, vor uns selbst ehrlich zu werden. Mit Schritt 5 lernen wir nun, vor einem anderen Menschen ehrlich dazu zu stehen und zusammen mit ihm im Gebet die »Mülldeponie Gottes« zu nutzen – also Scham, Angst und Schuld abzuladen.

***Thomas**: Was ich über mich herausgefunden hatte, war mir zum Teil schrecklich peinlich. Da war der nach außen erfolgreiche Mann, dem keiner etwas vormachen konnte. Aber da war auch der Mann, der niemanden wirklich an sich ranlassen konnte, weil jeder der Menschen, die mir zu nah kamen, eine potenzielle Gefahr war. Wenn mir Menschen zu nah kamen und erkannten, dass ich Fehler hatte, fühlte ich mich in die Ecke gedrängt und reagierte wie ein wildes Tier.*

Dieses »Tier« zeigte sich z.B. gegen einige Mitarbeiter bei der Arbeit, die ich mit den mir zur Verfügung stehenden Machtmitteln fertigmachte. Zuhause gegenüber meiner Frau fehlten mir die Machtmittel. Da war ich nicht der Vorgesetzte, der den Lohn kürzen, unangenehme Aufgaben geben oder sie feuern konnte. Sie war die Mutter meiner Kinder und meine Frau. Aber sie entlarvte meine Fehler wie kein anderer Mensch dieser Welt und das hielt ich nicht aus. Da habe ich zugeschlagen. Nicht einmal und nicht nur ein bisschen. Ich habe sie fürchterlich zugerichtet; ich weiß nicht, wie oft.

Bis Schritt 4 hatte ich das Ausmaß der Zerstörung, das durch mein Verhalten in meine Familie kam, wirklich verdrängt. Als ich zur Endlich-Leben-Gruppe kam, verstand ich allen Ernstes nicht, warum meine Frau mich verlassen hatte. Durch die Inventur wurden mir die Augen geöffnet. Und das war schrecklich. Heute weiß ich, dass Verdrängung das letzte Mittel war, um meinen überzogenen Selbstwert krampfhaft aufrechtzuerhalten.

Nach Schritt 4 konnte ich nicht mehr verstehen, warum sie mich erst so spät verlassen hatte. Ich schämte mich furchtbar, hasste mich sogar. Die Katastrophe war da: Das hohe Bild, das ich mir von mir selbst gemacht hatte, lag in Scherben vor mir. Ich wusste ehrlich nicht, wie ich mit dieser Schuld weiterleben sollte. Und jetzt kam die Phase mit Schritt 5, das ganze Dilemma auch noch vor einem anderen Menschen auszubreiten!

Man erklärte uns in der Gruppe, warum es wichtig sei, mit anderen Menschen darüber zu reden: Ein großer Teil einer heilsamen Veränderung habe damit zu tun, nicht mehr als Einzelkämpfer durch die Welt zu marschieren. Stattdessen hätten wir ja in den letzten Wochen gelernt, Beziehung zu anderen Menschen aufzunehmen.

Stimmt, das hatte mir geholfen! Vieles an meinem Verhalten hatte sich in den letzten Wochen bereits verändert. Und das lag mit Sicherheit auch an den Erfahrungen mit den anderen in der Gruppe.

Ich konnte nicht mehr zurück. Ich war zu tief drin in diesem Prozess. Und ich spürte auch, wie groß meine Schuld war. Etwas in mir sagte: »Allein halte ich das nicht mehr aus!«

Also ließ ich mich nach einigem Nachdenken darauf ein und erzählte einem Mann meines Vertrauens aus meiner Gruppe die komplette Wahrheit, und wir beteten zusammen. In keinem Moment spürte ich Verurteilung in seinem Blick oder seiner Stimme. Im Gegenteil: Er schien mich für meine Ehrlichkeit zu bewundern und begegnete mir sehr respektvoll und wertschätzend, trotz der großen Schande, die ich offenbarte.

Schritt 5 lehrte mich, noch mehr Tiefe in meinen Beziehungen zu finden.

»Wir geben unsere Fehler Gott gegenüber zu«

Gott schafft dir einen geschützten Ort für Zerstörerisches

Du lernst gerade in kleinen Schritten, beziehungsfähiger zu werden. Bis jetzt hast du in unserem Endlich-Leben-Prozess schon verschiedene Erfahrungen damit gesammelt, dein unangepasstes Verhalten, dein Versagen oder auch nicht wirkliche oder nur mutmaßliche Verstöße gegen Normen einzugestehen. Du hast schon mehrfach gewagt, ehrlicher vor dir selbst und anderen Menschen zu werden. Da gab es gute Erfahrungen, wenn du dabei Annahme und Verständnis erfahren hast.

Deshalb fordert Schritt 5 dich heraus, es zu wagen, dich noch ehrlicher und authentischer zu zeigen. Dieser Prozess lenkt dabei deinen Blick besonders auf deine zerstörerischen oder zerstörten Seiten. So geht es also um Schuld und Leid:

Schuld: dein selbstzerstörerisches Verhalten, das auch anderen geschadet hat;

Leid: deine traumatischen Erfahren durch andere Personen oder Ereignisse.

Schritt 5 erlaubt ausdrücklich, solche schädlichen, zerstörerischen Effekte tabulos wahrzunehmen und auf den Tisch zu legen, weil wir nicht mehr alleine sind mit unserer Last: Wir haben endlich Menschen gefunden, die uns dabei beistehen.

Außerdem wirkt ein Faktor heilsam: Unsere neue Beziehung zu Gott. Oder besser: Gottes neue Beziehung zu uns. Diese Gottesbeziehung hat sich bei einigen von uns zu einem sicheren und geschützten Ort entwickelt, an dem wir uns mit Gott selbst den zerstörerischen Seiten unseres Lebens stellen und zeigen können.

Christen lernen aus der Bibel, mit ihrem Müll – sei es eigene Schuld oder Fremdverschulden – bei Gott richtig aufgehoben zu sein, seit Jesus die Schande auf seinem »Hügel Golgatha« vor den Toren Jerusalems ertrug inmitten der Müllberge. Eine treffende Ermutigung findet sich im Brief an die Hebräer, Kapitel 13, Vers 13-14*:

»Somit lasst uns zu ihm vor das Zeltlager ziehen und seine Schande mit ihm tragen. Denn wir haben hier keine bleibende Stadt, sondern streben nach der zukünftigen.«

Mit Jesus hat sich Gott – so die christliche Tradition – auf die niedrigste Ebene der Menschenwelt mitbegeben, sich dabei die Hände schmutzig gemacht. Gott ist in Jesu Leiden einbezogen worden, so dass es ihn verändert hat, auch wenn er selbst »Gott« geblieben ist. So bekam der Name und Begriff »Gott« durch die Jesusgeschichte eine besondere Färbung: »Ich-bin-euch-nahe-im-Dreck« oder »Ich-halte-es-bei-euch-aus-Gott«.

Die Einflüsse im Baummodell: der »saure Regen«

Dein »Lebensbaum« steht ja fest verwurzelt auf seiner Wiese. Er ist Wettern wie Unwettern ausgesetzt. Darunter sind förderliche Einflüsse wie Regen und Sonne – lebensförderliches Wirken des göttlichen Heiligen Geistes – und zerstörerische Einflüsse wie Unwetter oder Dürre – das unheilvolle Wirken des Un-Geistes auf dein Leben. Das moderne Bild des »sauren Regens« macht deutlich, wie beide Einflüsse sich vermischen können: An sich gutes Wasser wird durch Verunreinigungen schädlich für das Wachstum. So ist auch Gottes Geist inmitten menschlicher und ungeistlicher Ereignisse am Werk – in unterschiedlichen Mischverhältnissen.

***Emma**: Das Bild vom »sauren Regen« hat mir die Augen für die Wichtigkeit der Verwurzelung in Gott geöffnet. Solange ein Baum sich ausschließlich vom »sauren Regen« ernährt, ihn »trinkt«, ohne zu wissen, wie giftig das ist und wie sehr es ihm schadet, muss er sich nicht über seine schlechten Früchte wundern.*

»Sauren Regen« meiner Wir-Tradition erlebe ich bis heute, wenn ich mit den Wertmaßstäben meines Vaters in Berührung komme. Er war Schulleiter. Als angesehene Führungsperson, die auch zu Hause immer alles besser wusste, hatte er großen Einfluss auf mich. Obwohl dieser Mann offensichtlich viele Fehler hat, spüre ich bis heute etwas in mir, das sich nach seiner Anerkennung sehnt.

Was auch immer ich im Leben hervorbrachte, er hat es bewertet und beurteilt in der Regel sehr negativ. Zugleich war mir seine Bewertung so wichtig! Ich »ernährte« mich gewissermaßen von seiner Wertschätzung und Anerkennung, obwohl sie für mich als Person bis heute leider mehrheitlich als Entwertung wirkt. Mich davon abhängig zu machen und seine Bewertung in mich aufzusaugen, wirkte auf mein Wachstum genauso vergiftend wie »saurer Regen« bei Bäumen.

In unserem Baumbild versuchen wir also, diese spannungsvolle, komplexe Wirklichkeit vereinfacht bildhaft so zu bündeln: Ohne den Zugang zur Quelle des sauberen Grundwassers gibt es für den Lebensbaum kein Ausweichen vor den lebensbedrohlichen und zerstörerischen Einflüssen des Un-Geistes. Das saubere Grundwasser ist unser Bild für Gott selbst, als unsere Quelle des Lebens. Dank Gottes verborgener Anwesenheit tief in dieser Welt ist der Baum nicht nur ungünstigen Umwelteinflüssen ausgesetzt, das heißt: Uns ist natürlich bewusst, das jedes Bild immer irgendwo hinkt.

Fällt dir ein Beispiel aus deinem Leben ein? Was ist »saurer Regen«, von dem du dich ernährst oder ernährt hast, der dir aber auch seelisch geschadet hat?

Eine Pfütze »sauren Regens« unter der Lupe

Dein Baum benötigt Wasser zur Aufnahme der Nährstoffe. Nährstoffesind, sinnbildlich übertragen, z.B. die vier menschlichen Grundbedürfnisse: Selbstwert, Kontrolle, Lust, Bindung. Ohne Zugang zu Gott bist du angewiesen darauf, deine Grundbedürfnisse allein aus deinem Umfeld stillen zu lassen. Du bist dann angewiesen darauf, Wertschätzung von Ehepartnern, Freunden oder Arbeitgebern zu bekommen. Die Umstände müssen sich so darstellen, dass dein Bedürfnis nach Kontrolle gut erfüllt wird. Im Lebensumfeld suchst du Gelegenheiten, um dein Bedürfnis nach Lust und Freude zu stillen. Und dir bleiben nur die Menschen, um dein Bedürfnis nach einer sicheren, verlässlichen Beziehung stillen zu können. Manchmal gelingt dies gut, oft aber nur mit Mühe und Not. Der Regen aus den Wetterschichten deiner Wir-Tradition, der dir doch helfen sollte, die lebenswichtigen Nährstoffe aufzunehmen, entpuppt sich oft leider als schädlicher »saurer Regen«.

In einer verdreckten Wasserpfütze wimmelt es nur so von verschiedenen Kreaturen: Schadstoffen, Öltropfen, Bakterien und Mineralien. Also neben einer Menge lebensförderlichen, sauberen Wassers leider auch viele »Schädlinge« für unseren Baum. Giftstoffe, bakterielle oder virale Schädlinge wirken sich zerstörerisch auf das Wachsen des Baumes aus. Sie verhindern im schlechtesten Fall nicht nur die Aufnahme von Nährstoffen, sondern dringen in sein Innerstes ein und »fressen« ihm gewissermaßen die Nährstoffe weg.

Unsere Inventur hat uns geholfen, den Inhalt einer Pfütze mit »saurem Regen« bzw. »Schädlingen« zu unterscheiden vom lebensförderlichen Quell-Wasser, dem Wirken des Heiligen Geistes, in unserem Leben.

Deine neue Fähigkeit zu unterscheiden, welcher Geist was bewirkt hat, ist die wichtige Startphase auf dem Weg zu einem verwandelten Leben. Gott schenkt dir die Fähigkeit zu unterscheiden, welche Wirkanteile göttlich, menschlich oder ungeistlich sind.

Wurzel 3 »Religion«: Durchbruch zur Quelle

Mit Schritt 3 hattest du dein Leben Gott gegeben und damit ausgedrückt: »Ich allein schaffe es nicht mehr, ich brauche deine Hilfe!« Das Symbol im Baumbild für diesen Schritt war die Veredelung. Der Edelreiser – Jesus – wurde mit deinem Lebensbaum verbunden und verwandelte ihn. Gottes Heiliger Geist erfüllt dein Leben in ähnlicher Weise. In der Bibel gibt es sprechende Bilder dazu: »ausgegossen in unser Herz«, als der Ort menschlicher Gedanken- und Willenssteuerung, wirkt Gott Neues in Menschen. Du wirst mindestens zwei Effekte erkennen:

1. Es gibt eine Kraftwirkung, die deine Motivation stärkt, Widerstand zu leisten gegen den Machteinfluss des Un-Geistes. Gott gibt dir Kraft, von allem Lebenszerstörerischen Abstand zu nehmen. Du erkennst und benennst Zerstörerisches. Der Heilige Geist ist deine Kraft zur Inventur.
2. Die Verbindungswirkung des Heiligen Geistes, die in dein Innerstes ausgegossen ist, bringt dich in eine vertrauensvolle Beziehung zu Gott als »Vater im Himmel«. Damit ist der Weg für dich frei, zu seinem Ebenbild zu werden. Mehr dazu erfährst du in den Schritten 6-9.

Schritt 5 – sich gründen in der Quelle des Lebens

Die Wurzel 3 trägt den geheimnisvollen Namen »Religion«. Für »Religion« gibt es viele Definitionen. Jedes Verständnis beruht auf psychologischen, philosophischen oder theologischen Vorentscheidungen. Wir beschränken uns darum auf einen wichtigen Aspekt aller Religionen: Religion bezeichnet die Anbindung an das, was Menschen »Gottheit« nennen. Das Bild der Wurzel 3 versinnbildlicht nur diesen einen Aspekt: Wir bekommen eine »religiöse« Gründung, ein tiefe Verbundenheit zum Grund unserer Existenz. Das ist unsere Beziehung zu dem Gott, über den die Bibel sagt: Er ist die Quelle, der Ursprung des Lebens.

Die bewusste Verbindung tief unten zur Quelle des Lebens – Gott selbst – bedeutet eine neue Lebensmöglichkeit, die wir von den eben beschriebenen Pfützen unterscheiden. Die Umstände des Lebens haben sich nicht verändert. Es gibt immer noch zerstörerische Einflüsse auf dein Wachstum. Doch durch die Wurzel »Religion«, deine Existenzgründung in Gott, lässt du dich von Gott selbst füllen und orientieren. Ohne Gott wirst du deine Menschlichkeit verunstalten und zum Unmenschen oder zum Übermenschen, dich als »Gott« gegenüber anderen aufspielen. In Gott gegründet findest du zur goldenen Mitte, zu deiner Mitmenschlichkeit.

Wurzel 3 streckt sich in Gottes Lebensquelle

In unserem Programm fokussieren wir vor allem darauf, dass deine Beziehung zu Gott deine Grundbedürfnisse stillen hilft. Du wirst mehr und mehr ein seelisch gesunder Mitmensch. Das macht dich buchstäblich zufrieden. Bereits in Schritt 4 hatten wir von der Störung in der Beziehung zwischen Gott und den Menschen gesprochen. Diese Störung ist eine Art Blindheit oder Entfremdung mit folgenden Auswirkungen:

- Menschen ist »Gott« fremd. Und damit werden sie sich auch selbst entfremdet.
- Zerstörerische Verhaltensmuster zu sich und im Miteinander bilden sich aus.
- Entfernt von Gott sind Menschen Einflüssen des Un-Geistes orientierungslos und blind ausgeliefert.

Solch eine Gottesblindheit mit ihren zerstörerischen Auswirkungen wird in der Bibel als »Sünde« beschrieben. Die Vokabel wird heute als sinnlos lächerlich gemacht: im moralischen Sinne eines Lasters z.B. »Verkehrssünder«. Doch diese ironische Abwehr bleibt an der Oberfläche. Wenn du nur die Symptome in den Blick nimmst, entgeht dir das eigentliche Problem: die grundlegende Blindheit oder Entfremdung von Gott – hier symbolisiert durch die Gesteinsschicht im Baumbild.

Eine moralische Problembeschreibung ruft heutzutage höchstens eine Diskussion um eine bessere Moralvorstellung oder Moralumsetzung hervor. Die moderne Welt meint, das ließe sich gut, ja besser ohne einen Gott mit überholten Vorschriften oder dem altbackenen moralischen »Sünden«-Begriff hinkriegen. Unser theologischer Begriff »Sünde« ruft aber nach einer Beziehungsklärung mit Gott. Im Baumbild wird es so erklärt: Das Problem ist die von der Lebenquelle trennende Gesteinsschicht – eben nicht die Verhaltensäste. Wir glauben: Nur, wer sich dankbar in Gott gegründet hat, wird ganz er selbst und am Ende auch für das Leben sinnvolleres Verhalten entwickeln.

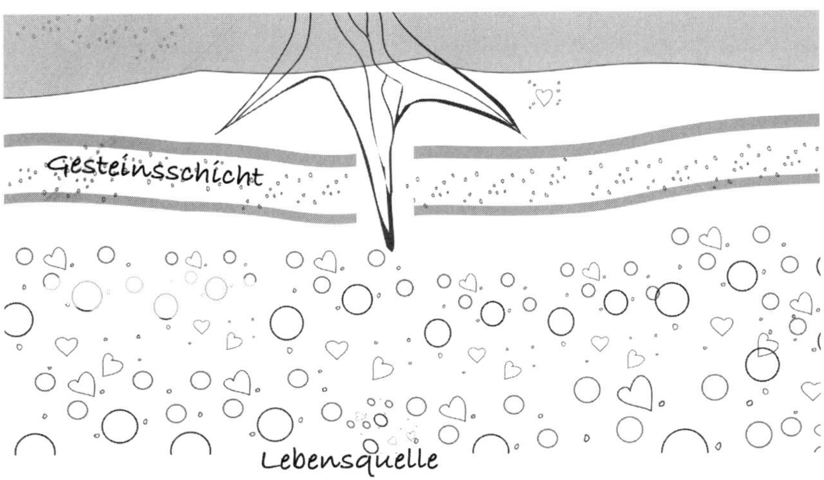

Der Prozess, der in dir mit Schritt 3 begonnen hat, stärkt also dein »Wurzelwerk«. Die Wurzel 3 dringt jetzt tiefer in das Erdreich ein: Gesteinsschichten, die früher nicht durchdringbar waren, kann sie jetzt dank göttlicher Kräfte durchbrechen. Sie erreicht endlich tief im Erdreich die saubere Lebensquelle.

Diese Lebensquelle tränkt den ganzen Baum mit reinem Wasser. Er erhält so optimale Wachstumsbedingungen. Alle Schädlinge aus den Pfützen, die sein Wachstum bisher belastet hatten, verlieren ihren prägenden Einfluss, denn der Baum ernährt sich jetzt kaum mehr aus den giftigen Wasserlachen. Dadurch bringt er wunderbare, leckere Früchten hervor.

***Thomas**: Wenn ich zu Hause so ausgerastet bin, habe ich danach manchmal gedacht: »Ich bin nicht mehr ich selbst.« Ich konnte mir mein Verhalten nicht erklären. Ich wusste nur, dass ich so eigentlich nicht bin. Oder: So wollte ich nicht sein. Nur leider hatte ich nicht gelernt, darüber zu sprechen. Ich habe es nie gewagt, vor meiner Frau zuzugeben, dass ich mich eigentlich nicht so verhalten wollte. Ich wollte mir aber auch keine Hilfe holen, da ich das als Zeichen der Schwäche gewertet hätte. So verdrängte ich die Wahrheit, dass ich nicht ich selbst war. Als ich mit Schritt 5 hörte, dass ich wieder sein könnte, wie ich mich selbst am liebsten hätte, war ich sehr froh.*

Kennst du zurzeit noch Situationen, in denen du nicht du selbst bist? Berichte von einem aktuellen Beispiel.

Was geht in dir vor, wenn du dir vorstellst, ganz »Du-Selbst« zu sein? Beschreibe Gedanken, Gefühle und deine Körperreaktionen.

Alles abfließen lassen

Das Bild der »Quelle« hat noch einen zweiten Vergleichspunkt. Wasser reinigt. Nicht zufällig haben alle Religionen Reinigungsrituale entwickelt. Menschen haben intuitiv nach einer Ausdrucksform für das gesucht, was sie innerlich erleben, wenn Göttliches in ihr Leben tritt.

Christen kennen als »Sakrament«, als Ausdrucks-Zeichen für das neue Leben in Christus, die Taufe. Der Name Gottes und damit seine göttliche Schöpferkraft, Erlösungsmacht und Lebensgewissheit werden dem Getauften zugesprochen. Solltest du noch nicht getauft sein, wäre Schritt 5 ein geeigneter Zeitpunkt, um mit einem starken Zeichen das Eintreten Gottes in dein Leben zu feiern.

Wir lassen die Fehler und ihre Folgen von Gott beseitigen

In einer Zeichenhandlung werden wir in der nächsten Woche Schritt 5 erlebbar machen. Da wirst du dich von allem befreien, was sich jahrelang angesammelt und dein Leben tief verwundet hat. Das geschieht durch den unglaublichen Zuspruch im Römerbrief Kapitel 8, Vers 1*:

»Es gibt keine Verdammnis mehr für die, die an Jesus Christus glauben!«

Deswegen ist dein Weg offen, auch die schlimmsten Erlebnisse oder Taten mit Gott in Kontakt zu bringen. So lassen sich Schuldgefühle gewissermaßen »wegspülen« in der Kraft dieses Zuspruchs. Und Scham darf als Zeichen einer Verletzung von Gott geheilt werden. Im Bild der Reinigung lässt sich ausdrücken: Du wirst von dem Dreckigen und Zerstörerischen deines Lebens erlöst. Zerstörerische Einflüsse werden durch den Lebensstrom Gottes für immer aufgelöst. Gottes gute Kräfte fließen in dein Leben.

Das alles sind Bilder, um die starke religiöse Erfahrung zu beschreiben, die mit psychologischen Begriffen allein nicht erfasst werden kann. In Religion geht es ja nicht um richtig oder falsch, um Ethik oder Sinn, sondern um Gründung in Gott, um Verbindung zu dem Geheimnis, das das Weltall zusammenhält. Diese Energie Gottes ist hier am Werk.

Das ist dein Beitrag: Alles darf ans Licht!

Die Einladung an dich in Schritt 5 besteht vor allem darin, nichts mehr vor Gott zu verstecken, psychologisch gesprochen: nichts mehr zu verdrängen! Zerstörerisches, das du getan hast, oder auch Schlimmes, das dir angetan wurde und dir noch in deinen Gliedern steckt, das alles darf ans Licht. Erzähle Gott und einem anderen Menschen davon, lass deine Geschichte laut werden und stell sie gemeinsam im Gebet Gott vor. Alles darf vor ihm sein.

Gott von dem Zerstörerischen des Lebens angstfrei zu erzählen bringt dich mit seinem Lebensstrom in Verbindung. So überwinden seine heiligen Energien unheilige, bösartige Kräfte. Auf diese befreiende Erfahrung, dass Verkehrtes vor Gott ein Ende bekommt, bereiten wir uns jetzt vor. Freu dich schon auf deine neue, frische, unbeschmutzte, unbelastete Verbundenheit mit ihm. In der Bibel findest du Geschichten dieser Erfahrung. Geschichten von »Vergebung Gottes«, »Versöhnung mit Gott« und »Erfüllung in Gott«.

Gott schenkt dir mit Schritt 5 seine Gnade

Seine schöpferische Energie wirkt in deinem Inneren ganz unabhängig davon, ob du es spürst oder nicht. In unserem Schritt 5-Ritual hörst du Zusagen Gottes, die sich mehr und mehr ins Herz senken und verwirklichen werden. Dieses Geschenk der unverdienten Liebe Gottes wird in der Bibel »Gnade« genannt.

- Das »Wasser des Lebens« reinigt von dem Schmutz der zerstörerischen Dinge, die du getan hast und die man dir angetan hat. Die Schuld ist bezahlt.
- Dieses Wasser umhüllt dich, sodass den Einflüssen des Un-Geistes im Leben eine göttliche Grenze gesetzt ist.
- Deine Scham wird wohltuend bedeckt mit Gnade und Heilung.
- Das »Wasser des Lebens« durchdringt dich – du wirst erfüllt mit heilsamer Kraft des Heiligen Geistes, der tröstet. Deine Schmerzen werden gestillt.
- Durch diese Quelle des Lebens tief im Inneren wirst du aufgerichtet und wiederhergestellt. Du wirst der Mensch, als der du geschaffen bist. Bald schon wird man das an deinen Lebens-Früchten erkennen!

***Thomas**: Ich fühlte mich so beladen, als ich bei Schritt 5 angekommen war! Der Schmerz, den ich meiner Frau und meinen Kindern zugefügt hatte, lag wie eine tonnenschwere Last auf meinem Brustkorb. Lange Zeit hatte ich meine Schuld verdrängt. Ich war nicht reumütig, im Gegenteil habe ich meine Frau in unserem Trennungskampf noch weiter angegriffen. Doch je mehr ich mich in der Endlich-Leben-Gruppe Gott näherte, desto klarer stand mir meine Schuld vor Augen.*

Aber was sollte ich tun? Der Gedanke, dass es für mich mit Schritt 5 eine Möglichkeit gab, diese Schuld loszuwerden, klang für mich wie eine Erlösung! Oder war es doch nur ein frommer Wunschtraum? Hatte ich es nicht verdient, meinen Mist alleine auszubaden?

Zunächst erlebte ich Gnade in der bedingungslosen Annahme des Mannes aus meiner Gruppe, mit dem ich mich zu dem Schritt 5-Gebet verabredet hatte. Obwohl die Geschichten aus meiner Ehe schrecklich waren, die ich ihm erzählte, blieb er mir absolut freundlich zugewandt.

Wir beteten gemeinsam und ich erzählte stockend vor ihm und vor Gott von all den schlimmen Dingen, die ich meiner Frau und meinen Kindern angetan hatte. Ich schrie zu Gott aus tiefstem Herzen um Vergebung. Ich musste weinen, aber es war alles in Ordnung vor diesem Mann.

Als ich mich wieder etwas beruhigt hatte, fasste er mich mit beiden Händen an den Oberarmen – freundlich, aber bestimmt sagte er: »Wenn wir Jesus unsere Sünden bekennen, so ist er treu und gerecht, dass er uns vergibt! Gott hat dir alles vergeben!«

In diesem Moment erlebte ich bedingungslose Annahme. Es fühlte sich in diesem Moment für mich so an, als ob mich Gott selbst wie ein liebender Vater an den Oberarmen packte und mir voller Liebe zusagte: »Mein Sohn, dir ist vergeben!«

Was mit mir geschah, war Vergebung.

Ich konnte körperlich spüren, wie die Kraft Gottes durch meinen Körper strömte. Es fühlte sich warm und gut an. Und ich merkte, dass eine Befreiung in mir geschah, die ich mir selbst nie hätte erarbeiten können.

Ich habe nichts anderes getan, als ehrlich und echt zu sein vor Gott und einem anderen Menschen. Doch ich habe so viel zurückbekommen: Die schwere Last meiner Schuld, die ich körperlich spüren konnte, war weg. Sie war weg! Ich fühlte mich so leicht! Mir wurde in diesem Moment klar: Dieser Augenblick hat mein ganzes Leben verwandelt, auch wenn nach außen noch nichts sichtbar war.

Welche »Gnade« erhoffst du für dich?

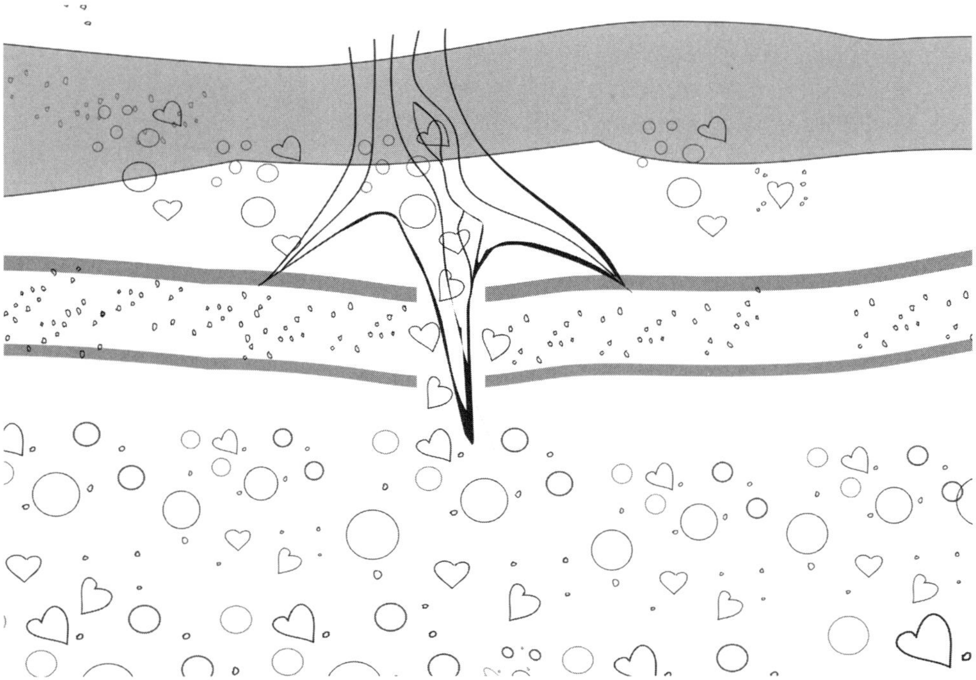

Schritt 5.2

»Wir geben unsere Fehler uns selbst, einem anderen Menschen und Gott gegenüber zu. Wir lassen die Fehler und ihre Folgen von Gott beseitigen.«

Woche 12

Dich vor Gott zeigen

In dieser Woche setzt du Schritt 5 konkret um.

Du machst einen Termin fest mit einer Vertrauensperson/der Gruppe.

Eine Gebetsvorlage hilft dir Schritt für Schritt dabei.

Du empfängst für Schuld die Vergebung Gottes.

Unangenehme Wahrheiten über dich hindern dich nicht mehr,
ehrlich vor Gott oder anderen Menschen zu werden und zu bleiben.

Alle Selbst-Täuschung endet hier.

Das Schritt 5-Ritual

Nach einigen letzten Klärungen wird es praktisch! Dein Wochenziel: mit einer Person aus der Gruppe einen Termin machen, um mit ihr gemeinsam das »Schritt 5-Gebet« zu beten. Oder verabredet euch in der Gruppe im Beisein aller dazu. Vorbereitend dazu ist noch wichtig, die gesammelten Erkenntnisse aus den Baumbildern von Schritt 1 – 4 so zu verdichten, dass du in wenigen Stichworten deine Erkenntnisse formulieren kannst. Dann bringst du alles in sechs Etappen vor Gott zusammen mit deinem Zeugen oder der Gruppe:

Überblick der sechs Etappen, die du zurücklegen wirst

1. Benenne Schuld, anstatt sie zu verstecken! Zeige dich Gott ungeschminkt, wie du bist.
2. Höre den Zuspruch der Vergebung deiner Schuld! Das ist Versöhnung: Gott und dich kann nichts mehr trennen. Selbst deine Schuld nicht. Trage die Last deiner Schuld, die dich vergiftet hat und krank machte, nicht mehr alleine mit dir herum. Lass Gott mittragen. Gott nimmt dein Schuldbekenntnis an.
3. Werde gereinigt! Versöhnt und verbunden mit Gott, der Quelle des Lebens, fließt seine Lebenskraft wie ein reinigendes Wasser in dein Inneres. Er reinigt von allem, was dich beschmutzt und verunreinigt hat, damit dein Leben sich entfalten kann.
4. Erfahre Befreiung! Durch Tod und Auferstehung von Jesus – davon sind Christen überzeugt – ist die Macht des Un-Geistes besiegt. Gottes Schutzkraft wirkt in dir und befreit dich von Einflüssen des Un-Geistes aus Vergangenheit und bewahrt dich auch in Zukunft.
5. Werde voll des Heiligen Geistes! Gelöst vom Schmutz, den du an dir trugst, und gereinigt von »vergiftenden« Einflüssen des Un-Geistes, führt Gott deine Beziehung zu ihm zur Lebensfülle. Die Erfüllung mit seinem Heiligen Geist bleibt ein andauernder Prozess. Gott selbst lebt in dir, jetzt und immer.
6. Erwarte Heilung! Beim Ausstrecken deiner »Wurzeln« nach Gott öffnest du ihm dein Innerstes. Er wird zur Mitte deines Lebens und wirkt in dir. Gott ist heilsame »Kraft« und liebevolle »Person« zugleich, mit der Menschen tiefe Beziehung leben können. Du erinnerst dich an Erkenntnisse aus bisherigen Schritten. Du hältst ihm im Gebet deine seelischen Verletzungen hin, die dir im Leben zugefügt wurden. Gott ist wie eine Mutter, die ihr Kind tröstet und sagt: »Alles wird wieder heile!«

Die »große Störung«

Der Begriff »Fehler« in den Formulierungen der 12 Schritte kommt aus der Anfangszeit des letzten Jahrhunderts, als die Psychologie in den Kinderschuhen steckte und als der Sündenbegriff vor allem moralisch verstanden wurde. Diese Vorstellung war zu einseitig auf das moralisch bewertete Verhalten fokussiert: falsch, schlecht. In unserem Programm verwenden wir den Begriff im Blick auf einen möglichen Schuldanteil deiner Verhaltensmuster. In den 30ern des 20. Jahrhunderts war das in der 12-Schritte-Tradition eine revolutionäre Entdeckung, dass Männer zu ihrer Schuld ohne Ausreden standen. Sie waren in der Regel auch die Täter großen Unheils. Aber Achtung! In unseren Gruppen sind auch tief verletzte Menschen – oft die Frauen – zu Opfern ihrer Mitmenschen geworden. Wir meinen also nicht, dass du an schrecklichen Erlebnissen, Umständen oder problematischen Mustern, z.B. deiner Familie, die Schuld trägst. Das ist nicht dein Fehler. Sicher bist du in die Schuld deiner Familie verwickelt. Vielleicht gibt es sogar einen Schuldanteil. Oder auch nicht. Und wenn es ihn gibt, ist er manchmal minimal oder gar nicht herauszufinden. Klar ist nur, dass eine große Störung passiert ist.

Leid, Unrechts- oder Gewalterfahrungen sind nicht deine Schuld

In der Bibel gibt es eine Vielzahl von Worten, die benutzt werden, um die »Sünde«, als große Störung zwischen Menschen untereinander und zwischen Mensch und Gott zu erfassen.

Dabei gibt es Worte, die aktive Verhaltensweisen bezeichnen: Fehltritte, Übertretungen, Frevel, Schuld, Übeltaten, Ungehorsam ...

Die Bibel kennt auch passives Erleben und Verhalten wie etwa: Leiden, erlittenes Unrecht, Gewalterfahrungen. Sie nennt das keine Sünde, aber ordnet diese als Effekte der großen Störung ein, die andere verursachen. Heute erkennen wir die unheilvolle Macht der transgenerationalen Trauma-Weitergabe. Emotionale interfamiliäre Aufarbeitung des Krieges wird von vielen als Herausforderung erkannt. Durch Gottes Anwesenheit wagst du vielleicht besser, ohne Verdrängung zu erkennen, wie du Teil der »großen Störung« ist. Vielleicht entdeckst du Anteile, für die du Verantwortung übernehmen willst. Betrachte diese dann als deine »Fehler« oder »Verfehlungen« gegenüber Gottes Idee für gelingendes Leben.

Mit Hilfe dieser Unterscheidung bist du gut gerüstet, dich deinen Fehlern zu stellen und sie von erlittenem Unrecht, Traumata und erfahrener Gewalt zu unterscheiden. Vielleicht ist alles noch so frisch und unklar. Und gewiss, es ist grundsätzlich schwer, diese Unterscheidungen objektiv zu treffen, da du so subjektiv verwickelt bist in dein Leben. Gott schenkt dir seinen Heiligen Geist zur Unterscheidung. Wenn du unsicher bist, bitte andere um Hilfe zur Unterscheidung oder lass dich von Fachleuten oder Ärzt:innen beraten.

Finde deine Vertrauensperson

Bevor du das Schritt 5-Ritual umsetzen kannst, löse die Aufgabe, eine Vertrauensperson deiner Wahl zu finden, mit der du das Gebet zusammen beten möchtest. Dabei ist es von großem Vorteil, wenn diese Person aus deiner Kleingruppe kommt, da sie den Endlich-Leben-Prozess bis hierher mitbekommen hat und diesen auch weiter begleiten wird. Aber du kannst auch eine Vertrauensperson außerhalb der Gruppe wählen.

Warum es wichtig ist, nicht allein zu beten

Es ist wahr, Gott vergibt uns auch alleine unsere Sünden. Allerdings hilft uns das 12-Schritte-Programm auf drei Beziehungsebenen weiterzukommen: der Beziehung zu Gott, zu den Menschen und zu uns selbst.

Wenn du deine Sünden, also dein zerstörerisches Verhalten, das die Beziehung zu Gott, anderen Menschen und zu dir selbst verletzt hat, vor einem anderen Menschen aussprichst, heißt das:

- Du bist auf der zwischenmenschlichen Ebene mutig, indem du dich vor einem anderen öffnest. So kannst du konkret erleben, wie diese Person dich – trotz deiner Fehler und Schuld – annimmt und dir Vergebung zuspricht.
- Für die Beziehung zu dir selbst ist die Anwesenheit einer anderen Person ebenfalls sehr hilfreich: Sie bestätigt dir, dass das, was hier gerade geschieht, wirklich stattfindet. Sie ist dein Zeuge, falls du später mal zweifeln solltest und wird dir bestätigen: »Du bist wirklich frei! Dir ist vergeben!«
- Auf der geistlichen Beziehungsebene hilft die Anwesenheit einer Vertrauensperson so: Sie steht für dich im Schritt 5-Gebet für Gottes Stimme, die dir die Befreiung, Heilung und Vergebung in der Vollmacht Jesu zuspricht.

Diese Regeln achtet deine Vertrauensperson

- Geduldig zuhören und den anderen bedingungslos annehmen, wie Gott es auch tut.
- Bei Unklarheiten nachfragen.
- Vergebung, Heilung und Befreiung im Namen von Jesus zusprechen und den anderen ermutigen, diese anzunehmen. Sie gilt! Für immer!
- Das Besprochene absolut vertraulich behandeln. Alles, was in dem Raum geschah, steht unter dem Schutz des Seelsorge-Geheimnisses!

Mit der Inventur von Schritt 4 dein Gebet vorbereiten und terminieren

Zur detailierten Vorbereitung deines Schritt 5-Gebetes ist es nun wichtig, den Gebetsablauf der nächsten Seiten einmal in Ruhe durchzulesen. Mach dir Stichworte, was genau du vor Gott aussprechen möchtest. Deine Inventur leitet dich dabei.

Kläre mit deiner Vertrauensperson Ort und Zeit für das Gebet. Es sollte ein ruhiger Ort sein. Das Schritt 5-Gebet ist wirklich ein heiliger Moment!

Nun ist genug gesagt. Es ist Zeit, von den Einflüssen der Zerstörung in deinem Leben frei zu werden! Du kannst deine Wurzeln tief ausstrecken nach Gott, der Quelle des Lebens, und aus seiner Kraft leben. Das ist der Ort, an dem deine Seele Frieden findet.

Ablauf des Schritt 5-Gebets

Viele von uns hatten Schwierigkeiten, wie sie das Gebet von Schritt 5 am besten formulieren sollten. Die allerwenigsten von uns haben Übung in so etwas. Uns half darum ein mehrere tausend Jahre altes Gebetsformular: Psalm 51 in der Bibel. Wir haben noch einige andere wichtige Bibelverse kombiniert. So erhälst du eine bewährte Anleitung, um in sechs Etappen dein Schritt 5-Gebet zu formulieren, in dem alle möglichen Themenfelder vorkommen.

Im Folgenden ist also der Vorschlag für die Formulierung des Schritt 5-Gebets abgedruckt. Es steht dir wie immer frei, diese Vorschläge für dich zu übernehmen oder nicht. Auch etwas weglassen oder die Reihenfolge umstellen darfst du gerne, wenn es für dich Sinn macht.

Verdichte deine gesammelten Erkenntnisse aus den Baumbildern von Schritt 1 – 4 in den folgenden Seiten so, dass du in wenigen Stichworten deine Erkenntnisse formulieren kannst.

Das Schritt 5-Gebet

Ankommen bei Gott

Dankgebet
Herr, ich weiß, dass du mich durch und durch kennst.
Ich bin jetzt bereit, mich dir gegenüber ehrlich zu öffnen.
Ich strecke mich aus nach dir und zeige mich dir so, wie ich bin.
Ich danke dir für alle wertvollen Charaktereigenschaften,
Fähigkeiten und Möglichkeiten, die ich in meinem Leben entdeckt habe.

Ich danke dir für …

Bekenntnis

Sprich vor Gott und der Vertrauensperson aus, was dir bei der Schritt 4-Inventur bewusst geworden ist. Bedenke als Vorbereitung für dein Bekenntnis folgende Fragen: Was habe ich getan? Was habe ich dabei gefühlt? Was gedacht? Was waren die körperlichen Reaktionen? Was waren die zerstörerischen Auswirkungen auf die Beziehung zu mir, zu anderen Menschen, zu Gott?

Bekenntnis-Gebet
Ich bekenne dir auch meine dunklen Seiten.
Ich gebe mein zerstörerisches Verhalten vor dir zu,
meine selbstbezogenen Gedanken und Gefühle:

Notiere deine Stichworte aus der Inventur, die dein Gebet konkret machen:

Danke, dass du mich an den Punkt gebracht hast,
dass ich vor dir alles zeigen kann.
Danke, dass ich auch meine Schuld zugeben kann,
damit du mich davon befreist.
Nimm mir die Angst davor, abgelehnt zu werden.
Ich vertraue mein Leben deinem Schutz und deiner Führung an.

Versöhnungs-Gebet (Psalm 51, 3-6)**
»Hab Erbarmen mit mir, Gott!
Das entspricht doch deiner Güte.
Vergib mir meine Vergehen!
So groß ist deine Barmherzigkeit.
Wasche mich rein von meiner Schuld.
Säubere mich von meiner Sünde.
Denn meine Vergehen kenne ich genau.
Meine Sünde ist mir täglich bewusst.
Gegen dich allein habe ich mich verfehlt.
Ich tat, was in deinen Augen böse ist.
Du behältst recht mit deinem Schuldspruch.
Du bist vollkommen in deinem Urteil.«

Zuspruch deiner Vertrauensperson:
In der Heiligen Schrift heißt es:
»Wenn wir aber unsere Schuld eingestehen,
ist Gott treu und gerecht:
Er vergibt uns die Schuld.«

*So steht es im 1. Johannesbrief, Kapitel 1, Vers 9a.***
Gott hat dir alle Schuld vergeben!

Reinigung

Reinigungs-Gebet (Psalm 51, 7-9)**

»Ja, in Sünde bin ich geboren.
Die Sünde bestimmt mein Dasein,
seit meine Mutter mich empfangen hat.
Ja, du hast Gefallen an der Wahrheit,
die ein Mensch in seinem Inneren sucht.
Forsche ich nach ihr im Verborgenen,
soll deine Weisheit mich dabei leiten.
Reinige mich mit einem Büschel Ysop,
dass ich von meiner Schuld frei werde.
Wasch mich rein, weißer als Schnee!«

Benenne die Scham und die Gefühle, die Gott berühren und reinigen soll:

Zuspruch durch deine Vertrauensperson:
In der Heiligen Schrift heißt es:
»Wenn wir aber unsere Schuld eingestehen,
ist Gott treu und gerecht:
Er reinigt uns von allem Unrecht,
das wir begangen haben.«

*So steht es im 1. Johannesbrief, Kapitel 1,Vers 9b.***
Darum gilt: Du bist gereinigt durch Jesus!

Befreiung

Gebet um Befreiung vom Un-Geist (Galaterbrief Kapitel 2, Vers 20*)
Ich sage mich im Namen von Jesus und seiner Autorität
von den Versuchungen und Verlockungen des unheiligen Geistes los,
der vermischt mit meinen Süchten und Abhängigkeiten wirkt.
Dieser Geist besitzt keine Macht mehr über mich,
weil Jesus sich dazwischenstellt und für mich einsteht!
Jesus umgibt mich und lebt in mir!

Deshalb lebe ich also nicht mehr selbst,
sondern Christus lebt in mir.
Zwar lebe ich noch in dieser Welt,
aber ich lebe im Glauben an den Sohn Gottes!

»Ich sage mich im Namen von Jesus und seiner Autorität los von: …«

Zuspruch durch die Vertrauensperson:
*Jesus sagt im Matthäusevangelium, Kapitel 18, Verse 19-20**:*
»Amen, das sage ich euch: Wenn zwei von euch auf der Erde gemeinsam um irgendetwas bitten: Mein Vater im Himmel wird ihnen ihre Bitte erfüllen. Denn wo zwei oder drei Menschen in meinem Namen zusammenkommen, da bin ich selbst in ihrer Mitte.«

So spreche ich dich in seinem Namen los. Sei frei von aller Macht des Bösen.

Erfüllung

Gebet um Erfüllung nach Psalm 51 (Verse 12-14):**
»Erschaffe in mir, Gott, ein reines Herz
und gib mir einen neuen, festen Geist!
Schick mich nicht fort von deinem Angesicht!
Nimm deinen heiligen Geist nicht weg von mir!
Lass mich wieder jubeln über deine Hilfe!
Gib mir einen Geist, der dir bereitwillig folgt.«

Benenne möglichst konkret, was Gott in dir erfüllen soll.

Zuspruch durch die Vertrauensperson (Lukasevangelium Kapitel 11, Vers 13)**
Jesus ermutigt seine Jünger:
»Ihr Menschen seid böse.
Trotzdem wisst ihr,
was euren Kindern guttut,
und gebt es ihnen.

Wie viel mehr wird der Vater im Himmel
den Heiligen Geist denen geben, die ihn darum bitten.«

Darum vertraue auf die Fülle des
Heiligen Geistes in deinem Leben.

Heilung

Heilungsgebet (Buch Jeremia Kapitel 17, Verse 13-14*)
Bitte um Heilung der Zerstörung:
»Du Hoffnung Israels, Jahwe.
Alle, die dich verlassen, werden zugrunde gehen, …
weil sie die Quelle lebendigen Wassers, Gott, verlassen haben.
Heile du mich, Gott, dann werde ich heil!
Hilf du mir, dann erfahre ich Hilfe!
Denn mein Ruhm bist du allein!«

Halte Gott jetzt die schmerzhaften Dinge hin, die dir in deinem Leben widerfahren sind. Benenne konkret, was Gott in dir heilen soll.

Zuspruch der Vertrauensperson aus Psalm 103 (Verse 1-5):**
Lobe den Herrn, meine Seele!
Und alles in mir preise
seinen heiligen Namen!
Lobe den Herrn, meine Seele!
Und vergiss nicht das Gute,
das er für dich getan hat!
Er vergibt dir alle deine Sünden.
Er heilt alle deine Krankheiten.
Er führt dein Leben aus der Todesnähe.
Er schmückt dich mit einer Krone –
sie besteht aus Güte und Barmherzigkeit.
Er versorgt dich mit Gutem dein Leben lang.
So fühlst du dich jung wie ein Adler.

Dank und Segen

Danke zum Abschluss Gott, dass er dir vergeben hat. Du bist frei! Freue dich auch über dich selbst, dass du es geschafft hast: Du bist ehrlich und echt geworden vor Gott, hast dich ausgestreckt nach ihm und eure Beziehung ist wiederhergestellt. Du bist verbunden mit Gott, sein Heiliger Geist durchströmt dich!

Danke Gott: Du schenkst mir deinen Frieden und alles, was ich zum Leben brauche! Mein besonderer Dank heute ist …

Zuspruch durch die Vertrauensperson (Philipperbrief Kapitel 4, Vers 7)
»Und der Friede Gottes,
der jede Vorstellung übertrifft,
soll eure Herzen und Gedanken behüten.
In der Gemeinschaft mit Jesus Christus
soll er sie bewahren.«

Weitere Tipps für dein Ritualdesign

Wenn du Schritt 5 zusammen mit einem anderen Menschen als Zeugen vor Gott in die Tat umsetzt, ist das ein einschneidender Augenblick in deinem Leben, an den du dich gut erinnern kannst.

Solltest du aber mit dem vorgeschlagenen Ablauf nichts anfangen können und eine ganz andere Thematik vor Gott bringen wollen, dann besteht deine Aufgabe jetzt darin: Designe dein eigenes Ritual, das dir und deinen Inhalten besser entspricht!

Vielleicht hift dir als Ausgangsgedanke eine neue Überschrift über das ganze Ritual. Statt Vergebung, Reinigung und Erfüllung könnten deine Themen so lauten:

- *Mein Selbstwert-Stärkungsritual: Endlich aufrecht stehen!*
- *Das große Transformations-Fest: Neues soll anbrechen!*
- *Me-Day oder Identity-Day: Meine größere Kraft in Gott finden!*
- *Mein Macht-Tag: Bevollmächtigt, nie wieder die Opferrolle zu übernehmen!*

Zu diesen Überschriften finde sinnvolle Etappen oder Unterpunkte und dann noch passende Ausdruckformen oder sogar zusätzliche sinnenhafte Symbole wie

- *Handwäsche, Handauflegung*
- *Gesichts-Wasser, Düfte, Öle*
- *Steine beschriften, usw.*

Alles, was deine Worte und Absichten unterstreichen kann, ist hier möglich.

Machen einen Termin mit anderen fest.

Du hast das Ritual durchlebt? Welche Gedanken und Gefühle klingen in dir nach?

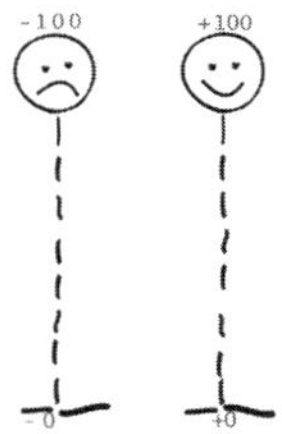

Schritt 6.1

»Wir sind völlig bereit, uns und unseren Charakter durch die Beziehung zu Gott verwandeln zu lassen.«

Woche 13

Gefühle gut regulieren

**Jetzt bist du bereit, konkrete Veränderungsschritte anzugehen.
Deine Gottesbeziehung aus Schritt 5 hat dich motiviert.
Du lernst Beispiele kennen, wie du deine Gefühle
auf lebensförderliche Weise regulieren kannst.
Du verstehst deine Bedürfnisse gesund auszudrücken
und unangenehme Gefühle so zu verschmerzen,
dass sie gut verarbeitet werden.**

»Wir sind völlig bereit, ...«

Wir haben uns mit Schritt 5 tief verwurzelt in der Beziehung zu Gott. Dabei sind wir in Berührung mit dem Strom des Lebens gekommen, aus dem neue Energie in uns fließt. Zugleich konnten wir negative Energien an Gott loslassen, die Kräfte, die in unserem Leben zerstörerisch wirkten. Seit wir vor Gott nichts mehr verheimlichen, unterdrücken oder verstecken und trotz großer Fehler gerechtfertigt und angenommen sind, hat sich das Blatt für uns gewendet.

Am Anfang von Schritt 6 sind wir nun bereit für eine Wandlung. Gottes Zuspruch bedeutet: »Du kannst jetzt sein, was du in meinen Augen schon lange bist: meine geliebte Tochter, mein geliebter Sohn!« Mit diesem Signal der Liebe und Annahme beginnt ein Leben verwurzelt in Gott.

Mit Schritt 6 werden wir nun völlig bereit, unseren Charakter durch neue Rollenmuster zu entwickeln, die in der Beziehung zu Gott gründen. Diese Beziehung wird zum Herzstück unseres Lebens. Im Vertrauen auf Gottes Kraft, die in uns wirkt, gehen wir neue Wege. Mit Schritt 6 konzentrieren wir uns zunächst darauf, dieses neue Leben aus der Beziehung zu Gott mit einem Gedankenspiel neu zu denken. Später üben wir in Schritt 7 ein, Gottes Kraft zu empfangen, um neues Leben auch zu erleben.

Was dich hindern kann, »völlig bereit« zu sein

***Emma**: Mir schien es zu dicht, Gott so völlig an mich heranzulassen. Gerade dann, wenn ich mich in meinem dunklen Loch verkrochen hatte, bestand ja meine Sicherheit darin, dass ich allein war. Mein Innerstes mit ihm zu teilen, um von ihm verwandelt zu werden, fühlte sich gefährlich an, zu eng. Zu dicht. Zu nah.*

Alles hat seine Zeit. Darum ein Zwischenstand: Kannst du dich Gott mit allen Lebensbereichen schon anvertrauen? Wo regt sich noch Abwehr, Unsicherheit?

***Nina**: Mich hat die Vorstellung, mein Leben könnte sich jetzt wirklich verändern, ziemlich verunsichert! Ich hatte kein inneres Bild, wie mein Leben ohne Zigaretten und Alkohol aussehen sollte. Wie sollte ich dann überleben? Ich kann mich noch genau erinnern, wie sich mein Körper anfühlte: Alles zog sich zusammen und verkrampfte sich. Ich bekam Panik! Ich hatte wirklich keine Idee, wie ein Leben ohne meine altbekannten, aber leider zerstörerischen Verhaltensweisen funktionieren sollte.*

Wie fühlt sich die Vorstellung für dich an, auf deine üblichen zerstörerischen Verhaltensmuster zu verzichten? Beschreibe, um welches konkrete Verhalten es sich bei dir handelt samt Gefühlen, Gedanken und körperlichen Reaktionen: Wenn ich mit … aufhöre, dann empfinde ich …, denke ich …

***Nina**: Was mir in dieser Panik zu Beginn von Schritt 6 geholfen hat, war der Zuspruch meiner Gruppenmoderatorin: »Es reicht, deinen Blickwinkel zu verändern. Mit Schritt 6 starrst du nicht mehr auf dein Problemverhalten, sondern freust dich an der neuen Beziehung zu Gott.«*

Was dir hilft, »völlig bereit« zu sein

Unsere Schlüsselmethode in Schritt 6 wird nun dies: Wir konzentrieren uns auf die Gottesbeziehung, nicht mehr auf die Veränderung unseres Symptomverhaltens.

Das Herzstück unseres neuen Lebens ist die Gründung in Gott. Mit den nächsten Schritten des Endlich-Leben-Prozesses üben wir ein, uns darauf einzulassen und auszurichten. Diese Verbundenheit ist wichtiger als Reste des noch vorhandenen zerstörerischen Verhaltens in unserem Leben.

Wenn das Herzstück deines Lebensbaums die Verwurzelung in Gott ist, dann gilt es, diese Verbindung zu behüten. Du wirst nun lernen, von Gott im Alltag getragen zu werden, denn daraus fließt das Leben. Tief in deinem Inneren, an dem Wurzelwerk deines Lebensbaums, ist also eine Kraftquelle. Dieses Geheimnis nennt die Bibel den Heiligen Geist Gottes, der in uns lebt und wirkt.

Durch Gebet bereit werden

***Christian**: Langsam begann ich zu verstehen: Es ging nicht darum, dass ich mich auf mein Helfersyndrom konzentrierte und jetzt nur noch »nein« sage, wo Menschen mich um Hilfe bitten. Es ging darum, Gottes Verbindung zu mir zu behüten. Mir wurde klar: Wann immer ich mit meinen angeblich guten Werken so beschäftigt war, dass ich nicht mehr dazu kam, zur Ruhe zu finden und mir bewusst zu werden, wie Jesus mit mir unterwegs ist, ja, sogar in mir lebt und wirkt, dann verlor ich auch den Kontakt zu mir selbst. Praktisch ging es so: Im Gebet merkte ich, wie es mir ging, was mich bewegte und was mir fehlte. Ich lernte, durch die Beziehung zu Gott auch in Beziehung zu mir selbst zu stehen. Das war eine spannende Entdeckung.*

Was es dir bringt, Gefühle zu regulieren

Wenn wir bereit werden, unser Leben aus der Verwurzelung in Gott zu führen, bekommen wir neue Fähigkeiten zum Umgang mit unseren Gefühlen: Wir regulieren dann zusammen mit ihm unangenehme Gefühle, die z.B. entstehen, wenn wir in Lebenssituationen oder Beziehungen geraten, in denen unsere Grundbedürfnisse nicht befriedigt werden.

Du hast verschiedene Möglichkeiten, Emotionen so zu regulieren, dass du nicht ausflippen, rumschreien oder dich verhärten musst, also dein Verhalten nicht mehr zerstörerisch wird. Langsam lebst du dich in das Bewusstsein ein: »Ich bin nicht mehr alleine. Ich habe ein Gegenüber. Einen Gott, der mich nährt, stützt, ja, sogar unterstützt. Ich habe einen Gott, der mich liebt, sieht und begleitet.« Das allein verändert oft schon die zerstörerische Qualität deines Verhaltens.

Betest du, um die Beziehung zu Gott auszudrücken? Was macht es mit dir, wenn du betest? Beschreibe deine Gefühle, Gedanken und körperlichen Reaktionen beim Beten.

Gefühle mit Gott lebensförderlich regulieren

***Christian**: Ich kann wirklich sagen, dass ich mit den Schritten 4 und 5 mir selbst und meinen Gefühlen sehr viel mehr auf die Schliche gekommen war. Bisher war ich immer ein »braver Junge« . Als Kind hatte ich gelernt, dass es sich lohnt, lieb, brav und hilfsbereit zu sein. Dann bekommt man Liebe und Anerkennung. Religiös verknüpfte ich, dass artig sein »Leben nach Gottes Willen« sei. Selbst als meine Eltern sich ungerecht verhielten und mein Vater meine weniger brave Schwester mit körperlicher Gewalt züchtigte, war es für mich wichtig, brav und angepasst zu sein. Ich teilte innerlich die Welt in »gut« und »böse« ein. Und wie ich es auch im Kindergottesdienst gelernt hatte, verabscheute ich das Böse und liebte das Gute .*

Als ich in meinem Endlich-Leben-Prozess bei Schritt 4 angekommen war, hatte sich dieses Unterscheidungsvermögen verwandelt. Bei der Beschäftigung mit meinen Rollen- und Verhaltensmustern spürte ich ein starkes Gefühl: Wut! Das war neu. Erst wollte ich es nicht akzeptieren, doch es war nicht mehr wegzudrängen.

Ich war wirklich wütend! Ich war wütend auf meine Eltern, da sie mir beigebracht hatten, dass ich nur ein liebenswürdiger Mensch war, wenn ich brav und aufopferungsvoll anderen diente. Ich bekam nur Liebe, wenn ich meine eigenen Bedürfnisse igno-

rierte und mich um andere Menschen kümmerte. Ich war furchtbar wütend, denn durch dieses Muster war ich krank geworden und hatte Menschen, die mir sehr nahestanden, durch mein übertriebenes Helferverhalten krank gemacht. Zudem stand ich in dem inneren Konflikt: Als ein guter Christ (der sich in allem um die Liebe bemüht) durfte ich doch gar nicht wütend sein!

Ich war so voll Wut, dass ich befürchtete, zu platzen. Doch mir fehlte jede Möglichkeit, damit umzugehen.

Trotz alledem wollte ich lernen, aus der neuen Verbindung zu Gott meine Gefühle zu regulieren. Ich war bereit und entschied mich, Gottes Verbundenheit mehr zu vertrauen, als der Stimme in mir, die Wut als für ein »böse, verboten« hielt. Ich hatte meine Wurzeln ausgestreckt zu ihm, der Quelle des Lebens. So betete ich: »Herr, bitte hilf mir, mit meiner Wut umzugehen! Lass dein Wasser in meinen Lebensbaum fließen und befreie mich von dieser unbändigen Wut!«

Plötzlich hatte ich eine Bibelgeschichte vor Augen, an die ich lange nicht gedacht hatte: Jesus befand sich im Tempel, dem Haus Gottes, einem Ort des Gebets. Doch viele Händler, die den Raum einnahmen, verhinderten mit ihren Geschäften, die Beziehung zu Gott in Ruhe aufzunehmen. Das machte Jesus so wütend! Ich stellte mir vor, wie Jesus alles, was auf den Tischen lag, herunterfegte, Händler verjagte, Tische zerschlug. Jesus war wütend und ließ es raus! Schlagartig war mir klar: Ich darf das auch!

So zog ich meine Laufschuhe an und rannte in den Wald. Dort nahm ich einen festen Stock und schlug damit, so fest ich konnte, auf einen umgefallenen Baumstamm ein und schrie zu Jesus: »Verdammt noch mal! Es war so ungerecht, dass ich nur geliebt wurde, wenn ich brav und hilfsbereit war, mich kleinmachte und es anderen recht machte! Ich wurde immer nur für das geliebt, was ich tue!

Dieser Ausbruch war für mich so heilsam! Wenn ich heute überlege, wie es dazu kommen konnte, würde ich vermuten, es lag vor allem an zwei Dingen, die mir den Raum dafür gaben, meine Gefühle so rauszulassen:

- *Ich war nicht allein im Wald. Mein Schmerz, den ich mit aller Energie raushaute, verpuffte nicht im Nichts. Ich wurde von Jesus gesehen, gehört un verstanden – da war ich mir ganz sicher.*
- *Ich hatte die innere Gewissheit in mir, dass ich trotz meines wütenden Gefühlsausbruches geliebt blieb. Ich hatte mich neu eingelassen auf einen spannenden Weg mit einem Gott an der Seite, der mich liebt, so wie ich bin. Eng mit mir verbunden lebt er in mir. Ein Gott, der mir durch Jesus sein wahres Wesen erklärt.*

An diesem Tag hatte ich verstanden, dass Wut auch ein Gefühl von Gott ist. Er kennt es, es ist sinnvoll und er hat es mir gegeben. So durfte auch ich wütend sein. Obwohl ich so heftig auf diesen Baumstamm eingeprügelt hatte, bekam ich keine Kopf- oder Rückenschmerzen.

Grundbedürfnisse durch Gott stillen lassen

Der Lernfortschritt, Emotionen auf eine lebensförderliche Weise zu regulieren, wird uns etwas später noch eingehender beschäftigen. Was zusätzlich passiert, wenn wir »völlig bereit« sind, verwurzelt in Gott zu leben, ist dies: Unsere Grundbedürfnisse werden aus der Beziehung zu ihm gestillt.

In Schritt 2 lernten wir: Die meisten Verhaltensmuster dienen dazu, unangenehme Gefühle zu regulieren. Diese entstehen, wenn deine grundlegenden Bedürfnisse nicht befriedigt sind. Es fühlt sich ganz schrecklich an, wenn z.B. dein Bedürfnis nach einer sicheren und verlässlichen Bindung dauerhaft nicht gestillt wird. Genauso wenig ist es auszuhalten, wenn du dich in Situationen wiederfindest, in denen du keine guten Kontrollerfahrungen machst. Du wirst seelisch krank, wenn du immer nur funktionieren musst und nichts in deinem Leben dir mehr Lust bereitet. Und es kann ein unbeschreiblicher Schmerz sein, wenn du im Leben erfährst, dass du nicht gesehen und geschätzt bist und dein Wert mit Füßen getreten wird.

Sind also deine Grundbedürfnisse nicht befriedigt, löst das sehr unangenehme Gefühle aus, die du regulieren willst. Wenn du nun bereit bist, dich auf die Beziehung zu Gott einzulassen, erlebst du, wie du darin Erfüllung deiner Grundbedürfnisse findest. Die Gottesbeziehung stablisiert dich so, dass du auch unangenehme Gefühle, die zu deinem Leben dazugehören, immer besser, befreit regulieren kannst.

***Emma:** Da ich mich immer so isoliere, konnte ich meine Grundbedürfnisse nicht in der Beziehung zu anderen Menschen befriedigen. Eigentlich hatte Jesus keine andere Chance, mir zu begegnen, als zu mir in mein schwarzes Loch zu kommen. Und er kam so:*

Ich war am Ende mit meinen Nerven. Das machte mich völlig bereit, mich auf die Beziehung zu Jesus als einzige Lösung einzulassen. Seit so vielen Jahren hatte ich so vieles versucht. Kliniken, Therapien, Medikamente. Ich war ratlos. Immer fand ich mich in diesem Loch wieder.

Nach dem Schritt 5-Gebet stellte sich das gute Gefühl ein, dass sich etwas Entscheidendes in meinem Leben verändert hatte. Das Bild des Lebensbaumes war mir ständig vor Augen. Ich sah meine Wurzeln, die nicht mehr verkrümmt ihre Nahrung in dreckigen Wasserpfützen aus saurem Regen suchten, was mich doch nur immer kränker machte. Meine Wurzeln waren ausgestreckt in die Tiefe zu Gott, verbunden mit der Lebensquelle. Ich muss zugeben, ich habe die Energie Gottes nicht gespürt. Alles, was mich trug, war dieses innere Bild vor Augen. Ich hatte ja sonst keine Idee für eine Lösung. Also habe ich mich auf die Verbindung zu Gott verlassen und dabei gehofft, dass seine Kraft wirklich in mir wirkt.

Mir war zunächst nicht klar, wie ich eine Verbindung zu Gott leben sollte und wie das geht mit dem »Trinken aus der Quelle«. Eine Frau aus meiner Gruppe schenkte mir eine CD mit christlichen Liedern, die mich berührten und abholten. Diese Musik konnte ich auch »unten« in meinem Loch hören.

Es waren Lieder, die von der Größe Gottes erzählten und davon, wie gut er ist. Lieder, die mir Hoffnung und Mut machten. In mir wuchs ein Vertrauen, das mir vorher nicht bekannt war. Ich begriff, dass mein Leben eine neue Dimension bekommen hatte – ich war nicht mehr allein. Auch nicht im schwarzen Loch. Die Lieder erzählten von der Liebe Gottes, und langsam, ich weiß nicht genau warum, dämmerte mir, dass auch ich von Gott geliebt bin. Mein Bedürfnis nach Beziehung wurde gestillt.

Das verwandelte mich und mein schwarzes Loch. Mein Bedürfnis nach Selbstwert wurde ebenfalls gestillt. In mir entstanden neben dem Baumbild noch andere schöne innere Bilder – alles ausgelöst durch diese Musik. Ich begann, diese Bilder zu malen. Das war für mich wie ein Wunder, wo ich doch seit Jahren so antriebslos war.

Und Malen machte mir Spaß! Mein Bedürfnis nach Lust und Freude an etwas wurde gestillt. Ich begann, Gott zu vertrauen und in ihm Halt zu finden in all dem, was mir Angst machte. Ich hatte das innere Bild einer großen Hand, die mich umgab und mich trug. In dieser Hand konnte ich mich wie ein kleines Mädchen bergen und mich hineinkuscheln, mich ausruhen. So war ich gehalten – mitten in meinem schwarzen Loch, das irgendwie gar nicht mehr so schwarz war.

Das Gefühl, in diesem schwarzen Loch gefangen zu sein und die Kontrolle verloren zu haben, wurde durch die Sicherheit in Gottes Hand langsam vertrieben. So konnte das Grundbedürfnis nach guter Kontrollerfahrung befriedigt werden. Am Anfang war es nur die Musik, die mich zu Gott zog, der Quelle meines Lebens. Er kam, ohne dass ich etwas tun musste. Ich ließ mich auf die Musik und ihre Texte ein. Sie vermittelten mir innere Bilder und ich lernte Stück für Stück, ihren Botschaften zu vertrauen.

Mit der Zeit beobachtete ich, wie die Kraft Gottes in meinem Leben wirkte und es verwandelte. Es wurde hell. Ich kann nicht sagen, dass ich die Kraft Gottes jemals gespürt hätte, aber ich konnte die Auswirkungen in meinem Leben sehen.

Hast du innere Bilder? Wenn ja, was sagen sie darüber aus, wie die Kraft Gottes deine Grundbedürfnisse stillt? Beschreibe deine Bilder oder auch Gedanken möglichst genau.

Unangenehme Gefühle regulieren

Gefühle haben eine wichtige Signalwirkung: Sie weisen uns darauf hin, ob die Grundbedürfnisse gestillt sind oder nicht. Deshalb leiten sie unsere Handlungen ein. Wenn wir uns unwohl fühlen, unsere Bedürfnisse also nicht gestillt sind, werden sehr schnelle, automatische Prozesse eingeleitet, die uns dazu bewegen, etwas zu tun, um diese unangenehmen Gefühle zu beseitigen. Gefühle haben also

1. eine Signalfunktion, die uns Auskunft darüber gibt, wie es um die Befriedigung unserer Grundbedürfnisse steht, und
2. die Funktion, Handlungen einzuleiten, die unangenehme Gefühle lindern bzw. Grundbedürfnisse wieder stillen.

Wenn wir nun Verhalten erlernt haben, das unser Leben dauerhaft und langfristig schädigt, ist es entscheidend, sich die ablaufenden Prozesse bewusst zu machen, damit wir in bestimmten Augenblicken anders reagieren können. So leiten wir einen Prozess des Umlernens ein. Am Anfang wirkt alles noch etwas unbeholfen, eben gar nicht schnell und wie von selbst ablaufend. Doch mit der Zeit wird sich das neue, lebensförderliche Verhalten immer schneller, fast automatisch abspielen. Das Gefühl ist also das Startsignal, das unsere Verhaltensreaktion auslöst. Deshalb gehen wir in Schritt 6 noch einmal so intensiv auf das Thema Gefühle ein.

Den Schmerz unter die Lupe nehmen

Bisher haben wir immer nur allgemein von »unserem Schmerz« gesprochen, wenn es um das unangenehme Gefühl ging, das wir erleben, wenn Grundbedürfnisse nicht gestillt sind. Jetzt ist es Zeit, diesen »Schmerz« genauer unter die Lupe zu nehmen. Was ist das für ein Erleben?

Nina: *Als ich mir meinen Schmerz genauer ansehen und auch mal beschreiben sollte, geriet ich natürlich wieder in Panik. Wie immer musste ich wieder rauchen und Alkohol trinken.*

Nach langem Hin und Her habe ich es schließlich gewagt, mich darauf einzulassen. Ich war ja nicht mehr allein. Mit den Schritten 3 – 5 hatte ich gelernt, mich auf Gott zu verlassen und nicht mehr auf mein betäubendes Verhalten. Bei Schritt 6 erlebte ich, wie Gott mich nicht verließ – selbst wenn ich mein betäubendes Verhalten noch nicht lassen konnte.

Heute bin ich stolz darauf,dass ich mich weiter auf den Endlich-Leben-Prozess eingelassen habe. Ich hatte in meiner Vergangenheit viele sehr schmerzhafte Erfahrungen mit körperlicher und sexueller Gewalt gemacht. Natürlich fürchtete ich, den Schmerz anzuschauen. Doch ich tat es, und ich fand Trost bei Gott.

Es geht darum, Worte zu finden, die unseren Schmerz genauer beschreiben können, damit wir gezielter unsere Hilfe in der Beziehung zu Gott suchen können. Welche Gefühle sind es also genau, die deinen Schmerz ausmachen?

Beschreibungen für Schmerzzustände:
Ich fühle mich

- traurig, einsam, trübsinnig
- wütend, ängstlich, verärgert
- minderwertig, verletzt, unsicher
- getrieben, reizbar, angeekelt,
- schuldig, nervös, feindselig,
- bedrückt, müde, unzufrieden usw.

Versuche zu beschreiben, unter welchen Gefühlen du leidest:

Erinnere dich, in welchen Situationen du diese unangenehmen Gefühle spürst. Wann hast du früher ähnlich gefühlt?

»Verschmerzen« muss gelernt sein

Wenn wir Gefühle benennen, spüren wir sie meist auch. Deshalb ist es anstrengend, sich an unangenehme Gefühle zu erinnern, und es löst auch Angst aus. Manche Gefühle kommen in bestimmten Situationen erstaunlich lebendig hoch. Manchmal werden sie so stark, dass die auslösende Situation allein nicht der Grund für die Heftigkeit dieser Gefühle sein können. Irgendwas hat dann eine schmerzhalfte Erfahrung von früher getriggert.

Gerade bei Menschen, die sehr schmerzhafte Erfahrungen (Traumata) durchgemacht haben, kann es sein, dass die Verarbeitung im Rahmen einer Endlich-Leben-Gruppe nicht gelingt. Dann ist es gut, sich zusätzlich Hilfe bei Therapeuten zu suchen (z.B. zur Trauma-Therapie). Dort hilft man Menschen z.B. eine Atemtechnik zu üben, die es ihnen möglich macht, Schmerzen zu verarbeiten. Wir nennen diesen Vorgang »verschmerzen«.

***Nina**: Ich habe mich oft einsam und verletzt gefühlt, in die Ecke gedrängt und verlassen. Die Stärke meiner Gefühle hing wohl mit Erlebnissen aus meiner Kindheit und Jugend zusammen, die ich nicht verarbeiten konnte. Statt sie damals bewusst zu »verschmerzen« – das meint: Gefühle zulassen, den Schmerz bewusst aushalten – hatte ich sie verdrängt. Weil sie nicht verschmerzt, sondern nur verpackt waren, bahnten sie sich immer wieder einen Weg und überfluteten mich förmlich. Dann war ich so krank vor Schmerz,dass ich das innere Bild von mir nicht loswurde, wie ich mit blutenden Wunden im Bett liege und befürchtete, daran zugrunde zu gehen.*

Als ich mit Schritt 6 bereit war, mich darauf einzulassen, dass Gott ein naher, liebender Gott ist, der mich rettet und heilt, betete ich um einen Weg, der mir helfen würde, meine schmerzhaften Gefühle aushalten und fühlen zu können.

Ich erlebte, wie Gott jenes Bild nutzte und es verwandelte: Ich lag also mit blutenden Wunden im Bett. Aber jetzt saß an meinem Bett ein weiß gekleideter Arzt. Es war Jesus, der seine Hände auf meine Wunden legte. Eine Flüssigkeit lief aus meinen Wunden heraus und der Schmerz wurde erträglicher.

Diese Erfahrung ermutigte mich. Ich wollte mich weiter darauf einlassen, meine schmerzhaften Gefühle zu fühlen. Ich wollte sie zulassen und verschmerzen. Ich wusste: Wenn ich sie immer nur weiter verdränge, anstatt sie wahrzunehmen und zu verschmerzen, werde ich in meinem Leben keinen Schritt weiterkommen und mein Leben am Ende zerstören.

Ich suchte mir Hilfe. In meiner Gruppe erzählte ich, dass ich entschieden hatte, meine schmerzhaften Gefühle zu verschmerzen. Ich bat die Gruppe um Ideen, wie und in welchem Rahmen ich dies tun könne. Meine Gruppenmoderatorin empfahl mir eine

Therapeutin, die mit mir beten könne. Ich erzählte dieser Frau von meinem Bild mit mir als Verletzte im Bett und mit Jesus als Arzt auf der Bettkante.

Mir kam die Idee, dass es mir helfen würde, wenn ich mich in unserem gemeinsamen Gebet hinlegen und sie neben mir sitzen würde und mir die Hände so auflegte, wie Jesus es in meinem inneren Bild tat. Als wir so gemeinsam beteten, fühlte ich meinen Schmerz. Für einen kurzen Moment dachte ich, ich müsste ersticken, würgen und schreien. Ich wollte den Schmerz irgendwie wegdrücken.

Aber meine Therapeutin sagte: »Atme einfach weiter. Durch die Nase ein und durch den Mund aus. Der Schmerz darf kommen und wird wieder abklingen. Jesus ist da. Alles ist gut.«

Und so war es. Ich atmete heftig ein. Mit meinem Ausatmen schrie es aus mir. Das ließ ich zu. Ich atmete ein und atmete aus. Ich wusste, Jesus ist da, auch wenn ich ihn nicht direkt spürte. Und die Tränen liefen. Sie liefen einfach, und ich atmete weiter.

Der Schmerz überkam mich wie eine Welle am Meer, die den Sand überflutet. Doch ich atmete weiter und ließ die Tränen fließen. Und die Welle zog sich wieder zurück. Ich atmete weiter. Es kam noch eine Welle, doch die war schon nicht mehr so groß wie die erste. Ich atmete weiter und ließ die Tränen fließen. Auch diese Welle des Schmerzes zog sich zurück. Wie sich bei Ebbe das Wasser und die Wellen sich immer weiter zurückziehen, so verzogen sich auch meine Wellen des Schmerzes immer weiter, bis der Schmerz schließlich abebbte. Zum ersten Mal in meinem Leben hatte ich etwas verschmerzt, anstatt es zu verdrängen!

Kennst du Situationen, in denen du mit sehr starken Gefühlen reagierst und innerlich ahnst, dass diese Situation unmöglich der einzige Auslöser für deine Gefühle sein kann? Beschreibe ggf. eine solche Situation aus deinem Leben:

Gefühle großer Schmerzen bewältigen, ohne zu verdrängen

Menschen können also »verschmerzen«. Der Schmerz kommt in Wellen. Wichtig ist, den Schmerz nicht wegzudrängen oder ihn krampfhaft zu unterdrücken, weil wir ihn nicht fühlen wollen oder nicht weinen wollen. Es ist gut, endlich dem Schmerz Ausdruck zu geben. Dabei hilft es, tief ein- und auszuatmen und die Tränen fließen zu lassen. So wird der Schmerz erträglich und die Schmerzwelle wird wieder abebben. Dasselbe gilt auch für alle anderen unangenehmen Emotionen: Auch starke Gefühle lassen sich in der Nähe von Jesus aushalten. Dein Schmerz klingt ab, indem du das Gefühl zulässt, ausdrückst und rauslässt, anstatt den Schmerz zu verdrängen.

Sicherheit finden in der Beziehung zu Gott

Die Verwurzelung in Gott macht es möglich, sich dem unangenehmen Gefühl zu stellen. Wir sind nicht mehr allein. Wir sind uneingeschränkt geliebt. So wie wir sind. Mit allen Fehlern. Mit allen Gefühlen. Mit Gott an unserer Seite bekommen wir den Raum und die Kraft, unsere bisher unerträglichen Gefühle wahrzunehmen und ihnen Ausdruck zu geben, sie zu verschmerzen.

Das Bild eines sicheren Ortes entwickeln

Was uns dabei hilft, ist unsere Vorstellungskraft. Als Nina lernte, sich ihren Schmerzen zu stellen, hatte sie in ihrer Vorstellung ein Bild, in das sie sich hineingeben konnte und das ihr Halt und Orientierung gab. Dieses Bild schaffte ihr einen sicheren Raum in ihrem Inneren. Sie wusste: »Wenn Jesus an meinem Bett sitzt und meine Wunden anrührt, wird alles gut. Ich bin nicht allein. Ich habe einen an meiner Seite, der mich unaufhörlich liebt.«

Wir brauchen solch einen sicheren Raum. Das kann ein Bild in unserem Inneren sein, das uns hält und Kraft gibt. Dann können wir die schlimmsten Emotionen fühlen und durchstehen, bis ihre Intensität nachlässt. Das Bild soll uns verdeutlichen, wie Gott selbst uns die Kraft gibt, die Schmerzen durchzustehen, uns dabei festhält und bei uns ist. Unser sicherer Raum entsteht in der sicheren Beziehung zu Gott.

***Christian**: Der Platz im Wald, wo ich meine Wut rauslassen konnte und erleben durfte, dass Jesus bei mir war, wurde mir ein sicherer Raum. Ich kann nicht in jeder schwierigen Situation in den Wald gehen, aber ich trage den Platz im Wald in meinem Inneren. Ich kann ihn genau vor meinem inneren Auge sehen. Ich stelle mir vor, wie Jesus da ist, bei mir. Er hört mir zu, er versteht und liebt mich. Wo immer ich bin, kann ich mich innerlich für einen Moment an diesen Ort zurückziehen und mit Jesus zusammen meine unangenehmen Gefühle fühlen, bis sie besser werden. Erst musste ich das eine Weile üben, aber mittlerweile gelingt es recht schnell.*

Was ist dein sicherer Raum in deinem Inneren? Nutze deine Vorstellungskraft! Es kann ein Ort am Strand oder im Wald sein, an dem du mit Jesus bist und wo deine Gefühle sich beruhigen können. Dieser Ort muss kein realer Ort sein. Er kann einzig in deiner Vorstellungskraft existieren. So ein Raum ist sehr wichtig für uns, denn er eröffnet uns die Möglichkeit, egal wo wir sind, zusammen mit Gott unsere aufgebrachten Gefühle zur Ruhe zu bringen.

Nimm dir Zeit und meditiere: Wie sieht dein sicherer, innerer Raum aus? Ein Raum, zu dem kein anderer Zutritt hat als nur du und Gott allein. Du kannst ihn dir auch in einem Bild zeichnen. Beschreibe ihn möglichst genau.

Formen sicherer Emotionsregulation

Wenn du einen sicheren Raum hast, in dem du Gott begegnen kannst, der dich liebt und trägt, kannst du unangenehme Gefühle zulassen und rauslassen. Das ist etwas sehr Individuelles und Intimes. Jeder Mensch hat in seinem Leben viele Verhaltensweisen gelernt, die ihm helfen, seine Gefühle zu regulieren. Es gibt zerstörerische Arten, dieses zu tun, aber auch lebensförderliche Arten. Welche förderlichen Arten der Emotionsregulation kennst du bereits? Sie sind eine wichtige Ressource für dich – eine Quelle zum Leben. Der sichere Raum bei Gott in deiner Vorstellung ermöglicht es dir, unangenehme Emotionen zu fühlen. Dabei gibt es verschiedene Erfahrungen:

- Nina hatte einen sicheren Raum bei Jesus in ihrem Bett. Sie konnte die Gefühle der Verletzung dort zulassen. Mit dem Weinen ließ sie die Gefühle raus.
- Christian hatte seinen sicheren Raum mit Jesus im Wald. Er konnte deshalb seine Wut zulassen. Als er mit dem Stock den umgefallenen Baum „bearbeitete", ließ er seine Emotion raus.

Emotionen bringen häufig eine starke, körperlich fühlbare Energie mit sich. Es ist wichtig zu lernen, dieser Energie Ausdruck zu verleihen, indem wir sie in lebensförderlicher Weise durch unseren Körper ausdrücken. Machen wir uns auf die Suche nach Verhaltensweisen, die uns dabei helfen, Energie, die mit unseren Emotionen zusammenhängt, rauszulassen. Das sind Handlungen, die nach außen gerichtet sind, wie z.B. Laufen, Werken, Tanzen, Singen, Basteln, Schwimmen, Boxen oder Malen.

Viele Menschen regulieren ihre Emotionen durch Essen, Trinken, Rauchen oder andere Verhaltensweisen, die eher nach innen gerichtet sind. Doch wir wollen es an dieser Stelle bewusst lernen, das Gefühl nicht mehr in uns hineinzufressen, sondern es aus uns rauszulassen.

Welche Verhaltensweisen hast du für dich gelernt, die es dir ermöglichen, deine Emotionen auszudrücken? Welche möchtest du gerne noch kennenlernen?

Dein »Herzensgebet« oder »Jesus-Gebet«

Nutze in dieser Woche deinen sicheren Raum. Wie er aussieht, hast du am allerbesten für dich selbst herausgefunden. Betritt täglich in deiner Vorstellung diesen Raum. Du wirst es körperlich spürbar erleben. Sei dir gewiss: Gott ist mit dir in diesem Raum.

Unser Tipp: Vielleicht hilft dir die Kombination von »Atmen« und dem »Jesus-Gebet« aus der russisch-orthodoxen Tradition. Es ist ganz schlicht und entfaltet seine Kraft durch wiederholte Übung. So kannst du es einüben: Setz dich ruhig und entspannt hin, wo du dich wohlfühlst. Achte auf dein Atmen.

- Beim Einatmen bete bewusst den Anruf: »Jesus Christus!«
- Beim Ausatmen bete den Ausruf: »Erbarme dich meiner!«

Es braucht Zeit, bis du deinen Rhythmus gefunden hast. Einatmen – Ausatmen – Beten. Habe Geduld und übe es täglich 5-10 Minuten. Irgendwann wirst du merken, wie »es« in dir weiterbetet, den ganzen Tag hindurch. Darum nennt man dieses Gebet auch immerwährendes Gebet oder Herzensgebet.

Gott beatmet alles, was lebt

Im Psalmgebet 104, Verse 27, 28-30** finden wir dieses Lobgebet auf den Schöpfer:
»Mensch und Tier halten Ausschau nach dir,
damit du ihnen Essen gibst zur richtigen Zeit.
Du gibst es ihnen, sie sammeln es auf.
Wendest du dich ab, erschrecken sie.
Nimmst du ihnen den Lebensatem,
dann sterben sie und werden zu Staub.
Schickst du deinen Lebensatem aus,
dann wird wieder neues Leben geboren.
So machst du das Gesicht der Erde neu.«

Jeden deiner Atemzüge haucht Gott dir ein. Und wenn ein Mensch geboren wird, warten alle darauf, dass der kleine Mensch seinen ersten selbstständigen Atemzug tut. Es ist ein riesiges Wunder, das da selbstständig lebt und atmet! Wenn später ein Mensch seinen letzten Atemzug aushaucht, übergibt er – wie Jesus es am Kreuz betet – seinen Geist an Gott. So ist alles Lebende beatmet und behaucht vom schöpferischen Geist Gottes. Der Apostel Paulus staunt (Römerbrief, Kapitel 8, Verse 10b-11**):

Aber der Geist erfüllt euch mit Leben, weil Gott euch als gerecht angenommen hat. Es ist derselbe Geist Gottes, der Jesus vom Tod auferweckt hat.

Erlebe, wie Gottes Atem dich trägt

***Nina**: Nach der hilfreichen Stunde mit meiner Therapeutin, die mir die Anregung zum bewussten Atmen gab, erinnerte ich mich oft an ihre Worte : »Atme einfach weiter. Durch die Nase ein und durch den Mund aus. Der Schmerz darf kommen und wird wieder abklingen. Jesus ist da. Alles ist gut.«*

Wie aber alleine zu Hause mit den immer wieder hochsteigenden Gefühlsexplosionen umgehen? Als ich dann vom Herzensgebet hörte, wusste ich: Das ist es.

So einfach es in der Beschreibung klang, so herausfordernd fühlte es sich an. Ich konnte kaum eine Minute still sitzend atmen und dann noch innerlich sprechen. Erst als ich bewusst darauf achtete, welcher Atemrhythmus mir entsprach, kam ich rein.

Am Anfang war es mir eine große Hilfe, die Worte laut auszusprechen: »Jesus Christus!« beim Einatmen – »Erbarme dich meiner!« beim Ausatmen. So fanden Atem und Worte zueinander. Mit der Zeit wurde es ganz natürlich.

Ich konnte die Atemübung in Ruhe einüben, so dass sie mir im Notfall zur Verfügung stand. Und dieser Notfall kam schon bald: Ausgelöst durch eine Erinnerung an eine längst vergangene Geschichte, spürte ich, wie sich meine Kehle zuzog und mir ganz übel wurde. Sofort begann ich, mein mir vertrautes Gebet zu beten, da es mir schon in Fleisch und Blut übergegangen war.

Eine Vorstellung beim Atmen beflügelte meine Gedanken: »Und was, wenn Gott als Gegenüber auch atmet? Was, wenn Gottes Lebensatem beständig alles Lebendige auf dieser Welt beatmet?«

Ich stellte mir das bildlich so vor: Gott atmet aus und seine Lebensenergie belebt mich, während ich einatme. Und wenn ich ausatme und allen Schmerz gebündelt aus mir herauslasse, atme ich ihn Gott zu. Gott nimmt Schmerz und Not in seinem Atmen auf, so als würde er alles, was sich bei mir wie Tod anfühlte, einatmen.

Mit diesen Gedanken wurde mir mein Atmen kostbar. Was immer ich dabei fühlte: Ich war getragen von dem Atem Gottes, seinem Heiligen Geist, dem Lebensatem meines Schöpfers. Es war wohl dieselbe Energie, die Jesus aus dem Tod auferweckt hatte. Dann kann er auch meinen Tod verwandeln.

An dieser Stelle kannst du ein Bild deines sicheren Raumen zeichnen. Male es dir in allen Details aus. Du kannst es sogar bunt machen. Nimm deine Buntstifte und fang einfach zu kritzeln an!

Schritt 6.2

»Wir sind völlig bereit, uns und unseren Charakter durch die Beziehung zu Gott verwandeln zu lassen.«

Woche 14

Charakter entfalten

Jetzt packst du konkrete Verhaltensänderungen an.

Du nutzt dazu eine »So-tun-als-ob«-Übung.

Dabei geht es erst einmal um gedankliche Vorstellungen:

Wie lassen sich deine Grundbedürfnisse in Beziehung mit Gott stillen?

Die Rolle deines Gottesbildes und deines Bildes von dir selbst

klärt sich weiter. Du findest das Gottesbild, das dich stärkt.

Das »So-tun-als-ob«-Prinzip

Wenn wir bei unserem Endlich-Leben-Prozess von Verwandlung sprechen, dann meinen wir, dass wir gemeinsam mit Gott einen Raum schaffen, in dem sich unser Leben neu entfalten kann: Wir lernen es, uns von Dingen zu lösen, die für unser Leben nicht förderlich sind, und nach dem zu suchen, was für uns und andere förderlich ist. So entfaltet sich unser gottgegebenes Potenzial. Wir werden lebendig.

Da sich in den meisten Fällen die Umstände um uns herum nicht verändern, hat dieses neue Leben viel mehr damit zu tun, wie wir uns wandeln; nicht aus eigener Kraft, sondern indem wir die Kraft und Kreativität aus der Beziehung zu Gott beziehen. Er bringt dein Leben zur Entfaltung, so wie er auch die Bäume nach jedem Winter im Frühling wieder zur Entfaltung ihres Potenzials bringt.

Deine Gefühle wahrnehmen und ausdrücken war der Anfang. Aber wie veränderst du konkret dein Verhalten durch die Gründung in Gott so, dass er dein Leben zur Entfaltung bringt? Wie verändert sich dein Charakter durch den Bezug auf Gott?

Um das herauszufinden, hilft dir nun die folgende »So-tun-als-ob«-Übung, mit der du dein Vertrauen auf Gott einübst. Dabei spielen deine Gedanken in Verbindung mit deinem Körper eine wichtige Rolle auf dem Weg, endlich zu leben.

Körper, Gefühle und Gedanken beeinflussen sich gegenseitig

Nicht nur reale Erlebnisse in der Außenwelt haben ihren Einfluss auf Gefühle und Körperreaktionen, sondern auch Gedanken aus unserer Innenwelt. Verhalten oder Substanzen, die sich angenehm anfühlen, die Freude auslösen, nehmen Einfluss auf unseren Körper, z.B. entspannt sich unsere Haltung oder wir haben ein wohliges Gefühl im Bauch.

Gefühle und Körperreaktionen stehen in einem untrennbaren Zusammenhang. Erleben wir etwas, was wir gut finden, regt das Gehirn im Körper die Ausschüttung bestimmter chemischer Stoffe an, die in uns beides bewirken: angenehme Gefühle und angenehme Körperreaktionen. Tatsächlich trifft dieser Zusammenhang nicht nur auf wirklich stattfindende Erlebnisse zu, sondern auch auf »Virtuelles« in unseren Gedanken.

Wenn wir es eingeübt haben, den Tag damit zu verbringen, uns Sorgen zu machen, dann reagieren wir darauf mit Gefühlen der Angst und mit Körperreaktionen wie Nackenverspannungen. Das ist eine Reaktion auf sorgenvolle Gedanken.

Was bei unangenehmen Gedanken wie »Sorgen« funktioniert, gelingt auch bei angenehmen Gedanken. Allein die Vorstellung, wir sitzen an einem See und uns scheint lieblich die Sonne ins Gesicht, wird unser Gehirn veranlassen, chemische Stoffe auszuscheiden, die wir sowohl auf der Gefühlsebene, als auch auf der Ebene unserer Körperreaktionen als angenehm erleben. Diesen Mechanismus machen wir uns nun bei den Schritten 6 und 7 zunutze, indem wir kreativ denken: »so-tun-als-ob«.

Beispiel einer »So-tun-als-ob«-Übung

***Thomas**: Als ich zum ersten Mal an diesem Punkt in unserem Endlich-Leben-Prozess angekommen war, bekam ich an der Arbeit einen neuen Vorgesetzten. Es war der Sohn meines Chefs, der nach dem Studium in die Firma eingeführt werden sollte.*

Er war schrecklich jung, inkompetent und aufgeblasen. Sohnemann hin oder her. Diese Stelle hatte er einfach noch nicht verdient und konnte sie auch nicht ausfüllen. Plötzlich war da jemand, der mir auf die Finger guckte, mich kontrollierte und mich sogar korrigierte! Das war für mich kaum auszuhalten!

Ständig hatte ich den Drang, seine Inkompetenz bloßzustellen und ihn verbal in die Ecke zu drängen. Ich ertappte mich dabei, wie ich stattdessen meine Mitarbeiter fertigmachte. Ich fühlte mich schlecht und dachte: »In mir hat sich noch nichts verändert, seit ich mich auf diesen Endlich-Leben-Weg eingelassen habe!«

Eher war ich noch schlimmer im Umgang mit Menschen geworden. Ich hatte nur meine altbekannten, gut eingeübten Überlebensstrategien, um mich aus dieser misslichen Lage zu »retten«. Gott in dieser Situation vertrauen konnte ich noch nicht, aber so zu tun, als ob ich es könnte, war einen Versuch wert. Und das – wie schon in Schritt 3 gelernt – »Nur für heute«.

So ging ich an diesem fürchterlichen Abend nach der Arbeit spazieren, setzte mich auf eine Bank und ging in Gedanken die schlimmsten Erlebnisse meines Arbeitstages noch einmal durch:

Ich stellte mir vor, wie dieser junge Mann hinter mich trat, als ich am Schreibtisch saß, und in meine Computerbildschirme schaute. Meine Nackenhaare sträubten sich. Dann hinderte er mich zusätzlich noch an meiner Arbeit durch inkompetente Vorschläge und mit der Forderung, alles zu diskutieren. Ich durchlebte lebendig, wie ich meine Aggression nicht bändigen konnte und viel zu impulsiv reagierte. Und dann tat ich so auf meiner Parkbank – nur in Gedanken –, als ob ich in dieser Situation Gott vertraut hätte und sinnierte, wie sich die Situation weiterentwickelt haben könnte.

Ich stellte mir vor, meine Gedanken wären anders verlaufen. Ich hätte zwar auch gedacht: »Die Situation ist schrecklich und das Verhalten dieses Vorgesetzten ist wirklich unangemessen und übergriffig.« Doch nun kamen mir folgende Gedanken wie: »Gott gibt mir die Kraft, in dieser Situation angemessen zu reagieren. Gott meint es gut mit mir. Er wird mich stärken und stützen. Jesus ist durch den Heiligen Geist jetzt hier bei mir. Er wird mir den Ausweg aus dieser schwierigen Situation zeigen.«

Dann bin ich gedanklich noch einen Schritt weitergegangen: Ich habe mir vorgestellt, wie ich mich in dieser Situation verhalten hätte, wenn meine Gedanken voll Vertrauen auf Gott gewesen wären. In Gedanken konnte ich mich sagen hören: »Ich finde Ihre Anmerkungen bedenkenswert und werde mir gerne dafür Zeit nehmen, sobald ich meinen Arbeitsgang abgeschlossen habe. Darf ich Sie jedoch bitten, sich nicht direkt hinter mich zu stellen und mir über die Schulter zu gucken, denn das empfinde ich als unangenehm.« In meinen Gedanken ist der Kerl dann einfach wieder aus dem Büro gegangen. Das hat sich richtig gut angefühlt! So könnte es laufen.

Jetzt machst du deine eigene »So-tun-als-ob«-Übung:

Stell dir jetzt eine Situation der letzten Woche vor, die für dich sehr schwierig, anstrengend oder enttäuschend war. Wie wäre es gewesen, wenn du in dieser Situation auf Gott vertraut hättest? Tu so, als ob und beschreibe, wie die Situation dann verlaufen wäre.

Ist dir diese Übung leicht gefallen? Möglicherweise hilft dir eine weitere Übung, wie du konkret durch bestimmte Gottes- und Selbstbilder in solchen Situationen Vertrauen entwickelst.

Grundbedürfnisse und Vertrauen auf Gott

Durch die Gruppe kommst du in Kontakt mit der Geschichte, die Gott mit deinem Leben schreibt. Im Gespräch mit anderen Menschen lernst du, mit Hilfe von unterschiedlichen christlichen Traditionen, Bildern oder Liedern in eine Vertrauensbeziehung zu Gott zu kommen.

An den folgenden Beispielen siehst du, wie deine Grundbedürfnisse in Beziehung zu Gott gut befriedigt werden. Dabei wenden Emma, Thomas, Christian und Nina das »So-tun-als-ob«-Prinzip als Einübung in ihr Gottvertrauen an. Dadurch klären sie die zwei Seiten: ihr Gottes- und ihr Selbstbild.

Diese Klärungen gelten zuerst – wie immer – »Nur für heute«: Wer ist Gott, so wie du ihn verstehst, für dich heute? Wer ist er für dich, wenn er dein Grundbedürfnis nach Beziehung, nach Orientierung, nach Selbstwert oder nach Lust stillt? Und im Gegenzug: Wer bist du dann in der Beziehung zu ihm?

Gottes- und Selbstbild zum Grundbedürfnis »Bindung«

***Emma**: Gott, der mein Bedürfnis nach Bindung und Beziehung stillt, ist für mich »Jesus, mein Retter«. In meiner Vorstellung sehe ich Jesus wie einen Menschen, der mich liebevoll anblickt. Ich sehe mich, wie ich immer wieder in diesem schwarzen Loch sitze, gefangen und allein, doch Jesu kommt dort hinein – zu mir herab!*

Er schaut mich an mit diesem liebevollen Blick und sagt mir: »Ich bin bei dir, meine Geliebte. Ich sehe deine Not und ich verstehe dich. Ich stehe dir bei und ich helfe dir auf. Ich werde dich niemals alleine lassen«.

Bei dieser Vorstellung denke ich: »Ich bin nicht allein! Ich bin geliebt. Jesus wird alles gut machen.« Ich fühle mich traurig, aber getröstet. Vorher hatte ich mich hohl und leer gefühlt. Wie taub. Ich hatte eigentlich gar nichts gefühlt. Es war nur alles dunkel. Aber mit Jesus an meiner Seite spüre ich meine Traurigkeit. Doch sie drückt mich nicht mehr nieder. Tränen können fließen, denn ich spüre gleichzeitig, wie ich getröstet bin. Mein Körper fühlt sich warm und weich an. Irgendwie beruhigt. Das spüre ich im Bauch. Bei dieser Vorstellung Gottes denke ich an ihn als »Jesus, mein Retter«. Ich bin »die Getröstete und Geliebte«.

In Bezug auf dein Grundbedürfnis nach Bindung und Beziehung:

Wer ist Gott für dich? Beschreibe deine Vorstellung möglichst genau: Versuche zu beschreiben, was Gott dir durch deine Vorstellung zuspricht. Was sind deine Gedanken, deine Gefühle? Was empfindest du körperlich?

Wenn Gott für dich in Bezug auf dein Grundbedürfnis nach Bindung und Beziehung ... ist, wer bist du dann?

Gottes- und Selbstbild zum Grundbedürfnis »Kontrolle«

***Christian**: Die Vorstellung, die meine Beziehung zu Gott beschreibt, mit der ich am ehesten mein Bedürfnis nach Kontrolle und Orientierung gestillt sehe, ist ein inneres Bild von »Jesus, mein Herr und Meister«.*

Ich stelle mir dabei vor, dass ich heute in meinem Leben mit Jesus so unterwegs bin wie er damals mit seinen Schülerinnen und Schülern in Israel. In meiner Vorstellung sehe ich Jesus, wie er vor mir hergeht, zur Arbeit, in meiner Freizeit, in meine Familie usw. Und ich brauche ihm nur zu folgen.

Er ermutigt mich: »Christian, ich habe dich erwählt und berufen. Folge mir nach! Tue nur die guten Werke, die ich heute für dich vorbereitet habe. Du brauchst dich nicht umschauen und suchen, wo du überall helfen solltest und Gutes tun könntest. Vertraue mir! Pack nur das an, was ich dir heute zeige, um den Rest kümmere ich mich.«

Mich beruhigt diese Vorstellung, da ich die Not um mich herum nicht mehr selbst unter Kontrolle haben muss, was mir bisher eh nicht gelungen ist. Ich fühle mich etwas entspannter, was ich besonders im Kopf- und Nackenbereich wahrnehme.

Wenn Gott in meiner Vorstellung »Jesus, mein Herr und Meister« ist, dann bin ich sein »auserwählter, berufener Jünger«.

In Bezug auf dein Grundbedürfnis nach Kontrolle und Orientierung:

Wer ist Gott für dich? Beschreibe deine Vorstellung möglichst genau: Versuche zu beschreiben, was Gott dir durch deine Vorstellung zuspricht. Was sind deine Gedanken, deine Gefühle? Was empfindest du körperlich?

Wenn Gott für dich in Bezug auf dein Grundbedürfnis nach Kontrolle und Orientierung … ist, wer bist du dann?

Gottes- und Selbstbild zum Grundbedürfnis »Selbstwert«

***Thomas**: Meine Vorstellung von Gott, der durch seine Beziehung zu mir mein Bedürfnis nach Selbstwerterhaltung stillt, ist » der liebende Vater«. Da mir nichts Eigenes eingefalles ist, habe ich dabei tatsächlich das Bild des Vaters vom Gleichnis der »verlorenen Söhne« (Lukasevangelium Kap. 15) vor Augen: ein wohlhabender, angesehener Gutsherr, fast wie ein König gekleidet. Sobald er mich sieht, läuft er mir freudig entgegen. In seinem Blick erkenne ich Liebe, Freude, Stolz. Ja, er ist stolz auf mich! Er sagt zu mir: » Du bist mein geliebter Sohn. Ich freue mich so über dich! Ich sehe, was du tust, und ich bin so stolz auf dich!«*

Dieses Bild und diese Worte lösen in mir Freude und Glück aus. Ich fühle mich mutig und zuversichtlich. Ich bin zufrieden mit mir. Körperlich erlebe ich, dass der Druck auf meiner Brust nachlässt und ich wieder frei durchatmen kann. Wenn Gott für mich der »liebende Vater ist.«, dann bin ich » der geliebte Sohn.«

In Bezug auf dein Grundbedürfnis nach Selbstwerterhaltung:

Wer ist Gott für dich? Beschreibe deine Vorstellung möglichst genau: Versuche zu beschreiben, was Gott dir durch deine Vorstellung zuspricht. Was sind deine Gedanken, deine Gefühle? Was empfindest du körperlich?

Wenn Gott für dich in Bezug auf dein Grundbedürfnis nach Selbstwerterhaltung … ist, wer bist du dann?

Gottes- und Selbstbild zum Grundbedürfnis »Lust«

***Nina**: Es hat lange gedauert, bis ich eine Vorstellung von Gott als meinem Gegenüber gefunden habe, der mein Bedürfnis nach Lust stillt. Das Erste, was mir einfiel, das mir in meinem Leben einen Lustgewinn brachte, war der Alkohol. Ich wusste, dass es ein Gleichnis gibt, in dem Jesus aus Wasser Wein macht. Doch dies konnte für mich wohl kaum eine lebensförderliche Vorstellung sein.*

Meine Gruppenmoderatorin machte mir Mut. »Dir wird schon noch etwas einfallen, wenn die Zeit reif ist.« Und tatsächlich hatte ich eine Idee: Die Vorstellung von »Gott, dem Schöpfer«.

Das innere Bild dazu ist mir nicht selbst gekommen, sondern stammt aus einem christlichen Roman, den ich gelesen hatte: Die Chroniken von Narnia, Band 1.

Es zeigt einen wunderschönen, mächtigen Löwen, der gleichzeitig sanft und stark ist. Dieser Löwe erschafft die Welt durch seinen Gesang!

In diesem Bild vereinen sich Schönheit und Kraft, die ich in der Natur oder in der Musik für mich entdecke. Der Löwe in dem Buch singt eine wunderschöne Melodie. Während die Töne aus seinem Mund kommen, entsteht eine bezaubernde Welt, so wie unsere.

Dieser Löwe geht mit mir in meiner Vorstellung durch die Natur und zeigt mir, wie berauschend sie ist, durchdrungen von seiner Liebe und erfüllt von seinen Klängen. Ich atme ein und ich atme aus. Ich spüre, wie sein Leben und seine Liebe auch mich durchfluten. Ich singe selbst und freue mich. Gott der Schöpfer schaut mich in der Gestalt eines Löwen an und sagt zu mir: »Schau dir an, wie wunderbar ich alles gestaltet habe! Auch du bist wunderbar! Ich habe diese Welt für dich so schön geformt, weil ich dich liebe. Mein größter Wunsch ist: Freu dich daran!«

Ich fühle mich bei dieser Vorstellung erfrischt, belebt und erfreut. Mein Körper kribbelt und ist warm. Ich habe neue Energie! Wenn Gott für mich »der Schöpfer« ist, dann bin ich »sein wunderbares Geschöpf«, das sich freuen darf.

In Bezug auf dein Grundbedürfnis nach Lustgewinn/Unlust vermeiden:

Wer ist Gott für dich? Beschreibe deine Vorstellung möglichst genau: Versuche zu beschreiben, was Gott dir durch deine Vorstellung zuspricht. Was sind deine Gedanken, deine Gefühle? Was empfindest du körperlich?

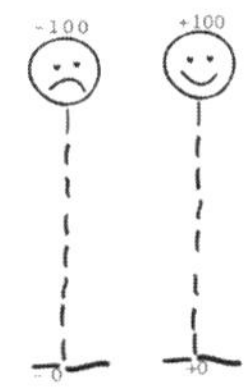

Wenn Gott für dich in Bezug auf dein Grundbedürfnis nach Lustgewinn/Unlust vermeiden … ist, wer bist du dann?

Das »So-tun-als-ob«-Prinzip im Baummodell

Was haben wir eben getan? Im Baummodell lässt sich das so erklären: Der Lebensbaum kann gut wachsen, wenn das Wurzelwerk in Verbindung mit Gott, der Lebensquelle, ist. Die Verbindung mit der Quelle des Lebens bringt besonders zwei entscheidende Veränderungen mit sich:

1. Dem Lebensbaum wird über seine Wurzeln Wasser zugeführt, das er zum Leben braucht. Im Baummodell ist Wasser ein Bild für die Kraft des Heiligen Geistes.
2. Die Lebensquelle quillt hervor und bewässert den Boden, in den unser Lebensbaum gepflanzt ist, was zu einer ausgewogenen Nährstoffverteilung im Boden führt und den Wurzeln ermöglicht, diese Nährstoffe aus dem Boden auch aufzunehmen.

Die Nährstoffe im Baummodell stehen für unsere Grundbedürfnisse. Du hast an den Beispielen eben durchgespielt, wie die Grundbedürfnisse in Beziehung zu Gott gut befriedigt werden. Emma, Thomas, Christian und Nina nutzen das »So-tun-als-ob«-Prinzip als Einübung in ihr Vertrauen auf Gott. Sie klären dadurch ihr Gottes- und Selbstbild.

Diese innere Vorstellung hat Auswirkungen auf ihr Verhalten. Die Kraftquelle Gottes prägt ihren Charakter. Methodisch sind sie so vorgegangen:

Die Situation in Verbindung zu Gott bringen

Dazu wirst du dir eine Situation deines Lebens vornehmen, die dir aktuell Probleme bereitet. Du wirst so tun, als ob du in dieser Situation durch die Wurzeln deines Lebensbaums mit Gott in Verbindung stehst. Das verwurzelt dich in Gott.

Den Stamm von Gott prägen lassen

Du überlegst, welche Rollenmuster (der Stamm des Lebensbaums) du in dieser Situation einnehmen kannst, wenn du dein Leben in der Beziehung zu Gott verankerst.

Die Äste und Früchte beobachten

Und du wirst betrachten, welche Verhaltensweisen (die Äste deines Lebensbaums) dir so möglich werden. Wenn du gedanklich so tust als ob, kannst du dich schließlich auch schon an den ersten angenehmen Gefühlen und Körperreaktionen (leckere Früchte deines Lebensbaums) freuen, die aus deinen neuen Verhaltensästen erwachsen werden. Das tut gut, auch wenn es zunächst einmal rein gedanklich passiert. Für dein Gehirn ist es, als ob es real geschehen würde.

Deine Bildmeditation

Male ein rein abstraktes Bild im Farbenrausch, so gut du kannst. Oder mache eine Collage aus Zeitschriften in kürzester Zeit (Speed-Collage). Reiße einfach alle Bilder aus, die dich irgendwie ansprechen, und klebe sie auf. Wichtig ist, dass du deine Ideen einfach fließen lässt. Lass dir ein Bild aus dem Geist schenken, wie Gott für dich ist, und wie du für ihn bist. Hänge dieses Bild an einen für dich gut sichtbaren Ort, wo du dich täglich erinnern kannst.

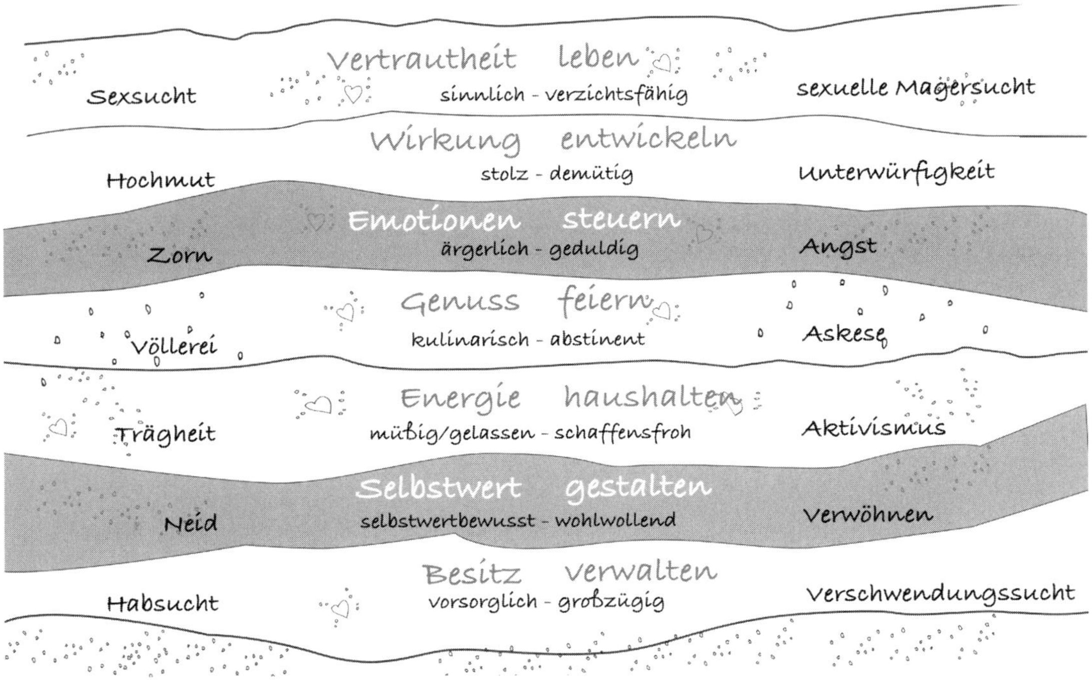

Schritt 6.3

»Wir sind völlig bereit, uns und unseren Charakter durch die Beziehung zu Gott verwandeln zu lassen.«

Woche 15

Entfaltungsrichtung finden

**Du lernst das Werte- und Entwicklungsquadrat kennen.
7 Tugendpaare symbolisieren verschiedene Verhaltensrichtungen, die in sich spannungsvoll sind.
Du entdeckst die erstaunlich guten Seiten deiner Fehlhaltungen, fokussierst neue Charakterstärken und gewinnst die Wachstumsrichtung für eine gesunde Verhaltensbalance.**

Charakterentfaltung braucht eine gute Richtung

Wir haben uns in Schritt 5 in Gott, der Quelle des Lebens, verwurzelt. Die Idee, dass unsere Grundbedürfnisse aus der Beziehung zu Gott gestillt werden, Woche 14, ist eine gute Vorarbeit, um konkrete Veränderungen anzubahnen. Jetzt wollen wir klären, wohin du dich entwickeln willst. Im Baummodell gesprochen; überlegen wir nun, in welche Richtung der Baum seine Wurzeln ausstreckt, so dass er die richtigen Nährböden findet.

Es geht um die Richtung deiner Charakterentwicklung. Wenn du Verhaltensmuster so lenken willst, dass sie dein Leben fördern und nicht zerstören, brauchst du eine Vorstellung, wie dein neues, förderliches Verhalten aussehen soll. Du musst die Richtung zur Lebensentfaltung kennen. Du brauchst für die vielschichtigen Herausforderungen eine klare Orientierung. Es hilft nicht, einfach in das gegenteilige Extremverhalten zu wechseln. Wir suchen jetzt eine ausgewogene Balance des Verhaltens zwischen zwei Extremen.

Von Extremen in die Balance

In Schritt 4 haben wir uns eingehend mit der Frage beschäftigt, wann Verhalten auf das Leben zerstörerisch wirkt und wann förderlich. Da ist eine grobe Orientierung an den Früchten in »gut« oder »schlecht« hilfreich. Aber Leben ist vielschichtiger.

An sich »gutes« Verhalten kann zerstörerisch wirken, wenn es übertrieben wird. Das Problem ist oft: Du neigst dazu, dein Verhalten entweder zu übertreiben oder zu untertreiben. Zu viel essen, zu wenig essen, zu viel trinken, überaktiv, depressiv. Wie findest du zur berühmten Balance der »goldenen Mitte«? Wie findest du in deinen Handlungsmustern eine lebensförderliche Balance?

In diesem Schritt zeigen wir dir, wie du praktisch die lebensförderliche Balance für dein Tugendverhalten herausfindest. Die Idee der »goldene Mitte« haben wir dem Modell »Werte- und Entwicklungsquadrat« von Friedemann Schultz von Thun entnommen (z.B. ders.: Klarkommen mit sich selbst und anderen: Kommunikation und soziale Kompetenz, Reinbek 2004, oder: Helge Seekamp, Die guten Seiten der 7 Todsünden«; siehe Literatur am Schluss dieses Buches). So findest du die gute Richtung, in der sich dein Charakter entfalten wird und die Balance zwischen zu viel und zu wenig des Guten.

Die sieben Nährböden des Baumes

Wir gehen von sieben Böden des Baums aus. Die Böden haben eine unterschiedliche Verteilung von Nährstoffen. In einer Region des Bodens erhält der Baum zu viel von einem und zu wenig von den anderen Nährstoffen. Der Boden ist z.B. an manchen Stellen einseitig überdüngt, an anderen fehlen Nährstoffe, was beides schlechte Auswirkungen für das Wachstum des Baumes hat. Es geht also im Blick auf die Baumgesundheit darum, dass er seine Wurzeln in Regionen ausstrecken muss, in denen er eine ausgewogene Balance an Nährstoffen vorfindet. Das folgende Bild zeigt die sieben Böden:

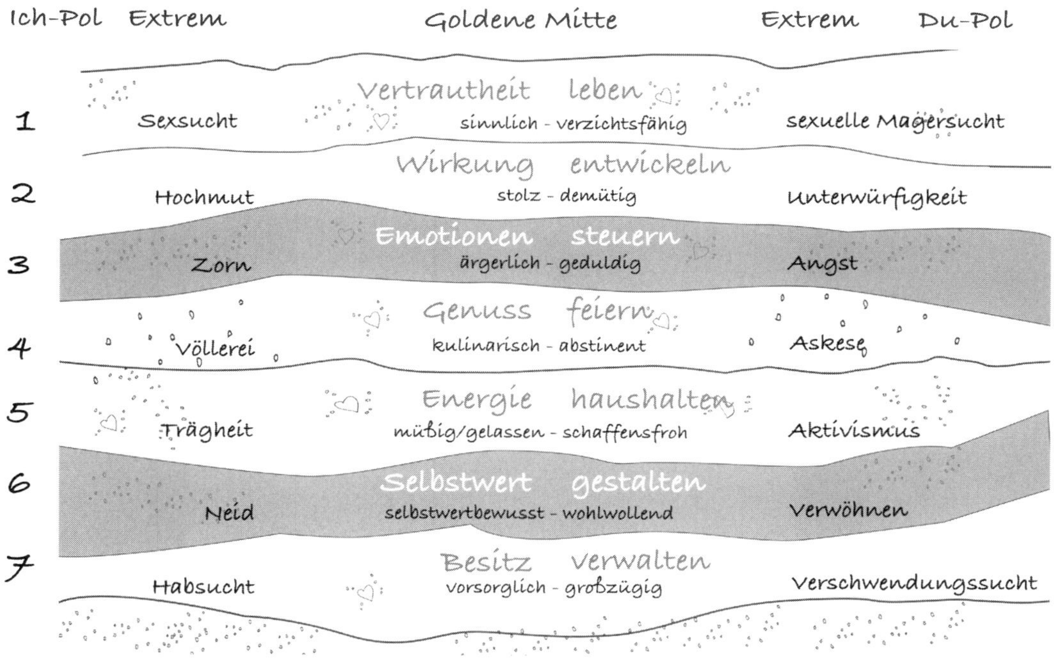

In der »goldenen Mitte« befindet sich gute Verhaltenspaare, die Tugend. Jede der sieben Tugenden hat zwei positive Verhaltensrichtungen: den ich-bezogenen Pol und den du-bezogenen Pol.

Die jeweiligen Extrembereiche rechts und links beschreiben die negativen Verhaltensrichtungen: zuviel Ich-Bezogenheit und zuviel Du-Bezogenheit. Du kannst in jeder Bodenschicht also die »goldene« Mitte finden und rechts oder links die negativen Übertreibungen.

Das Bild macht deutlich: Wenn du dich zu sehr auf dich selbst, also auf das »Ich« fokussierst, vernachlässigst du das »Du« auf der anderen Seite und schadest damit deiner Beziehung zu anderen Menschen. Oder du beziehst dich zu sehr auf andere Menschen, also das »Du«. Damit gerätst du in Gefahr, dein »Ich« zu vernachlässigen oder sogar ganz zu verlieren.

Das Erste nennen wir die »Ich-Übertreibung«, die zwangsläufig zu einer »Du-Untertreibung« führt. Das Zweite nennen wir die »Du-Übertreibung«, die zwangsläufig zu einer »Ich-Untertreibung« führt. In christlichen Kreisen wird die Ich-Übertreibung unter dem Begriff »Egozentrismus« oder »Egoismus« traditionell moralisch verurteilt, während die »Du-Übertreibung« dagegen als moralisch positiv beurteilt und gefördert wird.

Unser Bodenmodell hilft jetzt zu einer ausgewogenen Sicht auf gutes und gelingendes Leben. Die in der goldenen Mitte beschriebene Balance verstehen wir als die anzustrebende »Tugend« für mehr Leben. Indem die Wurzeln deines Lebensbaumes ihre Nährstoffe aus diesen mittleren spannungvollen Paaren beziehen, finden sie eine ausgewogene Nährstoffverteilung im Boden vor, die ideale Voraussetzung für ein gesundes Baumwachstum. Auf dein Leben übertragen: Deine Lebenskunst besteht darin, dich so zu verhalten, dass du die sieben Tugenden entwickelst, ohne durch Über- oder Untertreibung in ein ungesundes Extrem zu verfallen.

Zwischen Sexsucht und sexuelle Magersucht

Fangen wir mit der ersten Tugend an, »Vertrautheit leben«. Es ist die hohe Kunst der menschlichen Bindung und Beziehung. Ein Verbundensein zwischen zwei Menschen lässt sich gut bilden und meistern durch Intimität. Intimität ist der Zustand tiefster Vertrautheit zwischen zwei Menschen und achtet immer auf diese Ich- und Du-Seite, die tiefe Vertrautheit mit mir selbst und mit einem Menschen als Gegenüber. Nur durch die Tugend der Intimität kann ich Mitgefühl (Sympathie) und Einfühlung (Empathie) gewinnen. Anders als im üblichen Sprachgebrauch reduzieren wir Intimität nicht auf sexuelle Handlungen. So herrscht Intimität auch in der sogenannten Intimsphäre – einem besonders geschützten, persönlichen Bereich. Nur mir vertrauenswürdig erscheinende Personen dürfen in meiner Intimsphäre anwesend sein.

Aus der eigenen Innenschau ist es kaum zu klären, wann genau die positive ichhafte Sinnenlust zur Wollust wird. Vielleicht bezeichnet die Vorsilbe »Woll« wie »Wollen» genau diese du-ferne Eigenmächtigkeit: Ich will etwas für mich – selbst wenn ich dabei den Bruch des Vertrauens oder die körperliche oder seelische Unversehrtheit meines Gegenübers riskiere. So zeigt sich Wollust in dem Augenblick, wo ich den Du-Pol, die Grenzen die mein Gegenüber mir (mit Worten oder Zeichen) setzt, nicht respektiere und meiner Lustversessenheit, einem unstillbaren Drang oder Verlangen nach körperlicher und sexueller Befriedigung rücksichtslos nachgebe. Aus gemeinsamer Lust wird so einsame Begierde: Wie im Rausch erlebe ich nur noch meine Gier und mich, es kommt eine unersättliche Lüsternheit, die sich z.B. bei Sexsüchtigen in den unpassendsten Situationen melden kann, z.B. in der intimsten Beziehung oder in der »käuflichen« Form.

Wie verstehen wir auf der anderen Seite des Pols die übertriebene »Keuschheit«? In dem Augenblick, wo ein Mensch den Kontakt zu den eigenen Gefühlen aufgibt, auf Lust verzichtet, um eines Anderen willen, »stirbt« die eigene Gefühlswelt: Gefühle werden entweder ausgeblendet oder vermieden und so nur noch sehr schwach erlebt. Jemand wird gefühlsarm, leidenschaftslos oder unempfindlich für Berührungen, Liebkosungen oder zärtliche Worte, weil er oder sie sich dazu entschieden oder durch eine traumatische Geschichte sich selbst von seinen/ihren Gefühlen abgespalten hat.

Die Übertreibung auf der Du-Seite lässt sich auf den Begriff »Frigidität« (lat. frigidus »kühl, kalt«) bringen. Der Begriff ist fachlich veraltet. Er hat aber immer noch umgangssprachlich Popularität. Frigidität zeigt sich also in geringem sexuellen Verlangen oder geringer Gefühlswahrnehmung bei sexuellen Handlungen. Störungen der sexuellen Erregung und Orgasmusstörungen gehören zu den die Sexualität betreffenden Krankheiten. Wir verweisen ohne Wertung oder tiefere Ursachenforschung auf das Phänomen und bezeichnen es als »sexuelle Magersucht«.

Zwischen Neid und Verwöhnen

Das Besondere bei Menschen ist ihre »Identität«, die sich in einem sozialen Wechselspiel von »Dazugehören« und »Abgrenzen« entwickelt. So formt ein Kind erst im Laufe der Jahre seine Identität in Abgrenzung von der Mutter. Darum geht es in Bodenschicht 6:

Die Kunst, sich eine Identität zu geben, hängt also von der Balance ab, wie ich mich zu mir selbst als ganze Leib-Seele-Einheit und zu meinem jeweiligen Gegenüber in Bezug setze. So vergleichen wir uns unser Leben lang: »Was bin ich für mich, vor anderen und für andere wert? Welches besondere Merkmal macht mich aus? Was ist das besondere Wesen des anderen, was ich nicht habe? Wo und wie bin ich einzigartig?«

Diese Tugendbalance befriedigt das Grundbedürfnis einer zu meinem Wertempfinden passenden Anerkennung. Wie zeigt sich nun die Übertreibung des Guten in diesem Tugendfeld?

Die klassisch bekannte ich-orientierte egozentrische Übertreibung nennt sich »Neid«. Wo sich die Verbindung zum menschlichen Gegenüber auflöst, hören Wohlwollen und Fehlertoleranz auf und deine Fähigkeit zum Vergleichen verkehrt sich in Angst und Argwohn: Meist werden andere als Konkurrenten, also Mitbewerberinnen um die begrenzt geglaubten Wertvorräte wahrgenommen. Im Kampf um Anerkennung entwickeln sich Neidische zu missgünstigen Einzelgängern im Klima der Isolation.

Nun wirkt aber auch die gegenteilige Übertreibung des Guten, die Übertreibung von Wohlwollen, das „Verwöhnen" zerstörerisch. Wenn du deine Ich-starke Seite vernachlässigst oder verlierst, kostet das immer einen hohen Preis. Du tust alles, um dich anzugleichen, dich den Wertvorstellungen anderer zu ergeben. Damit verlierst du deine eigene Einschätzung von dir wichtigen Werten. Deine Ich-Stärke, selbst zu denken, geht verloren und damit deine Kalibrierung, was dir wertvoll ist, und deine Fähigkeit zur kritischen Überprüfung der Wertmaßstäbe anderer.

Das zeigt gerade im Verhalten von Eltern gegenüber ihren Kindern problematische Folgen. Wenn die Eltern ihr eigenes Maß (ihren Wert) z.B. nicht kennen und festhalten, wird nun ohne Maß verhandelt, gegeben, auf Rosen gebettet, auf Händen getragen, die »lieben Kleinen« mit Zärtlichkeiten überhäuft, jede Leistung gleich überschwänglich bewundert. Mit diesem Verhalten wirst du andere anleiten, maßlos auf ihre (möglicherweise nicht vorhandene) Schönheit, Intelligenz oder Leistung eingebildet zu werden. Das verwöhnte Kind wird so zum Mittelpunkt der Familie gemacht, jeder Wunsch ihm von den Augen abgelesen, ja dem Kind gehorcht, und zu guter Letzt lässt man sich von ihm beherrschen und tyrannisieren.

Weitere Tugendbalance-Paare aus dem Bodenbild, die sich recht gut selbst erklären, sind die Spannungspaare »Hochmut « und übertriebene Demut , die zu »Unterwürfigkeit« wird, in Bodenschicht 2 (mehr in Woche 16). Ein anderes Paar sind »Habsucht« und »Verschwendunssucht«. Auch diese beiden Übertreibungen schaden unserer Seele. Wenn es deine Themen sind, findest du schnell konkrete Beispiele aus deiner eigenen Erfahrungswelt.

Entfaltungsrichtung für gute Balance

***Christian**: Ich habe ja schon erzählt, dass ich das mit dem »Helfen« übertrieben habe. In der Sprache des Bodenmodells ausgedrückt, habe ich in der »Du-Übertreibung« gelebt. Ich habe das Kümmern um Menschen – also das »Du« – übertrieben und habe dabei mich selbst – mein »Ich« – aus dem Blick verloren. Das ging bei mir so weit, dass ich meine eigenen Bedürfnisse und Gefühle nicht mehr wahrnehmen konnte. Diese »Ich-Untertreibung« hatte zerstörerische Auswirkungen für mich und meine Familie.*

Warum ich so handelte, habe ich langsam herausgefunden. Zum einen bestimmt, weil ich mir sagte, es sei Gottes Wille, anderen Menschen zu dienen und zu helfen. Aber der Hauptgrund meines Selbstverlustes lag wohl eher in meinem Mangel an Selbstwert und Kontrolle.

In der Bildsprache des Baumes ging es um einen Nährstoff-Mangel. Mein Lebensbaum wollte einen Mangel an Kontrolle kompensieren und hat daher seine Wurzeln in den Bereich des Bodens »Aktivismus« ausgestreckt. Das war natürlich total einseitig.

Christian betrachtet den Boden 5 mit dem Namen der Übertreibungen »Trägheit« bzw. »Aktivismus« genauer. Trägheit und Aktivismus sind die ins Zerstörerische abgestürzten Seiten. Doch was wäre eine gute Balance im Mittelfeld, die das Leben fördern würde?

***Christian**: Als ich mir diese Abbildung zum ersten Mal angesehen habe, stach mir der Pol »gelasssen« sofort ins Auge. Genau diese Haltung fehlte mir. Ich hatte in meiner Vergangenheit gearbeitet bis zum Umfallen, um Menschen zu helfen, und war darin völlig in Stress und Hektik geraten. Ich war geplagt durch den Gedanken: Ohne mich wird nichts laufen! So war ich dem Aktivismus erlegen.*

Als ich diese Abbildunung studierte, begriff ich sofort: Der gute förderliche Gegenpol zu »Aktivismus« ist eben nicht das gegenüberliegende Extrem »Trägheit«, sondern gewissermaßen die gute Seite der Trägheit, nämlich »gelassen« zu leben.

Als Gegenpol zu »gelassen« fand ich die Grundhaltung, »schaffensfroh« zu leben. Auch dieses Wort gefiel mir. Es beschrieb die Möglichkeit, etwas ohne Zwang mit Freude zu tun.

Langsam dämmerte mir, worauf es hinauslaufen sollte mit diesem Bodenmodell. Ein Leben in Balance wäre in meinem Fall ein Leben zwischen den Polen »gelassen« und »schaffensfroh«. Das ist das Balancefeld, das mir hilft, meine Ausrichtung für förderliches, zukünftiges Verhalten zu finden.

Ein bewusster Blick jeden Tag neu auf dieses Balancefeld sagt mir: Wann immer ich meine »Schaffenslust« übertreibe, wird sie zum Hyper-»Aktivismus«. Für mich ist es also lebenswichtig, mich zum Pol »gelassen« auszustrecken. Das ist meine Entfaltungsrichtung.

Das Gleiche geht auch andersherum, nur war das bisher noch nicht mein Problem. Sollte ich einmal zu »gelassen« sein, so dass ich gar nichts mehr tun würde und mein Verhalten in Richtung »Trägheit« kippen würde, müsste ich mich zum Pol »schaffensfroh« ausstrecken.

5

Entfaltungsrichtung für »Genuss feiern«

***Nina**: Mein Thema lag ziemlich klar auf der Hand. Es war die »Völlerei«. Von allem zu viel! Zu viel Alkohol, zu viel Zigaretten, zu viel Essen usw. Ja. Das machte mich kaputt. Das war mir nicht neu. Der Begriff »Askese« auf der anderen Seite, ein kompletter Verzicht auf alle Freuden des Lebens, war für mich ein Horrorbild. Abmarsch ins Kloster.*

Bei bestimmten Suchtmitteln, wie Drogen, Tabletten oder Alkohol, wird »Askese« im Sinne von Abstinenz der absolut notwendige Weg sein. Ich musste 6 Wochen in eine Klinik gehen, um mit meinem Alkoholmissbrauch abzuschließen. Und ich weiß seitdem genau, wie sehr Alkohol meiner Gesundheit schadet. Es wirkt wie Gift. Da bin ich gerne asketisch drauf. Ich werde nicht mehr trinken. In diesem Bereich ist es für mich also lebensförderlich, komplett »Alkohol-Fasten« zu leben.

Am Beispiel meiner Essgewohnheiten wurde mir deutlich: Ich habe es mein Leben lang nicht hinbekommen, ein ausgewogenes Essverhalten zu leben. Entweder aß ich zu viel, »Völlerei«, oder zu wenig, »Askese«.

In der Pubertät war ich stark untergewichtig und als junge Erwachsene übergewichtig. Das Balancefeld in meinen Essgewohnheiten, in dem ich leben möchte, liegt positiv zwischen »kulinarisch« genießen und »fasten« können. Es gibt Zeiten, in denen ich es liebe, die Köstlichkeiten, die Gott uns gibt, zu genießen. Allerdings dürfen diese Zeiten nicht zu lang sein, denn sonst kippe ich mit meinem Verhalten wieder in die »Völlerei«. Deshalb braucht es auch Zeiten, in denen ich gut auf so manches Essbare verzichten kann, ohne gleich wieder ganz aufzuhören zu essen und in meine alte »Askese« zu verfallen.

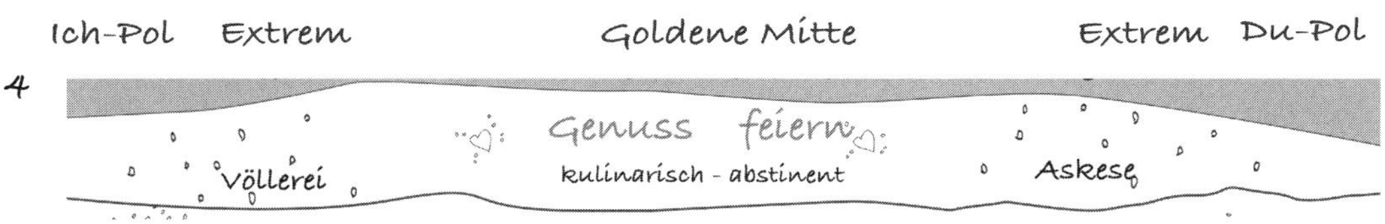

Entfaltungsrichtung für »Emotionen steuern«

***Emma**: Für mich war lange nicht klar, welchem dieser sieben Böden ich mein Problem zuordnen sollte. Von Depression und meinem schwarzen Loch stand da nichts. Ich*

litt besonders darunter, schlecht von mir zu denken. Ich hielt mich für ein »Nichts«, absolut wertlos. In meiner Herkunftsfamilie hatte ich dieses Muster verinnerlicht, da mein Bruder immer der Bessere und Wichtigere zu sein schien.

Mein Selbstwertgefühl hatte so sehr darunter gelitten, dass ich diesen Schmerz irgendwie »heilen« musste. Mein Selbstheilungsmuster war paradox. Ich erniedrigte mich in meinen Gedanken und Worten selbst; dann war die Herabsetzung, die ich in meinem Elternhaus fühlte, für mich irgendwie stimmig. Das klingt absurd, aber so fühlte sich das für mich erträglich an. Aber eben nur kurzfristig.

In der Folge zog ich mich immer mehr zurück. Ich verlor Freundinnen und zuletzt alle Beziehungen. So wurde mein Grundbedürfnis nach Bindung/Beziehung ebenfalls nicht gestillt.

Mein vorrangiges Problem schien im Bereich »Emotionen steuern« zu liegen. Bislang schien es mir nur möglich, in den dazugehörigen Extremen Angst und Zorn zu leben. Wobei ich meinen Zorn kaum nach außen ausdrücken konnte, sondern gegen mich selbst richtete.

Als ich mir die goldene Mitte im Schaubild anschaute und das Wort »ärgerlich« wahrnahm, fiel es mir wie Schuppen von den Augen. Ich muss nicht immer nur »geduldig« wie ein Lamm bleiben, sondern darf auch ärgerlich werden. Wenn es stimmt, dass Ärger die Tugend gesunder Abgrenzung ist.

Ich fragte mich nun: Wie lerne ich, trotz meiner Angst vor Ablehnung Ärger angemessen auszudrücken, statt ihn als »bösen Zorn« zu verteufeln. Das war eine ganz andere Denkrichtung, als mich mit Hängen und Würgen um Geduld zu bemühen.

Es hat dann noch ziemlich lange gedauert, bis ich gelernt hatte, meinen positive Ärgerkraft überhaupt wahrzunehmen und sie dann angemessen zu zeigen. Mir wurde klar, warum in der Endlich-Leben-Gruppe immer gesagt wurde: »Es geht darum, die Balance zu finden.«

Als ich bei der Arbeit ein paar Mal versuchte, meinem Ärger Luft zu machen, was total richtig und auch heilsam für mich war, merkte ich aber, wie ich in Richtung Zorn und aggressives Verhalten kippte. Da war ich wirklich etwas von mir selbst überrascht. Es galt also, mein Verhalten an dieser Stelle etwas nachzuregulieren. Der lebensförderliche Gegenpol zu gesundem Ärger war nicht wieder mein altes ängstliches Mitläufertum, sondern die gesunde Variante »Geduld«.

3

Schätze dich in den 7 Böden intuitiv ein

Auf dem Schaubild unten kannst du deine Schwachpunkte und Tugendfelder zuerst mit einem Punkt markieren. Dann zeichnest du die für dich entscheidenden Wachstumsrichtungen mit einem Pfeil ein. Besprich deine Ergebnisse auch mit deiner Endlich-Leben-Gruppe.

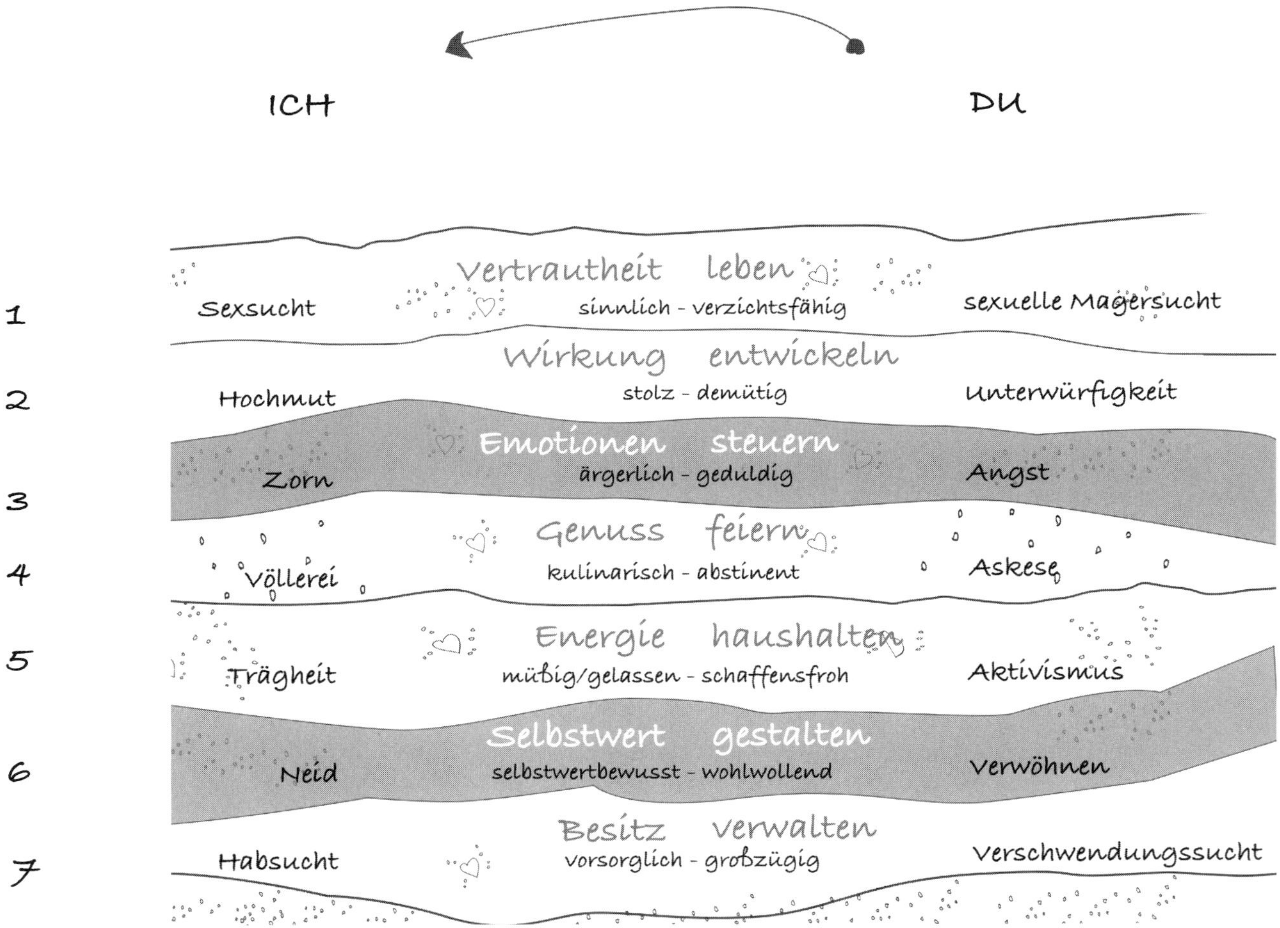

Finde deine Tugend-Herausforderung

Jetzt bist du an der Reihe: Erinnere dich an eine (oder mehrere) Situation(en) in den letzten Monaten, in der (denen) du dein Verhalten in die eine oder andere Richtung übertrieben hast. Beschreibe dein Verhalten möglichst genau und teile es in eine oder mehrere Kategorien der sieben Böden ein.

Wenn du dein Verhalten nicht findest, entwickle eine weitere Bodenschicht mit einem weiteren spannungsvollen Tugendpaar/Extrempaar, das dein Thema erfasst.

In welche Richtung darf sich dein Verhalten entwickeln, damit es das Leben fördert? Wie könnte das konkret in der Situation aussehen, die du beschrieben hast?

Gottes Bedürfnis nach einer heilen Welt

Wie schon in den Beispielen von Christian, Nina und Emma deutlich wurde, ist es nicht so einfach, mit unserem Verhalten im Balancefeld des gesunden Nährbodens zu bleiben. Wir werden wiederholt in die eine oder andere Richtung übertreiben. Das Bodenmodell zeigt uns, in welche Gegenrichtung wir unsere Verhaltenstendenzen lenken dürfen, um aus jeder Übertreibung wieder herauszufinden.

Die sieben Kategorien des schlechten Nährbodens auf der Ich-Seite unseres Baummodells konzentrieren sich auf die Fragen balancierter Lebensführung. Wie genau passt das zu Fragen nach einer guten Gottesbeziehung?

In den letzten Jahren entwickelt sich die Theologie in der weltweiten Kirche dahin, dass gutes Selbstbewusstsein und seelische Gesundheit und tiefe Frömmigkeit in einem Atemzug genannt werden. Mit Hilfe der Bibel lässt sich die Orientierung, bzw. der Plan Gottes für gutes, menschliches Leben gut erkennen.

Gott ist ein Gott des Lebens

Die große Störung zwischen Gott und der Menscheit wird in den Urgeschichten der Bibel mit einer Zunahme von Mord und Todschlag verbunden (Stichwort: Kain und Abel und die Folgen). Gott, so wird erzählt, suchte selbst immer wieder nach Lösungen, diesen Beziehungsriss zu heilen. Mit Abraham versprach er Segen für alle Völker der Erde, mit Israel durch Mose und seine Thora (Gesetz) schuf er modellhafte Regeln für ein funktionierendes Gemeinwesen.

Mit Jesus kam der »Messias«, der anders als die Zeloten (die Terroristen seiner Zeit) einen erstaunlich gewaltfreien Aufstand probte gegen alle widergöttlichen Mächte des »Imperium Romanum«. In seinen Wundern und Zeichenhandlungen machte er Mut auf Gottes große Zukunft. Schließlich wurde er als Messiasanwärter im Konfikt mit der jüdischen Obrigkeit und der römischen Besatzungsmacht gekreuzigt. Er verlor sein Leben, gewann aber an Macht. Denn seine Auferstehung vom Tod machte Jesu Kreuzesnachfolger aller Zeiten mutig, selbst in Liebe Widerstand gegen das Böse und die Unterdrückung zu leisten und auf ihn und sein rettendes Eingreifen zu hoffen.

Wenn wir also unser Leben in dem göttlichen, lebensförderlichen Balancefeld führen wollen, geht das in Kraft und Geist des Messias aus Nazaret, Jesus. Unsere Verwurzelung in Gott ist es, die zuerst unserer Seele hilft, ein Leben in den Spannungen der Balancefelder unserer Welt zu halten, und uns dann mutig macht, für Gottes Gerechtigkeit aufzustehen.

Die gefallenen Mächte mit Gottes Liebe überwinden

Unsere Welt heute ist von komplexen Mächten geprägt: Finanzsysteme, große kulturelle, religiöse, politische, aber auch kleine familiäre Systeme. Diese Mächte sind zugleich gut, gefallen und erlösungsbedürftig – in je eigener Mischform. Immer gibt es Situationen, in denen unsere Grundbedürfnisse unterschiedlich gut gestillt werden. Das gehört zum Spannungfeld von Glück und Fluch in einer unerlösten Weltzeit.

Diese Welt wird uns empfindlich verletzen und schmerzen. Wir werden das Bedürfnis haben, diesen Schmerz sofort zu kompensieren. Das ist natürlich. Wenn wir das wie früher ohne ein tiefes Grundvertrauen in einen erlösenden und tröstenden Gott versuchen, entwickeln wir Verhaltensmuster, die kurzsichtig, übertrieben und zerstörerisch sind. Wir nennen das auch »Überkompensation«. Ohne Gott fällt die Balance hier schwer.

Besser gelingt es uns, wenn wir Schritt für Schritt einüben, in schmerzenden oder verletzenden Augenblicken unseres Lebens die Beziehung zu »Gott-mit-uns«, Jahwe, aufzunehmen, damit unsere seelischen Grundbedürfnisse liebevoll gestillt werden. Aus dieser Lebensgewissheit – wir nennen es auch Glauben – fließt uns die Kraft zu, uns ausgewogen und lebensförderlich zu verhalten.

Die göttliche große Zielperspektive ist eine gut funktionierende Welt für alle. Darum bleiben wir nicht bei unseren persönlichen Lebensmustern stehen. Christen engagieren sich für eine Welt, in der – nach der Idee Gottes und durch die Macht seines Geistes – gerechte politische und wirtschaftliche Verhältnisse herrschen.

Dafür braucht es Menschen, die seelisch stabil und charakterlich widerstandsfähig in Familien, Gemeinden, Kommunen und ihrer Gesellschaft für Gesetze und Umgangsformen kämpfen, die Leben für alle bedeuten.

Die Liebe Gottes nährt Hoffnung für unsere noch unerlöste Welt, weil in Liebe und Gerechtigkeit zeichenhaft die gute Welt Gottes gelebt wird. Das fängt in deiner Endlich-Leben-Gruppe an, wirkt aber weit darüber hinaus in deine Umwelt, deinen Arbeitsplatz oder an den Ort, wo du Verantwortung trägst. Aber das ist ein neues Kapitel, das du erst mit Schritt 12 aufschlagen wirst, wenn die Frage im Raum steht: Wie geht es jetzt weiter?

Selbstbehauptung und Demut in Balance

Im Epheserbrief Kapitel 4, Verse 17-20+22-24a +26** zeigt Paulus, wie er charakterliche Veränderung von Gott erwartet. Dazu nutzt er ein alltägliches Bild: »Ihr habt doch das alte Gewand ausgezogen – den alten Menschen mit seinen Verhaltensweisen – und habt ein neues Gewand angezogen – den neuen, von Gott erschaffenen Menschen.«

Zu viele von uns kennen Christen, die ein Schatten ihrer selbst sind: irgendwie langweilig, tot, erstarrt in engen Ritualen. Einige in unseren Gruppen haben Stimmen im Ohr, die sagen: »Oh, du darfst dich nicht selbst behaupten! Das wäre nicht christlich. Demut ist doch angesagt …« Die neuen Böden-Balancen zeigen eine andere Logik:

Die erlöste Seite des Hochmuts oder der Überheblichkeit und Arroganz ist ein gesundes Bewusstsein deines eigenen Selbstwerts. Du sollst dich selbst lieben und wertschätzen und dieses Selbst schützen, dich in diesem Sinne selbst behaupten. In der Bibel und ihrer Kultur war diese Vorstellung noch nicht wie in der Moderne im Blick. Es gab in der kulturellen Entwicklung damals den anderen Fokus auf Demut, um die selbstherrlichen Tendenzen einer patriarchialen Kultur abzuwehren.

Auf dieser anderen Seite lässt sich auch die Balance verlieren. Wenn Demut ohne Selbstwert übertrieben wird, führt das zu dem Phänomen, das wir Selbstdemütigung oder kriecherische Unterwürfigkeit nennen. Diese Art Selbstdemütigungen ist wohl nicht im Sinne des Paulus, der uns in seinen Briefen als sehr selbstbewusster Mensch entgegentritt. Die selbstzerstörerische Demut gehörte aber zu den kirchlichen Übertreibungen des an sich Guten.

Eine berechtigte Reformation der einseitigen Werte unserer Gesellschaft und der Kirchen war seit den 1968er-Jahren der Schrei nach Selbstbehauptung. Einige »Fromme« haben bis heute damit ihre Not: Selbstverwirklichung und Selbstbehauptung werden von ihnen noch als gottfeindlich an den Pranger gestellt. Zugegeben: Selbstbehauptung gegenüber anderen und der Gesellschaft kann ein egozentrischer Aufstand sein. Sie kann aber auch gerade goldrichtig sein: Da verwirklicht ein Mensch seine jesusgemäße Bestimmung und steht deshalb für sich selbst und andere gegen Geldgier und böse Begierden auf. Endlich Leben!

»Das sage ich und beschwöre euch beim Herrn:
Führt euer Leben nicht länger so,
wie die Menschen in den anderen Völkern –
ohne Sinn und Verstand.
Ihre Erkenntnisfähigkeit ist getrübt.
Ihnen ist das Leben fremd, das Gott schenkt.
Denn sie sind unwissend
und haben ihr Herz verschlossen.

Sie sind abgestumpft und führen ein zügelloses Leben.
In ihrer Habgier
sind sie zu jedem unreinen Werk bereit.
Das passt aber nicht zu dem,
was ihr über Christus gelernt habt.
...
Deshalb sollt ihr den alten Menschen ablegen,
denn er entspricht der früheren Lebensweise.
Er wird sich zugrunde richten
durch seine trügerischen Begierden.
Lasst euch dadurch erneuern,
dass Gottes Geist in eurem Verstand wirkt.
Und zieht den neuen Menschen an wie ein neues Gewand.
Denn er ist nach Gottes Bild geschaffen.
...
Euer Zorn soll nicht dazu führen,
dass ihr Schuld auf euch ladet!
Lasst die Sonne nicht
über eurem Zorn untergehen.«

Lass dich durch diese Bibelworte anregen, deinen Text zu entwerfen, wohin sich deine Tugenden entfalten, wenn den Thema eben nicht Zorn oder Habgier sind.

Schreibe den Text für dich und dein Thema passend um.

Schritt 7.1

»Demütig bitten wir Gott, uns zu helfen, das Gute zu tun.«

Woche 16

Wandlungen zulassen

Um die Energie für deine Wandlung zu erzeugen, besinnst du dich auf deine Verbundenheit mit Gott.
Als Gemeinschaftswerk mit ihm lässt sich deine Wandlung gut voranbringen.
Du reflektierst, was dich hindert und motiviert für die Weiterbildung deines Charakters. So fasst du den Mut zur Veränderung.
Der Gedanke »Nur für heute« befreit dich von Perfektionismus.

»Demütig bitten wir Gott ...«

»Demut« ist ein Wort, das in unserer Kultur nicht besonders beliebt ist. Oft wird es mit dem Wort »Unterwürfigkeit« verwechselt. Seit unserem Bodenmodell sollte das der Vergangenheit angehören. Was meint »Demut« Gott gegenüber?

Demut bezeichnet den Mut, erwartungsvoll und zugleich respektvoll zu Gott zu kommen, so wie wir wirklich sind. Wir tun das in dem Wissen, dass wir ohne Gott nichts machen können. Trotz unbestreitbarer Kompetenzen bleiben wir angewiesen auf Gottes Hilfe. Wir sind auf Gott hin geschaffen. Alles, was wir tun, wird von ihm zuvor erschaffen. Er ist unser Lebenshauch. Er ist die schöpferische Gestaltkraft in uns.

Wenn wir in diesem Sinne demütig sind, bedeutet also: Wir lassen uns von Gott zusätzlich zu unserer eigenen seelischen Kraft durch seine schöpferischen, kreativen Kräfte beleben.

Praktisch bedeutet das: Du darfst zum hundertsten Mal mit demselben Fehler oder Problem Gott um Hilfe bitten und wirst erleben, dass er dich gnädig annimmt, tröstet und positiv wieder in Bewegung bringt. Schritt für Schritt.

Das Paradox der selbstbewussten Wandlung – mit Gottes Hilfe

Das Geheimnis der Verwandlung unseres Lebens hat damit etwas zu tun, dass wir mit Gott »kooperieren«, zu Deutsch: zusammenwirken.

Gott bleibt dabei die treibende Kraft. Er weckt in uns den Wunsch nach Leben. Er führt uns in Selbsterkenntnis und zeigt uns den Weg, der zum Leben führt. Er wartet liebevoll und geduldig auf uns, bis wir bereit sind, uns auf ihn zu verlassen.

Wir wirken bei der Wandlung durch unsere Motivation immer mit: Wir entscheiden uns willentlich, Gott die Führung für unser Leben zu überlassen. Das ist ein Akt der Demut. Wir erkennen (Schritt 1), dass wir es aus eigener Kraft nicht schaffen. Also geben wir Gott in unserem Leben Raum. Es ist eine Art ständiger Respekthaltung vor unserer gottgegebenen Endlichkeit.

Niemand erwartet von dir, es alleine zu schaffen, dich so zu verhalten, dass es lebensförderlich ist. Deine Aktivität besteht darin, die Illusion darüber aufzugeben, es alleine zu schaffen. Du bist begrenzt. Die Illusion, alles im »Griff« zu haben und dein Leben voll unter Kontrolle zu haben, ist trügerisch. Du lernst, diese Illusion aufzugeben und zu akzeptieren, dass du nur in göttlicher Kooperation dein Potenzial entfaltest.

Demut ist damit der Mut, genauso hilflos zu Gott zu kommen, wie du wirklich bist – nicht mehr und nicht weniger –, und dich ihm zu überlassen, ohne aber Stärken und Eigensinn aufzugeben. Mit Gott zusammenzuwirken beeinhaltet diesen scheinbaren Widerspruch, ein »Paradox«:

- Du investierst alle Kraft, 100%, und zeigst allen Einsatz für ein neues Leben, als gäbe es keinen Gott, der hilft. Darin stärkt Gott deine menschliche Kompetenz und respektiert den von ihm geschaffenen und gewollten Eigensinn.
- Zugleicht lebst du 100% Hingabe statt Kontrolle, indem du alles auf Gott ausrichtest und von ihm das Entscheidende im Leben erwartest. Gott wirkt in dieser Haltung mit seiner Liebe, Gnade und Kraft und setzt sich für dein Heil im Leben ein.

Also ganzer Einsatz des Menschen auf der einen Seite (= 100%) für die eigene Verwandlung. Und auf der anderen Seite: 100% geschenkte Hilfe (Gnade) von Gott, als könnten wir ohne Gott nichts. Mathematisch gesehen, sind 200% logisch unmöglich.

Vielleicht lässt sich das Paradox am besten als Kooperation mit dem Heiligen Geist Gottes beschreiben: Im Heiligen Geist schafft Gott sein Werk mit uns. Er schließt uns also in sein Wirken mit ein. So werden z.B. Glaube und Liebe ganz unsere Sache – wir führen sie aus, wir lieben, wir glauben – sind aber zugleich ganz Geschenk des Heiligen Geistes, er liebt und glaubt durch uns.

Das ist also das Geheimnis hinter dem Prozess unserer Verwandlung: Gott selbst steuert ihn. Und wir lassen uns mit unserer ganzen Person auf ihn ein.

Wenn Gott ihn nicht steuern würde, wären wir ganz allein auf unsere schlaue Erkenntnis und unsere gute Motivation angewiesen. Wenn wir gar nichts dazu beitragen könnten, wären wir willenlose Marionetten Gottes. Beides ist nicht der Fall.

Das Bild einer Handpuppe veranschaulicht es: Die Kraft, die eine Handpuppe bewegt, ist die Hand in ihr. Ist diese Puppe jedoch steif, kann sie nicht von der Hand bewegt werden. Gottes Heiliger Geist wirkt mit seiner Kraft in uns. Bleiben wir aber steif, in einer Haltung des Widerstandes und verweigern die Reaktion, wird seine Kraft in unserem Leben nichts bewegen. Er wird unseren Widerstand nicht brechen. Er wird sich weiter um uns bemühen und liebevoll um uns werben, bis wir bereit werden, uns auf ihn einzulassen und uns so von ihm bewegen zu lassen.

Was dich hindert, dich auf Wandlung einzulassen

Es ist so weit. Die Zeit der Vorbereitungen in unserem Endlich-Leben-Prozess ist vorbei. Jetzt geht es darum, neues lebenförderndes Verhalten einzuüben und altes schädigendes Verhalten zu lassen. Es geht darum, unser Leben zu ändern und es von Gott verwandeln zu lassen. Gibt es noch Hinderungsgründe?

Thomas*: Als ich mit meinem Endlich-Leben-Prozess bei Schritt 7 angekommen war, stellte ich erschrocken fest: Obwohl ich die Zusammenhänge verstanden hatte und mir die schrecklichen Folgen meines zerstörerischen Verhaltens bewusst waren, bekam ich Bauchschmerzen, wenn ich nur daran dachte, etwas zu ändern. Mein bewusstes »Ich« hatte zwar hinzugelernt, doch meine unbewusste Seite, mein »Selbst«, hatte es wohl noch nicht verinnerlicht. Ich hatte noch Angst, mich auf Gott einzulassen.*

Stets habe ich mich in meinem Leben auf mich selbst verlassen und konnte mich auch nur auf mich selbst verlassen. Andere Menschen waren für mich nicht vertrauenswürdig. Die Leistungen, die ich in meiner Arbeit erbrachte, waren mein Lebenselixier. Wenn ich ganz intensiv arbeitete, macht ich diese Kontrollerfahrung: Ich wusste, das Ergebnis stimmt; ich wusste, ich bekomme Anerkennung. Damit verbunden war das angenehme Gefühl, groß und wichtig zu sein.

Ich sah zwar deutlich, warum mein übertriebenes Arbeitsverhalten immer wieder zu Streit in meiner Ehe führte, jedoch war es mir unmöglich, etwas an der Situation zu ändern. Meine Frau wurde für mich zu meiner größten Feindin, da sie meine Arbeit bedrohte, die für mich so überwichtig war. Denn würde ich nicht so viel Einsatz bei der Arbeit zeigen, wäre ich auch nicht so erfolgreich. Ich würde mich wieder klein fühlen, was mich an den Schmerz meiner Kindheit erinnerte, den ich vermeiden wollte.

Meine Frau griff also mit ihren Forderungen, ohne dass sie es wusste, meinen Selbstwert an – das wusste ich übrigens zu diesem Zeitpunkt auch noch nicht. Heute verstehe ich, dass ich ihr wohl unbewusst unterstellte, sie wolle meinen Erfolg verhindern und mich kleinmachen. Das war für mich so schlimm, dass ich gewalttätig gegen sie wurde, bis sie mich schließlich mit unseren Kindern verließ.

Mein übertriebenes Arbeitsverhalten funktionierte quasi für mich wie eine sichere Rüstung, die mich gegen meinen Schmerz schützte. Diese Rüstung war wie verwachsen mit mir. Sie gehörte zu mir. Sie war zu meiner Persönlichkeit geworden. Ich selbst war so. Ich konnte doch nicht anders sein – oder? Die Forderung, etwas an diesem Verhalten zu ändern, fühlte sich für mein »Selbst« wie sterben an. Ich merkte: Verwandlung würde bedeuten, mein starres »Selbst« loszulassen und es Gott anzuvertrauen. Mir graute aber davor, was danach kommen könnte.

Wie fühlst du dich jetzt bei der Vorstellung, dich auf die Verwandlung deines Verhaltens einzulassen?

Was dir hilft, dich auf Verwandlung einzulassen

***Thomas**: Im Rückblick kann ich sagen: »Was mir wirklich geholfen hat, mich auf die Verwandlung meines Verhaltens – ja, meines ganzen Lebens – einzulassen, war, demütig vor Gott zu werden.« Ich wusste zutiefst: »Ich kann es alleine nicht schaffen.« Ich war so fixiert auf meine Hamsterrad-Mentalität und fand aus eigener Kraft keinen Ausweg. Wohin sonst sollte ich also gehen, wenn nicht zu Gott?*

Und so versuchte ich mit all meiner Kraft, so gut ich es wusste und verstand, mich auf Gott einzulassen. Ich suchte ihn, so gut ich konnte, und versuchte, mich auf das zu konzentrieren, was ich in Schritt 6 gelernt hatte: Zunächst war da der »sichere Raum«. Das war meine Bank am See. Hier wusste ich: Gott ist da. Das war ein Ort, der gehörte nur mir und Gott. Hier war ich sicher und geschützt bei ihm. Hier konnte ich ihm immer wieder meinen Schmerz hinhalten und Trost suchen.

In Schritt 6 hatte gelernt: Es ist wichtig, den Schmerz nicht mehr zu verdrängen, sondern ihn mit Gott zu »verschmerzen«. Das fiel mir schwer. Es forderte all meine Kraft und Konzentration, meine Hingabe und viele Tränen. Das einzige Hilfsmittel, das ich hatte, war meine Vorstellung von Gott, so wie ich ihn mit Schritt 6 neu verstand.

Es war das Bild des liebenden Vaters, der in meiner Vorstellung seinen Arm spürbar auf meine Schulter legt und zu mir sagt: »Du bist mein geliebter Sohn! Ich freue mich so über dich und bin so stolz auf dich. In meinen Augen bist du unendlich wertvoll!« Es ist diese Liebe, die mich bis heute bei meiner Wandlung trägt.

Erinnere dich an Schritt 6 und die Hilfsmittel zur Verwandlung:

Beschreibe hier noch einmal, was dein sicherer Raum bei Gott ist.

Welche Vorstellung von Gott, wie du ihn verstanden hast, hilft dir beim »Verschmerzen« deiner unangenehmen Gefühle?

Dich auf Verwandlung einzulassen nützt dir

Um 100% deiner Energie einzusetzen und dich auf Gottes Verwandlung einzulassen, mache dir klar: Dein Einsatz lohnt sich und nützt dir! Überlege:

- Was bringt es dir, wenn du dein schädigendes Verhalten verwandeln lässt?
- Was sind die möglichen guten Konsequenzen?

Wenn wir an dieser Stelle von guten »Konsequenzen« sprechen, sind die langfristigen Konsequenzen gemeint. Die kurzfristigen Konsequenzen, die bei der Einlassung auf die Verwandlung deines Verhaltens entstehen, sind oft unangenehmer Art: Gefühle wie Angst, Unsicherheit, Unlust. Doch wenn du dich auf kommende gute Konsequenzen einer Wandlung freust, werden sich auch Gefühle und Gedanken positiv darauf einstellen.

Aus dem Teufelskreis aussteigen

***Christian**: Mein schädigendes Verhalten zu lassen bedeutet, manchmal »Nein« zu sagen, wenn man mich um Hilfe bittet. Die kurzfristigen Folgen sind erschreckend: Bei dem bloßen Gedanken daran, nicht zu helfen, entsteht ein Gefühl von starkem Unbehagen. Es fühlt sich fast wie Panik an! Was mag passieren, wenn ich dem Menschen in seiner Situation nicht helfe? Der Mensch wird sicher leiden. Und ich bin schuld! Dann: Ich schäme mich und ich fühle mich wertlos. Es schmerzt mich, dass ich nicht stolz auf mich sein kann, weil ich diesmal kein »Retter in der Not« bin.*

Ich werde also total unruhig und panisch bei dem Gedanken, aus diesem Verhaltensmuster auszusteigen. Es ist wahrscheinlich ähnlich dem Entzugsschmerz eines Drogenabhängigen. Doch ich habe gelernt, mir die langfristigen, positiven Konsequenzen meines umgewandelten, lebensfördernden Verhaltens vorzustellen.

Gestärkt durch meine Beziehung zu Jesus, der mein »Herr und Meister« ist, bin ich zu einem »Lehrling« geworden, der es lernt, auf den »Meister« zu hören. Meine neue, lebensförderliche Rolle ist also die des »Jüngers« oder »Lehrlings«. Ich bin nicht mehr »Retter«. Und das ist ein großer Unterschied! An dieser Stelle durfte ich demütig werden. Immer wieder spreche ich mir zu, dass Jesus der Retter ist, nicht ich.

Die Retterrolle an ihn abzugeben hat in mir ein tiefes Gefühl der Gelassenheit entstehen lassen. Schließlich war dies eine große Last für mich, immer und überall den Retter zu spielen. Kein Wunder, dass mein Rücken so schmerzte! Nun, als »Jünger«, war es mir möglich geworden, gelassen zu reagieren.

Während ich mir ein neues, lebensförderliches Verhalten vorstellte, besann ich mich darauf, was ich gerne mache und gut kann – meine Ressourcen. Die Bewegung, in die ich mich dabei ausstreckte war die vom »Aktivismus« hin zur »Muße«. Was ich gut konnte und gerne machte, war das Beten. So stoppte ich den Impuls, immer allen gleich zur Hilfe zu eilen, und sagte wenigstens manchmal »Nein«. Stattdessen betete ich für die Menschen, dass der eigentliche »Retter« – Jesus selbst – ihnen in ihrer Situation helfe.

Die Konsequenzen für andere und mich selbst

Ich beobachtete aufmerksam, wie unterschiedlich die Hilfe aussah, die den Menschen widerfuhr, denen ich mein »Nein« zugemutet hatte. Die einen fanden sehr schnell andere Menschen, die ihnen halfen. Andere schafften es plötzlich, sich selbst zu helfen, was für ihre persönliche Entwicklung sehr wichtig war.

Ich kann mich noch genau an eine Frau erinnern, die aus Verzweiflung und Hilflosigkeit in ihrer Einsamkeit intensiv betete und dann eine erstaunliche Erfahrung mit Gott machte! Als sie mir das erzählte, ist mir zum ersten Mal klar geworden, dass ich Jesus vielleicht sogar schon ein paar Mal im Weg gestanden habe. Wenn ich den Menschen immer sofort half, bloß um ihren Schmerz schnell zu lindern, konnten sie selbst nicht lernen, ihre Not mit Jesus direkt zu besprechen.

In den beschriebenen Situationen stand ich nun zwar nicht mehr so glänzend da, eben nicht mehr als der stolze Rettertyp, und die kurzfristige Konsequenz daraus war für mich ein unangenehmes Gefühl, wie ich bereits oben beschrieben habe. Allerdings zeigte mein neues Verhalten erstaunlich angenehme langfristige Konsequenzen!

Das Gebet führte mich tiefer in die Beziehung zu Gott und zur Muße. Ich fühlte mich durch die Zeit, die ich im Gebet mit Jesus verbrachte, erfüllt und geliebt und wurde endlich ruhiger und gelassener. Ich freute mich über die Erfahrung, dass der Heilige Geist auch ohne mich anderen helfen konnte – sogar manchmal viel besser!

Die Beziehung zu meiner Frau und meinen Kindern verbesserte sich, weil ich gelassener war und auch mehr Zeit mit ihnen verbringen konnte. Ich durfte erleben, dass mein neues Verhalten des Neins und des Betens meinem Grundbedürfnis nach Selbstwert auf lange Sicht nicht schadete. Ich wurde zwar nicht mehr als Retter verehrt, doch ich blieb bei den Menschen, die Hilfe suchten, als Mensch geachtet. Das war eine wichtige Erfahrung, die ich vorher nicht erwartet hatte. Ich fand vertieft Wert in der Beziehung zu Gott und nicht zuletzt fühlte ich mich wieder geliebt von meiner Frau.

So verwandelten sich langsam meine Gedanken. Ich wurde gelassener bei dem Gedanken: »Gott selbst wird Menschen in ihrer Situation helfen. Mehr noch, er wird sie wirklich retten. Er hat alles unter Kontrolle und hilft. In keiner Situation ist er hilflos!«

Das machte mich ruhig. Mein Körpergefühl veränderte sich auch: Meine Verspannungen ließen nach. Damit schmerzten Rücken und Kopf nicht mehr so wie früher und auch meinem Magen ging es bald besser, da ich nicht mehr so viele Tabletten nehmen musste.

Ich hatte mir diese Verwandlungsrichtung mit Schritt 6 erst gedanklich vorgestellt und mich innerlich darauf eingestellt. Aber dann mit Schritt 7 fing ich vorsichtig an, das neue Verhalten im Alltag auszuprobieren, um neue Erfahrungen zu sammeln.

»So tun, als ob«

Nimm dein wichtigstes Verhalten, das Verwandlung braucht. Stell dir vor, du lässt dieses schädigende Verhalten verwandeln. Beschreibe mögliche langfristige Konsequenzen.

1. auf der Gefühlsebene:

2. auf der gedanklichen Ebene:

3. auf der körperlichen Ebene:

Wenn es dir schwerfällt, dir vorzustellen, wie die langfristigen Konsequenzen deines neuen lebensförderlichen Verhaltens aussehen, dann probiere das neue Verhalten doch einfach mal konkret aus!

Hinfallen. Aufstehen. Krone richten. Weiter!

Es ist soweit! Du befindest dich mitten im Prozess der Verwandlung. Ganz egal, wie lange es dauert: Du bist im Prozess! Gemeinsam lernen wir jetzt, beim Denken an Veränderungen nicht in Angst und Stress zu verfallen, so als wären wir damit allein. Die Verwandlung fließt aus der Kraft Gottes, die durch seinen Heiligen Geist in uns wirkt. Die Gotteskraft ist der Schatz in unserem Inneren, auf den wir in jeder Situation zu vertrauen lernen.

Hingefallen? Na und?

Du kannst also nicht versagen, »nur« hinfallen. Wenn die eigentliche Verwandlung von Gott gewirkt ist, kannst du nicht scheitern. Deine Aktivität besteht also darin, es einzuüben, dich auf Gott auszurichten und deine Kraft aus der Beziehung zu ihm zu beziehen.

Darin bist du nicht geübt. Jahrzehntelang hattest du eingeübt, schwierige Situationen, Krisen und unangenehme Gefühle durch deine eigenen Überlebensmechanismen zu »heilen«. Die langfristigen Konsequenzen deines Verhaltens waren entsprechend zerstörerisch. Mit diesem neuen Verhaltensmuster beginnt »endlich Leben«!

Da ist es nur natürlich, wenn du noch manchmal stolperst und fällst und auf die altvertrauten Überlebensmechanismen zurückgreifst. Aber das braucht dich nicht zu entmutigen. Du bleibst damit trotzdem immer noch mitten im Prozess deiner Verwandlung. Denn du hast einen gnädigen Gott, der dir immer wieder aufhilft.

Krone richten und wieder los!

So wirst du in der nächsten Zeit lebensförderliche Verhaltensweisen in den Situationen deines Lebens einüben. Langsam werden sie sich verfestigen, bis sie immer öfter ganz automatisch ablaufen. All das braucht Zeit.

In jeder Situation, in der du erfährst, wie die Kraft Gottes dich befähigt, einmal anders zu reagieren als früher, und erlebst, welche schöne Auswirkungen das für dich und die Menschen in deiner Umgebung hat, wächst dein Vertrauen auf Gott.

Dann wird es dir auch leichter fallen, immer häufiger auf Gott zu vertrauen und dich ihm zu überlassen. Gelassenheit ist die Krone dieser Hingabe: Wer sich Gott lassen kann, der ist gelassen. Krone auf und weitergehn!

Der kleinstmögliche Schritt reicht aus

Schritt für Schritt geht es vorwärts. Jede und jeder hat sein ganz eigenes Tempo. Dabei werden die neuen Verhaltensweisen passende Bausteine deiner neuen Lebensausrichtung. Vielleicht bist du noch skeptisch, weil dein Alarmsystem immer wieder anspringt bei ungewohntem Verhalten. Um diese Aufregung zu vermeiden, gibt es den Trick der Verlangsamung: Geh in Zeitlupe! Dann wird richtig Spaß aufkommen.

Auf Zehenspitzen an der »Amygdala« vorbei

***Emma**: In meinem dunklen Loch überfiel mich mit der Depression oft auch totale Trägheit. Ich war wie gelähmt. Ich steckte mir dann zu große Ziele, wie z.B. heute mache ich die ganze Wäsche, räume meine Wohnung komplett auf, putze, kaufe ein und koche etwas Gesundes. Mir war lange nicht bewusst, wie ich mich damit völlig überforderte.*

So scheiterte ich schon vor der Umsetzung an meinen perfektionistischen Vorsätzen. Am Ende tat ich gar nichts. Dann hasste ich mich wieder für meine absolute Unfähigkeit und wurde noch depressiver und bekam sogar Selbstmordgedanken.

In der Endlich-Leben-Gruppe lernte ich in der Phase von Schritt 6 zu Schritt 7, mich von meinen gut gemeinten, aber perfektionistischen Zielen zu verabschieden. Das gelang mir nur, da ich erleben durfte, dass Gott mir in meinem tiefen schwarzen Loch begegnete und mich liebte, obwohl ich nichts schaffte! Ich glaube, die Grundvoraussetzung für mein Weiterkommen war, dass in mir seine Liebe wuchs, ohne dass sich nach außen sichtbar irgendwas an mir veränderte.

So durchlief ich meinen ersten Endlich-Leben-Durchgang und beobachtete neidisch, was sich bei den anderen Teilnehmerinnen alles verwandelte. Doch bei mir veränderte sich anscheinend nichts. Ich blieb chronisch psychisch krank.

Doch irgendwann bin ich drauf gekommen, dass meine Einschätzung so nicht stimmte. Auch bei mir verwandelte sich etwas sich in meinem ersten Endlich-Leben-Jahr, von dem ich heute sagen kann, dass es die entscheidende Verwandlung war: Ich hatte begonnen, christliche Lieder zu hören. Tag für Tag. Fast von morgens bis abends. Radio oder andere Musik hörte ich kaum noch, weil ich keine Lust mehr darauf hatte.

Meine Verwandlung sah so aus: nicht mehr allein, depressiv und gelähmt in meinem schwarzen Loch, sondern dort sein und dabei christliche Musik anhören. Das war doch was! Dadurch wurden – im Baummodell gesprochen – meine Wurzeln zum Wachsen animiert. Durch die Texte dieser Lieder lernte ich, eine Beziehung zu Gott zu leben. Sie weckten in mir Bilder und Vorstellungen, auf denen meine Beziehung zu Gott sich gründen konnte. Dadurch floss sein lebendiges Wasser in die Böden meines Lebensbaums.

Heute würde ich sagen, dass Gott mir durch die Musik half, meine Grundbedürfnisse zu stillen und auch ganz vorsichtig meine Emotionen zu regulieren: Das Dunkel in meinem Loch war irgendwie nicht mehr ganz so dunkel. Ich war nicht mehr ganz so hoffnungslos. Die Texte der Lieder weckten in mir ein Bewusstsein dafür, dass ich bedingungslos angenommen und geliebt bin, dass ich bei ihm getragen und getröstet bin. Das veränderte Stück für Stück – kaum merklich – auch meinen Blick auf mich selbst.

Ein Jahr lang ging mein Endlich-Leben-Prozess nicht über diese Phase hinaus. Aber heute begreife ich, wie sehr ich diese Zeit brauchte. Ich schlich also im Schneckentempo an meiner ständig überaktiven wachsamen »Amygdala«, dem Emotions- und Alarmzentrum im Gehirn, vorbei: Jede Bewegung möglichst langsam, damit die kleine »Amygdala« nur hübsch ruhig blieb und ja nicht Alarm auslöste. Das hätte mich wieder erstarren lassen.

Mach dir also bitte keinen Verwandlungsstress! Suche auf deine Art und Weise Gott, wie du es kannst, und lass ihn das Tempo bestimmen, das zu dir passt. Die Beziehung zu ihm wird dich tragen. Es braucht die Zeit, die es eben braucht.

Sei kreativ, wenn du dir den kleinstmöglichen, konkreten Handlungsschritt vornimmst. Du bist ja bedingungslos geliebt! Fang wirklich mit dem an, was du wie von selbst gerne machst und was du schon gut kannst.

Was könnte so wenig Veränderung sein, dass es fast nicht der Rede wert ist?

Es ist zunächst wirklich nicht das Wichtigste, das zerstörerische Verhalten komplett zu lassen, sondern es geht darum, – in Beziehung mit Gott und aus seiner Kraft geleitet – eine Mini-Verhaltensweise auszuprobieren. Setze es »nur heute« um. So wirst du schnell ein erstes Erfolgserlebnis haben, das neue Energie und Freude für morgen freisetzt.

Welche Mini-Verhaltensweise wäre dein möglichst kleinster Schritt?

Meditation »Nur für heute«©

Um unsere Amygdala hüsch ruhig zu halten, nutzen wir also den Trick, uns die Ziele, auf die wir uns für unsere Verwandlung durch Gott einlassen wollen, immer nur pro Tag vorzunehmen. Das ist das berühmte »Nur-für-heute-Prinzip«. Es nimmt die Angst vor dem riesigen Berg: »Ab heute muss ich es für immer schaffen!« Es ist ein hilfreiches Prinzip zusammen mit der Wahrheit: Gott gibt Gnade für jeden Schritt.

Hier eine Liste an Beispielen für kleine Schritte. Lass dich anregen, welches von diesen »Nur für heute« gerade jetzt für dich aktuell ist?

- Nur für heute tue ich etwas, vor dem ich zurückschrecken würde, wenn ich das Gefühl hätte, ich müsste es mein ganzes Leben lang durchhalten.
- Nur für heute mache ich mir klar, dass mein Glück nicht davon abhängt, was andere tun oder sagen.
- Nur für heute nehme ich meine Lebensumstände so an, wie sie sind.
- Nur für heute esse ich ausgewogen.
- Nur für heute gehe ich spazieren.
- Nur für heute bewege ich mich einige Schritte oder stehe eine Weile, statt zu sitzen.
- Nur für heute halte ich eine kurze »Stille Zeit« mit Gott.
- Nur für heute lebe ich aus dem Glauben: Gott sieht und liebt mich, so wie ich bin.
- Nur für heute bin ich ausgesprochen freundlich zu meinen Mitmenschen.
- Nur für heute mache ich zwei Pausen bei der Arbeit und pünktlich Feierabend.

»Nur für heute« entwickelt sich zum Dauermodus

Wenn du mit diesem Motto – jeden Tag neu »Nur für heute« – deinen Mini-Schritt an der Amygdala vorbeihuschst, wirst du früher oder später das »Nur für heute« immer mehr im Dauermodus tun. Selbst wenn du zwischendurch abbrichst, deine guten Vorsätze aufgibst, der nächste Tag naht, wo Gott dir gnädig aufhilft, und du läufst einfach wieder weiter von dem Punkt, wo du hingefallen bist. Du fängst damit nicht wieder von vorne an. Du lebst und arbeitest dich ja im Modus »Nur für heute« im gesunden Schneckentempo vorwärts. Deine Verwandlung ist ein Prozess mit Höhen und Tiefen. Das ist also völlig normal. Bleibe unaufgeregt auf dem Weg!

»Nur für heute« mit Gott Emotionen regulieren (Wurzel 1)

Wenn Situationen im Alltag unangenehme Gefühle auslösen, wenden sich viele von uns an Gott, so wie sie ihn kennengelernt haben. Sie vertrauen auf die Vorstellungen von ihm, die er in ihnen bereits geweckt hat.

Nimm dir »Nur für heute« einmal Zeit, mit Gott zusammen deinen »sicheren Raum« aufzusuchen, in dem er dich trösten und dir helfen kann, die Energie der unangenehmen Emotion rauszulassen. Kurz und kräftig die zerstörerische Energie spüren. So übst du ein, Gefühle nicht zu verdrängen, sondern zu verschmerzen.

Nur für einen Augenblick heute »verschmerzen«. Ist jetzt diese Zeit? Halte fest, wie diese Erfahrung für dich war.

»Nur für heute« Bedürfnisse von Gott befriedigen lassen (Wurzel 2)

Nimm dir »Nur für heute« einmal Zeit mit Gott, wie du ihn verstehst, und mache dir mit Hilfe dieser Vorstellungen von ihm klar, wie er deine Grundbedürfnisse stillt. Zuerst formulierst du, an welchem Grundbedürfnis du gerade Mangel empfindest:

Dann suche und formuliere einen dir zur Situation passenden Gottesnamen. Eben den Namen, der deinem Grundbedürfnismangel gerecht wird.

Gott ist für mich »Nur für heute!« …

»Nur für heute« Identität aus der Beziehung zu Gott finden (Wurzel 3)

Mach dir klar, wer du in der Beziehung zu Gott bist. Nicht mehr die Situationen, die anderen Menschen oder deine zerstörerischen Gedanken entscheiden darüber, wer du bist. Entscheidend für dein Leben ist, wer du in der Beziehung zu Gott bist.

Wer bist du für Gott – »Nur für heute«?

Schritt 7.2

»Demütig bitten wir Gott, uns zu helfen, das Gute zu tun.«

Woche 17

Entfaltungs-Varianten durchspielen

Jetzt wirst du bereit, mit dem Material spielerisch umzugehen.
Du hast das komplette Baumbild vor Augen und spielst unterschiedliche Konstellationen durch: Wetterlagen, Wurzelverhältnisse, Böden, Stammentwicklungen und die Folgen für Äste und Früchte.
Die Ausrichtung an der Sonne fokussiert deine Idee für eine gute Verhaltensentwicklung.

Bäume für das Neue entwerfen!

Das Baummodell ist ja unsere visuelle Inventurhilfe. Wir haben für jede Teil-Inventur einen Platz im Bild gesucht und gefunden. Ab Schritt 7 geht es nun um die positive Inventur. Wir entwickeln eine Vorstellung darüber, in welche Richtung sich unsere Lebensbäume zu ihrem Wachstum ausstrecken dürfen, um sich zu entfalten und am Ende reife und leckere Früchte hervorzubringen. Wir werden jetzt mit dem gleichen Baummodell weiterarbeiten, um ein Gesamtbild zu entwickeln, wie unser neues, durch die Gründung in Gott verwandeltes Leben aussehen wird. Nimm deine bisherigen Inventuren und setze sie fort oder spiele jetzt mit dem Baummodell alle möglichen persönlichen Alltagssituationen einmal durch.

Thomas klebt einen Posterwald Lebensbäume

***Thomas**: Als ich das Baummodell durchdacht und verstanden hatte, lernte ich, mein Verhalten ganz schnell mit dem Modell zu analysieren. Das klappte gut in den verschiedensten Situationen meines Lebens, in denen es für mich stressig wurde. Immer wenn ich drohte, in meine zerstörerischen Verhaltensmuster zu verfallen, fand ich für mich mit dem Bodenmodell eine Ausrichtung, wie ich mich in der jeweiligen Situation möglichst lebensförderlich verhalten konnte.*

Ich kann das heute so schnell, weil ich am Anfang ziemlich viel mit dem Baummodell »gespielt« habe. Wie ihr ja bereits wisst, arbeite ich sehr gründlich. So habe ich auch sehr intensiv mit diesem Modell gearbeitet. In meinem Zimmer hängen also ganz viele Lebensbäume von mir, die mir geholfen haben, mein Verhalten zu analysieren. Deshalb kann ich mit einem Augenzwinkern angesichts dieser Plakatwand in meinem Haus sagen: »Ich bin ein Wald!«

Damit du mit dem Modell des Lebensbaums umfassend arbeiten kannst, solltest du davon ausgehen: Es gibt nicht den einen Lebensbaum. Deine Lebensfelder und deine Verhaltensmuster sind zu komplex. Eigentlich bist du ein »Wald«. Um aber mit dem Baummodell praktisch und konkret zu arbeiten, hilft es, diese Komplexität zu verringern.

Darum machst du für jede konkrete Situation deines Lebens dein eigenes Baumbild. So kann schon eine Postersammlung zusammenkommen.

Das Ziel bei den Schritten 4 und 5 war es, mit Hilfe des Baummodells dein lebensfeindliches Verhalten in einer jeweils aktuellen Situation zu analysieren. Darum sind wahrscheinlich auch damals schon viele Lebensbäume von dir entstanden. Jetzt spielen wir mit dem Baummodell verschiedene gute Zukunfts-Versionen unseres Leben durch.

Leitfragen für die Zukunfts-Inventur eines neuen Baums

Beim Ausfüllen deines neuen Baumbildes helfen dir ähnlich wie bei der Inventur in Schritt 4 unsere Leitfragen. Zusätzlich kommen die erlernten Themen der Schritte 5-6 hinzu. Zunächst gehen wir mit dir alle Fragestellungen ausführlich durch. Die folgenden konkreten Beispiele von Thomes helfen dir, dein eigenes Zielbild eines veredelten neuen Baums für deine spezifische Situation im Leben zu entwerfen. Am Ende dieses Schrittes findest du das Arbeitsblatt für deinen Zukunfts-Baum. Weitere Beispiele und Kopiervorlagen für neue Bäume findest du wieder im Anhang. Freu dich schon mal: Keine Inventur der Störungen, sondern eine Inventur der guten Lösungen wartet auf dich!

Die Situation

Es geht immer um dein Verhalten und Erleben in einer bestimmten Situation. Scheue dich nicht, so viele genau abgegrenzte Situationen deines Lebens wie möglich im Detailblick zu betrachten. Das übt den Umgang mit dem Baummodell, so dass du es später blitzschnell in deinem Alltag anwenden kannst, ohne alles extra aufzuschreiben. Du wirst sehen, vieles ähnelt sich, aber manches Detail ist je Situation dann besonders.

***Thomas**: In einem meiner veredelten Bäume ging es um eine stressige Situation am Arbeitsplatz, die ich euch weiter vorne im Buch schon beschrieben habe: Mein neuer Vorgesetzter, der Sohn meines Chefs, stand bei der Arbeit immer hinter mir und kritisierte meine Arbeit. Außerdem machte er – wie ich fand – inkompetente Vorschläge, wie ich dieses Projekt anders gestalten sollte.*

Ich fühlte mich von diesem Mann kleingemacht, was meinen Urschmerz von früher reizte. Darauf reagierte ich durch übertrieben aggressives Verhalten. Nicht ihm gegenüber, sondern besonders meinen Mitarbeitern gegenüber ließ ich es raus.

Welche Situation, die für dich unangenehm war oder ist, oder in der du schädigendes Verhalten zeigst, möchtest du genauer betrachten? Beschreibe später die Situation möglichst genau und trage sie im Baumbild auf S. 273 ein.

Die Wolke

Die Wolke steht in unserem Baummodell symbolisch für das soziale System, in dem wir uns befinden (vgl. Schritt 4). In welchem sozialen System spielt sich deine Situation ab, die du aktuell betrachten willst? In einem formellen System (z.B. Arbeitsplatz), in einem informellen System (z.B. Freundeskreis, Kirchengemeinde), in deiner Ursprungsfamilie oder in deinem heutigen Zuhause? Trage den jeweiligen Begriff in die Wolke ein. Das »Wetter«, wie wir es bei Schritt 4 genannt haben, beeinflusst das Wachstum des Baums. Bäume, die immer starkem Wind ausgesetzt sind, haben einen windschiefen Stamm. So beeinflussen unsere sozialen Systeme die Rollenmuster – im Baummodell unser Stamm –, die wir annehmen.

***Thomas**: Das soziale System, in dem sich meine Situation abspielte, war der Arbeitsplatz. Meine typische Rolle dort war der »erfolgreiche Macher«. Ich war gespannt, welche neue, lebensförderliche Rolle ich in dieser Situation erlernen und annehmen könnte.*

01 *In welchem sozialen System spielt sich die Situation ab, die du genau betrachtest?*

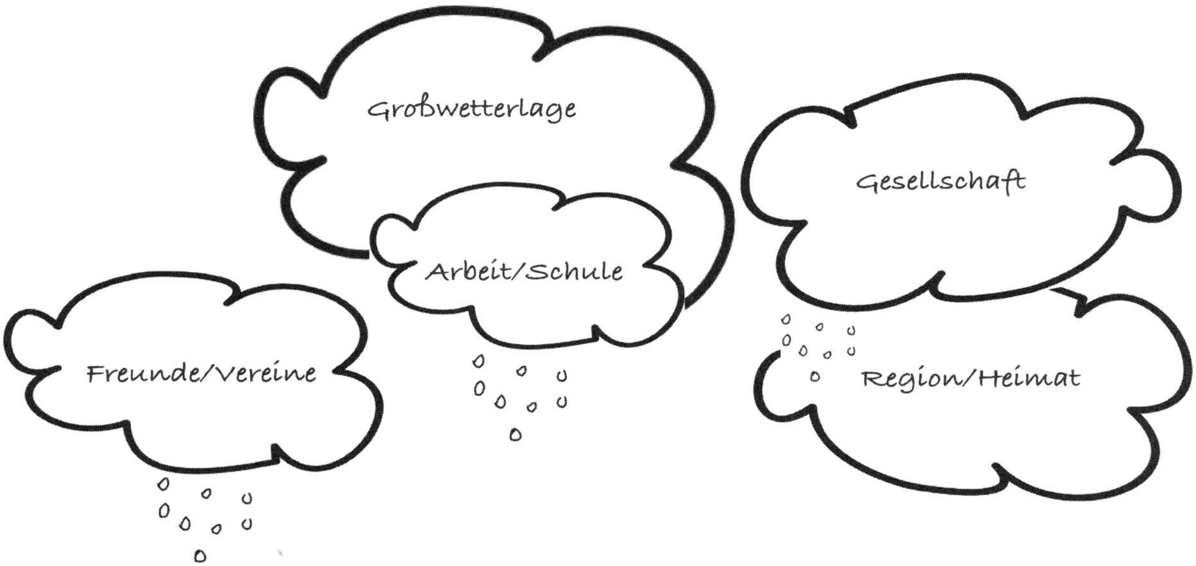

Die Wurzeln

In Woche 13 mit Schritt 6 (S. 196ff.) haben wir uns intensiv damit beschäftigt, welche Verwandlung an den Wurzeln unseres Lebensbaums geschieht, wenn wir unsere Kraft aus der Beziehung zu Gott, der Quelle des Lebens, ziehen. Wir haben dort Beispiele gelesen und auch eigene Beispiele überlegt. Deshalb findest du an dieser Stelle nur die Leitfragen. Wenn noch Unklarheiten bestehen, schlage doch einfach noch mal nach, worum es dort ging.

Diese Fragen leiten dich:

Wurzel 2 »unser Schmerz«

Welche meiner Grundbedürfnisse werden in dieser herausfordernden Situation nicht ausreichend befriedigt?

Wurzel 3 »heilsame Religion«
In Bezug auf dieses verletzte Grundbedürfnis (oder mehrere):

Wer ist Gott für mich, der dieses Grundbedürfnis stillt? Was spricht er mir zu in der Vorstellung, die ich von ihm habe?

Wenn Gott, der meine Grundbedürfnisse erfüllt, … ist, wer bin ich dann in der Beziehung zu ihm?

Welche Gefühle verbinde ich mit meiner neuen Identität, die sich aus meiner Beziehung zu Gott ergeben?

Welche Gedanken verbinde ich mit meiner neuen Identität, die sich aus meiner Beziehung zu Gott ergeben?

Wurzel 1 »gelingende Selbstheilung«

Was ist mein sicherer Raum bei Gott?

Wie reguliere ich meine unangenehmen Gefühle mit Hilfe des Bildes meiner Gottesbeziehung? Was kann ich tun, um meine Gefühle wahrzunehmen und auszudrücken (nicht zu verdrängen, sondern zu verschmerzen)?

Was sind die körperlichen Reaktionen in meiner neuen Identität?

Die Böden

Mit Hilfe der Böden des Baummodells entwickelten wir die Ausrichtung, in die unser neuer, veredelter Baum wachsen darf. Sieh dir deine Arbeit an den Tugenden dazu in Woche 15 an. Suche dir die passende Bodenregion aus, in der du in dieser Situation dazu neigen würdest, dein Verhalten zu übertreiben. Dann finde mit Hilfe des Bodenbildes heraus, welchen alternativen Verhaltenspol du anstreben musst, um nicht mehr zerstörerisch, sondern lebensförderlich in der Situation zu wirken.

***Thomas**: Ich habe in der Situation, die ich euch beschreibe, mit »Zorn« reagiert. Wenn ich zornig und aggressiv meine Mitarbeiter kleinmache, vermeide ich den Schmerz, den ich empfinde, wenn mein Selbstwert erniedrigt wird. Ich mache die anderen klein und fühle mich wieder groß. Die Ausrichtung, in die ich mein Verhalten lenken lernen darf, damit ich mich lebensförderlich verhalte, ist also der Pol »Geduld«.*

Wie auch immer ich mich zukünftig in solchen Situationen verhalten werde, um mein Bedürfnis nach Selbstwerterhalt besser zu befriedigen, es wird mit einer geduldigen Grundhaltung gelingen. Das ist die Richtung, die mich zum Leben führt.

In welchem Bereich (Bodenschicht) habe ich in dieser Situation übertrieben? Und *welches ist die Wachstumsrichtung für meinen neuen, veredelten Lebensbaum, nach der ich mich mit Gottes Hilfe ausstrecken darf? Markiere es im Schaubild.*

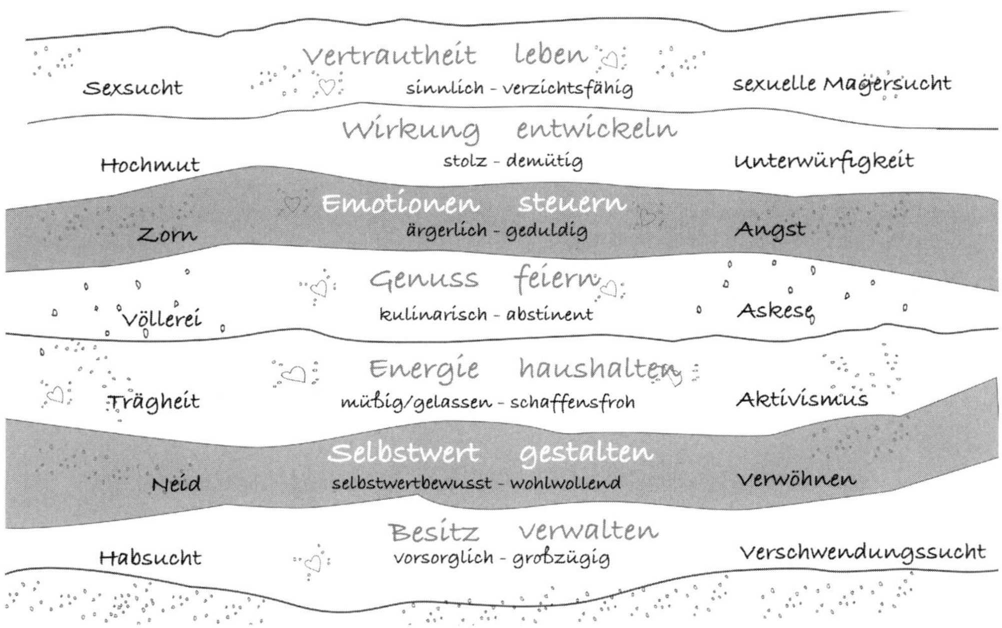

Die Sonne

Schreibe die eben definierte Wachstumsrichtung zur Entwicklung deiner Tugend zur besseren Orientierung in die Sonne des Baumbildes auf S. 273. Das ist nun dein neuer Fokus.

Warum in die Sonne? Die Sonne ist für den Baum niemals erreichbar, so wie wir auf dieser Welt immer nur punktuell, niemals dauerhaft in der Lage sind, uns ausbalanciert zu verhalten. Wir werden immer wieder in die eine oder andere Richtung übertreiben.

Aber unser Verhalten lässt sich verbessern, indem wir uns, im Baummodell gesprochen, zur Sonne ausrichten. Bäume und alle Pflanzen wachsen zum Licht. Sie strecken sich danach aus. Als Christen strecken wir uns danach aus, ein Leben ohne die Auswirkungen der Wurzelsünden zu leben. Auch wenn wir es nie ganz erreichen, strecken wir uns trotzdem danach aus. Und an den Früchten unseres veredelten Lebensbaums wird man erkennen, dass wir auf dem Weg sind, der ins Leben führt.

Notiere hier: In welche Lebens-Ausrichtung möchtest du wachsen?

Der Stamm

Jetzt geht es um die Entwicklung deines neuen positiven »Rollenmusters« in der speziellen sozialen Situation. Geh davon aus: Deine unangenehmen Gefühle sind reguliert und behindern dein Denken und Handeln nicht mehr (Wurzel 1). Du hast eine Vorstellung darüber, wer dein Gott ist, der dir in dieser Situation beisteht und dein schmerzendes Grundbedürfnis stillt. Außerdem kennst du deine neue Identität, die sich aus der Beziehung zu Gott ergibt (Wurzel 2 und 3).

Aus diesen erneuerten Wurzeln erwächst dein erneuerter »Stamm«. Das ist eine neue Rollendefinition, die du pro Sozialsystem einnimmst. Die »Rolle« beschreibt ein übergeordnetes Verhaltensmuster, aus dem heraus sich andere Verhaltensweisen ergeben (vgl. Schritt 4). Es geht konkret um Rollen wie Mutter, Vater, Frau, Freundin, Chef, Chefin, Mitarbeiterin, Enkel, Großeltern, Kolleg:innen, Liebhaber, Ehefrau, usw. Jede lässt sich unterschiedlich ausgestalten. Du hast bei Schritt 4 eventuell schon einige gelungene oder unfreie Rollenmuster, die du aus der Vergangenheit kennst, aufgelistet. Schlag doch noch einmal auf S. 156-161 nach. Bei erneuerten Bäumen muss nicht alles neu sein. Nutze die Ressourcen, die du hast, z.B. deine bereits gut erprobten und eingeübten lebensförderlichen Rollen – und damit deine guten und gelingenden Verhaltensmuster.

__Thomas__: Ich weiß jetzt, wer ich in der Beziehung zu Gott, meinem liebenden Vater, bin: Ich bin sein geliebter Sohn! Diese neue Identität stillt zutiefst mein Bedürfnis nach Wert. Gestärkt aus Gottes Beziehung zu mir, habe ich begonnen, neue Rollenmuster zu denken. So auch für die oben beschriebene Situation. Ich muss mich nicht mehr selber bemühen, meinen Selbstwert aufrechtzuerhalten.

Deshalb muss ich nicht mehr mein altes, zerstörerisches Rollenmuster »der erfolgreiche Macher« in der Situation »Arbeit» aufrechterhalten.

Ich habe lange überlegt, welche neue, lebensförderliche Rolle ich in dieser Situation einnehmen könnte. Das fiel mir zunächst wirklich nicht leicht. Doch mein Gruppenleiter bestärkte mich: »Es kommt nicht auf die Geschwindigkeit an. Setz nicht alles dran, unbedingt so schnell wie möglich zu Schritt 7 zu kommen, um die Dinge in die Tat umzusetzen. Schritt 6 ist ein sinnvoller und nötiger »Umweg« dorthin. Es braucht Zeit, bis ein neues Rollenbild von mir aus der Beziehung zu Gott in mir reift!«

Wirklich, es brauchte etwas Zeit. Ich habe die Beziehung zu Gott, meinem liebenden Vater, gesucht und ihn gebeten, mir eine innere Vorstellung von einer erneuerten Rolle in dieser Situation zu geben. Das Bild dieser neuen Rolle wuchs in mir, bis ich es schließlich in diese Worte fassen konnte: »Der getragene Mitarbeiter«. Die Gedanken, die ich mit dieser Rolle verband, waren die: »Ich fühle die Kraft in mir, friedvoll und geduldig in den Herausforderungen an der Arbeit zu reagieren, da ich nicht mehr haltlos und schutzlos den Erniedrigungen meines Umfeldes ausgeliefert bin. Ich bin von meinem liebenden Vater im Himmel getragen, in jeder Situation! Als solcher kann ich in den Herausforderungen an meinem Arbeitsplatz getrost meinen Mann stehen.«

Das Gefühl, das diese neue Rolle in mir weckt, ist »Frieden«. Das fühlt sich warm und ruhig in meinem Körper an. Und Frieden und Geduld ist ja auch, was ich in solchen Situationen brauche, um nicht zornig und aggressiv zu reagieren. Ich habe alle Begriffe im Baumbild eingetragen.

Welche erneuerte, lebensförderliche Rolle nimmst du in dem sozialen Kontext dieser Situation ein? Gib ihr einen starken Namen.

Was sind deine Gefühle, deine Gedanken und deine Körperreaktionen, wenn du dir vorstellst, in dieser Rolle zu sein?

Die reifen, leckeren Früchte

Dein neuer, veredelter Lebensbaum wird viele leckere, reife Früchte hervorbringen. Diese Früchte erwachsen aus den lebensförderlichen Verhaltensweisen (den Ästen). Lass dich überraschen, welche Früchte das sein werden.

Um das Baummodell einfach zu machen, haben wir die Grundbedürfnisse eingeführt. Aus diesen speisen sich die Sehnsüchte, die dein Verhalten in der Situation, die du dir ansiehst, steuern werden. In Freude, Kreativität, Erfüllung usw. zeigen sich diese Früchte:

- tiefe, vertrauensvolle Bindung/Beziehung (Bild: Menschengruppe),
- gelassene Kontrolle/Sicherheit/Orientierung (Bild: Segelboot),
- sicherer Selbstwert (Bild: Glühbirne) oder
- genussvolle Lusterfüllung (Bild: Stimmungsbarometer).

Dein angezieltes Verhalten sorgt intuitv für die Erfüllung deiner Grundbedürfnisse, was deine seelisch-geistliche Gesundheit fördert.

Zu bedenken ist, dass wir nicht immer alle Grundbedürfnisse direkt stillen können. Denn wir alle leben als Menschen in spannungvollen Situationen und sollten uns dort erwachsen verhalten. Deshalb ist es gut, dass wir bei Gott einen sicheren Raum zur Regulierung unserer Gefühle gefunden haben. Denn manche Gefühlsausbrüche haben in dieser Erwachsenenwelt zurecht keinen Raum.

Wir verhalten uns in der Öffentlichkeit anders. Das ist wichtig und richtig. Aber dieses Verhalten in der Öffentlichkeit – konkret: in der Situation, die wir gerade betrachten – sollte auch möglichst lebensförderlich sein und das Ziel haben, unsere sozialen Grundbedürfnisse grundsätzlich gut im Blick zu behalten.

***Thomas**: Das Bedürfnis, das ich an meiner Arbeit in den Beziehungen zu meinen Mitarbeitern und zu meinem Vorgesetzten gestillt haben wollte, war das Bedürfnis nach sicherem Selbstwerterhalt. Also habe ich als Frucht die »Glühbirne« in meinem veredelten Baummodell eingekreist. Mein Verhalten, das ich bei den Ästen meines veredelten Baumes formulieren würde, sollte also das Ziel haben, dass mein Bedürfnis nach Selbstwert in der Situation an der Arbeit möglichst gut gestillt wurde. Dabei galt zugleich, dass ich die Richtung nicht aus den Augen verlor: Es ging also um ein Verhalten mit der inneren Haltung »Geduld/Frieden«, das trotzdem oder gerade deshalb mein Bedürfnis nach sicherem Selbstwerterhalt in der Situation stillte.*

Welches Grundbedürfnis möchtest du in deiner Situation durch dein Verhalten als befriedigt erleben? Kreise das passende Bild ein und benenne das Ziel.

Die Äste

Zum Abschluss: Die Äste deines neuen, veredelten Baums sind das konkrete Verhalten, das dich in dieser Situation zu deinem Ziel führt. Ein Verhalten, das aus deiner erneuerten, also lebensförderlichen Rolle (Stamm) erwächst. Damit zielst du an, dein Grundbedürfnis in einer speziellen Situation zu stillen. Die Richtung dazu gibt der Begriff vor, den du in die Sonne geschrieben hattest.

Wenn du neues, lebensförderliches Verhalten einübst, geht es nicht mehr darum, dich darauf zu konzentrieren, wie du das zerstörerische Verhalten lässt. Sondern du überlegst, welches konstruktive Verhalten in dieser Situation möglichst sinnvoll wäre, um dein Grundbedürfnis zu stillen, das du bisher als nicht gestillt erlebt hast. Das wird dein neues Ziel. Dabei fokussierst du die Richtung (Sonne).

Wenn du ein neues Verhalten definierst, das du einüben willst, ist es wichtig, dieses Verhalten positiv und so konkret wie möglich in Worte zu fassen. Nicht: »Ich arbeite nicht mehr so viel«, sondern: »Ich gehe zweimal am Tag für 30 Minuten spazieren«.

Welches Verhalten führt dich zu deinem Ziel der Befriedigung deines Grundbedürfnisses? Nutze die Richtung (Sonne) zur Ausrichtung deines Ziels und überlege dir das dazu passende Verhalten auf S. 273:

1. Tat: Was genau tue ich, um zu meinem Ziel zu gelangen?
2. Gefühl: Was genau fühle ich während meiner Handlung?
3. Gedanke: Was genau denke ich bei meiner Handlung?
4. Körper: Wie genau erlebe ich die Handlung in meinen Körper?

Thomas reagiert als getragener Mann

***Thomas**: Ich habe also so getan, als ob ich in der Situation auf der Arbeit die Rolle des »getragenen Mitarbeiters« eingenommen hätte. Ich habe mir vorgestellt, wie diese Situation anders verlaufen wäre oder zukünftige Situationen, wenn ich die innere Haltung dieser Rolle einnähme.*

Wie würde ich mich verhalten, um in den Beziehungen zu meinen Mitarbeitern und zu meinem Chef mein Ziel »sicheren Selbstwert« zu erreichen, ohne dabei die Richtung »Geduld« aus den Augen zu verlieren. Ich wählte als Verhaltensziel folgendes:

Es war etwas, das ich gut kann und gerne mache. Dann schien es mir einfacher, dieses Verhalten auch wirklich in die Tat umzusetzen.

Außerdem habe ich das Verhaltensziel positiv formuliert: Ich habe mir also nicht vorgenommen, etwas nicht zu tun, sondern etwas zu tun. In meinem Fall hieß das kon-

kret: Statt aggressiv in der Situation zu reagieren, nahm ich mir vor, zu tun, was der Richtung »Geduld/Frieden« entsprach.

Eine meiner Begabungen ist, auf sachliche Art zu formulieren, worum es in einer Situation geht. Ich kann die Dinge also gut auf den Punkt bringen. So machte ich es mir zum Ziel, im Umgang mit meinem Chef immer klar seine Wünsche zusammenfassend zu formulieren: »Ich fasse zusammen: Das also … willst du genau mit deinem Vorschlag sagen?«

Das war zunächst mein einziges, aber ehrgeiziges Ziel.

Mit Schritt 7 fing diese Umsetzung sofort an, da es solche Konfliktsituationen mit meinem Chef regelmäßig gab. Und es ist mir gelungen! Es gelang mir, mich darauf zu konzentrieren, immer möglichst klar und auf den Punkt wiederzugeben, was mein Chef mir sagen wollte. Ich war stolz darauf, wie gut mir das gelang!

So wurde mein Bedürfnis nach einem guten, sicheren Selbstwert gestillt. Die Ergebnisse meines neuen Verhaltens in den Situationen an der Arbeit waren vielfältig. Manchmal stellte mein Chef durch meine auf den Punkt gebrachten Zusammenfassung des Gesagten fest, dass seine Ideen vielleicht nicht so gut waren und nahm sie zurück.

Manchmal stellte ich fest, dass seine Ideen vielleicht gar nicht so dumm waren und mich weiterbrachten. Manchmal blieb die Situation auch angespannt und ungelöst. Aber in jedem Fall konnte ich in der Beziehung zu meinen Kolleg:innen geduldiger und friedvoller reagieren! Ich musste sie nicht mehr aggressiv erniedrigen, weil ich zufrieden mit mir selbst und mit meinem Verhalten in der Situation war. Mein Bedürfnis nach gutem Selbstwert wurde gestillt und ich blieb geduldig. Ich reagierte wie ein »getragener Mitarbeiter«. Das fühlte sich unglaublich gut an.

Die Elemente eines neuen, veredelten Baumes im Bild

Auf der nächsten Seite siehst du das ausgefüllte Beispiel von Thomas. Nutze die darauffolgende Seite für dein eigenes Baumbild, indem du alle 10 Fragen ausfüllst. Um mehrere Bäume zu entwickeln, kannst du eine Kopiervorlage im Anhang dieses Buches nehmen.

Alternativ malst du dir einfach einen eigenen Baum, in dem alle Elemente vorhanden sind, die du für deine Zukunftsvision gelingenden Lebens benötigst. Beispiele, wie Thomas, Nina, Emma und Christian ihre neuen, veredelten Bäume aufgeschrieben haben, findest du auch im Anhang.

Thomas nutzt die 10 Fragen zur Klärung

1. Situation:
Welche Situation betrachte ich? Ich beschreibe entscheidende Details.

2. Kontext:
In welchem sozialen System spielt sich die Situation ab?

3. Wurzel »Schmerz«:
Welche meiner Grundbedürfnisse werden in der Situation nicht ausreichend befriedigt?

4. Bodenbalance:
In welchem Bereich meines Verhaltens in dieser Situation habe ich übertrieben?
Welches ist die Wachstumsrichtung für meinen neuen Lebensbaum Richtung Sonne?

5. Wurzel 3 »heilsame Religion«:
In Bezug auf mein verletztes Grundbedürfnis:
Wer ist Gott für mich, wenn er dieses Grundbedürfnis stillt? Was spricht er mir zu?
Wenn Gott … ist, wer bin ich dann in der Beziehung zu ihm?
Welche Gefühle verbinde ich mit meiner neuen Identität aus der Beziehung zu Gott?
Welche Gedanken verbinde ich mit meiner neuen Identität aus der Beziehung zu Gott?
Was sind meine körperlichen Reaktionen in der neuen Identität?

6. Wurzel 1 »gelingende Selbstheilung«:
Was ist mein sicherer Raum bei Gott? Wie reguliere ich mit Gott meine unangenehmen Gefühle? Was kann ich tun, um meine Gefühle zu verschmerzen, statt zu verdrängen?

7. Sonne:
Wie formuliere ich meinen Orientierungsbegriff?

8. Stamm:
Welche erneuerte, lebensförderliche Rolle nehme ich in dieser Situation ein, wenn ich meine Kraft aus der Beziehung zu Gott ziehe? Was sind meine Gefühle, Gedanken und Körperreaktionen, wenn ich mir vorstelle, in dieser Rolle zu sein?

9. Gute, reife Frucht:
Welche Frucht ermöglicht mein Verhalten im Blick auf die Grundbedürfnisbefriedigung?
Ich fokussiere das entscheidende Grundbedürfnis und gebe der Frucht einen Namen.

10. Neues förderliches Verhaltensmuster:
Mein Ziel ist, mein Grundbedürfnis zu stillen. Welches Verhalten führt mich dazu?
1. Tat: Was genau tue ich, um zu meinem Ziel zu gelangen?
2. Gefühl: Was genau fühle ich während meiner Handlung?
3. Gedanke: Was genau denke ich bei meiner Handlung?
4. Körper: Wie genau erlebe ich die Handlung in meinem Körper?

Thomas' veredelter Baum

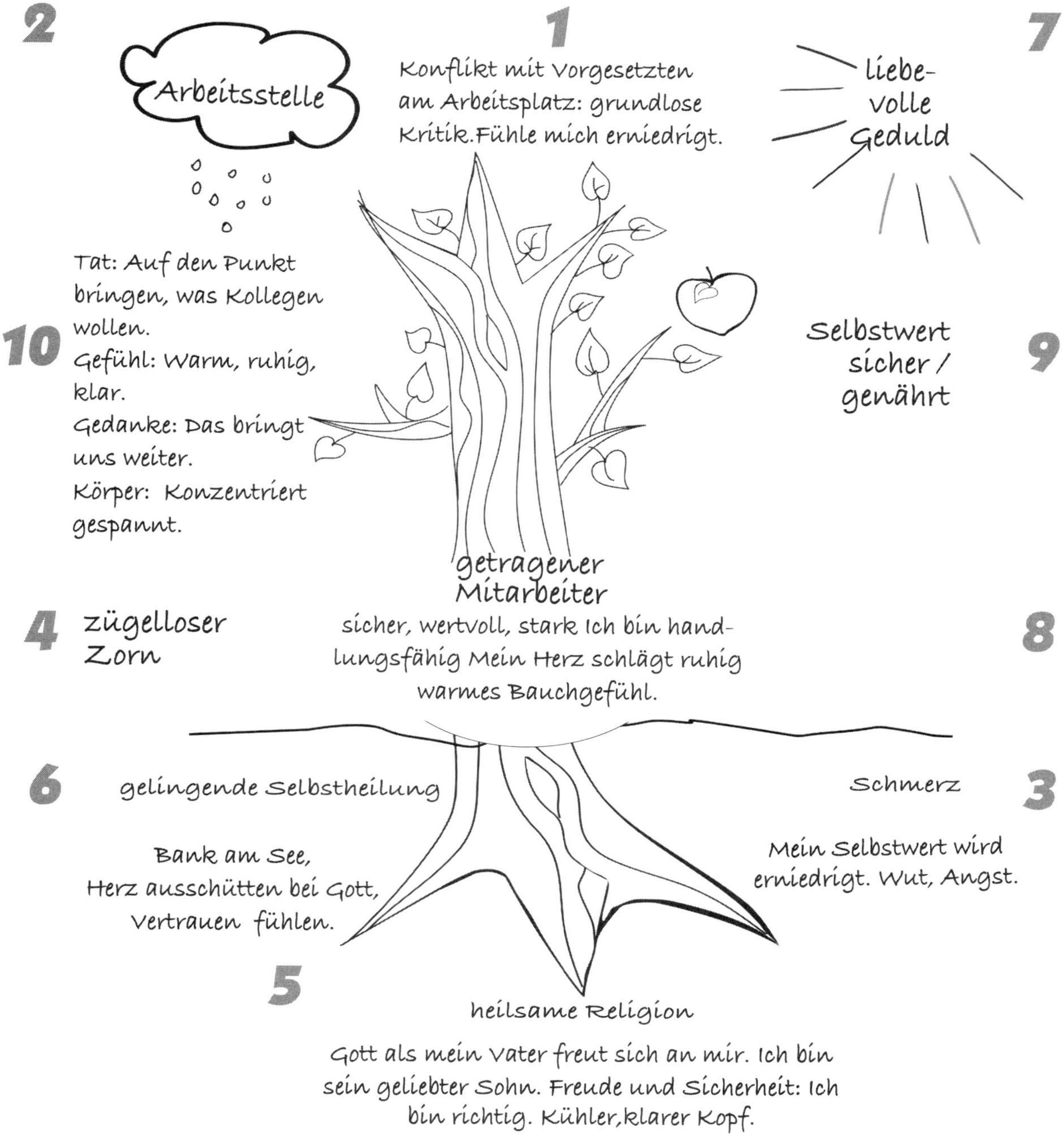

10 Fragen zur Klärung deiner Ausrichtung

1. Situation:
Welche Situation betrachte ich? Ich beschreibe entscheidende Details.

2. Kontext:
In welchem sozialen System spielt sich die Situation ab?

3. Wurzel »Schmerz«:
Welche meiner Grundbedürfnisse werden in der Situation nicht ausreichend befriedigt?

4. Bodenbalance:
In welchem Bereich meines Verhaltens in dieser Situation habe ich übertrieben?
Welches ist die Wachstumsrichtung für meinen neuen Lebensbaum Richtung Sonne?

5. Wurzel 3 »heilsame Religion«:
In Bezug auf mein verletztes Grundbedürfnis:
Wer ist Gott für mich, wenn er dieses Grundbedürfnis stillt? Was spricht er mir zu?
Wenn Gott … ist, wer bin ich dann in der Beziehung zu ihm?
Welche Gefühle verbinde ich mit meiner neuen Identität aus der Beziehung zu Gott?
Welche Gedanken verbinde ich mit meiner neuen Identität aus der Beziehung zu Gott?
Was sind meine körperlichen Reaktionen in der neuen Identität?

6. Wurzel 1 »gelingende Selbstheilung«:
Was ist mein sicherer Raum bei Gott? Wie reguliere ich mit Gott meine unangenehmen Gefühle? Was kann ich tun, um meine Gefühle zu verschmerzen, statt zu verdrängen?

7. Sonne:
Wie formuliere ich meinen Orientierungsbegriff?

8. Stamm:
Welche erneuerte, lebensförderliche Rolle nehme ich in dieser Situation ein, wenn ich meine Kraft aus der Beziehung zu Gott ziehe? Was sind meine Gefühle, Gedanken und Körperreaktionen, wenn ich mir vorstelle, in dieser Rolle zu sein?

9. Gute, reife Frucht:
Welche Frucht ermöglicht mein Verhalten im Blick auf die Grundbedürfnisbefriedigung?
Ich fokussiere das entscheidende Grundbedürfnis und gebe der Frucht einen Namen.

10. Neues förderliches Verhaltensmuster:
Mein Ziel ist, mein Grundbedürfnis zu stillen. Welches Verhalten führt mich dazu?
1. Tat: Was genau tue ich, um zu meinem Ziel zu gelangen?
2. Gefühl: Was genau fühle ich während meiner Handlung?
3. Gedanke: Was genau denke ich bei meiner Handlung?
4. Körper: Wie genau erlebe ich die Handlung in meinem Körper?

Dein neuer, veredelter Baum

Schritt 7.3

»... das Gute zu tun.«

Woche 18

Wir fangen an, das Gute zu tun

Jetzt ran an die Umsetzung!

Was aber, wenn die Umsetzungsideen zwar in der Vorstellung ideal sind, in der Praxis aber manchmal nicht gelingen.

Du findest das fehlende Element, das dir hilft, deine innere Blockaden aufzulösen und deine Tugend mit Hilfe einer Intuitions-Übung zu entwickeln: die Fokus-Lupe.

Du nutzt göttliche Impulse, Kreativität und Weisheit,
um einen stimmigen Lebensfokussatz zu formulieren,
der deinen Alltag begleitet und prägt.

Du entwickelst deine Tugend

In dieser Woche und in den nächsten Monaten geht es weiterhin für dich darum, das Gelernte anzuwenden, um in die nötige Richtung der Tugendentwicklung hineinzuwachsen. Bisher hast du viel Hilftreiches erlernt:

- Dein Balancefeld in den 7 Böden hatte dir deine Wachstumsrichtung klar gemacht.
- Mit der »So-tun-als-ob-Methode« hast du deine Vorstellungskraft aktiviert. Du hast dabei geübt,
  1. deine Emotionen mit Hilfe Gottes in einem sicheren Raum zu regulieren,
  2. deine Beziehung zu Gott so zu gestalten, dass Grundbedürfnisse gestillt werden,
  3. deine Rolle neu – aus der Beziehung zu Gott – für deine Identität zu definieren.
- Die Vorstellungen, »Nur für heute« und »auf Zehenspitzen an der Amygdala vorbei«, haben dich vor Überforderungen und Entmutigung geschützt.
- Du hast dafür ein Verhalten gesucht, das du gut und gerne machst und vielleicht sogar schon »Nur für heute« ausprobiert hast.

In dieser Woche bauen wir auf diesen Fähigkeiten auf. Du hast in deinen Schritt 6-7 Übungen ja alles schon in dein Baumbild eingetragen. Jetzt geben wir dir das letzte fehlende Element im Baummodel für deine Umsetzungsmotivation: die Fokuslupe.

Der »richtige« Fokus auf die Sonne

Wir arbeiten an der Verfeinerung der Formulierung deines Tugendpols in der »Sonne« im Abgleich mit den treibenden Kräften aus den Grundbedürfnissen. Dahinter steht die Idee, einen stimmigen Abgleich mit deinem Herzen zu machen. Nur so bist du beflügelt, in deine gewünschte Orientierungs-Richtung (deine Sonne) endlich aufzubrechen. Die motivierende Energie dazu sammelst du aus all den bisherigen Kräften, die in den Wurzeln zusammengekommen sind, bündelst sie aber in einem Satz, der mit deinen Herzensbestrebungen, den Grundbedürfnissen, stimmig ist: dein »Lebens-Fokus-Satz«.

Die Kunst wird sein: diesen Satz genau so zu formulieren, dass du wie von selbst hochmotiviert bist, deine Tugend zu leben.

Nina setzte zwar alles daran, verzichtsfähig zu werden, um in ihrer Tugend »Genuss feiern« in eine gesunde Balance zu kommen. Aber an der Umsetzung haperte es. Sie war nicht motiviert genug. Mit Schritt 7.3 erlebte sie den Durchbruch: Sie lernte, wie sie sich vom »Herzen« her motivieren konnte, im Alltag wie von selbst neue Wege zu gehen. Die folgenden praktischen sieben Übungen haben Nina die Augen geöffnet.

Nina verhält sich wie eine Frau mit sicherer und tiefer Bindung. Denkste.

Nina. *Ich habe mich ganz oft in sozialen Situationen wiedergefunden, in denen ich mich alleingelassen fühlte. Das war so in meiner Ehe, in meinem Freundeskreis, an meiner Arbeit oder, oder, oder; immer wieder dieses starke Gefühl des Allein-gelassenseins, das ich schon aus meiner Herkunftsfamilie kannte.*

Ich erlebte mein Grundbedürfnis nach Bindung/Beziehung als nicht gestillt, was sehr schmerzte. Diesen Schmerz ertrug ich durch meine »Betäubungsmittel«, z.B. durch Alkohol. Das half zuerst, aber damit übertrieb ich regelmäßig.

Um aus diesem übertriebenen, selbstzerstörerischen Verhaltensmuster in eine lebensförderliche Balance zu kommen, ging ich in Schritt 7.2 folgendermaßen vor:

Ich streckte mich nach »Verzichtsfähigkeit« aus. Dieses Wort stand in der Sonne meines Baumbildes. Es gab mir die Richtung vor für neue, gesunde Verhaltensweisen, die ich jetzt lernen wollte. Wenn ich zum Beispiel in meiner Ehe mal wieder in eine Situation kam, in der ich mein Grundbedürfnis nach Bindung oder Beziehung als nicht gestillt erlebte, war mir klar, dass es das Ziel meines Verhaltens war, dieses Grundbedürfnis zu befriedigen.

Wie Thomas im letzten Schritt kennzeichnete ich das Grundbedürfnis »Bindung« und formulierte es mit meinen eigenen Worten: »Ich achte meinen Schmerz als wertvolles Signal für Störung der Grundbedürfnisbefriedigung. Statt ihn zu vermeiden, was ich früher durch Alkoholkonsum versucht hatte, bete ich das Jesus-Gebet und atme den Schmerz zu Gott hin. So kann ich ihn verschmerzen.«

Ich wusste auch: Ich kann gut schreiben. Und das tat ich auch viel und gerne.

Das Schreiben half mir ebenfalls, meine Gefühle so weit mit Gott zu regulieren (Wurzelebene), dass mir ein neues Verhalten überhaupt möglich wurde.

Mit meinem Mann komme ich im Gespräch manchmal nicht weiter. Also habe ich es mir angewöhnt, wann immer ich mich in so einer Beziehungssackgasse mit meinem Mann erlebe, mich zurückzuziehen und einer alten Freundin einen Brief zu schreiben. Das schafft mir Abstand in der Situation und erfüllt mein Bedürfnis nach Beziehung, indem ich Beziehung zu alten Freundinnen lebe, zu denen ich sonst keinen Kontakt mehr habe, weil mir die Zeit fehlt.

Das waren meine zwei konkrete Verhaltensideen, um die Ausrichtung zur Sonne praktisch werden zu lassen.

Nur, irgendetwas bremste mich innerlich ab. Es war zum Mäusemelken. Was hatte ich falsch gemacht? Wo hing ich, so dass ich wie blockiert war und immer wieder Rückfälle in altes Verhalten mir den Mut nahmen, überhaupt weiterzumachen.

In sieben Übungen zum Ziel

1. Nina arbeitet an ihrer Tugendbalance

In ihrer Verzweifung nimmt Nina noch einmal das Arbeitsblatt mit ihrem neuen Baumbild von der vorigen Woche in Schritt 7.2. Dort hatte sie zusammengetragen, in welcher Lebenssituation sie ein neues, lebensförderliches Verhalten einüben wollte. In ihrer »Sonne« steht als Orientierung: »abstinent leben können«, weil sie innerhalb ihrer Tugend »Genuss feiern« in Richtung »Völlerei« übertrieben hatte. Mit Schritt 7 hatte sie viele gute Ideen gesammelt, was sie tun könnte, um ihre Grundbedürfnisse zu befriedigen, außer Alkohol zu trinken und zu rauchen. Problematisch blieben ihr Alkohol- und Zigarettenkonsum trotzdem noch.

In dieser Woche zeigen wir dir an Ninas Beispiel das fehlende Element. Es ist zwischen Baum und Sonne: die Fokus-Lupe. Durch diese Lupe verfeinern wir deine guten Vorsätze mit einer intuitiven Methode so, dass du dein Ziel in der Sonne erreichen wirst.

Du hattest dir ja schon eine Vorstellung davon gemacht, welche Handlungsausrichtung es braucht, um in deine Tugendbalance zu kommen. Aber so gut deine Vorsätze auch sind: Wie viele andere, die ihre heiligen Silvesterschwüre nach kurzer Zeit wieder aufgeben, scheint irgendetwas an diesen Vorsätzen nicht zu stimmen.

Nina überlegte z.B., wie sie »abstinent leben« in einen griffigen Satz bringen könnte:

Nina: *Wie kann ich mein zerstörerisches Sucht-Verhalten grundsätzlich ändern? Wie kann ich also mein Orientierungsziel in der Sonne dauerhaft besser erreichen? Mir war klar, dass neben meinem Briefeschreiben und anderen kleinen Verhaltensweisen, die mich sehr beruhigten und mir ein Gefühl der Verbundenheit und Gelassenheit vermittelten, eines wirklich passieren musste: Irgendwie musste ich aufhören mit dem Alkohol. Ja, auch mit dem Rauchen. Am besten mit beidem. Also schrieb ich in meine Fokus-Lupe meine Vorstellung davon, wodurch ich dem Ziel in der Sonne näherkomme: »Schluss mit Alkohol und Rauchen! Das bringt mich noch um!«*

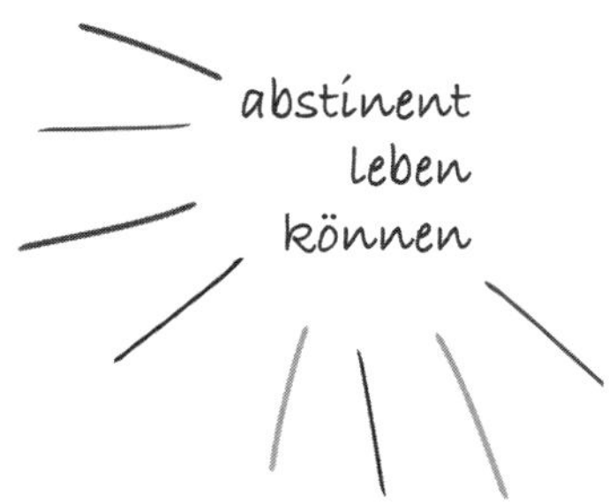

2. Nina macht die Stimmigkeitsprüfung zwischen Kopf und Herz

Du hast mit dem Baumbild in Schritt 6 eine Lösung gefunden, dein verletztes oder vernachlässigtes Grundbedürfnis besser zu erfüllen. Allein das bringt dich schon zur Entfaltung. Du entwickelst eine bessere Emotionsbalance und findest so vielleicht aus deinem Teufelskreis heraus, in dem du bisher ohne Ausweg stecktest. Übe dein neues Verhalten weiter ein. Setze diese Handlungen möglichst oft ein, damit sie zu einer guten Gewohnheit werden.

Jetzt gehst du einen Schritt weiter. Du fokussierst dich auf die Entwicklung deiner Tugend in der »Sonne«. Damit bist du zwar theoretisch (im Kopf) bereit, »das Gute zu tun«. Die Frage ist aber, ob die praktische Umsetzung so einfach geht. Was, wenn trotz alldem irgendwas immer noch blockiert? Woran liegt das denn noch? Dein bewusstes »Ich« hat das Ziel doch verstanden und eingesehen. Widersteht aber dein Herz, dein unbewusstes »Selbst«, der Tugend noch?

Aus gutem Grund vielleicht? Weil es z.B. viele innere Widersprüche erspürt hat, die durch deinen an sich guten Vorsatz nun ausgelöst werden. Da hilft nur eins: Dein »Ich« muss jetzt erst einmal mit deinem aufmerksamen und weisen »Selbst« besser abgestimmt werden. Dazu schlagen wir dir den Stimmungsbarometer-Ziele-Check als Werkzeug vor. Das folgende Vorgehen hat Prof. Maja Storch u.a. im Züricher Ressourcenmodell entwickelt (vgl. Literaturtipps am Ende).

Der Stimmungsbarometer-Ziele-Check

Insbesondere bei tiefergehenden Veränderungen muss dein Herz für deine Ziele unbedingt positiv gestimmt sein. Und zwar mit ziemlich hohen positiven Werten. Nur so wirst du im Alltag erfolgreich die Umsetzung schaffen. Spürt dein Herz noch Widerstände? Miss also deine Zielformulierung mit dem Stimmungsbarometer. Und das geht so:

Dein Ziel muss eine Formulierung finden, die dich von innen – unbewusst – antreibt und wie von selbst zum Handeln motiviert. Sollte deine Zielbeschreibung nämlich deutlich gemischte Stimmungen hervorrufen, wirst du deine Absicht mit großer Wahrscheinlichkeit selber torpedieren.

Dein positives Gefühl sollte auf dem Stimmungsbarometer über dem Wert 75 liegen. Gleichzeitig sollte dein negatives Gefühl so gering wie möglich sein, also keinen (großen) Widerstand mehr in dir hervorrufen.

Es hängt demnach alles an einer genauen Zielformulierung. Sie sollte sich für dein Herz reizvoll, gut und lustmachend anfühlen. Nina beschreibt nun, wie sie zu einer solchen Zielformulierung gefunden hat. Sie testete ihre bisherige Zielformulierung, die in ihrer Fokus-Lupe aufgeschrieben war, mit dem Stimmungsbarometer.

***Nina**: Ich hatte meinen Zielsatz so formuliert: »Endgültig Schluss mit Alkohol und Rauchen.« Allerdings meldete sich sofort mein Bauch und erklärte mir: »Das klappt nie!« Klar, das wusste ich schon vorher. Es war ein Vermeidungsziel und kein Annäherungsziel. Aber es war doch so schön und auch richtig vernünftig. Jetzt checkte ich mit Hilfe des Stimmungsbarometers meine genaue Gefühlslage, die durch mein formuliertes Vorhaben entstanden war: Bei der positiven Gefühlsskala hatte ich mir 75 Punkte gegeben, weil ich mir die guten Effekte für meinen Körper vorstellen konnte und der Dauerstreit mit meinem Mann dann vielleicht auch aufhören würde.*

Bei der negativen Gefühlsskala waren es weit mehr als 80 Punkte: Ich wusste, wenn ich aufhöre mit dem Rauchen, geht mir alle Entspannung flöten, mein Stress steigt. Ich kann gar nicht mehr abschalten. Und das vertraut gute Gefühl, mit meiner Zigarette alleine zu sein – ohne alle Pflichten –, würde mir gravierend fehlen. So viele Briefe an meine Freundin hätte ich gar nicht schreiben können, um mich wieder runterzukriegen.

3. Nina entwickelt innere Bilder, die ihr helfen

Um diesen inneren Widerspruch zu bearbeiten, den Ninas Beispiel deutlich macht, schlagen wir nun als nächste Übung eine kreative Methode vor. Du wirst damit herausfinden, wer oder was dir weiterhelfen kann, deine Tugendbalance zu entwickeln. Dabei arbeitest du so lange an deiner Tugend-Zielformulierung, bis sie dich motiviert, zu handeln bzw. wie von selbst funktioniert. Ja, neben göttlicher Gnade, die dich auch von innen motivieren wird, brauchst du die Kunst, eine Formulierung zu erspüren, die das Herz wirklich mag.

Das geht durch eine innere bildhafte positive Vorstellung, die in dir keine Widerstände erzeugt. Wie kommst du darauf? Vielleicht so: Spinn einfach mal fantasievoll rum und suche assoziativ nach den verrücktesten und passendsten Dingen, die dir helfen könnten, deine Stimmungsskala im negativen Gefühlsbereich Richtung Null zu bringen und im positiven Gefühlsbereich möglichst über 75 Punkte. Zur Anregung deiner Fantasie spiele mit Ideen aus vielen Feldern: ein Tier, Pflanzen, bekannte Personen, Fantasielandschaften, Orte, Werkzeuge, Geräte oder selbst Fantasiefiguren aus Romanen oder Filmen, Lieblingsspielzeuge oder cooler technischer Schnickschnack oder was immer dir alles noch so einfällt. Die Bilder deiner Gottesbeziehung, die du mit der »So-tun-als-ob-Übung« bei Schritt 6 entwickelt hast, kannst du hier sehr gut einfließen lassen. Lass deiner kreativen Ideenfindung freien Lauf! Bevor du dich gleich selbst auf Ideensuche begibst, lass dich von Nina inspirieren:

***Nina**: Ich war Feuer und Flamme. Mir fielen sofort mehrere Sachen ein. Ich machte meine Liste und fragte meine Gruppe ergänzend, was ihnen noch dazu einfiel:*

Innere Bilder	Hilfreiche Eigenschaften des Bildes ...	und was deine Gruppe darin
einsame Insel	herrlich ruhig keine nervigen Leute beruhigender Wellensound	spannende Erkundungen baden gehen viele schattige Bäume
Löwe	wunderschön, majestätisch sanft und auch stark klingende Engelsatmosphäre	Gott ist mit dir, welche Macht ist größer? Keine. Immer eine gute Botschaft. Schön. Kreativ.

Nina hatte die inneren Bilder aus Woche 13 gefunden: einen »wunderschönen, mächtigen Löwen, der gleichzeitig sanft und auch stark ist. Dieser Löwe erschafft die Welt durch seinen Gesang« und »einsame Insel«. Danach setzte sie sich hin und überlegte, welche positiven Eigenschaften sie wohl im Detail damit verbindet. Ergänzend bat sie noch die Gruppe, ihr deren weitere Eigenschaftsideen zu ihren beiden inneren Lieblingskbildern zu nennen. So entstand Ninas vollständige Liste mit der 3. Spalte: »...und was deine Gruppe darin sieht«. Wie diese Bilder und Eigenschaften Nina nun weiterbringen? Nina hatte ihr Herz sprechen lassen und war auf Ideen gekommen, die ihr mit dem analytischen Verstand (Kopf) nicht sofort eingefallen wären.

4. Nina entwickelt ihre inneren Vorstellungen weiter

Jetzt war ihre Aufgabe, in Listenform kurze und möglichst motivierende Vorstellungen zu den Bildern zu formulieren. Nina löste die Aufgabe spielerisch:

***Nina**: Aus den vielen gefundenen Begriffen und Beispielen mixte ich mir diese verschiedenen positiven, anregenden Nina-Fokus-Sätze:*
Ruhig bade ich stundenlang auf meiner einsamen Insel.
Der große starke Löwe singt mir gute Botschaften zu.
Im Paradies finde ich Gott, der größer ist als das Nervende.
Unaufdringlich gehe ich ohne nervige Leute baden.
Spannende Erkundigungen mache ich nur mit meinem Löwen.
Unter schattigen Bäumen kann ich faulenzen.

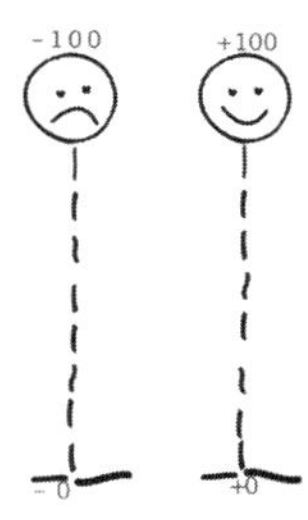

5. Ninas stimmiger Lebens-Fokus-Satz

Das nächste Ziel ist nun, daraus einen komprimierten, motivierenden Fokus-Satz zu formulieren. Dafür sichtete Nina ihre Listen an anregenden Vorstellungen – Punkt 4 auf der vorigen Seite – und bewertete jede einzelne Vorstellung mit dem Stimmungsbarometer. Sie maß, ob sie eine jeweils möglichst geringe negative Punktzahl erreichte und gleichzeitig möglichst hohe positive Werte über 75 Punkten erzielte. Danach schrieb sie die 3 besten Formulierungen auf:

Ninas *drei Vorstellungen, die beim Stimmungscheck siegten, lauteten so:*

1. *Der große starke Löwe singt mir gute Botschaften zu.*
2. *Im Paradies finde ich Gott, der größer ist als das Nervende.*
3. *Ruhig bade ich stundenlang auf meiner einsamen Insel.*

Aus diesen Sätzen nahm sie Elemente und verdichtete diese so lange, bis sie zu dem Lebens-Fokus-Satz kam, der mit höchster positiver Punktzahl ohne innere Widerstände für sie funktionierte:

Ninas *Lebens-Fokus-Satz lautet:*
»Auf meiner paradiesischen Insel singt Gottes majestätischer Löwe mir alles Nervtötende weg.«

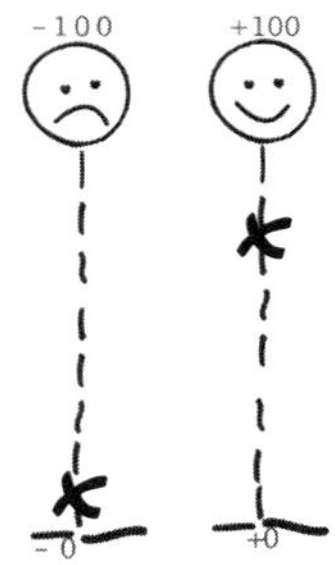

6. Erinnerungshilfen mitten im Alltag

Endlich hatte sie ihren Fokus-Satz, der keinen Stress mehr in ihr auslöste. Ob er sie aber so stark bestimmen konnte, dass sie Alkohol oder Nikotin nicht mehr brauchte? Damit er sie ständig in ihrem Alltag begleitete und anregte, musste sie dafür sorgen, dass er ihr auf Schritt und Tritt präsent und lebendig blieb. Das ging mit Hilfe von Erinnerungsmarkern.

Nina*: Ich überlegte mir also, was ich mir als Erinnerungshilfe schaffen könnte. Und das sah dann so aus: Im Schlafzimmer dekorierte ich mir meinen Sessel mit meiner Lieblingsstranddecke und hängte ein Bild mit Meerblick bei vollkommen menschenleerem Strand auf. Im Bad platzierte ich Muscheln, die mich an die einsame Insel erinnerten.*

Ein riesiges Löwenposter zierte bald mein Wohnzimmer und im Haus eine ganze Galerie voll. Das mit dem Gesang der Löwenstimme lief noch nicht so gut. Wegen meiner Arbeit hatte ich selten Ruhezeiten. Er klang nicht in mir.

Diese Schwierigkeit besprach ich mit meiner Gruppe. Sie gaben mir weitere Ideen: Seminar »Entspannungsübungen« besuchen, das Gelassenheitsgebet bei der Autofahrt, CD mit Löwen-Lobpreismusik kaufen, spazieren gehen und mein inneres Bild der Insel mit einer Muschel in der Tasche meditieren.

Ich kaufte mir noch einen Schlüsselanhänger mit einer Muschel aus Moosgummi. Mehrmals am Tag berührte ich seitdem das weiche Gummi und dachte damit spontan an Ruheoasen. Und wirklich, so brachte ich meine wunderbare einsame Insel nur durch meine Vorstellungskraft und Erinnerungshilfen in meine Wohnung und meinen Alltag hinein.

Meine unbewusste Wachsamkeit war wie von selbst höchstaktiv. In Zeitschriften, Fernsehsendungen und Schaufensterauslagen entdeckte ich plötzlich überall lauter Ruheoasen und Löwenbilder, so wurde ich dort an meinen Lebens-Fokus-Satz erinnert.

Letztens fand ich sogar ein Tischset, auf dem ein wunderschönes Strandbild abgebildet war. Das liegt nun auf meinem Frühstückstisch. So startet mein Tag aus der Ruhe. Meine Freundin schenkte mir einen großen Kaffeepott mit Löwenmotiv und dem Gelassenheitsgebet. Das war dann noch die Krönung.

So, und nun kam meine coolste kreative Idee: Immer wenn der Suchtdruck kam und ich zu Alkohol und Zigaretten greifen wollte, konnte ich mit Hilfe der Ruheoasen-Stimmung mich schon mal beruhigt kriegen. Einen kleinen Trick brauchte ich dennoch. Kam der Suchtdruck auf, ging ich mal eben, wie gewohnt, vor die Tür – diesmal aber zum Nicht-Rauchen! Ja, ich nannte es bewusst so: »Ich gehe eine Runde Nicht-Rauchen!« Draußen atmete ich tief ein und aus. Das war meine neue Verbindung mit Gott im Jesus-Gebet. Es ersetzte perfekt mein Rauchen. Langsam wurde ich ruhiger und der innere Druck ließ nach.

Damit ich diese Augenblicke und viele andere gelungene, neue Verhaltensweisen nicht vergaß, gewöhnte ich mir an, Stichworte in mein Danke-Tagebuch zu schreiben. Im Rückblick war ich überrascht und stolz, was mir alles gelang.

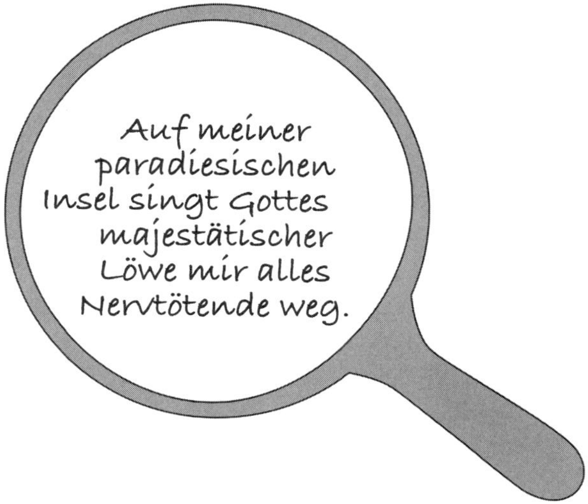

Entwickle deinen eigenen Lebens-Fokus-Satz

1. Deine Weiterarbeit an der Tugendbalance

Es ging ab Schritt 7 zuerst darum, dir eine Fokusausrichtung für den Alltag zu schaffen. Sie hilft dir, die Richtung für deine Tugendbalance zu entwickeln. Dazu fokussierst du zunächst den nötigen Gegen-Pol, der dir in deiner Wurzelarbeit wichtig wurde. Schreib ihn hier noch einmal in die »Sonne«.

Gehe so vor:

1. Trage die für dich nötige Wachstumsrichtung im Tugendpol aus deiner Schritt 6-Hausarbeit (Woche 15 auf Seite 236) in die Sonne ein.

2. In die Fokus-Lupe schreibst du deine vorläufige Idee, welches praktische Verhalten es für dich braucht, um in die Tugendbalance zu kommen. Du hast es bei Schritt 7.2 (Woche 17 Seite 273) als dein Zielverhalten (Frage 10) aufgeschrieben.

2. Stimmigkeitsprüfung zwischen Kopf und Herz

Welche Gefühle erzeugt diese Formulierung in der Lupe oben in dir?
Geht es schon positiv über 75 und negativ in Richtung 0?

3. Innere Bilder entwickeln, die dich in Gang bringen

Um eine möglichst hohe Motivation zu empfinden, nutzt du jetzt innere Bilder, die dich beflügeln. Bilder haben nämlich die spezielle Eigenschaft, deine Motivation automatisch zu stärken. Die Bilder deiner Gottesbeziehung aus der »So-tun-als-ob-Übung« von Schritt 6 kannst du hier sehr gut aufnehmen und weiterentwickeln.

Werde kreativ und entwickle so viele Ideen, wie du willst. Frage deine Gruppe, welche emotionalen Ressourcen sie in deinen Bildern entdecken, die dir selbst noch gar nicht bewusst geworden sind.

Innere Bilder	Hilfreiche Eigenschaften des Bildes ...	und was deine Gruppe darin sieht

4. Entwickle deine inneren Vorstellungen weiter

Nun geht es darum, aus den Eigenschaften der Bilder deiner Liste oben motivierende Sätze zu bilden, die gute Emotionen in dir wecken. Vorstellungen, die dir gefallen und Spaß machen. Löse diese Aufgabe fantasievoll und spielerisch wie Nina!

5. Formuliere deinen stimmigen Lebens-Fokus-Satz

Das Ziel ist es, einen komprimierten Lebens-Fokus-Satz zu formulieren.

Sichte deine Liste an anregender Vorstellungen aus Punkt 4. Bewerte jede einzelne Vorstellung mit dem Stimmungsbarometer. Danach filtere die 3 Formulierungen mit dem höchsten positiven und niedrigsten negativen Wert heraus:

Deine 3 Vorstellungen, die beim Stimmungscheck siegten, lauten jetzt so:

Dann nimmst du dir Schlüsselelemente aus diesen 3 Sätzen und verdichtest sie zu deinem Lebens-Fokus-Satz. Dein neuer Lebens-Fokus-Satz lautet so:

Ist diese Vorstellung jetzt für dich motivierend? Fühlt sich die Formulierung richtig gut an? Mach rechts neben der Lupe den Stimmungs-Check!

6. Entwickle Erinnerungshilfen mitten im Alltag

Finde nun heraus, was deiner Erinnerung hilft. Der Trick dabei: Nutze möglichst viele Sinne, die dich mit Gegenständen, Klängen, Gerüchen im Alltag ständig an deinen Lebens-Fokus-Satz erinnern. Sie funktionieren wie Trigger. Teste sie einfach mal aus. Wenn es mit diesen Erinnerungshilfen noch nicht klappen sollte, fallen dir weitere ein, oder du formulierst den Lebens-Fokus-Satz in Punkt 5 noch einmal passender um.

Finde deine passenden Erinnerungshilfen z.B. aus folgenden Bereichen:

Musik

Kleidung

Gegenstände

Lebewesen

Geruch erzeugendes

Etwas Verrückt-Kreatives

7. Ein Danke-Tagebuch verstärkt deine Umsetzung

Um deine Entwicklungen zu beobachten, gibt es hier hilfreiche Fragen für die nächste Zeit. Halte in einem Tagebuch fest, was sich in deinem Leben entwickelt. Auch das unterstützt deine Erinnerung. Du kannst deine Erfahrungen so auch leichter mit deiner Gruppe teilen. Ermutige sie mit deinen Geschichten. Nutze ein extra Danke-Tagebuch, das – besonders schön gestaltet – selbst als Trigger wirkt und dich animiert, alle Erfolge zu feiern. Hilfreiche Leitfragen für dein Danke-Tagebuch können diese sein:

*Beschreibe, wie dir dein Lebens-*Fokus-Satz *dabei hilft, deine Tugend-Balance in deinem Leben umzusetzen. Erzähle von konkreten Erlebnissen.*

Welche neuen lebensförderlichen Verhaltensweisen hast du ausprobiert?

Welche Grundbedürfnisse wurden dadurch besonders gestillt?

Wie hast du dich bei deinem neuen Verhalten gefühlt?

Was hast du bei deinem neuen Verhalten gedacht?

Welche Körperreaktionen hast du bei deinem neuen Verhalten wahrgenommen?

Schritt 8

»Wir machen uns den Schaden bewusst,

den wir uns und anderen Menschen zugefügt haben,

und werden bereit, ihn wiedergutzumachen.«

Woche 19

Bereit für Beziehungsklärung

Du nimmst jetzt das Feld deiner Beziehungen in Augenschein.

Eine Inventur der Folgen deines bisherigen Verhaltens zeigt dir,

was genau in Beziehungen wiedergutzumachen ist.

Möglichkeiten und Grenzen von Wiedergutmachung werden definiert.

Du motivierst dich, indem du den Nutzen dieses Prozesses bedenkst.

Vom Ich zum Du – so gehen wir weiter

Du bist in deinem Endlich-Leben-Prozess nun so weit, dass deine Verwandlung im vollen Gang ist. Du hast gelernt, Lasten bei Gott loszulassen und von Gott Hilfe in deinen Lebensbelangen zu empfangen. Und du lernst es jeden Tag weiter.

In dieser Phase erlebten wir in unseren Gruppen, wie sich Gottes Kraft mit unserer Kraft verbündet. In der Sprache der Veredelung eines Baumes gesprochen: So wächst unser neuer, veredelter Lebensbaum. Dieser neue Baum streckt sich ganz tief zur Quelle des Lebens aus und bringt reife, leckere Früchte hervor.

Das braucht seine Zeit. Du hast diese Zeit. Du kannst es in deinem ganz eigenen Tempo wagen, neue Schritte zu gehen. Es ist ein Umlernweg: Der Alltag liefert dir jeden Tag neue Anlässe, in denen du lernen wirst, auf Gott zu vertrauen, anstatt auf deine eigenen Überlebensmechanismen.

Du sammelst dadurch weitere gute Erfahrungen und merkst, dass es sich lohnt, auf Gott zu vertrauen. Und zwar nicht, weil du mit Gott ein Leben ohne Probleme hättest – das gibt es nicht in dieser Welt –, sondern weil du mit Gott in Problemen nicht alleine stehst. Er hilft dir, sie auf lebensförderliche Weise zu lösen, und segnet dich und andere Menschen darin, wie du mit Spannungen umgehst.

Beziehungen stehen im Fokus unserer Arbeit

Bindung und Beziehung ist eines der vier Grundbedürfnisse. In unserem Endlich-Leben-Prozess verstehen wir »Beziehung« nicht nur in Bezug auf andere Menschen, sondern wir weiten den Begriff aus auf die Beziehung zu uns selbst, die Beziehung zu Gott und damit verbunden auch auf die Beziehung zur Schöpfung, die unsere Lebensgrundlage ist. Wir alle brauchen also vielfältige, lebensförderliche Beziehungen.

Weil das Thema »Beziehungen« so wichtig ist, geben wir im Endlich-Leben-Programm diesem Thema in den nächsten 4 Schritten besonders Raum:

- Mit den Schritten 8 und 9 lernst du zu erkennen, wo genau die Beziehungen zu anderen Menschen oder zu dir selbst Schaden genommen hatten und wie du diesen Schaden wiedergutmachen kannst.
- Im Schritt 10 übst du dann ein, wachsam und liebevoll alle bisher erlernten Blickrichtungen zeitgleich im Auge zu haben. Das hilft dir, die Beziehung zu dir selbst, zu Gott und zu anderen aufrechtzuhalten.
- Mit Schritt 11 geht es schließlich um eine Horizonterweiterung deiner praktischen Verbindung zu Gott.

»Wir machen uns den Schaden bewusst …«

Viele von uns haben schmerzhaft zu spüren bekommen, dass ihr zerstörerisches Verhalten auch Schaden angerichtet hat. In deinem bisherigen Endlich-Leben-Weg hast du zwar besseres, lebensförderliches Verhalten erlernt, um in Zukunft nicht mehr solche Schäden zu verursachen. Was dir bisher aber noch fehlt, ist der Versuch, den angerichteten Schaden genauer zu analysieren, um zu überlegen, wie und ob du diesen Schaden vielleicht wiedergutmachen könntest.

Schaden gegenüber anderen

***Nina**: Schon als ich bei Schritt 4 meine Inventurbäume schrieb, wurde mir klar, dass ich die zerstörerische Rolle der »Rebellin« sehr lange und intensiv gelebt habe. Ich wusste auch: Meine Mutter habe ich in meiner Rebellion ziemlich verletzt. Allerdings haben Mutter und ich dieses Thema totgeschwiegen. Ich dachte lange: »Die hat mich doch mit ihrem Verhalten viel mehr verletzt. Da spielte doch mein Rebellieren keine große Rolle.«*

Als ich in meinem Endlich-Leben-Prozess zu Schritt 8 kam, war es so, als ob mir Gott das Herz öffnete für meine Mutter: Urplötzlich sah ich sie mit neuen Augen: Sie hatte sich zu Hause mit mir und in ihrer Ehe mit meinem Vater sehr viel Mühe gegeben. Es war ihr aber einfach nicht besser gelungen. Mein Innerstes fühlte, wie sehr meine rebellischen Angriffe damals ihr Herz verletzt hatten. Meine Mutter tat mir auf einmal leid. Wie sehr hatte die Beziehung zu Gott mich bereits verändert! Meine Mutter hatte mir noch nie leid getan. Bisher klang es in mir so: »Ist sie doch selber schuld an dieser Situation. Hätte sie doch einfach mal die Situation geändert!«

Doch mein Blick auf meine Mutter war dann verwandelt. So wie ich erfahren hatte, dass Gott mich liebevoll und barmherzig annimmt, so konnte ich plötzlich auch barmherzig auf meine Mutter schauen. Und in mir wuchs das tiefe Bedürfnis, den Schaden, den meine Rebellion an ihr und an unserer Beziehung angerichtet hatte, wiedergutzumachen.

Beschreibe, wo Gott dir das Herz geöffnet hat und du einen barmherzigeren Blick für andere bekommen hast?

Schaden gegenüber uns selbst

***Christian**: Ich hatte meine Bedürfnisse über Jahre ignoriert und damit meinem Körper erhebliche Probleme zugefügt. Die Beziehung zu mir selbst hatte soweit Schaden genommen, dass ich meine Gefühle nicht mehr wahr- oder ernst nahm. Ich konnte – ihr erinnert euch vielleicht – am Anfang meines Endlich-Leben-Prozesses nicht sagen, wie ich mich fühlte oder was ich mir wünschte oder worauf ich Lust hätte. Mit den Schritten 8 und 9 sollte es nun darum gehen, diesen entstandenen Schaden wiedergutzumachen. Ich war gespannt, wie das gehen würde.*

Schaden gegenüber Gott

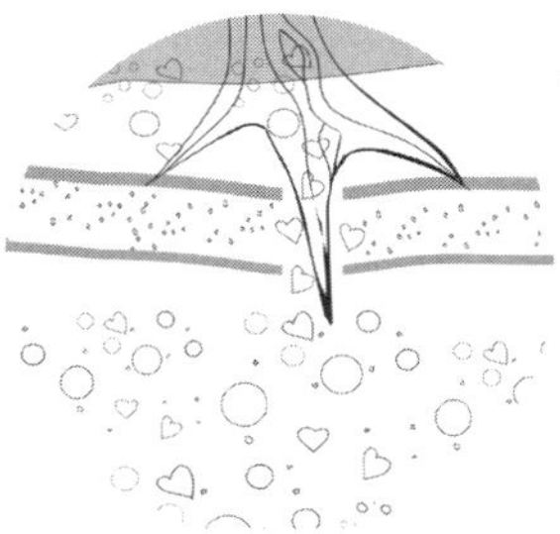

Den Schaden, den wir Gott gegenüber durch unser zerstörerisches Verhalten angerichtet hatten, hat er selbst wiedergutgemacht. Gott sei Dank! Paulus sagt es mit seinen Worten im 2. Korintherbrief Kapitel 5, Vers 19* so:

»Denn Gott war in Christus und versöhnte die Welt mit sich selber und rechnete ihnen ihre Sünden nicht zu und hat unter uns aufgerichtet das Wort von der Versöhnung.«

Schon mit den Schritten 5 bis 7 hast du erfahren, dass deine Beziehung zu Gott, der Quelle des Lebens, wieder gut geworden ist. Dein Beitrag zur Versöhnung mit Gott besteht darin, dich nach ihm auszustrecken, deine Kraft aus ihm zu beziehen und zu lernen, ihm immer tiefer zu vertrauen. Diese wiederhergestellte Beziehung zu Gott ist das Herzstück deines neuen, verwandelten Lebens geworden.

Durch diese Beziehungserneuerung zu Gott wirst du nun auch befähigt, wieder Beziehungen zu anderen Menschen und zu dir selbst zu leben. Außerdem wird dir ab jetzt immer mehr bewusst, dass du auch in einer untrennbaren Beziehung zur Schöpfung stehst, in die du hineingeboren bist und ohne die du nicht leben könntest.

Schaden gegenüber der Schöpfung

***Thomas**: Mir ist bei meinem Endlich-Leben-Prozess schmerzlich bewusst geworden, dass ich die Beziehung zur Natur um mich her, der Schöpfung Gottes, fast völlig verloren hatte. Obwohl ich in meiner Kindheit so viel Kraft aus der Zeit draußen an der frischen Luft gezogen hatte, war mir der direkte Kontakt zu meiner Umwelt mit den Jahren irgendwie abhanden gekommen. Es ging mir nur noch um meine Leistung.*

Ich wollte nicht mehr klein sein. Ich wollte große Leistungen erbringen und große Autos fahren, damit es jeder sieht! Ich ging zwar noch joggen, aber nur um den Kopf freizukriegen und mich wieder stark in meinem Körper zu fühlen. Die Schöpfung um mich herum nahm ich dabei kaum wahr, bis vor Kurzem.

Plötzlich eines frühen Abends genoss ich die Schöpfung um mich herum wieder. Das fühlte sich für mich so heilsam an. Ich weiß nicht genau, woran es lag. Vielleicht half mir, dass ich mich wegen dieses Baummodells ständig mit einem Baum verglich. Vielleicht lag es aber auch daran, dass mein sicherer Ort bei Gott draußen war, auf meiner Bank am See, bei ganz vielen Bäumen. Ich weiß es nicht.

Auf jeden Fall entwickelte sich in mir eine tiefe Dankbarkeit: Ich wurde dankbar für die Luft zum Atmen. Ich wurde dankbar für Sonne, Wind und Regen. Ich wurde dankbar für die Pflanzen und für die Tiere und für das nicht aufhören wollende Wachsen um mich herum. Zusammen mit dieser Dankbarkeit empfand ich aber auch einen großen Schmerz darüber, wie ich in meinem Leben diese wunderbare Schöpfung missachtet und wie ich ihr durch mein Verhalten geschadet hatte. Ich wollte lernen, das, so gut es mir eben möglich war, wiedergutzumachen.

»... und werden bereit, ihn wiedergutzumachen«

Was ist die Voraussetzung für eine Wiedergutmachung?

In den Geschichten von Nina, Christian und Thomas klang es schon an: Die Grundvoraussetzung für eine Wiedergutmachung ist, dass Gott unser Herz anrührt und es verwandelt zum Spüren. In dem gleichen Maße, in dem wir für uns persönlich Erfahrungen mit liebender Annahme und Barmherzigkeit Gottes machen, werden wir auch fähig, liebevoll und barmherzig mit uns selbst, mit anderen Menschen oder auch der Schöpfung um uns herum zu sein. Im Prozess deiner Verwandlung werden in dir Mitgefühl und eine Empfindsamkeit geweckt, die du vorher in dieser Weise noch nicht kanntest.

Wiedergutmachung und erneuerte Beziehungen sind eine weitere Sorte leckerer Früchte, die aus der Verwurzelung in Gott erwächst.

- Du erlebst die tiefe, verlässliche und sichere Beziehung zu Gott, wie du ihn verstehst. Das verändert deine Identität: Weil Gott dir zum liebenden Vater wird, wirst du zu Gottes geliebtem Kind. (Schritt 6: Die verwandelte Wurzel 3)
- Du erfährst, wie aus Gott selbst, der Quelle des Lebens, deine Grundbedürfnisse gestillt werden. Du erlebst Erfüllung durch die Verbindung mit Gott, so wie du ihn verstehst. (Schritt 6: Die verwandelte Wurzel 2)

- Du lernst es, deine unangenehmen Gefühle mit Gottes Hilfe auf lebensförderliche Weise effektiv zu regulieren. (Schritt 6: Die verwandelte Wurzel 1)

Alle diese Erfahrungen befähigen dich also dazu, dich selbst und andere Menschen barmherzig wahrzunehmen und den Schaden, den du in Beziehungen angerichtet hast, ehrlich anzuerkennen. So wächst deine Sehnsucht, diese Schäden wiedergutzumachen.

Was ist eine Wiedergutmachung?

Wir können niemanden außer uns selbst verändern. Wir können nicht ändern, was andere uns angetan haben. Aber eins können wir: Wir können bereit werden wiedergutzumachen, was wir anderen angetan haben.

- Wiedergutmachung hat also nichts mit den Fehlern der anderen zu tun, sondern ausschließlich mit deinen eigenen Fehlern, für die du verantwortlich bist. Bleib bei dir selbst! Das ist das Entscheidende bei den Schritten 8 und 9.
- Wiedergutmachung hat nichts mit der Heilung des anderen zu tun. Diese Verantwortung kannst du Gott überlassen.
- Wiedergutmachung ist etwas anderes als die Bitte um Entschuldigung. Obwohl Entschuldigungs-Bitten manchmal angebracht sind, sind sie kein Ersatz für Wiedergutmachung. Jemand kann sich dafür entschuldigen, zu spät zur Arbeit gekommen zu sein, aber bevor er nicht sein Verhalten ändert und ab jetzt pünktlich kommt, kann man nicht von Wiedergutmachung sprechen. Es ist wichtig, sich zu entschuldigen, wenn es nötig ist. Aber noch wichtiger ist es, sich zu verpflichten, das unakzeptable Verhalten wirklich zu verändern – und es auch zu tun!
- Wiedergutmachung hat nichts damit zu tun, dass du alles Mögliche in Gang bringst, nur damit der andere dir wieder gut gesinnt ist.

Nina schreibt eine besondere Karte

***Nina**: Ich fasste mir eines Tages ein Herz und schrieb meiner Mutter eine Karte, die ich ihr daraufhin persönlich vorbeibrachte. Auf der Karte stand: »Mama, ich liebe dich!« Als ich ihr die Karte feierlich übergab, sagte ich, dass es mir leid tue, dass ich so oft so gemein zu ihr gewesen sei. Es waren nicht viele Worte nötig, da wir es in unserer Familie noch nie mit vielen Worten hatten. Aber meine Mutter spürte, dass ich es ernst meinte. Wir weinten beide sehr.*

Von da an war unsere Beziehung nicht mehr dieselbe. Ich war aus der verletzten Tochterrolle – das abhängige Opfer der Eltern – herausgetreten. Ich war meiner Mutter als erwachsene Frau begegnet. Seither leben wir unsere Beziehung auf Augenhöhe, was uns beiden sehr gut tut.

»Du«-Wiedergutmachung

Das war ein gutes Beispiel einer Wiedergutmachung am anderen. Wir nennen es »Du«-Wiedergutmachung. »Du«-Wiedergutmachung ist einseitig: von uns zum anderen. Wir geben unsere Fehler vor anderen Menschen offen zu. Dabei ist das eigentliche Ziel, anderen wieder zu ihrem Recht zu verhelfen, das wir bisher durch unser Verhalten mit Füßen getreten hatten. Dabei können wir sehr kreativ vorgehen.

***Thomas**: In Bezug auf meinen Vater ging es mir bei dem Thema Wiedergutmachung zunächst so, dass ich dachte: »Okay, ich verhelfe dir zu deinem Recht, gebe meine Schuld zu und lass von meinen Vorwürfen ab. Aber hoffentlich wird dir dann erst richtig klar, wie sehr du mir Unrecht getan hast.« Ich hatte mich dabei ertappt, wie ich durch meine Wiedergutmachung erwartete, dass mein Vater dann auch mir gegenüber Wiedergutmachung übt.*

Erwarte nicht, dass dein Gegenüber dir vergibt und dir um den Hals fällt, nur weil du durch deinen Endlich-Leben-Prozess das Bedürfnis hast, Wiedergutmachung zu üben. Wiedergutmachung ist keine Versöhnung. Versöhnung beruht auf Gegenseitigkeit. Wiedergutmachung bleibt einseitig.

»Ich«-Wiedergutmachung

Wenn du dich mit Wiedergutmachung beschäftigst – so ging es jedenfalls vielen von uns –, taucht neben der »Du«-Wiedergutmachung auch die Frage nach der »Ich«-Wiedergutmachung auf. Was ist das? Wir haben gemerkt, dass wir auch an uns selbst schuldig geworden sind. Oft sowohl an unseren Körpern, zusätzlich aber auch an unseren Gedanken und Gefühlen.

Emmas Ich-Wiedergutmachung

***Emma**: Ich hatte es über Jahre eingeübt, schlecht von mir zu denken und schlecht über mich zu reden. So konnte ich es besser aushalten, dass ich anscheinend weniger von meinen Eltern geliebt wurde als mein Bruder.*

Das führte so weit, dass ich mich von anderen Menschen isolierte, da diese ja natürlich auch nur schlecht von mir denken konnten, wenn ich es doch tat. Ich habe mich selbst erniedrigt in Gedanken und mich mit Worten selbst verprügelt. Ich traute mir nichts mehr zu. Wenn mir etwas nach meinen Vorstellungen nicht gut gelungen war, bestrafte ich mich mit Depression und sperrte mich in mein bekanntes schwarzes Loch.

Doch wie sollte eine »Ich-Wiedergutmachung« in meinem Fall aussehen? Die Wiedergutmachung für mich begann damit, dass ich mir selbst einen Brief schrieb. Das mag ungewöhnlich klingen, aber mir fiel keine bessere Möglichkeit ein, mit mir selber Kontakt aufzunehmen.

Da war die kleine Emma in mir – wie ein inneres Kind –, mit der ich viele Jahre lang brutal und lieblos umgegangen war. Zu dieser kleinen Emma wollte ich Kontakt aufnehmen. Also schrieb ich ihr folgenden Brief:

»Liebe kleine Emma, es tut mir leid, dass ich dich immer vernachlässigt habe. Ich habe schlecht von dir geredet, schlecht über dich gedacht und dich immer wieder in ein schwarzes Loch aus Isolation und Depression eingesperrt. Ich habe deine Gefühle unterdrückt und dir keinen Raum gelassen, sie zu fühlen und auszudrücken. Das war falsch! Es tut mir so leid!«

Emma bekommt Kontakt zu ihrem Zorn

Als ich das geschrieben hatte, spürte ich, wie ich zornig wurde. Ich wusste, ich darf dieses Gefühl jetzt nicht wieder verdrängen, denn es war ein Zeichen dafür, dass ich mit mir in Kontakt komme.

Also dachte ich daran, was ich in der Endlich-Leben-Gruppe gelernt hatte: »Gefühle nicht verdrängen, sondern den sicheren Raum bei Gott suchen, um die Gefühle zu verschmerzen.« Mein sicherer Raum war die Vorstellung von Gottes großer Hand, in der ich mich mit meinem ganzen Körper wie ein kleines Mädchen ganz sicher bergen kann.

So stellte sich in mir dieses Bild der Geborgenheit ein und dabei fühlte ich mein Gefühl von Zorn. Ein Schrei kam hoch, den ich gleich wieder runterdrücken wollte. Doch ich wusste, dass die Art »Runterdrücken« eine Ursache für meine Depression war, die mich krank gemacht hatte.

Also ließ ich es raus, so gut ich konnte. Es war mehr ein Würgen als ein Schreien. Aber die Energie dieses Gefühls in mir veränderte sich dadurch. Plötzlich wurde ich traurig. Meine Tränen flossen. Und ich weinte in der Hand des Vaters. Der Kontakt zu mir – besser: zur kleinen Emma – war wieder lebendig.

Um nun aber wirklich »Ich-Wiedergutmachung« zu leben, wurde es nötig, dass ich einübte, mich anders zu verhalten: Im Vertrauen auf Gott, der Quelle meines Lebens, der mir zusagt, dass er mich wunderbar gemacht hat, wagte die Große es immer öfter zuzulassen, dass Klein-Emma besonders ihre unangenehmen Gefühle ausdrückte.

Und ich stellte dabei fest: Dieser Prozess ist unumgänglich, damit sich meine Kreativität entfalten kann. Ich übe bis heute, meine Gefühle nicht mehr wegzudrücken, sondern auf eine lebensförderliche Weise auszudrücken. Und ich staune darüber, wie krea-

tiv Gott mich darin macht. So komme ich nicht nur aus meinem schwarzen Loch heraus, sondern lerne auch, mich darüber zu freuen, dass Gott mich reich mit künstlerischem Ausdruck gesegnet hat. Ich bin nicht nur ein Kunstwerk, sondern auch selber eine Künstlerin!

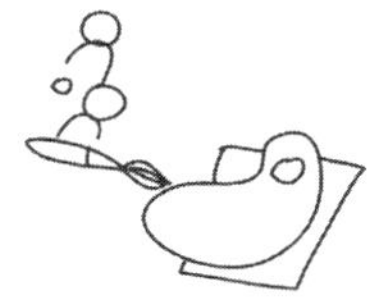

Was bringt dir Wiedergutmachung?

Du reifst in deiner Beziehungsfähigkeit

Wiedergutmachung dient dir also zur weiteren Reifung. Du reifst in deiner Beziehungsfähigkeit. So wie ein Baum nicht nur nach innen gerichtet wächst, sondern auch nach außen gerichtet, so ist auch dein Leben untrennbar verknüpft mit den Beziehungen zu anderen Menschen um dich her. Du hast bisher deine Endlich-Leben-Gruppe als Übungsraum für die Pflege beständiger Beziehungen erlebt. Das hat dir sicher gut getan. Nun wendest du dein neues Vermögen zu guten Beziehungen in deinem gesamten Alltag an.

Dabei hilft Wiedergutmachung, dir selbst und anderen wieder in die Augen schauen zu können. Du hattest durch zerstörerisches Verhalten deine Beziehungen zu anderen oder zu dir selbst so gestört, dass Scham oder unangenehme Gefühle zurückblieben. Durch Wiedergutmachung kommst du wieder in Beziehung mit anderen, was sich gut anfühlen wird.

Wenn du jetzt deine Fähigkeit, auf andere zuzugehen, nutzt, wird deine Würde, die dir von Gott zugesagt ist, auch nach außen sichtbar. Und du findest eine Form, auch andere Menschen in ihrer von Gott gegebenen Würde zu achten. Diese Achtung erwächst aus der Verwurzelung in Gott. Sie weitet sich mit Schritt 8 und 9 aus. So lernst du, nicht nur Menschen zu achten, sondern auch Gottes Schöpfung.

Du trittst aus deiner Opferrolle heraus

Wiedergutmachung ist auch deshalb so wichtig für dich, weil du dadurch nicht mehr in einer »Opferrolle« bleibst, sondern deinen aktiven Beitrag an den Zerrüttungen deiner Beziehungen erkennst und zu deinen Fehlern bewusst stehst.

Denn eins ist klar. Die meisten von uns waren gegenüber anderen Menschen eben nicht nur Leidtragende, sondern auch irgendwann einmal Täter. Menschen verwickeln sich gegenseitig in ein Netz aus Schuld und Versagen, das immer verwirrter wird.

Wenn du jetzt darin wächst, das zuzugeben, und in einem ersten Schritt lernst, um Entschuldigung zu bitten, verlässt du damit automatisch die Opferrolle. Und das ist gut so, denn ein Opfer stellt sich schwach und hilflos dar. Jetzt ist es dir aber möglich, aufzustehen und stark und gesund zu werden! Du übernimmst Verantwortung für dein Leben wie ein Erwachsener oder eine Erwachsene.

Bist du schon bereit für Wiedergutmachung?

Das kannst du jetzt überprüfen. Beim Thema Wiedergutmachung setzt du dich mit deinen Schuldgefühlen auseinander. Du lernst, zu deinem Fehlverhalten zu stehen. Du darfst dabei aber behutsam mit dir selbst bleiben und fühlen, ob du für Wiedergutmachung bereit bist oder eben noch nicht. Auch das klärt einiges. Vergleiche dich einfach mal mit Nina in dem nächsten Beispiel:

***Nina**: Ich wusste damals, dass es an der Zeit war, auf meine Mutter zuzugehen. Mir fielen aber auch noch andere Menschen ein, bei denen früher oder später eine Wiedergutmachung dran sein würde. Aber ich spürte, dass dafür mein Herz noch nicht reif war. Und ich hatte das Gefühl, das sei okay so. Gott würde mein Herz dafür schon bereit machen. Zu seiner Zeit.*

Wiedergutmachung ist kein Handlungszwang. Wenn dein Herz noch nicht für Wiedergutmachung bereit(et) ist, darfst du das getrost wahrnehmen und annehmen. Du wirst es wissen, wann es soweit ist.

Bist du bereit für Wiedergutmachung? Was denkst du? Was fühlst du?

Entwickle Mitmenschlichkeit

Der Prophet Jesaja beschreibt in seinem Buch Kapitel 58, Verse 4-8*, wieso religiöse Rituale, in diesem Fall z.B. das Fasten, überhaupt nichts bringen, wenn sich die Mitmenschlichkeit dadurch nicht verbessert. In Jesajas Umfeld versuchen Menschen, ohne praktische Folgen fromm zu sein. Gottes Meinung zur richtigen Frömmigkeitsübung:

»Schau: Zum Streiten und Auspressen fastet ihr und
um mit gewalttätiger Faust dreinzuschlagen.
Ihr sollt nicht so wie jetzt fasten,
wenn eure Stimme in der Höhe erhört werden soll.
Soll das etwa ein Fasten sein, wie ich es mir aussuche:
Ein Tag, an dem sich die Menschen demütigen?
Sollen sie etwa wie Binsen den Kopf hängen lassen,
sich in Sack und Asche betten?
Wird etwa so etwas ein Fasten genannt und ein Tag, der Gott gefällt?
Ist nicht dies ein Fasten, wie es mir gefällt:
Unrechtsfesseln öffnen, Jochstricke lösen,
Misshandelte als Freie entlassen, jedes Joch zerbrecht ihr!
Geht es nicht darum? Mit Hungrigen dein Brot teilen,
umherirrende Arme führst du ins Haus!
Wenn du Leute nackt siehst, bekleidest du sie,
vor deinen Angehörigen versteckst du dich nicht.
Dann wird dein Licht wie die Morgenröte hervorbrechen,
eilends wächst deine Wunde zu.
Dann wird deine Gerechtigkeit vor dir hergehen,
der Glanz Gottes sammelt dich auf.«

Du hattest bisher deine ganze Kraft auf eine geordnete Beziehung zu Gott oder auf dein eigenes Wohlbefinden ausgerichtet. Das war gut und hilfreich für dich. Nun aber kommt die Zeit, zusätzlich dazu das Wohl der anderen zu suchen.

Was könnte dein praktischer Beitrag für eine bessere Welt sein? Liste einige Möglichkeiten auf, die deinem näheren oder weiteren Umfeld guttäten!

Schritt 9

»Wir machen bei diesen Menschen alles wieder gut

– wo immer es möglich ist –,

außer wir verletzen dadurch sie oder andere.«

Woche 20

Beziehungen werden gut

Nach der sauberen Klärung deiner Motive überlegst du,

was du machst, wenn Wiedergutmachung nicht möglich ist.

Ein Brief hilft dir, Beziehungen für dich alleine zu klären.

Du gehst Wiedergutmachung praktisch und strukturiert an.

Klärung deiner Motive

Für eine Wiedergutmachung solltest du im Vorfeld deine Motive überprüfen. Du bist schließlich deine gewohnten Verhaltensmuster nicht sofort komplett los. So kann es dir passieren, dass du, wenn sich dir eine neue Aufgabe stellt, versuchst, sie pflichtgemäß abzuarbeiten und einfach zu erledigen, wenn – wie es bei Christian der Fall war – ein »Pflichtzwang« bei dir üblich war.

Christian*: Mir, dem braven, gewissenhaften und fleißigen Christian ging es so. Als es bei Schritt 8 und 9 darum ging aufzuschreiben, bei wem ich alles etwas wiedergutzumachen hatte und wie ich das tun könnte, setzte ich mich sofort pflichtbewusst an die Arbeit. Ich kam – etwas stolz – mit einer stattlichen Liste von Wiedergutmachungsplänen zu unserem nächsten Kleingruppentreffen. Ein Mann guckte auf meine Liste und dann auf mich und grinste: »Christian, warum tust du das?«*

Die Frage überraschte mich. Das war doch schließlich unsere Aufgabe. Doch sein Nachhaken brachte mich ins Grübeln. – Stimmt, es hatte vor allem der »pflichtbewusste Christian« reagiert. Mein altes Muster war sofort angesprungen und das ist auch ganz typisch so.

Der Freund aus der Gruppe erinnerte mich daran. Ich hatte pflichtbewusst eine Liste geschrieben, mir aber nicht aus meiner erneuerten Beziehung zu Gott heraus klar gemacht, für wen mein Blick und mein Herz wirklich neu geöffnet war. Mein Motiv war doch wieder Pflichterfüllung, was mein Bedürfnis nach Wertschätzung und Kontrolle bediente.

In Wahrheit gab es neben der Beziehung zu mir selbst nur eine einzige Beziehung, bei der ich tief in mir den Wunsch spürte, meine Versäumnisse wiedergutzumachen. Es war die Beziehung zu meinem Sohn. Er war es vor allen anderen, der durch mein übertriebenes Pflichtbewusstsein zu oft zu kurz gekommen war. Ich hatte mich schuldig an ihm gemacht. Er hätte das Recht gehabt, mehr Zeit mit seinem Vater zu verbringen.

Beim Nachdenken wurde der Wunsch in mir immer stärker: Ich wollte meinem Sohn zu seinem Recht verhelfen. Ich wollte Wiedergutmachung an ihm üben. Nicht aus Pflichtbewusstsein, sondern weil mein Herz ganz neu dafür brannte.

Nutze die Weisheit deiner Gruppe. Was möchtest du zum Thema »Wiedergutmachung« noch mit deiner Gruppe besprechen?

Was, wenn Wiedergutmachung nicht möglich ist?

»… außer wir verletzen dadurch sie oder andere«

Von Wiedergutmachungsversuchen ist abzuraten, wenn wir damit anderen Menschen schaden. Das gilt es sensibel zu überlegen und im Zweifel unbedingt auch mit der Gruppe zu besprechen. Wenn du zum Beispiel einen Menschen durch deine Annäherungsversuche bedrohen oder seelisch verletzen könntest, ist von einer Wiedergutmachung abzuraten.

Wiedergutmachung, wie sie hier vorgestellt wurde, hat ihre Grenzen. So kann es zum Beispiel sein, dass die Menschen, bei denen du etwas wiedergutmachen willst, keinen Kontakt mehr zu dir haben wollen oder sogar bereits verstorben sind.

Andere verweigern den Kontakt zu dir

***Thomas**: Meine Frau verweigert nach wie vor – aus ihrer Sicht sichertlich zurecht – jeden Kontakt zu mir. Ich bin nicht mehr wütend darüber. Ich kann es mittlerweile sogar sehr gut verstehen. Weil Gott mich verwandelt hat.*

Ich hatte ihr in meiner blinden Wut Gewalt angetan. Ihr und den Kindern. Ich schäme mich sehr dafür. Ich wünschte mir, sie würde mir die Chance geben, den Schaden wiedergutzumachen. Doch mittlerweile kann ich ehrlich sagen: »Es ist ihr Recht, mir diese Chance nicht zu geben.«

Deshalb hat mich das Thema Wiedergutmachung im Endlich-Leben-Programm sehr geschmerzt. Es war für mich eine unglaublich krasse Übung, denn das, was ich bei den Schritten 8 und 9 in Bezug auf die zerbrochene Beziehung zu meiner Frau und meinen Kindern fühlte, waren Hilflosigkeit, Kontrollverlust und Wertlosigkeit.

Die bloße Tatsache, dass meine Frau den Kontakt zu mir verweigerte, erinnerte mich daran, wie furchtbar ich mich benommen hatte. Der Wert, den ich bei Gott und in seiner gnädigen Annahme ganz neu gefunden hatte, schien mir dadurch wieder genommen zu werden. Und das fühlte sich niederschmetternd an.

Außerdem konnte ich einfach nichts dagegen tun. Die krasse Übung bestand jetzt für mich darin, diesen grausamen Schmerz mit Gott zu teilen, um den Schmerz mit ihm zusammen zu verschmerzen. Das fiel mir unglaublich schwer. Aber nur so hatte ich die Möglichkeit, anders zu reagieren als früher.

Früher hätte ich den Schmerz kompensiert, indem ich andere mit meinem aggressiven Verhalten erniedrigte. Jetzt wusste ich genau: Meine einzige Rettung wäre, diesen furchtbaren Schmerz der Wertlosigkeit bei Gott aushalten zu lernen. Das hat mich sehr viel gekostet. Es hat sich angefühlt wie Sterben.

Ich habe geschrien und geweint. Und – ich kann euch nicht genau erklären, wie es passiert ist – mein Herz wurde weich dabei. Es war verwandelt!

Mein Verhalten gegenüber meiner Frau heute ist überhaupt nicht typisch für den alten Thomas. Doch Gott war zu mir so gnädig. Er hat mir meine große Schuld wirklich vergeben und hat mich, seit ich mit ihm unterwegs war, immer festgehalten und mir die Kraft gegeben, auch die größten Schmerzen mit ihm zusammen durchzustehen. Deshalb wurde es mir möglich, mich anders zu verhalten als früher.

Bei meiner Frau und meinen Kindern konnte ich das nur indirekt – in meiner Unterhaltszahlung – ausdrücken. Ich zahle ihnen um einiges mehr, als ich müsste. Und ich weiß heute, dass es richtig ist.

Meinen Schmerz über die zerbrochene Beziehung und meine Machtlosigkeit, weil meine Frau mir nicht einmal mehr die Chance gibt, mit ihr oder den Kindern zu reden, bringe ich Gott, so oft es nötig ist. Ich nutze dazu meinen sicheren Raum. Gott ist dort und hilft mir. Und vielleicht bekomme ich ja irgendwann die Chance, mit meiner Familie wieder direkt in Kontakt zu treten.

Ist für dich eine Wiedergutmachung auch schwierig, weil sich dir Menschen verweigern oder du sie verletzen würdest? Teile es mit deiner Gruppe!

Der Mensch ist bereits verstorben

Wenn Menschen, bei denen du etwas wiedergutmachen möchtest, schon verstorben sind, bleibt dir nichts weiter übrig, als ihnen einen Brief »hinterher« zu schreiben. Es kann hilfreich sein, diesen Brief dann vor einem anderen Menschen oder der Gruppe vorzulesen. Nutze dazu die Briefvorlage auf der übernächsten Seite.

Es ist gut, wenn wir Zeugen dafür haben, dass wir diesen Schritt gegangen sind. Diese können uns daran erinnern, falls uns die Schuldgefühle wieder überkommen. Es kann helfen, den Brief danach in einem Loslass-Ritual entweder zu vernichten oder aber ihn zur Erinnerung aufzuheben und an einem passenden Ort abzulegen. Wichtig ist, dass du tust, was dir selbst als passend erscheint.

Du bist emotional nicht bereit zur Wiedergutmachung

Was ist, wenn du merkst, dass du noch nicht bereit bist, Schritte der Wiedergutmachung zu gehen? Oft bist du in Beziehungen selbst so verletzt worden, dass dein Herz die anderen Personen noch nicht von Anklagen oder Groll freigeben kann. Du bist noch nicht bereit, eigene Schuldanteile anzusehen, geschweige denn sie wiedergutzumachen.

Dann solltest du das Thema getrost erstmal noch zur Seite legen. Geh zuerst mit Groll und seelischen Schmerzen zu Gott solange ins Gebet, bis du »ganz bei Trost« bist.

Eine Alternative zur Wiedergutmachung kann sein, folgenden Brief an die Person zu schreiben, die dir bei den Schritten 8 und 9 besonders vor Augen kam. Das Ziel ist nicht, diesen Brief an die Person abzuschicken. Das Ziel ist es, den entstandenen Schmerz in dieser Beziehung mit Gott zusammen zu entdecken, um ihn zu verarbeiten, bevor du der Person gegenüber trittst. Auch hier hilft es dir, den Brief vor einem Zeugen oder der Gruppe vorzulesen. Es bietet sich an, darüber auch gemeinsam zu beten.

Schreibe einen Brief zur Verarbeitung

Schreibe den folgenden Brief nur für dich auf, denn er dient deiner Verarbeitung einer bestimmten Beziehung deines Lebens. Suche dir einen Menschen deines Vertrauens, dem du diesen Brief vorlesen, mit dem du dann auch zusammen beten kannst. Natürlich darfst du den Brief auch in deiner Gruppe vorlesen, wenn die anderen zustimmen.

Nachdem du den Brief geschrieben und ihn vorgelesen hast, suche eine Möglichkeit, diesen Brief im Gebet vor Gott auszubreiten, und eine Form, um den Prozess abzuschließen.

- Erfinde ein Ritual, um deine Gefühle und Gedanken gelassen abzulegen.
- Den Brief selbst kannst du vernichten, verbrennen, ….
- Du kannst ihn an einen besonderen Ort bringen, der einen guten Abschluss dieses Beziehungsthemas symbolisiert.

Setze dich jetzt an die Formulierung deines Briefes auf den beiden nächsten Seiten. Und überlege danach, welches Loslass-Ritual zu deinem Prozess am besten passt.

Wie kann deine Wiedergutmachung aussehen?

Ob eine Wiedergutmachung möglich ist oder nicht – überlege dir jetzt, wie sie aussehen kann. Das gilt für deine »Ich-Wiedergutmachung« und/oder für deine »Du-Wiedergutmachung«. Hierbei sind deiner Kreativität keine Grenzen gesetzt.

1. *Bei wem möchte ich etwas wiedergutmachen?*

2. *Welchen Rahmen kann ich mir für meine Wiedergutmachung gut vorstellen, z.B. Ort, Raum, begleitende Atmosphäre?*

3. *Wie suche ich den Kontakt für das Gespräch?*

4. *Was sage ich, um das Gespräch zu beginnen?*

5. *Welche Themen will ich konkret ansprechen?*

6. *Welche Vorstellung von Gott an meiner Seite habe ich in der Situation meiner Wiedergutmachung, z.B. für den Fall, wenn es emotional schwierig wird?*

7. *Was habe ich bei meiner Wiedergutmachung erlebt?*

Liebe/r … !

Ich beziehe mich auf die folgende konkrete Situation mit …

Ich kann mir nicht/kaum verzeihen, dass ich …

Ich bereue ganz besonders, dass …

Ich bedaure besonders, dass …

Ich denke gerne an …

Als Wiedergutmachung biete ich dir …

Ich bitte dich, wenn es dir möglich ist, nimm dies an als …

Beziehungen werden gut

__Nina__: Meine Verwandlung im Endlich-Leben-Prozess betraf auch meine Beziehungen. Sie wurden wieder gut. Ich habe dabei gemerkt, dass ich nicht nur in der Beziehung zu meinen Eltern die »Rebellin« war, sondern dass ich dieses Muster auch in anderen Beziehungen auslebte.

Sobald es in Beziehungen schwer wurde, erlebte ich mich selbst als die »Arme« und mein Beziehungsgegenüber erschien mir als mein »Feind«. Dann reagierte ich rebellisch. Besonders schwierig erwies sich dieses Muster in meiner Ehe.

Nur mit Gottes Hilfe konnte ich mich beruhigen lassen. So wurde mir langsam klar: »Mein Ehemann ist nicht mein Feind!« Mit diesem Gedanken hatte ich ihm Unrecht getan. Deshalb habe ich meinem Mann gesagt, dass es mir leid tut. Ich machte ihm ein kleines symbolisches Geschenk als Zeichen meines Wunsches nach Wiedergutmachung. Im Streit sagt er heute oft noch: »Ich bin nicht dein Feind!« Das hilft mir.

__Emma__: Ich habe endlich gelernt, auf meiner Arbeit zu sagen, was ich will. Bisher war ich immer nur schwach und krank und hatte Angst, nicht mehr geliebt zu werden. Aber damit hatte ich mir weh und auch meinen Kolleginnen Unrecht getan. Eigentlich hatte ich allen um mich herum unterstellt, sie würden mich nur lieben, wenn ich schwach bin. Puh, ich glaube, das war für uns alle ganz schön anstrengend.

Jetzt müssen sich meine Kolleginnen allerdings umstellen. Oft sind sie noch ziemlich überrascht, dass ich sagen kann, was ich will und was ich nicht will!

Welche Beziehungen haben sich bei dir bereits verändert?

3 x lieben: Gott, dich selbst und andere

Liebe als höchstes Gebot

Jesus hat einmal eine Verhaltens-Regel gegeben, die sprichwörtlich zur »goldenen Regel« wurde. Matthäus berichtet in seinem Evangelium Kapitel 22, Verse 37-40**:

»Jesus antwortete:
›Du sollst den Herrn, deinen Gott, lieben
mit deinem ganzen Herzen,
mit deiner ganzen Seele
und mit deinem ganzen Denken.‹
Dies ist das größte und wichtigste Gebot.
Aber das folgende Gebot ist genauso wichtig:
›Liebe deinen Mitmenschen wie dich selbst.‹
Diese beiden Gebote fassen alles zusammen,
was das Gesetz und die Propheten
von den Menschen fordern.«

Jesus verweist auf die zentralen Weisungen Gottes im Gesetz von Mose. Wer so liebt, geht in Gottes Spuren. Wenn du den 9. Schritt umsetzt, erfüllst du also diese Erwartungen Gottes. Du lebst die Liebe Gottes.

Gottes Geist als Quelle der Liebe

Endlich-Leben-Gruppen sind ein besonderer Ort. Hier üben wir die Gegenkultur zu einer egozentrischen Welt: die Welt der selbstlosen Liebe. Wir hören auf, uns an eine verwirrende Gesellschaft anzupassen, wo viele nur ihren Vorteil suchen. Wir nehmen uns Zeit füreinander. Je mehr wir unsere Wurzeln in das Kraftfeld göttlicher Liebe strecken, umso mehr werden wir lieben. Deine Motivation zu Schritt 9 kommt nicht aus einem Zwangssystem »heiliger Regeln«, sondern ist die Leidenschaft, die aus Gottes Liebe geboren wird. Gott trägt dich, wenn es herausfordernd wird. Wenn deine eigene Versöhnungsbereitschaft oder Liebe an Grenzen kommt, verlass dich auf den Heiligen Geist in dir!

Wie nimmst du Gott und seine Kraft in dieser Phase in Schritt 9 wahr?

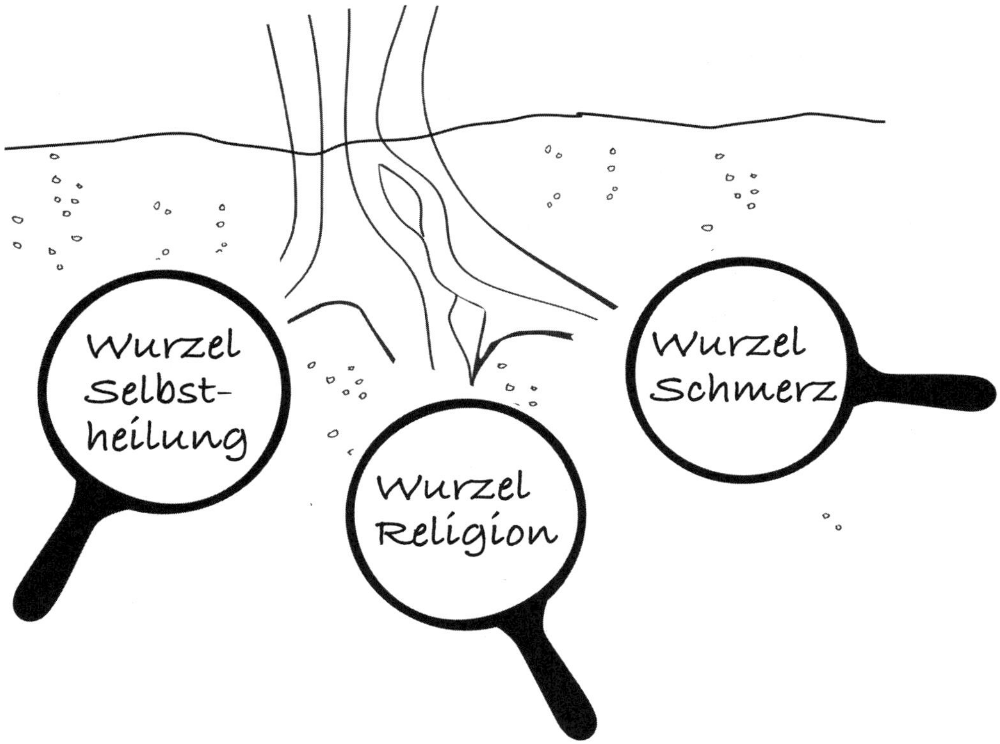

Schritt 10

»Wir setzen die Inventur bei uns fort,

und wenn wir Unrecht haben, geben wir es sofort zu.«

Woche 21

Das Sofort-Konzept

Alles bisher Erlernte kannst du jetzt bündeln.

Dabei unterstützt dich eine neue Haltung der Wachheit.

Nur so kannst du sofort reagieren, wenn es nötig wird:

sofort kapitulieren, sofort bekennen und sofort wiedergutmachen.

In der täglichen Inventur achtest du auf die Balance in drei Feldern:

- **die Grundbedürfnisbalance,**
- **die Tugendbalance und**
- **die Beziehungsbalance zum Ich, Du und zu Gott.**

In regelmäßigen Abständen nutzt du die Langzeitinventur,

um deine Verwandlung wahrzunehmen und zu feiern.

Du übst eine Haltung der Wachheit ein

Mit Schritt 10 stellt sich jetzt die Lernaufgabe, wachsam und liebevoll alle bisher erlernten Aspekte im Blick zu behalten. Man könnte auch sagen, du übst eine »Haltung der Wachheit« ein. Du hast viele deiner zerstörerischen Verhaltensmuster über Jahre praktiziert und so automatisiert, dass du über sie nicht nachdenken musstest. Das machte früher dein Leben einfacher.

Du hattest deine typischen Verhaltensmuster, sobald du dich zum Beispiel schlecht fühltest. Die haben viele Jahre tägliche Praxis hinter sich. Ein besseres, lebensförderliches Verhalten konntest du bisher gar nicht so lange und intensiv einüben, dass es schon automatisch ablaufen würde.

Noch ist es darum wahrscheinlich, dass du dich sehr bewusst darauf konzentrieren musst. Schritt 10 hilft dir, wachsam auf die Schlüsselreize in deinem Leben zu achten, die dein altes, zerstörerisches Verhalten auslösen könnten, um Rückfällen vorzubeugen. Übe mit Schritt 10 also, wachsam zu sein.

Am Baummodell erklärt

Am Baummodell erklärt, bedeutet eine Haltung der Wachheit Folgendes: Du bleibst im Kontakt mit dem, was an deinem Wurzelwerk passiert.

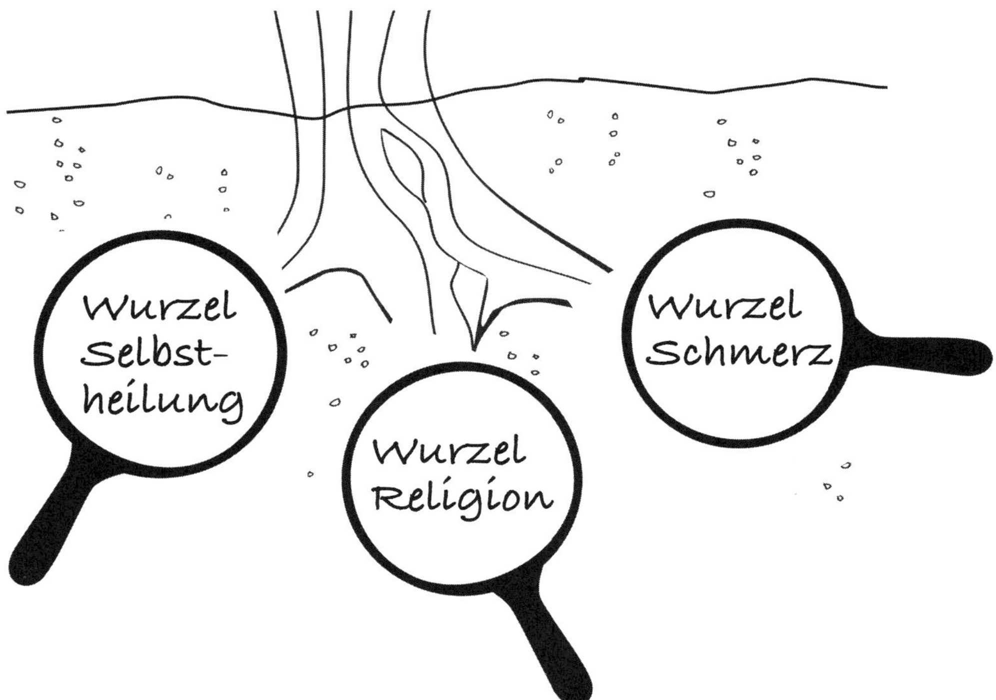

Wenn du eine wache Beziehung zu dir selbst pflegst, spürst du dich selbst auch:

1. Du nimmst wahr, wenn es im Wurzelwerk an Nährstoffen fehlt – wenn du einen Schmerz fühlst, weil eines der Grundbedürfnisse nicht ausreichend befriedigt wird (Wurzel 3 »Schmerz«).
2. Du beobachtest, wie in deinem Wurzelwerk sofort Kompensationsmechanismen angeregt werden, um diesen Nährstoffmangel auszugleichen. Sofort willst du deine dir inzwischen bekannten Mechanismen der Selbstheilung nutzen, um den Schmerz möglichst schnell zu beseitigen (Wurzel 1 »Selbstheilung«).
3. Doch jetzt streckst du deine Wurzeln aus zur Quelle des Lebens, aus der dein Lebensbaum alles beziehen kann, was ihm in der aktuellen Situation fehlt – du beeilst dich, mit deinem Schmerz zu Gott zu gehen, das unangenehme Gefühl mit ihm zu regulieren und Bedürfnisse aus der Beziehung zu ihm stillen zu lassen (Wurzel 2 »Religion«).

Was hier im Modellbild der drei Wurzeln erklärt wird, sind in Wirklichkeit Prozesse, bei denen alle drei genannten Aspekte miteinander verbunden sind und fast gleichzeitig geschehen. In der Regel laufen diese Kompensationsmechanismen so schnell ab, dass wir sie gar nicht wahrnehmen. Sie laufen vorbewusst ab.

Dein Lebensbaum hat mit Schritt 5 gelernt, sich nach der Quelle des Lebens auszustrecken statt nach dreckigen Pfützen mit Schädlingen. Dieser Richtungswechsel war mit bewusster Aufmerksamkeit eingeleitet worden.

Mit der Zeit hast du eingeübt, dich bei jedem Mangelgefühl zur Quelle des Lebens auszustrecken und dreckige Pfützen zu meiden. Auch der neue, heilsame Kompensationsmechanismus läuft mit der Zeit schnell und automatisch ab. Genau wie es bisher der Fall war mit deinem alten Verhalten. Es ist alles eine Frage der Einübung und Wachheit. Ein Prozess des Umlernens brauchte die vielen, bewussten, kleinen Schritte wie z.B. in Schritt 6: Lernen im Zeitlupentempo.

Mit den folgenden beiden Lernschritten 10 und 11 entwickelst du als neue Haltung Wachsamkeit und Achtsamkeit. Wie das genau geht, erklären wir jetzt.

1. Methode: Deine »Sofort-Inventur«

Nur wenn du bewusst langsam nachdenkst, kannst du dein Verhalten umsteuern: Du lernst, die blitzschnell ablaufenden Prozesse wachsam zu beobachten und ihnen – wo nötig – sofort entgegenzusteuern. Die Kunst von Schritt 10 ist, sofort zu reagieren. Unter »Sofort-Inventur« verstehen wir darum, dass wir die Aufmerksamkeit dahin lenken, sofort zu reagieren. Machen wir uns das an einem Beispiel von Nina deutlich:

***Nina**: Ich rauche mittlerweile seit drei Jahren nicht mehr. Das ist großartig! Ich möchte euch erklären, was mit mir passiert, wenn ich im alltäglichen Leben mit Schwierigkeiten konfrontiert werde!*

Neulich hatte ich einen Streit mit einer Kollegin bei der Arbeit. So was bringt mich in der Regel immer noch sofort in Stress und in ein inneres Ungleichgewicht! Ich spüre schmerzhaft wieder meine alte Wunde im Bereich meiner Beziehungen und meines geringen Selbstwertes.

Ich beobachtete also, wie mein Gehirn darauf spontan reagierte, um dieses Ungleichgewicht zu beseitigen! Als bekannte und schnellste Reaktion aktivierte sich zunächst blitzschnell in mir dieses blöde, alte Muster: »Erst mal eine rauchen!« Und das nach 3 Jahren Abstinenz!

Doch ich hatte es gelernt, wachsam auf solche Impulse achtzugeben und sofort gegenzusteuern. Ich wusste, ich konnte es nicht verhindern, dass dieses Muster anspringt. Ich kann aber verhindern, dass es in mir die Regie übernimmt.

Und so ging das konkret ab: In der Situation des Streites flitzte ich sofort zur Toilette – ich brauchte Abstand. Dabei hatte ich das Bedürfnis zu rauchen nicht verdrängt, sondern als Gefahr erkannt und in mir auch so benannt. Ich habe mich mit dem Spannungsgefühl in mir zu Gott gewandt und ihn in einem Stoßgebet angefleht, mir zu helfen. Ich wusste nämlich, dass ich nicht »Nichtrauchen« kann ohne ihn. Dabei unterstützen mich die verschiedenen Helferchen aus meiner Übung zum Lebens-Fokus-Satz: Die Muschel brachte mir meine rettende Insel ins Gedächtnis, ein Haarbüschel an meinem Armband erinnerte an die große, schützende Mähne meines Löwen. Und ein bestimmtes inneres Bild von Gott tauchte in mir auf: die große starke Vaterbrust, an der ich mich anlehnen konnte, ein Ort, wo mir möglich war zu weinen.

Dort wurden meine aufgebrachten Gefühle langsam wieder ruhig. Ich atmete an diesem sicheren Ort tief ein und aus. Das Bedürfnis zu rauchen verschwand langsam. Puh, das tat gut! Gefahr erkannt, Gefahr gebannt!

Und dank solcher Erinnungshilfen und einiger Übung, geht es mittlerweile innerhalb von wenigen Minuten, bis ich wieder zur Ruhe finde.

Deine 3 Aktionen zum »Sofort«

Deine Sofort-Inventur umfasst 3 Aktionen, die das von dir bisher Erlernte bündeln:

1. **Sofort kapitulieren:** Wann immer du in ein inneres Ungleichgewicht gerätst (einen Schmerz fühlst), gibst du es ehrlich zu und wendest dich sofort an Gott. Du kapitulierst (Schritt 1) – versuchst nicht, das Problem alleine zu lösen (Schritt 2), sondern bekennst Gott bereitwillig, dass du seine Hilfe benötigst (Schritt 3). Im Baummodell gesprochen, streckst du deine Wurzeln aus nach seinem lebendigen Wasser.
2. **Sofort bekennen:** Du übst ein, sofort die Art deines zerstörerischen Musters und Gedankens ehrlich vor dir selbst wahrzunehmen (Schritt 4), und bekennst das vor Gott und vielleicht auch vor einem anderen Menschen (Schritt 5).
3. **Sofort wiedergutmachen:** Solltest du durch dein Verhalten an anderen schuldig geworden sein (Schritt 8), gibst du Fehler ihnen gegenüber sofort offen zu und machst sie mit Worten und durch Zeichenhandlungen wieder gut (Schritt 9).

Diese Veränderungsbewegung lebt also daraus, dass du wachsam und liebevoll alle bisher erlernten Aspekte im Blick behalten kannst. Das wirst du ab jetzt einüben.

Du bleibst im Kontakt zu dir selbst

Zu deinem »Selbst«, der inneren, weisen Gefühlswelt, Kontakt zu halten ist eine Kunst. Das geschieht immer nur, wenn du emotional gelassen bist. Dann erlebst du dich wahrhaftig und ehrlich, verbunden mit liebevoller Selbstannahme.

Das bedeutet: Du bleibst ehrlich, was die Entfaltung deines Lebensbaums angeht. Gelassenheit ist die passende Haltung für eine ständige Inventur. Du nimmst dich an, mit all dem, was dich ausmacht. Versuche nicht, aus eigener Kraft etwas künstlich zu beschönigen oder zu verstecken. Bewege dich mit ehrlicher Offenheit auf Gott zu, der dich genau so annimmt, wie du bist, und dir in allen Dingen hilft!

Beschreibe ein Erlebnis, wie du das »Sofort-Konzept« schon angewendet hast und somit in einer Situation neu, lebensförderlich reagieren konntest!

2. Methode: Deine tägliche Inventur

Neben dem »Sofort«-Trick, deiner blitzschnellen Reaktionsfähigkeit, lernst du bei Schritt 10 die Anwendung eines weiteren wichtigen Inventurwerkzeugs: die tägliche Inventur. Du hast im bisherigen Endlich-Leben-Prozess drei Balancefelder kennengelernt. Diese nimmst du bei deiner täglichen Inventur alle auf einmal in den Blick.

1. Balance in der Befriedigung deiner 4 Grundbedürfnisse

Mit Schritt 2 haben wir entdeckt, wie entscheidend die Befriedigung unserer Grundbedürfnisse für unsere seelische Gesundheit ist. Wir brauchen die ausgewogene Balance in der Befriedigung aller 4 Grundbedürfnisse, damit wir uns wohlfühlen. Wir haben mehr und mehr erlebt: Gott unterstützt uns in allen Situationen, die Balance wiederzufinden.

Es kann dir immer noch passieren, dass ein Grundbedürfnis so in den Vordergrund der Aufmerksamkeit kommt, dass du die anderen in ihrer Befriedigung vernachlässigst. Außerdem können Umstände dich so unter Druck setzen, dass eines oder mehrere Grundbedürfnisse Mangel erleben. Das hat Folgen: Du empfindest einen Schmerz, den du sofort stillen willst. Im Baummodell geht es um Wurzel 1 »Selbstheilung« und Wurzel 3 »Schmerz«. In deiner täglichen Inventur stellst du dir deswegen zuerst diese Fragen:

Habe ich in meinen 4 Grundbedürfnissen heute Mangel erlebt und wenn ja, wie habe ich ihn ausgeglichen? Waren die Grundbedürfnisse in Balance miteinander?

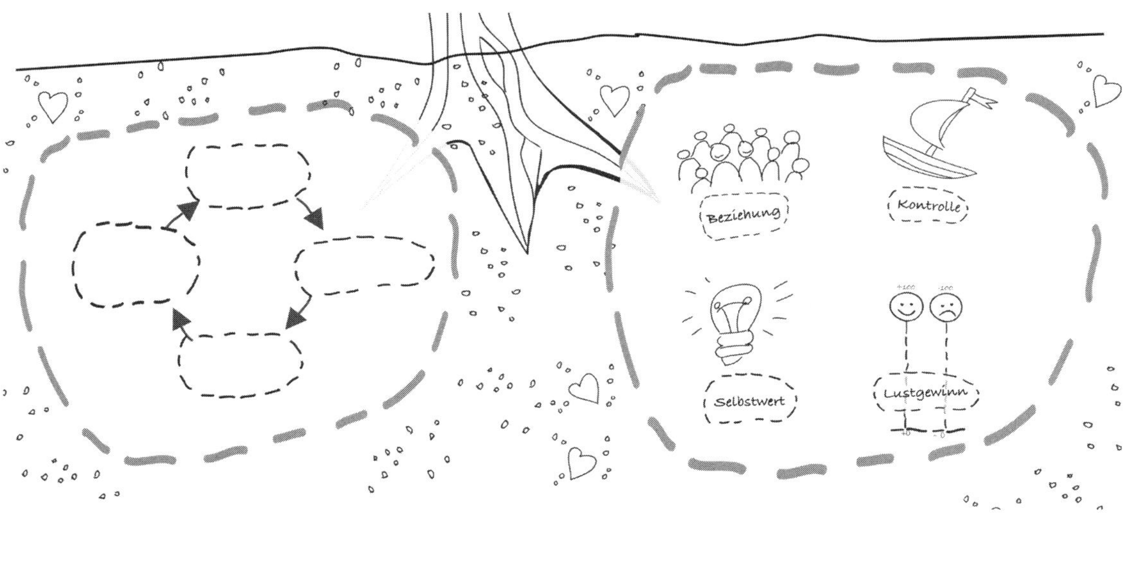

2. Balance in deiner Tugend

Wir haben in Schritt 6 und 7 bereits gesehen, dass wir dazu neigen, in unserem Verhalten entweder zu übertreiben oder zu untertreiben. Zum Beispiel: »Entweder kaufe ich mir zu viele Sachen oder ich lebe völlig asketisch und gönne mir zu wenig.« Das goldene Maß zu finden ist eine Kunst. Wir finden es durch die Weisheit, die Gott schenkt. Übertreibung oder Untertreibung nennen wir deshalb »Wurzelsünden«: Fehlverhalten an unseren Wurzeln, das zerstörerisch wirkt und uns vom Leben trennt.

Im Baummodell gesprochen, betrifft die tägliche Inventurfrage 2 die sieben Böden, in denen deine Wurzeln verwachsen sind. Die Sonne im Baummodell steht für die Wachstumsrichtung deines Lebensbaums.

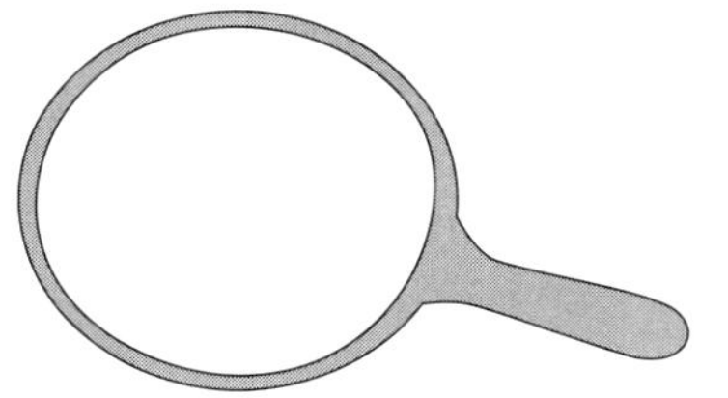

Die Richtung, in die dich Gott für ein gesundes Baumwachstum führt, entspricht deinem Lebens-Fokus-Satz (Lupe), der dich ab Schritt 7 leitet.

In deiner täglichen Inventur stellst du dir diese Frage:

Habe ich in meinen Verhaltensmustern heute die Balance gefunden zwischen Über- und Untertreibung? Hat mir der Lebens-Fokus-Satz heute dabei genützt?

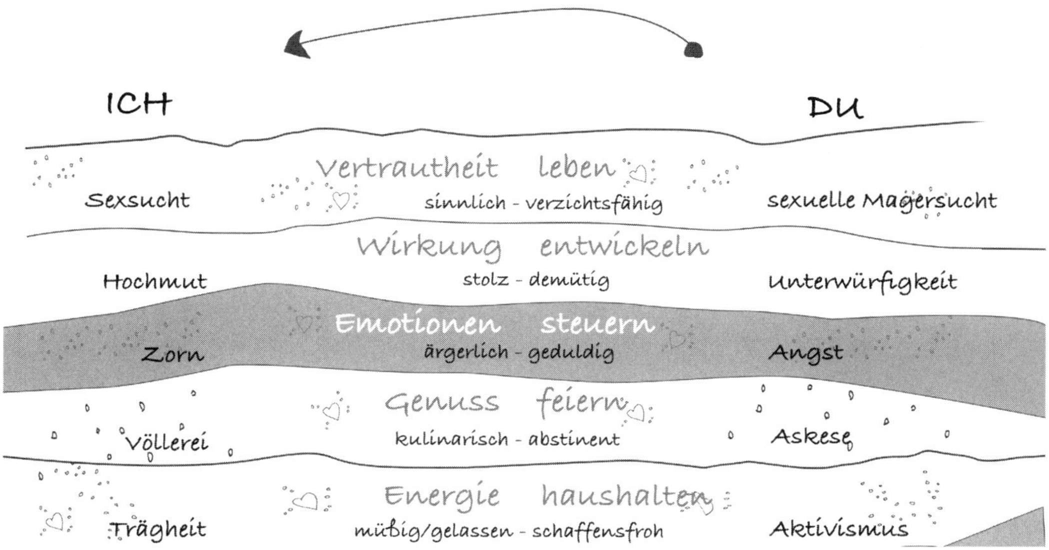

3. Balance in den Beziehungen Ich, Du, Gott

Ziel ist es, in einer liebevollen Beziehung zu leben, sowohl zu dir selbst, als auch zu anderen Menschen. Deine Beziehung zu Gott bietet den verlässlichen Grund, der dich befähigt, liebevolle Beziehungen zu leben.

In den Schritten 6 und 8 haben wir beobachtet, wie wir in Beziehungen gefährdet sind, entweder zu übertreiben oder zu untertreiben. Auch hier geht es um eine Balance. Darum gehe bitte achtsam mit deinen Beziehungen in der täglichen Inventur um.

Zu viel Beziehung zum »Ich« hätte zur Folge, dass dein Ego sich aufbläst und sich so gegen die Umwelt abschottet, dass es dich zu einer kurzfristigen Bedürfnisbefriedigung verführt. Oder du drehst dich um ein isoliertes, einzelnes Bedürfnis und verlierst die Ausgewogenheit im Blick auf die verschiedenen Bedürfnisse. Hochmut hätte zur Folge, dass der an sich nötige Eigensinn durch Übertreibung alles um sich zerstört.

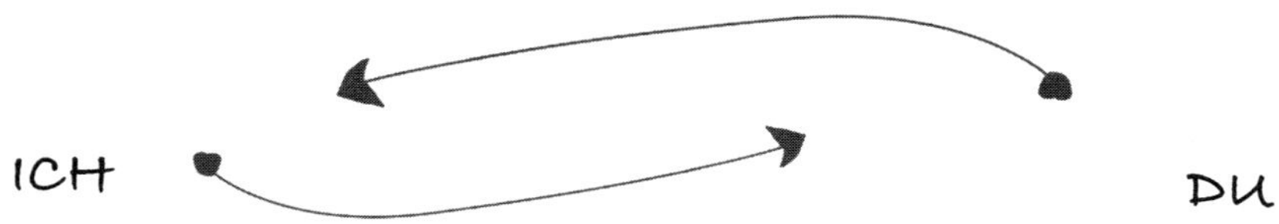

Zu wenig Beziehung zum »Ich« führt dazu, dass du dich von deinem »Selbst« in der Weise isolierst, dass du nicht mehr spüren kannst, was dir gut tut und der Meinung deiner Umwelt, den anderen »Dus« da draußen, ausgeliefert bist. Du verlierst deinen Eigenwert zugunsten anderer Menschen mehr und mehr aus den Augen. Du spürst dann nicht, was du eigentlich brauchst oder was du gerade willst. Andererseits bist du hellwach für die mutmaßlichen Erwartungen anderer an dich und fällst ihnen zum Opfer.

Ideal also ist die Ausgewogenheit deiner Beziehungen in genau beide Richtungen. Ins Ungleichgewicht gerätst du, wenn eine der beiden Beziehungsrichtungen so sehr in den Vordergrund rückt, dass du die andere vernachlässigst. Die Über- oder Untertreibung deiner Beziehung zum »Ich« oder zum »Du« wäre die Folge.

Im Baummodell gesprochen, betreffen die Fragen hier sowohl den Bereich der Wurzeln – die Beziehung zu dir selbst das Innere –, als auch das nach außen sichtbare Baumwachstum – den Stamm und die Äste, die im Kontakt mit den Wetterlagen sind. Das ist dein Verhalten in deinen sozialen Systemen.

Dein gutes, lebensförderliches Baumwachstum, das leckere, reife Früchte produziert, braucht eben beides in ausgewogenem Maße: starke Wurzeln, gute Beziehung zum »Ich« und einen starken Stamm mit starken Ästen, aber auch genauso gute Beziehung zum »Du«.

Die 3. Fragestellung deiner täglichen Inventur sucht diese Beziehungsbalancen:

Wo habe ich mich so sehr um meine Dinge gekümmert, dass ich andere Menschen vernachlässigt habe?

Wo habe ich mich so sehr um anderer Leute Erwartungen gekümmert, dass ich mich vernachlässigt habe?

4. Spiritualität vertiefen

Eine weitere Dimension in deiner täglichen Inventur ist die Frage nach Gott in all dem – Gott als der Quelle deines Lebens.

Inwieweit es dir gelingt, an einem Tag in den verschiedenen Bereichen ein ausbalanciertes Leben zu führen, hängt auch damit zusammen, wie du in Gott verwurzelt aus seiner Kraftquelle lebst. Deshalb gehört zu deiner täglichen Inventur die Frage nach der göttlichen Dimension mitten in deinem Alltag. Darum diese Frage:

Wie hat Gott heute die Verbindung mit mir gehalten? Welches Bild meiner Beziehung mit ihm hat mir geholfen, mit ihm heute verbunden zu leben?

Es wird Situationen geben, da hast du außeralltägliche Erlebnisse mit Gott, so wie du ihn verstehst. In anderen Situationen nimmst du ihn bewusst gar nicht wahr, obwohl er der tragende Grund von allem ist und bleibt.

Darum gilt: Egal, was du an jedem Tag bewusst erlebst, deine tägliche Inventur wird zu einer Einladung, achtsam für die göttliche Dimension zu werden, so dass du deine Beziehung zu Gott immer wieder auffrischst. Die folgenden Vorschläge können dir helfen. In Schritt 11 behandeln wir ausdrücklich weitere drei Blickrichtungen, wie die Vertiefung deiner Wurzeln in Gott gelingen kann. Jetzt erst einmal diese Tipps:

1. Strecke dich neu nach ihm aus.
2. Rufe dir die Vorstellung in Erinnerung, wer er für dich ist und wer du dann in der Beziehung zu ihm bist.
3. Verbinde deine Wurzeln wieder neu mit ihm, der Quelle deines Lebens.
4. Ziehe Kraft aus den Vorstellungen, die du mit der Beziehung zu Gott verbindest.

An jedem Tag bietet Gott dir neu an, beides zu tun: Zu danken oder zu klagen und dann: neu zu beginnen.

Jeder Tag wird ein guter Anlass sein, Gott dankbar zu sagen, was lebensförderlich gelaufen ist, und ihm das hinzuhalten, was zerstörerisch war, damit es in seinem mächtigen Lebensstrom abfließen kann. Nimm jeden Tag ehrlich als solchen an, wie er war, und suche die Beziehung zu Gott mit dieser ehrlichen Haltung.

***Thomas**: Ich mache die tägliche Inventur am Abend im Bett. Ich gehe den vergangenen Tag mit Hilfe des Arbeitsblattes für die tägliche 15-Minuten-Inventur noch einmal durch! Ich kläre meine Beziehung zu Gott neu. Das klingt dann ungefähr so: »Ja, Herr, das ist schon super gelaufen heute Morgen. Doch den ganzen Nachmittag habe ich dich völlig aus den Augen verloren und bin wieder hektisch geworden und habe mich unausstehlich gegenüber meinen Mitarbeitern verhalten. Ich bekenne all das, was schlecht gelaufen ist. Das ist meine Schuld. Danke, dass du sie mir abnimmst. Morgen ist ein neuer Tag. Ich fange ihn neu mit dir zusammen an. Du bist mein liebender Vater, und ich bin dein geliebtes Kind! Ich gehöre zu dir! Gute Nacht.«*

Arbeitsblatt für die tägliche 15-Minuten-Inventur

Wir bündeln die Fragestellungen deiner täglichen Inventur in einem Arbeitsblatt. Es hilft zur Einübung, wenn du dir täglich 15 Minuten Zeit nimmst, um dich mit den drei Fragestellungen zu beschäftigen. So entwickelst du Übung und auf Dauer eine bleibende, ausgewogene Achtsamkeit. Im Anhang findest du eine Kopiervorlage des Arbeitsblattes.

1. Grundbedürfnisbalance

Habe ich bei meinen 4 Grundbedürfnissen heute Mangel erlebt und wenn ja, wie habe ich ihn ausgeglichen? Waren die Grundbedürfnisse in Balance miteinander?

2. Tugendbalance

Habe ich in meinen Verhaltensmustern heute die Balance gefunden zwischen Über- und Untertreibung? Hat mir der Lebens-Fokus-Satz heute dabei genützt?

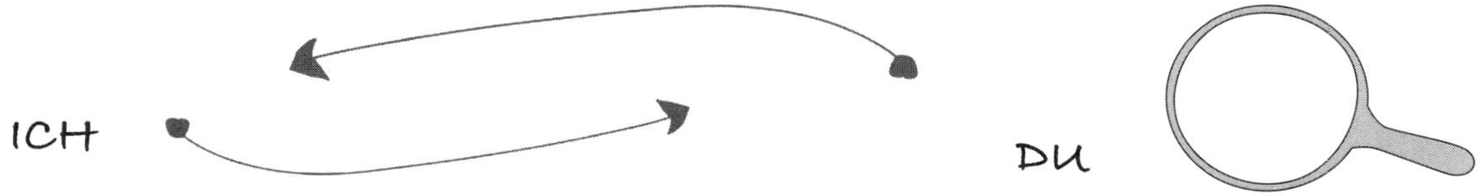

3. Beziehungsbalance

Wo habe ich mich so sehr um meine Dinge gekümmert, dass ich die anderen Menschen vernachlässigt habe?

Wo habe ich mich so sehr um anderer Leute Erwartungen gekümmert, dass ich mich vernachlässigt habe?

4. Spiritualität vertiefen

Woran habe ich erkannt, dass Gott heute die Verbindung mit mir gehalten hat? Wofür möchte ich danken?

Welches Bild meiner Beziehung mit ihm hat mir geholfen, mit ihm heute verbunden zu leben?

Was möchte ich bekennen?

Wo brauche ich einen Neubeginn?

3. Methode: Deine Langzeitinventur

Abschließend noch die 3. Methode von Schritt 10: Deine Langzeitinventur. Eine Verwandlung benötigt Zeit. Veränderungen sind manchmal nur in Nuancen zu erfassen. Und das kann frustrierend sein.

Arbeiten oder Helfen als Verhalten – bei Thomas und Christian bis zum Umfallen! – können sie nicht einfach komplett aufgeben oder weglassen – also eine gänzliche Abstinenz ist nicht möglich. Stattdessen lernen sie, ihr Verhalten so verwandeln zu lassen, dass es gute Grenzen bekommt und damit lebensförderlich wird.

Wenn du also in so einer Situation bist, Verhalten auszubalancieren, dann ist eine Verwandlung oft nicht schnell oder leicht zu erkennen. Genau das beobachten wir bei jedem Wachstumsprozess. Das Baummodell ist so hilfreich, weil es daran erinnert.

Größere Inventur-Abstände lassen dich klarer sehen: Eine Inventur deines Lebens und seiner Früchte auf längere Sicht – eine Langzeitinventur – anzulegen macht Mut. So, wie du bei Kindern staunst, die du einige Monate nicht gesehen hast, und dich sagen hörst: »Nein, bist du gewachsen!« So fällt dir oft erst bei einer Langzeitinventur im Abstand der Monate auf, wie kaum merkbar Wandlungen doch deutlich werden: »Nein, bin ich gewachsen!«

Wie geht eine Langzeitinventur?

Nimm dir regelmäßig, z.B. dreimal im Jahr, eine Auszeit. Gut ist es, einige Tage wirklich von zu Hause wegzufahren. In dieser Auszeit machst du erneut eine gründliche Bauminventur, wie du es in den Schritten 4 bis 6 getan hast.

- Du schaust dir die Früchte deines Lebensbaums an. Wie haben sie sich verändert und warum sind deine Lebensbäume so gewachsen?
- Mit allem, was lebensförderlich ist, kommst du dankbar zu Gott.
- Alles, was noch zerstörerisch ist, bringst du Gott und lässt es bei ihm los, damit es in seinem Lebensstrom abfließen kann.
- Du erneuerst deine Beziehung zu Gott, so wie du ihn verstehst, und nimmst dir die Zeit, Kraft aus dieser Beziehung zu ziehen.

Nach einigen Langzeitinventuren kannst du die Bäume der verschiedenen Bauminventuren vergleichen und so die Veränderungen sehen, die dir im Alltag nicht auffallen.

Wie kannst du dir realistisch vornehmen, regelmäßige Langzeitinventuren in deinem Leben einzuplanen? Terminiere jetzt mindestens deine nächste Auszeit.

Das »nur für heute«©– Prinzip

Du lebst immer »nur für heute«. Mit allem, was du dir vorgenommen hast, kannst du an jedem Tag neu beginnen, egal, was hinter dir liegt. Und alles, was du dir vornimmst, nimmst du »Nur für heute« in den Blick. Mehr musst du nicht überschauen.

»Nur für heute« entscheidest du dich, auf Gottes gute Beziehung zu vertrauen und dich auf seine lebendigen Kräfte zu verlassen. Du beschränkst dich – »nur für heute« –, dir ein bestimmtes lebensförderliches Verhaltensziel vorzunehmen.

Und am Ende des Tages gibst du das »heute« wieder bei Gott ab: Freu dich über all das, was gelungen ist und danke Gott dafür. Pleiten, Pannen, auch die Schmerzen und Enttäuschungen über dein Ungelungenes übergibst du Gott und lässt es los! Es ist nicht mehr deins, denn das »heute« ist vorbei und morgen beginnt ein neuer Tag: »Nur für heute« begrenzt dich auf deine realistische Größe und macht dich ganz menschlich. An jedem Abend überlässt du dich wieder der Liebe Gottes und schläfst gelassen ein.

Gelassenheitsgebet verinnerlichen

Herr, gib mir die Gelassenheit,
Dinge hinzunehmen,
die ich nicht ändern kann,
den Mut, Dinge zu ändern, die ich ändern kann,
und die Weisheit, das eine vom anderen zu unterscheiden.

Lass mich den Tag ganz ausleben im Bewusstsein seiner Zeit.
Lass mich jeden Augenblick ganz genießen
im Bewusstsein seiner Begrenzung.
Lass mich Not auch als einen Weg
zum inneren Frieden akzeptieren.

Lass mich – wie Jesus es auch tat – diese sündhafte Welt annehmen,
wie sie ist, nicht wie ich sie gerne hätte.
Lass mich dir vertrauen, dass du alle Dinge richtig machen wirst,
wenn ich mich dir und deinem Willen überlasse.

So werde ich glücklich werden
in diesem Leben
und überglücklich mit dir
für immer im kommenden Leben.

Text von Reinhold Niebuhr

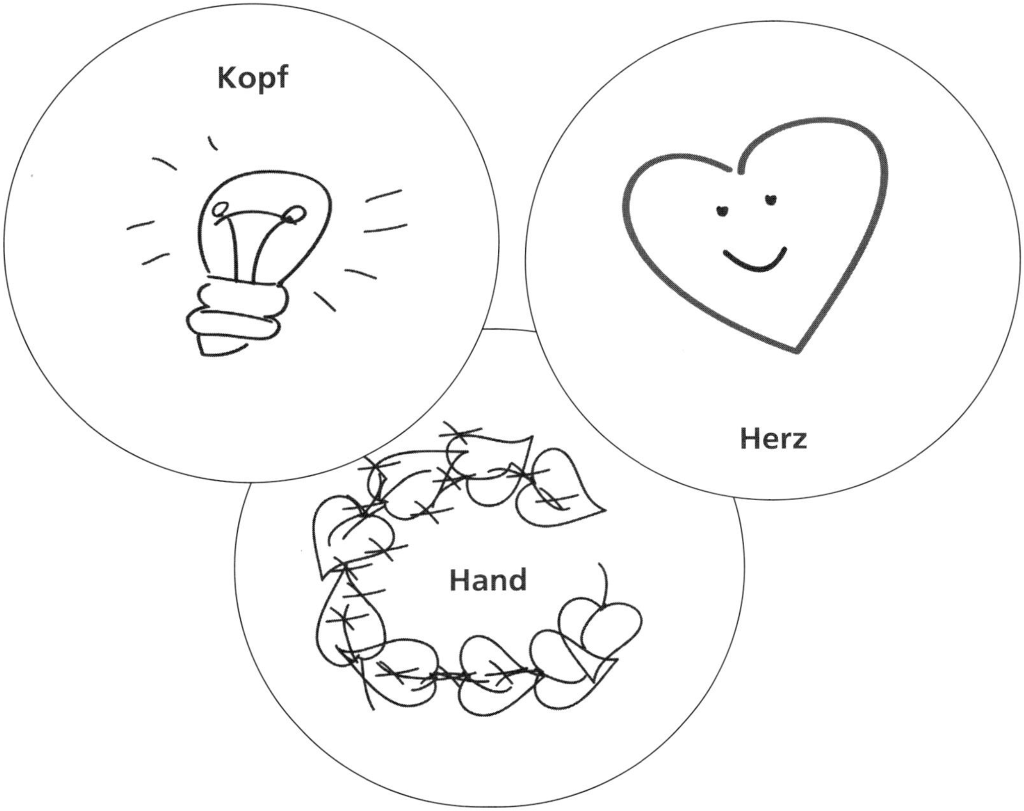

Schritt 11

»Wir suchen, durch Gebet und Besinnung die bewusste Verbindung zu Gott – wie wir ihn verstehen – zu vertiefen. Wir bitten ihn nur, uns seinen Willen erkennen zu lassen und uns die Kraft zu geben, ihn auszuführen.«

Woche 22

Meditation der Gegenwart Gottes

Du findest die Glaubenspraxis, die dich in die Tiefe führt.
Besinnung, Gebet und Meditation schaffen zusammen eine Balance von Kopf, Hand und Herz in lebensnaher Religiosität.
Diese drei Fokuspunkte helfen dir, eine geistliche Entwicklung in Richtung Reife zu finden. So weitet sich dein Leben und dein Gottesbild.
Das gibt deinem Selbst Kraft, Weisheit und Gottes Willen Raum.

Welche Spiritualität bringt dich weiter?

Mit Schritt 10 konzentrierten wir uns darauf, unsere Wachheit für die bis dahin erlernten Perspektiven zu trainieren. Schritt 11 trainiert die geistliche Dimension dieser Wachsamkeit. Wir schauen uns nun genauer an, wie die Verbindung zu Gott uns unterstützt, aufmerksam für seine Wege mit uns zu bleiben. Schritt 11 vertieft und erweitert also unsere Verbindung zu Gott.

Viele können sich noch gut an die Zeiten erinnern, in denen gar nicht daran zu denken war, sich selbstverständlich mit Gott verbunden zu fühlen. Immer wieder gab es die unterschiedlichsten Störungen durch den Alltagsstress oder durch die Herausforderungen aufwühlender Stimmungen oder Gefühle, die ständig Aufmerksamkeit beanspruchten. Erinnere dich an die Entwicklungsphasen im Programm:

Mit Schritt 3 versuchten wir, ein erstes vorsichtiges Vertrauensverhältnis aufzubauen. Durch unser Andocken bei Gott kam eine neue Qualität in unser Leben.

Schritt 5 sorgte dafür, alles – wirklich alles – mit Gott zu teilen. Wir beherzigten, dass wir nichts vor ihm zu verbergen haben, weil er vergibt, aufbaut und stärkt.

In den Schritten 6 und 7 fanden wir heraus, wie unser Gottesbild uns eine neue Identität vermittelte und die Kraft zur Charakterentfaltung.

Daran knüpfen wir mit Schritt 11 jetzt an. Wir werden diese Lernschritte vertiefen, um eine gelassene Beziehung zu Gott über die Gruppenzeit hinaus zu bewahren.

Wie sieht eine lebensförderliche Glaubenspraxis aus?

Viele von uns kennen ihre bisherigen Frömmigkeit eben leider nicht nur als Quelle der Ermutigung. Sie litten an ungesund einengenden Formen ihrer Spiritualität. Umso wichtiger war ihnen der 12-Schritte-Weg. Sie entdeckten »ihren« Gott und fanden einen Glauben, der für ihre Lage, ihre Prägung und ihre Problematik passend war. Sie begegneten einem heilsamen Gott und bekamen Mut, ihn neu zu verstehen.

In Schritt 11 bieten wir Wege zur Horizontweitung an, damit du weitere Wesenszüge Gottes und weitere Zugänge zu ihm noch mehr schätzen kannst. Glaubensformen entwickeln sich ein Leben lang parallel zur Persönlichkeitsentwicklung. Darum gibt es nicht die immerwährend wahre, einzig förderliche Glaubenspraxis.

Gesund und förderlich ist ein Glaube, der es dir erlaubt, dein Leben zu entfalten. Möglichst passend zu dir sollte er sein, zugleich aber auch passend zu dem Gott, wie ihn die Bibel zeichnet. Finde nun die Balance zwischen diesen beiden Polen: Selbsterkenntnis und Gotteserkenntnis, Gottesbild und Selbstbild.

Meditation, Besinnung und Gebet

1. Meditation: Einführung in die fokussierte Achtsamkeit (Kopf)

In den letzten Jahren wurde der Begriff der »Achtsamkeit« immer bekannter. Diese Haltung bedeutet so etwas wie eine Grundaufmerksamkeit für alles, was um uns herum gerade aktuell im »Hier und Jetzt« passiert.

Durch diese Fähigkeit leben Menschen ganz in der Gegenwart. Sie sind damit wach für die vielen unterschiedlichen Impulse aus ihrem Inneren oder aus ihrer Umwelt. Achtsamkeit ist für viele eine völlig neue Erfahrung, weil sie endlich sich selbst und andere deutlich wahrnehmen können. Dabei hilft ihnen die Erlaubnis: »Lass alles ohne Bewertung – Abwertung oder Aufwertung – einfach einmal zu. Nimm es nur wahr. Beobachte, wie ein neutraler Beobachter, was es mit dir oder der Welt macht.«

Ein Nachteil dieser Aufmerksamkeitsform ist, dass du durch die breite Aufmerksamkeit alle möglichen Details und auch störende Geräusche, Bilder und Erlebnisinhalte wahrnimmst und leicht von Eindrücken überflutet wirst.

Hier setzt die Meditation ergänzend an. Meditieren geht nicht aus dem Stand. Es ist die durch viele geduldige Sitzungen eingeübte Fähigkeit deiner bewussten seelischen Seite (Kopf), die Aufmerksamkeit so zu konzentrieren, dass die Störungen und Ablenkungen zwar wahrgenommen werden können. Aber man lässt sie dennoch nicht emotional an sich herankommen, sondern bleibt gewissermaßen zugleich nah und in Distanz zu allem. So entwickelt sich die Bewusstseinsübung, vieles wahrzunehmen und es doch gewissermaßen an sich abperlen und vorbeiziehen zu lassen.

Manche nennen diese Art der Aufmerksamkeit »schwebende Wachheit«. Es ist eine höchst wache, absichtslose innere Stille. Für einige von uns wäre es eine großartige Erweiterung ihrer Möglichkeiten, um mit den 1000 Einflüssen aller Art, die auf uns einstürmen, besser und gelassener umzugehen.

Da diese Art der Meditation meistens nur aus fernöstlicher Religiosität bekannt ist, haben viele Christen dagegen leider eine Abwehr aufgebaut. Das muss aber nicht sein, weil solche Meditationsformen auch in der christlichen Tradition geübt wurden.

In vielen katholischen Klöstern und evangelischen Kommunitäten werden Kurse angeboten, eine christlich orientierte Meditationspraxis einzuüben. Solche Aufmerksamkeit für dich selbst, für die Welt um dich herum und für Gott und seine Impulse kann eine Erweiterung deiner bisherigen Spiritualität bedeuten. Dazu musst du nicht ins Kloster gehen, sondern es gibt auch Möglichkeiten, die Achtsamkeitshaltung im Alltag zu Hause einzuüben (vgl. Sabine Bobert, Jesusgebet und neue Mystik, im Literaturverzeichnis im Anhang).

2. Besinnung: Einführung in die Wachsamkeit (Herz)

Eine weitere Möglichkeit, sich zu besinnen und die Verbindung zu Gott zu halten und zu vertiefen, ist die Einübung von »Wachsamkeit«. Die hast du schon in Schritt 7 kennengelernt. Im Unterschied zur »Achtsamkeit«, die sich absichtslos auf das Hier und Jetzt der aktuellen Situation richtet, ist diese Form eine »intelligente« Aufmerksamkeit deines Unbewussten. Sie arbeitet im Hintergrund deines Bewusstseins und scannt die Umgebung gezielt ab nach deinen Themen, Aufträgen, Wünschen, Bedürfnissen, die zu dir passen.

Im unbewussten Teil deines Selbst sind ja alle wichtigen Erfahrungen, Gedankenwelten, Erlebnisse, Werte und Wünsche deiner Person versammelt. Das allermeiste davon wird dir im Alltag selten bewusst, aber es arbeitet ständig im Hintergrund.

Die Weisheit dieses gesammelten Vorrats an Wissen und Erfahrungen zu nutzen ist die große Aufgabe, vor der wir stehen. Denn hier ruhen auch alle Erfahrungen mit Gott, die wir über die Jahre gemacht haben und bilden die Kraft- und Orientierungs-Quelle für unser Leben.

Immer, wenn wir mit unserem bewussten »Ich« (Kopf) an etwas denken oder etwas planen, sind wir in dem anderen, sehr kurzfristigen Aufmerksamkeitszustand gewissermaßen kurzatmig. Die breite, dauerhafte Wachsamkeit erreichen wir am besten, wenn wir eben nicht bewusst etwas anzielen, sondern wenn wir unsere bewussten Ziele loslassen und Gott in uns vertrauen. Diese intelligente Wachsamkeit unseres Selbst (nenne es Herz) wird im Hintergrund wie von selbst die angemessenen Lösungen suchen oder die richtigen Augenblicke abpassen, um uns an unser Ziel oder einen Wunsch zu erinnern. Der Apostel Paulus bezeugt im Galaterbrief Kapitel 2, Vers 20* dieses Geheimnis so: »Und ich lebe nicht mehr als ich, sondern in mir lebt der Messias.«

Die Stärke deiner intelligenten Wachsamkeit ist, dass sie gleichzeitig alle möglichen Vor- und Nachteile abwägt, die zu deinem Nutzen oder Schaden wirken und zu einem Gesamtergebnis kommt, das deinen Zielen und Werten zu deinem Besten völlig entspricht. Weil Gott dich ausgestattet hat zu fühlen, was dir gut tut und was du brauchst, führt er dich durch diese Wachsamkeit zum Leben. Du wirst wissen, was dir gut tut. Intuitiv. Im Herzen. Im richtigen Augenblick. Der Geist von Jesus wird dich führen. Er hat sich mit dir verbunden.

Wir haben viele Schritte getan, um unserer Selbststeuerung im Einklang mit unseren Bedürfnissen vertrauen zu können. Wir nehmen den Pfad zum »Wohlbefinden« als geistlichen Weg an. Wir glauben sogar: Die Besinnung auf unsere Bedürfnisse ist ein nötiger Weg, Gott und seinen Willen im Einklang mit uns herauszufinden. Eine praktische Anregung dazu bekommst du später in diesem Kapitel.

3. Gebet: Einführung in den Gehorsam (Hand)

Die dritte Möglichkeit, unsere Verbindung zu Gott zu vertiefen, ist die: Entdecke die Offenbarung Gottes in der Geschichte, wie sie die Bibel bezeugt. Auf diesem Weg unterstützen dich viele Gemeinden mit hilfreichen Angeboten: Hauskreise, Bibelgesprächskreise oder Predigten in Gottesdiensten. Auch dein persönliches, eigenständiges Bibelstudium, bereichert um viele christliche Sachbücher und Auslegungshilfen, wird dich hier reifen lassen.

Dieser dritte Weg ergänzt notwendig die beiden Wege »Achtsamkeit« und »Wachsamkeit«. Denn nur durch diese jahrtausendealte Tradition, die in der Menschheitsgeschichte überliefert wurde, findest du den roten Faden für die Weltgeschichte, der deiner bewußten Lebensführung und deiner Intuition und Achtsamkeit eine gesunde und lebensförderliche Richtung und Sinn verleiht.

Die Bibel leitet dich an, Gottes Plan mit der Welt zu folgen. Im Endlich-Leben-Programm haben wir nur einiges dazu andeuten können. Mehr erfährst du in Glaubens- oder Bibelkursen. Wir haben dir hier im Arbeitsbuch kleine Brücken gebaut, um dich neugierig zu machen, viele neue, unbekannte Gegenden zu betreten, in denen du noch spannende Entdeckungen machen kannst.

Es gibt verschiedene Weisen, das Wirken Gottes in der Bibel wahrzunehmen. Eine nutzt den bewussten Verstand, eine andere mehr die Ressourcen unseres unbewussten Selbst, die dritte Weise öffnet uns Mund und Hand.

Den Verstand schärfen, um die Wahrheit zu verstehen

Beim Nachdenken über Religion und in der Bibelarbeit kannst du viele Einsichten verstandesgemäß entwickeln. Dabei geht es um Zusammenhänge, ein genaues Verständnis der Begriffe, Auslegungsprinzipien oder einfach um Bibelkenntnis oder das Auswendiglernen von Bibelworten, um Gottes Willen vielfältig zu verinnerlichen.

Das Herz öffnen, um Gottes Impulse wahrzunehmen

Ein eher intuitiver Zugang zur Bibel geht z.B. über die Methode »Bibel teilen«, die in 7 Schritten einübt, auf die Impulse Gottes zu lauschen, die dich in einer Bibelpassage ansprechen. Auf diese Weise geht es weniger ums genaue Verstehen, als vielmehr darum, durch ein spezielles Wort einen Gedanken intuitiv zu fassen, der dich berührt, dich weiterbringt oder herausfordert.

Gebet: Mit Mund und Tat antworten auf Gottes große Vision

Nur durch die Bibel und ihre Auslegung wirken Christen heute als heilsame Gegenkultur, als »Salz und Licht« (Matthäus Kapitel 6) für die Welt. Durch diese gute Nachricht kennen sie die Vision von Gottes Herrschaftsantritt, seine Leidenschaft für eine gerechte Welt, Erlösung von Leid, Not und Tod. In dieser von Hoffnung und Vertrauen getragenen Vision verwurzelt, antworten Christen Gott mit ihrem Gebet und bitten ihn z.B. im Vaterunser: »Dein Reich komme, dein Wille geschehe.« Darum beten sie auch: »Gib uns die Kraft, deinen Willen zu erkennen und zu leben.« Als Antwort danken sie ihm, wenn sie Zeichen seiner Liebe in sich und der Welt erkennen.

Balance von Kopf, Hand und Herz in der Frömmigkeit

An diesen drei Weisen der Gottesverbindung schärft sich dein Blick dafür, deinen eigenen Frömmigkeitsstil zu lieben und weiterzuentfalten. Finde eine ausgewogene Balance aus Bewusstem und Unbewusstem, Achtsamkeit (Kopf) und Wachsamkeit (Herz), sowie deine Reaktion auf die Offenbarung Gottes in Gebet samt kongreter Glaubenspraxis (Hand). So gestaltest du gute Wege für dich und deine Mitwelt durch die Führung Gottes.

Um deinen Frömmigkeitsstil aus einem einseitigen Fokus in eine vielseitige Weite zu führen, ist jetzt ein nächster Schritt notwendig: Erkenne zuerst, wo deine Frömmigkeit schon stark ist und wohin du sie weiterentwickeln kannst, um zu wachsen.

Herz-, Kopf-, Hand-Typ

Im Baumbild ging es um die Wurzel, die tief in die Quelle des Lebens hineinzusenken ist. Wurzel steht für die Verbindung zu Gott. Jetzt zeigen wir, wie es praktisch geht.

Jeder Mensch ist ein Ganzes aus Kopf (denken, planen), Herz (intuitiv spüren) und Hand (beten, Bibel lesen, handeln). Diese verschiedenen Sinne sind durch deine Lebensumstände und deine persönliche Geschichte unterschiedlich entwickelt worden. Du hast etwas von jedem Typ. Identifiziere jedoch zunächst einmal den Typ, der bei dir am weitesten entwickelt ist. Es geht in der Übung darum, die Stärke deines bevorzugten Frömmigkeitstils besser wertzuschätzen. Stärken bergen in sich aber auch Schwächen (siehe das Wertequadrat Woche 15). Um Schwächen der Gottesbindung zu überwinden, arbeitest du jetzt an der Erweiterung deines bisherigen Bindungsstils. Wie könnte ein Herztyp sich zum Handtypen weiterbilden, wie ein Kopftyp zum Herztypen öffnen, ohne seinen jeweils kostbaren Spiritualitätstil aufzugeben?

Ordne dich intuitiv ein. Welcher dieser drei Frömmigkeitstypen entspricht dir im Augenblick am ehesten. Schätze deine vorhandenen geistlichen Stärken. Schreibe etwa eine Kurzgeschichte zu dem Thema: »Warum ich zum leidenschaftlichen Kopf-/Herz-/Hand-Gläubigen wurde.«

Warum ich leidenschaftlich zum Kopf-/Herz-/Hand-Typ wurde

Jetzt schauen wir uns gemeinsam jeden einzelnen Typus an, mit dem Ziel, ihn zu erweitern. Von jeder der 3 folgenden Übungen kannst du profitieren. Bedenke, dass es noch andere Frömmigkeitsstile gibt. Wir beschränken uns auf diese drei, um die Verbindung zu Gott zu vertiefen. Wenn du weitere Möglichkeiten kennst, nutze, was dir hilft.

Wachstumsübung vom Herztyp zum Handtyp

Fällt es dir leicht, intuitv mit dem Herzen aus den unterschiedlichsten Möglichkeiten die herauszufinden und zu nutzen, die deinem seelischen Wachstum gut tun? War es bisher deine leichteste Übung, auf die innere Stimme Gottes zu hören? Gebet und Besinnung sind für dich nicht schwer? Du liebst es, mit der CD Lobpreiszeiten zu gestalten? Dann haben wir jetzt für dich eine gute Wachstumsübung.

Herztypen profitieren von den Fertigkeiten der Handtypen. So wie Emma, die bisher immer wieder von ihren Gefühlen überflutet wurde. Sie war ja hervorragend geschult darin, empfindliche Punkte bei sich oder anderen sofort wahrzunehmen.

Aber als größte Herausforderung blieb ihr noch, zu planen oder sich Ziele zu stecken und diese dann im vollen Bewusstsein ihrer Fehlerhaftigkeit beherzt anzugehen. Doch dann erging es ihr so: Sie entdeckte die Hand-Spiritualität. Sie aktivierte ihre Fähigkeiten, so dass ihr Glaube Hand und Fuß bekam.

Emma entdeckt den mitleidenden Gott

***Emma**: Nach dem Ende der Endlich-Leben-Gruppe war ich sehr interessiert, mehr über die Bibel kennenzulernen. Also nahm ich die Gelegenheit wahr, als in unserer Gemeinde ein Glaubenskurs für Einsteiger angeboten wurde. Acht Treffen gaben mir durch anregende Referate und Gesprächsgruppen einen Einblick in die große Linie des Glaubens.*

Jetzt war mein Appetit aber erst richtig angeregt. In einer kurzen Einheit ging es um die Kreuzigung Jesu. Das ließ mir viele Fragen offen. Darum beschloss ich, ein Seminar »Theologie für Nichttheologen« zum Thema »Wie verstehen wir den Kreuzestod Jesu.« zu besuchen. Das war jetzt echt harte Kost.

Drum las ich zum ersten Mal Paulus. Dort entdeckte ich im 2. Korintherbrief, in dem Paulus sich von den Erfolgstorys anderer Christen – mit erstaunlichen Wundern garniert – sich und seinen Christusglauben abgrenzt, indem er berichtet:

»Auf vielen Reisen zu Fuß war ich in Gefahr durch Flüsse, in Gefahr durch Kriminelle, in Gefahr durch Angehörige meines Volkes, in Gefahr durch Menschen anderer Völker, in Gefahr in Städten, in Gefahr in der Wüste, in Gefahr auf dem Meer, in Gefahr unter falschen Geschwistern. Ich hatte schwere Arbeit und Anstrengung, oft schlaflose Nächte, Hunger und Durst, häufiges Fasten, Kälte und Nacktheit zu ertragen. Und dazu bedrängt mich, abgesehen von allem anderen, die tägliche Sorge um sämtliche Gemeinden. Wer ist schwach, wenn nicht auch ich? Wer erregt Anstoß – und ich werde nicht feuerrot? Wenn schon Ruhm verkündet werden muss, dann will ich mich meiner Schwachheit rühmen.« (Kap. 11, Verse 26-30)*

Dazu kamen dann Abschnitte aus dem Philipperbrief, die ich kurz zusammenfasse:

»Denn euch ist es gegeben, nicht nur an Christus zu glauben, sondern auch für ihn zu leiden, habt ihr doch denselben Kampf zu bestehen, den ihr an mir gesehen habt und nun von mir hört.« (Kap. 1, Verse 29-30)*

»Christus möchte ich erkennen und die Kraft seiner Auferstehung erfahren, an seinen Leiden möchte ich Anteil haben, und mein Leben soll von der Gestalt seines Todes mitgeprägt werden, damit ich auch zur Auferstehung von den Toten gelange. Nicht, dass ich es schon ergriffen hätte oder schon zum Ziel gelangt wäre, ich laufe aber auf das Ziel zu, um es zu ergreifen, weil ich selbst von Jesus Christus ergriffen bin.« (Kap. 3, Verse 10-12)*

»Ich weiß sowohl in Elend zu leben als auch im Überfluss, mit allem und jedem bin ich vertraut: sei es satt werden oder hungern, sei es Überfluss haben oder Mangel leiden. Ich vermag nämlich alles, weil Christus mich dazu stark macht.« (Kap. 4, Verse 12-13)*

Mehr und mehr begriff ich, dass menschliches Leiden, ja selbst mein eigenes Leiden, mich mit Jesus, dem Gekreuzigten, tief verbindet. Ich war ihm dort nahe, ohne es zu wissen, wenn ich Paulus' Interpretationen folge. Nein, ich sehnte mich gewiss nicht zurück in meine dunklen Zeiten. Nun aber bekam ich Zugang zu einer völlig anderen Sicht, in der Leiden nicht mehr von Gott trennen. Das Geheimnis eines Gottes, der in Leid und Schwachheit bei mir ausharrt, hat mich angerührt. Nun wollte ich gerne wie Paulus meinen »schwachen« Beitrag in unsere Welt bringen mit Leidenschaft und Leidensbereitschaft.

Wie geht es dir, wenn du Emmas Entdeckungen in einer ihr bis dahin unbekannten Glaubenswelt beobachtest? Könntest du dir vorstellen, auch einmal einen Bibelpodcast, ein Bibelseminar oder einen Glaubenskurs zur Vertiefung zu nutzen?

Halte hier deine Motivation, Fragen oder Vorsätze fest:

Du kannst einen Anfang setzen, indem du dir eine verständliche Bibelausgabe kaufst. Es gibt sehr gute hilfreiche Bibelübersetzungen in deutscher Sprache. Fang mit einem Evangelium oder einem Brief des Paulus an und lies es in einem Stück, um die Zusammenhänge zu begreifen. Danach kannst du Passage für Passage dein Verständnis dazu vertiefen. Finde heraus, wie du dich tief verwurzeln kannst in die Bibel.

Wachstumsübung für spirituelle Kopftypen

Christian, Thomas, Emma und Nina entwickelten im Schritt 6 unterschiedliche für sie passende Gottesvorstellungen. So entdeckte Christian das ihn stärkende Gottesbild, das Jesus für ihn als »mein Herr und Meister« beschreibt. Er selbst verstand sich dann als sein »auserwählter, berufener Jünger«. Das entspannte ihn, was sich besonders im Kopf- und Nackenbereich bemerkbar machte. Thomas dagegen betonte, er fühle sich zuversichtlich; wenn er Gott für sich als ihn »liebenden Vater« sah, dann erlebte er sich ihm gegenüber als »geliebter Sohn«. Körperlich erlebte er, wie der Druck auf seiner Brust nachließ und er wieder frei durchatmen konnte.

Beide hatten in ihrem Endlich-Leben-Prozess ein für ihre Wachstumsprozesse förderliches Gottesbild gefunden. Das war auch nötig, gewissermaßen als Ausgleich für ein bisher zwanghaftes, gesetzlich verzerrtes Gottesbild. Beiden vermittelte es Entlastung gegenüber ihrem jeweiligen Leistungsdruck.

Beide können aber nicht ihr Leben lang bei diesem einen Aspekt Gottes bleiben. Gott ist vielfältiger, Gott ist größer und weiter als jede bildliche Festlegung. Darum ist jede und jeder anders herausgefordert, um sich tiefer in Gott zu verwurzeln.

Hast du eine Idee, welche Erweiterung im Gottesbild Christian oder Thomas helfen könnte, sich geistlich zu entwickeln und noch widerstandsfähiger zu werden?

Balance zwischen nahem und fernen Gottesbild

Ähnlich wie beim Balanceauftrag in den verschiedenen Bödenregionen geht es jetzt um den Fokus, sich dem fremden, schwierigen oder sogar angstmachenden Anteil Gottes zu nähern, um zu erkennen: Wie fordert Gott mich dort heraus? Kann ich bestehen bleiben, wenn ich an meine bisherigen Glaubensgrenzen geführt werde? Kann ich Gott gegenüber für mich und meine Bedürfnisse eintreten? Bleibt Gott auch als »ganz Anderer« meine Lebensquelle? Wie fühlt sich dieser Zugang an?

Wenn Thomas Zuflucht und Stärke beim »liebenden Vater« fand, wie würde er damit umgehen, wenn Gott ihm als »herausforderndes Schicksal« gegenüberträte? Wenn Christian bisher Gott als »Jesus, Herr und Meister« heilsam und stützend erlebte, was, wenn Gott ihm als »wilder Sturm« oder als »loderndes Feuer der Leidenschaft« gegenüberträte?

In Schritt 6 hast du für dich herausgefunden:
Gott bedeutet für mich als … Trost und Halt.

Stell dir jetzt ein Gottesbild vor, das unangenehme Emotionen und Widerstand in dir auslöst. Formuliere es so: Wenn Gott mir erschreckend fremd gegenüberträte als …

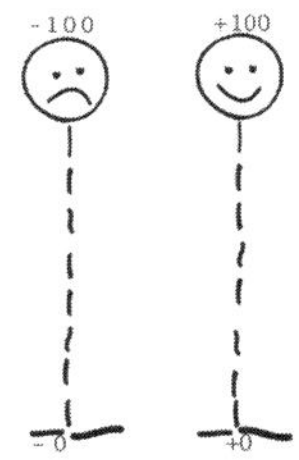

dann erlebte ich körperlich folgende allgemeine Stimmung (nutze das Stimmungsbarometer) oder ich identifiziere genau dieses Gefühl:

Was sagen dir deine Beobachtungen?

Für welche bestimmte Situation oder welche Lebensumstände fördert dieses Gottesbild möglicherweise Wachsamkeit, Entspannung, Trost oder Energie?

Kannst du herausfinden, welchem deiner 4 seelischen Grundbedürfnisse Gott in dieser Gestalt dienen könnte?

Prüfe, ob du schon bereit bist, dich auf ein solches Bild von einem »anderen« Gott einzulassen. Vielleicht muss es nicht ganz so herausfordernd sein, dass du zurückschreckst. Finde die passende Herausforderung für dich.

Dir fällt kein fremdes Gottesbild ein? Lass dich durch die anderen in der Gruppe inspirieren. Wo begegnet dir im Glauben der anderen Befremdliches?

Wachstumsübung für spirituelle Hand-Typen

Spirituelle Handtypen entsprechen ja dem Typus Frömmigkeitsstil, der tief in den Plan Gottes eintaucht, mit bewusstem Verstand die Wege Gottes sucht und sich vertieftes Wissen aneignet, um dem Plan entsprechend als Christ den Alltag zu gestalten. Eine gute Erweiterung für diesen Typ ist die Spiritualität des Herztypen. Es gibt in der Frömmigkeitsgeschichte zwei Weisen, geistliche Herz-»Wachsamkeit« zu fördern.

Meditation einüben im Alltag

Emma hatte ja bei Schritt 6 ganz neu entdeckt, dass sie bei ihrem Gottesbild vor allem »Jesus, als meinen Retter« vor ihrem inneren Auge sah und sich selbst als »die Getröstete, die Geliebte«. Sie lernte, dass Tränen fließen können, weil sie gleichzeitig im Schmerz spüren konnte, wie sie getröstet wurde. Bei einer Einkehrzeit in einem evangelischen Kloster übte sie mit Freundinnen aus der Gruppe sechs Tage lang schweigendes Gebet.

Emma: *Zuerst kam mir dieses Schweigeprogramm so leer und sinnlos vor. Schweigen? Einfach nur Stille? Nein, wir sollten uns sogar ein »Mantra« aussuchen? Bitte? Ist das nicht etwas Fernöstliches? Gut, mir wurden Psalmworte angeboten, die ich meditieren könne. Ich wählte als für mich passend ein Wort aus der Bibel: »Gott, du hast mich nicht in feindliche Hand ausgeliefert. Du stellst meine Füße auf weiten Raum.« (Psalm 31, Vers 9*) Und damit ging es in die Praxis. Immer wieder Phasen stiller Zeiten. Anfangs erlebte ich noch auf- und abschwellende Gedankenströme, dann wurde es ruhig. Immer wieder atmete ich bewusst ein und aus und saß aufrecht auf meinem Stuhl. Dabei formulierte ich zuerst halblaut, später in Gedanken beim Einatmen »Nicht in feindliche Hand ausgeliefert« und beim Ausatmen »Du stellst meine Füße auf weiten Raum«. Meine Stimmung wurde mit der Zeit gelassener. Und am Ende der Schweigezeit betete es in mir bei jedem Atemzug einfach weiter. Diese Art des Gebets führte ich zu Hause mit täglich 15 Minuten schweigen, atmen und mein biblisches »Mantra« beten fort. Ich war berührt, wie wach ich wurde und wie meine Gesamtstimmung sich aufhellte.*

Beten im Heiligen Geist: »Glossolalie«

Nina fühle sich bei der Vorstellung erfrischt, belebt und erfreut, wenn Gott als »der Schöpfer« und sie als »sein wunderbares Geschöpf« sich freuen durfte. Ihr Körper kribbelte und wurde warm, voller neuer Energie! Als Nina eines Tages zu einer christlichen Konferenz eingeladen wurde, verschlug es ihr den Atem. Sie erlebte, wie Christen zu den dynamischen Liedern einer Band mit ganzem Körpereinsatz tanzten, ihre Hände begeistert in die Luft erhoben und in für Nina fremden Sprachen sangen.

***Nina**: Das war mir alles äußerst verdächtig. Hier lernte ich die charismatische Frömmigkeit kennen, wie sie mir im Fernsehen schon einmal gezeigt wurde. Erst blieb ich noch vorsichtig und misstrauisch. Aber der Frömmigkeitsstil entsprach einfach meiner Sehnsucht nach vertiefter, körperlicher Begegnung mit Gott. Dort lernte ich ein spielend leichtes Beten ohne anstrengendes Nachdenken kennen.*

Bisher musste ich mich mühsam konzentrieren und Gedanken suchen zum Gebet. Das war nicht so ganz mein Ding. Aber jetzt sollte ich beten lernen ohne bewussten Einsatz von Verstand in sinnlos klingenden Lauten?

Man nannte es »Sprachengebet«, andere bezeichneten es mit dem griechischen Fremdwort »Glossolalie«. Zu hause las ich mehr dazu in Apostelgeschichte Kapitel 2 und 10 sowie 1. Korintherbrief Kapitel 12-14 nach und kaufte mir Bücher zum Thema.

Für mich war diese Art, Gott das Denken hinzugeben, eine Befreiung von dem engen Korsett meines scharfen Verstands. Ich bin ja nicht auf den Kopf gefallen. Das Sprachengebet beflügelte mich: Gott mit dem Herz anbeten. Wow. Im Alltag innerlich und ständig im Gebet mit Gott verbunden sein. Und das unangestrengt parallel zu meinen bewussten, klaren Gedanken. Ich konnte gewissermaßen in meinem Unbewussten intuitiv beten und gleichzeitig meine Hausarbeit machen oder irgendwelche Aufgaben lösen. Also gerade in emotional turbulenten Zeiten half es mir sehr, »im Geist zu beten« wie Paulus, und so einen klaren Verstand zu behalten.

Wäre einer dieser zwei Wege, mit Gott verbunden zu sein und zu beten, auch etwas für dich? Beschreibe Gründe, die dich in eine dieser Richtungen locken, oder auch Abwehr und Bedenken, die sich in dir regen.

Du kannst dich in der Gruppe über solche Gebetsformen mit anderen austauschen, deren Meinung, Erfahrungen und vielleicht auch Hilfen bekommen, dich in die eine oder andere Richtung einzuleben. Prüfe, ob und wie diese Frömmigkeitsformen zu dir passen könnten. Bedenke auch, dass solche geistlichen Wege immer etwas Geduld und Übung erfordern, bis sie ihre Kraft entfalten. Gib dir Zeit und gib nicht zu schnell auf. Suche die für dich passenden Menschen und Angebote, die deinen Glauben herausfordern und weiterbringen.

Schritt 12.1

»Wir erleben, wie wir verwandelt und gelassen werden und wie sich unser Leben entfaltet.
Wir richten unser Leben nach dem Gelernten aus und geben die gute Botschaft an andere weiter: Es gibt Hoffnung!«

Woche 23

Zum Zeugen werden

Nun nähert sich das Ende des 12-Schritte-Programms, und du gestaltest mithilfe deiner neuen Kompetenzen den Alltag immer besser. Außerhalb der Gruppe kannst du gezielt über persönliche Veränderungen Rechenschaft geben. Du bist frei und bereit, dich den Aufgaben im privaten wie öffentlichen Leben zu stellen.
Weil du kein hilfsbedürftiges Opfer von Umständen oder Emotionen mehr bist, nimmt man dir deine Geschichte ab. Andere lassen sich ermutigen, sich selbst auf diesen Weg zu machen.

Verwandelt und gelassen Leben entfalten

Unsere Verwandlung ist in den meisten Fällen langsam und im Verborgenen passiert. Bemerkt haben wir sie erst rückblickend, zum Beispiel durch unsere Langzeitinventur. Oft lässt sich kaum beschreiben, wann die Verwandlung genau begonnen hat. Es ist wie das Wachstum eines Baums eben. Das Wirken des göttlichen Geistes in uns lässt sich nicht erzwingen. Es geschieht in der Zeit, die es wohl braucht.

Rückblickend verstehen wir, dass all das nötig war, um dort zu stehen, wo wir heute stehen. Wir haben mit Schritt 1 begonnen und sind in den meisten Fällen in Not und völlig machtlos oder suchten Orientierung und bessere Kontrollerfahrungen.

Was wir bis heute durch unseren Weg gewonnen haben, ist ein neues Leben. Wir haben uns entfaltet und sind gelassener geworden. Gott hat den Fluch in Segen verwandelt! Aus dem Minus unseres Lebens machte er ein Plus! Er hat uns ein neues Leben geschenkt. Solch ein Leben könnte ansteckend sein!

Du begreifst die Auswirkungen des Endlich-Leben-Prozesses

An dieser Stelle halten wir inne und machen uns bewusst, was sich in unserem Leben verändert hat. Was sind die Auswirkungen unseres Endlich-Leben-Prozesses?

Wir haben in der folgenden Liste zusammengefasst, was viele von uns an Veränderungen in ihrem Leben wahrgenommen haben, nachdem sie den Endlich-Leben-Prozess durchlaufen hatten. Vielleicht erkennst du dich in einigen dieser Punkte wieder.

- Ich bin sensibler und wahrnehmungsfähiger für mich selbst geworden.
- Ich bin offener für meine Umgebung.
- Meine Beziehungen zu mir, anderen Menschen und Gott sind intensiver geworden.
- Mein Wertesystem hat sich tiefgreifend verändert.
- Meine Ziele und Prioritäten sind von der Liebe Gottes geprägt.
- Ich suche jetzt nach Erfüllung durch Dinge mit wirklich bleibendem Wert.
- Erfolg, eigener Ruf, Perfektion und Ehrgeiz sind für mich nicht mehr so wichtig.
- Menschliche Nähe, Wärme und Vertrauen sind mir wichtigere Werte geworden.
- Das Gefühl des Stillstands und der Leere, das mich belastet hatte, ist einem Gefühl der Begeisterung, der Freude und der Hoffnung gewichen.

Fasse für dich zusammen, was in deinem neuen Leben anders ist als früher!

Nina lernt, alle Dinge Gott zu überlassen

Nina: *Ich habe euch erzählt, dass ich seit drei Jahren nicht mehr rauche. Aber was für einen langen Weg musste ich gehen, bis es soweit war! Aus meiner Alkoholabhängigkeit hat mich Gott in seiner Gnade ganz schnell befreit. Ich war 9 Wochen in einer Klinik, und danach war ich frei. Ich bin seit Jahren trockene Alkoholikerin, und Alkohol war für mich niemals wieder ein Problem. Gott sei Dank!*

Aber mit dieser Raucherei war es total verflixt. Ich kann euch nicht sagen, wie oft ich aufgehört habe zu rauchen – und wie oft ich wieder angefangen habe! Jedes Mal, wenn ich versagt und wieder geraucht hatte, habe ich mich gehasst. Selbst dafür, eine Beziehung zu Gott zu führen, habe ich mich nicht mehr würdig gefühlt. Doch damit machte ich alles nur noch schlimmer!

Eine Wandlung an diesem Punkt wurde erst mit dem Erkenntnisschritt möglich: Es geht wirklich nicht in erster Linie darum, mein schädigendes Verhalten lassen zu können. In erster Linie geht es um eine gute Beziehung zu Gott! Und der Anfang seiner Beziehung zu mir ist seine Gnade!

Vielleicht brauchte ich viele Tiefen, um seine Zuwendung immer wieder zu erleben. Denn nur durch das Erleben seiner Güte konnte meine beziehungsgestörte Seele Heilung erfahren: So oft ich durchlitt, dass die mir wichtigsten Bezugspersonen nicht vertrauenswürdig, sondern sogar gefährlich sein können, so oft musste ich wohl Gottes unbedingte Liebe in meinem Scheitern erleben, um langsam zu verinnerlichen: Gott enttäuscht mich nie!

Heute bewerte ich mein Scheitern oder Fallen, das jedesmal mit Rauchen endete, neu: Ich lernte nur so, dass Gott immer gnädig und gütig ist, mir treu zur Seite bleibt und mich niemals aufgibt. Immer.

Ich glaube, dass erst die vielen dunklen Nächte, in denen ich heimlich vor der Tür saß und voll Scham rauchte, mir zeigten: Gott ist »ICH-BIN-MIT-DIR«. Und er liebt mich, so, wie ich bin! Ich glaube, dass die Tränen, die ich immer wieder über diese »Versagerin« vergoss, Heilung in mein Herz spülten.

Denn es geht Gott um mehr! Es war nicht sein wichtigstes Anliegen mit dem Endlich-Leben-Programm, dass ich aufhörte zu rauchen! Er wollte mir Vertrauen beibringen, dass er bedingungslos für mich und mit mir ist.

Wir richten unser Leben nach dem Gelernten aus

Wir übertragen die Endlich-Leben-Prinzipien auf unseren gesamten Alltag. Der Endlich-Leben-Weg durch die 12 Schritte reicht ja weit über unsere Gruppenphase hinaus. Der Weg der Verwandlung in Richtung Gottes Idealbild hat gerade begonnen. Seine Vollendung wird es im Himmel haben. Dahin sind wir unterwegs.

Ab jetzt setzen wir in unserem Alltag weiter um, was wir uns in der Endlich-Leben-Gruppe angeeignet haben. Es werden uns unterschiedlichste Situationen begegnen, aber die Prinzipien, die uns klar geworden sind, lassen sich in allen Lebensumständen anwenden. Mit Hilfe dieser Prinzipien kannst du einfach endlich leben. Das Baumbild hilft dir, diese Prinzipien in jeder Situation zu erinnern. Im Folgenden findest du die einfachen Endlich-Leben-Prinzipien mit Baummodell noch einmal kurz zusammengefasst.

»Einfach endlich leben!« – Zusammenfassung

- Ich nehme mein unangenehmes Gefühl wahr: Wurzel 2 »Schmerz«.
- Ich gehe damit in Beziehung zu Gott: Wurzeln ausstrecken in die »Quelle des Lebens«.
- Ich reguliere mein unangenehmes Gefühl bei Gott: Wurzel 1 »Selbstheilung«.
- Ich mache mir klar, wer Gott in dieser Situation für mich ist, wie er meine Grundbedürnisse stillt, und wer ich für ihn bin: Wurzel 3 »Religion«.
- Weil ich mir bewusst bin, wer ich in der Beziehung zu Gott bin, ist es mir neu möglich, eine lebensförderliche Rolle in dem sozialen System einzunehmen, in dem ich mich gerade befinde: »Stamm und Wetterlage«.
- Ich überlege kurz, in welche Richtung mein Handlungsimpuls in der speziellen Situation geht. Dazu nutze ich die »7 Böden«. Habe ich die Tendenz, mein Verhalten zu übertreiben oder zu untertreiben?
- Ich besinne mich darauf, in welche Richtung mein Verhalten für ausgewogenes, lebensförderliches Verhalten gehen soll: »Sonne«.
- Weil ich die grobe Richtung meines Verhaltens klar sehe, kann ich mir ein kleines, erreichbares Verhaltensziel setzen. Das tue ich in dieser konkreten Situation: »Ast«.
- Mein Verhalten stillt meine Grundbedürfnisse: Das sind meine leckeren »Früchte«.
- Mein Lebens-Fokus-Satz aus der »Fokus-Lupe« ermutigt und beflügelt mich. So kann ich mich im Alltag fast automatisch lebensförderlich verhalten.
- Ich staune, was sich aus Situationen, die erst so schwierig erscheinen, alles ergeben kann, und schreibe es in mein Danketagebuch.

Was jetzt noch schwierig wirkt und einiges an Konzentration von dir fordert, wird mit der Zeit leicht und fast automatisch ablaufen! Du wirst jede Hürde gewohnheitsmäßig nach diesen Schritten angehen. Dabei begreifst du, wie sehr du auf Gottes Führung angewiesen bist. Das macht dich demütig, und du freust dich daran. So sammelst du immer mehr Erfahrungen, die dir zeigen, wie Gott mit dir unterwegs ist. Dein Vertrauen wächst, und du hast erstaunliche Geschichten über deine Wandlung zu erzählen!

Hast du ein Beispiel, wo in deinem neuen Leben diese Prinzipien dir schon in Fleisch und Blut übergegangen sind? Schreibe in kurzen Stichworten auf!

… geben an andere weiter: »Es gibt Hoffnung!«

Unser neues Leben hat Auswirkungen. Unser ganzes Sein wird zu einer Botschaft der Liebe und Barmherzigkeit Gottes. Das geschieht, einfach so. Ob wir uns das bewusst machen oder nicht. Nun sind wir in der Phase von Schritt 12 und »… geben die gute Botschaft an andere weiter: ›Es gibt Hoffnung!‹«

Ganz natürlich bekommen es die Menschen mit, mit denen wir es täglich zu tun haben, was mit uns passiert ist. Bitte keinen Missionszwang entwickeln! Es ist oft überflüssig, all das, was wir erleben, in Worte zu fassen. Leben und Handeln sprechen für sich. Die anderen Menschen brauchen auch keine komplizierte Vorlesung darüber, wie die Prinzipien der Verwandlung im Endlich-Leben-Prozess zu verstehen seien. Zur Erinnerung: Endlich-Leben-Gruppen sind Geschichtenerzählgruppen!

Deine Geschichte geht mit dir weiter

Wir haben am Anfang unseres Endlich-Leben-Prozesses von der spannenden Geschichte durch Endlich-Leben-Gruppen gesprochen und festgestellt, dass wir ein Teil davon sind. Indem wir unsere eigene Geschichte beitragen, ermutigen wir andere: »Es gibt Hoffnung!«

Blättere zurück zur Einleitung dieses Buches und lies noch mal, was du damals geschrieben hast. Es war der Anfang deiner persönlichen, andauernden, unendlichen Geschichte zum Leben.

Gib in Stichworten wieder, wie die Geschichte weitergegangen ist!

Weitersagen nützt auch dir selbst

Unsere persönliche gute Botschaft, unsere Lebens-Geschichte weiterzusagen, wird nicht nur anderen helfen, sondern auch uns selbst immer wieder verdeutlichen, wie sich unser Leben entfaltet hat.

In den meisten Fällen werden wir besonders solchen Menschen eine große Hilfe sein können, die unserer Geschichte mit ihren Nöten und Problemen sehr ähnlich sind. Wir haben eine Menge Erfahrungen weiterzugeben, aus denen andere lernen dürfen, wenn sie es denn wollen.

Wann immer wir die unendliche Geschichte unserer Verwandlung erzählen, erzählen wir sie auch uns selbst. Wir sind dann hellwach und uns sehr bewusst, wo wir herkamen, und wo wir ganz bestimmt nicht mehr hin wollen. Unsere Story verdeutlicht uns, wie Gott in uns investiert hat, und weckt in uns dankbare Freude. Bei jedem Erzählen lässt seine Liebe zu uns unsere Augen neu leuchten.

Die Herrschaft Jesu über dein Leben bleibt nicht Privatsache

Der Endlich-Leben-Prozess hat uns deutlich positiv geprägt. Wir sind auf allen Ebenen beziehungsfähiger geworden (siehe Schritt 8): Wo wir früher ausschließlich mit uns selbst und unseren Problemen beschäftigt waren, wird unser Blick geweitet. Wir entdecken neue Beziehungen auch zu unserm nächsten Umfeld und in das gesellschaftliche Leben. Unser soziales Empfinden und auch kulturelles und politisches Interesse erwachen.

Und das sind die Früchte eines neuen Lebensstils: Wir sind offener und konfliktfähiger. Wir verzichten auf Manipulation und haben die Bereitschaft zu verzeihen.

Mit diesem erneuerten Lebensstil begegnen wir unserer Umwelt. Wir prägen damit unsere Familie, Arbeitsstelle, Gemeinde, Vereine und unseren Freundeskreis. Die lebensförderliche Herrschaft Jesu in unserer Geschichte bleibt nicht verborgene Privatsache.

Schritt 12 im Baummodell

Es sind die Früchte unserer Lebensbäume, die unser Umfeld verändern: Unsere veredelten Lebensbäume bringen leckere, reife Früchte hervor! Die schmecken den Menschen, mit denen wir zu tun haben, sehr gut und machen sie neugierig. Einige wollen mehr davon kosten und geben uns die Gelegenheit, ihnen mehr von unserer unendlichen Geschichte mitzuteilen. Andere sind so ergriffen, dass in ihnen ein starkes Bedürfnis geweckt wird, ebenfalls ein fruchtbares Leben zu beginnen. Vielleicht säst du deine leckeren Früchte aus und gründest eine Endlich-Leben-Gruppe, in der ganz viele neue Lebensbäume wachsen können. Dort melden sich Menschen an, die ihren spannenden Veredlungsprozess mit Jesus erleben wollen. Informationen dazu findest du in Woche 24.

Nina, Christian, Thomas und Emma verabschieden sich

Nina*: Es bleibt mir nur noch, mich zu verabschieden, auch wenn mein Leben nicht perfekt ist. Ich weiß, dass der Perfekte an meiner Seite ist, Jesus. Das macht mich froh. Lebt wohl!*

Christian*: Das sind also die letzten Worte, die ich in diesem Arbeitsbuch schreiben darf. Ich bin dankbar, dass ich auf eurem Endlich-Leben-Weg dabei sein durfte. Ich hoffe, dass meine Beispiele euch helfen konnten! Wenn ich das, was ich euch mitgeben wollte, in aller Kürze zusammenfassen sollte, würde ich sagen: »Alle sind wertgeachtete und geliebte Kinder Gottes! Nimm diesen Wert für dich an. Sei es dir selbst wert, ein Leben in Balance zwischen Genussfähigkeit und Verzichtfähigkeit, zwischen der Lust am Dienen und glücklicher Muße zu führen.« Meine Beziehung zu Gott als »sein Geliebter« führte mich in diese Balance. Bewahre solchen Schatz in dir: Gott ist treu, selbst wenn du untreu sein solltest, und wird das Werk vollenden in Ewigkeit. Das ist es: endlich Leben mit Ewigkeitswert!*

Thomas*: Es ist leider immer noch so, dass ich keinen Kontakt zu meiner Frau und meinen Kindern haben darf. Das ist die Situation, mit der ich leben lerne. Endlich Leben heißt nicht, dass alles gut läuft. Doch durch die 12 Schritte habe ich eingeübt, meine Kraft aus der Beziehung zu Gott zu entwickeln. Wie sonst sollte ich diese Situation aushalten? Meine Situation wurde nicht gewandelt. Aber ich wurde verwandelt. Gott sei Dank!*

Emma*: Mein Leben hat Höhen und Tiefen. Ich neige noch immer dazu, mich manchmal depressiv zu fühlen. Doch ich kann, im Gegensatz zu früher, schnell reagieren! Früher war ich meiner Depression hilflos ausgeliefert. Sie hatte die Macht über mich, mich in meinem schwarzen Loch gefangen zu halten. Doch seit ich mit Jesus unterwegs bin, hat die Depression die Macht über mich verloren.*

Auch wenn meine Gefühle und Gedanken sich noch nicht in jeder Situation verändert haben, weiß ich jetzt, was ich tun kann: Ich wende mich an Gott und vertrau auf ihn! Ich erinnere mich an die inneren Bilder, die von ihm inspiriert sind, und lasse ihn so zu mir sprechen. Dadurch wird meine Dunkelheit wieder heller. Selbst wenn dunkle Wolken Gefühle und Gedanken verfinstern, weiß ich genau, dass ich nicht mehr alleine bin und dass die Geistkraft Jesu die Finsternis in mir und um mich herum besiegen wird, bis sie eines Tages für immer besiegt ist. Im Himmel.

Bis dahin wähle ich eine von zwei Möglichkeiten: Entweder ich ärgere mich darüber, dass mich die Finsternis trotz meines Endlich-Leben-Prozesses gelegentlich überkommt. Oder ich freue mich über das, was Gottes heilsame Verwandlung in meinem Leben schon bewirkt hat.

Ich gehe regelmäßig unter Menschen und kann sie erfreuen. Ich ermutige andere Menschen mit meiner Geschichte und moderiere Endlich-Leben-Gruppen. Ich habe es gelernt, mit den Menschen in meiner Umgebung zu streiten und meine Wut angemessen auszudrücken! Ich gebe auch ansonsten der Fülle meiner Emotionen einen Raum, indem ich sie kreativ und künstlerisch ausdrücke, was viele Menschen begeistert und die Welt etwas schöner macht! Es ist schon so viel in meinem Leben gut geworden! Das macht mich glücklich und schenkt mir einen tiefen Frieden. Ja, meine unendliche Geschichte ist noch nicht zu Ende. Das musste ich jetzt noch loswerden.

Freundlich deine Hoffnung teilen

So beschreibt es Petrus in seinem 1. Petrusbrief (Kapitel 3, Verse 15-16a*):

»Haltet in euren Herzen Christus heilig, denn ihm gehören wir. Seid immer bereit, allen, die euch danach fragen, zu erklären, welche Hoffnung in euch lebt. Erklärt es freundlich und mit furchtsamer Zurückhaltung.«

Bist du bereit, mit deinen Lernerfahrungen anderen zu dienen? Stell dir eine Szene vor, in der du gefragt wirst, was dich so verändert hat. Wie antwortest du?

Schritt 12.2

»Wir verschenken unser Leben im Dienst Gottes für die Multiplikation unserer guten Erfahrungen.«

Woche 24

Gründung einer neuen Gruppe

Du entdeckst das Geheimnis der Multiplikation:
Nach deinem eigenen Verwandlungsprozess wirst du Motivator:in oder sogar Gründer:in einer Endlich-Leben-Gruppe.
So kannst du die Freude genießen, wenn sich deine Entfaltung mit anderen Personen vervielfachen lässt.
Der Sinn eines Baumes besteht nicht nur in der guten Frucht, sondern auch in der Vervielfältigung durch die Pflanzung neuer, fruchtbringender Bäumchen.

Dein Herzschlag für die Gruppengründung

Was ist eigentlich die Frucht eines Apfelbaumes? Die meisten denken intuitiv an die leckeren, roten Äpfel. Diese Antwort ist teilweise schon richtig. Bedenke aber, dass die Äpfel Samen enthalten, die eine ungeheure Dynamik in sich tragen: Aus jedem kleinen Apfelkern kann ein ganzer Apfelbaum werden. Was ist also die Frucht eines Apfelbaumes? Ein neuer Apfelbaum!

Du hast in großer Ausdauer dieses umfangreiche Einfach-endlich-leben!-Material für die Gruppenarbeit genutzt, um deinen Wandlungsprozess zu fördern. Nun könntest du zu deinem Alltagsgeschäft übergehen – mit dem einzigen Unterschied, dass es dir dabei besser geht.

Wir laden dich ein, doch zu prüfen, ob es deine Berufung ist, größer zu denken. Vielleicht bewegt dich Gott, das Geheimnis der Multiplikation zu entdecken? Gerne nennen wir dir Kriterien, an denen du das prüfen kannst:

- Du hast in der Gruppe deine Begabung für hilfreiche Moderation entdeckt, und die anderen fühlten sich wohl, wenn du da warst.
- Gruppenmitglieder haben gesagt, wie sehr du sie ermutigt hast. Und sie würden mit dir gerne einen neuen Gruppendurchgang machen.
- Du spürst in dir eine große Freude, weil es dir leicht fällt, Mutmachpartner:in für andere zu werden. Das erlebst du nicht nur in der Gruppe, sondern auch in deiner Familie, bei deinen Freund:innen oder an der Arbeit.

- Die Leitung deiner Gemeinde kann sich gut vorstellen, dass du eine weitere Gruppe moderieren könntest.
- Du hast im Traum gesehen, wie du in einer oder vielen Gruppen bist und in deiner Umgebung weitere Oasen des Lebens aufblühen.

Treffen diese oder ähnliche Erfahrungen auf dich zu, wäre es ernsthaft zu prüfen, ob du Zeit, Kraft und die nötigen Rahmenbedingungen hast, um dich daran zu wagen, eine weitere Endlich-Leben-Gruppe zu gründen. Das bedeutet nicht mehr und nicht weniger als das: Du wirst in einem weiteren Gruppendurchgang in der Rolle als Moderator:in zusammen mit einer weiteren Person deines Vertrauens als Co-Moderator:in tätig.

Überlege, was diese Gedanken in dir anstoßen. Schreibe mögliche Fragen oder vorhandene Einwände auf.

Seelsorge neu definiert

Als Endlich-Leben-Netzwerk haben wir seit über 25 Jahren Erfahrung damit, wie es sich anfühlt, vor der Herausforderung zu stehen, neue Gruppen zu gründen. Dabei haben wir von vielen unterschiedlichen Gemeinden gelernt und Erfahrungen gesammelt, wie Menschen in diese Rolle hineinfinden. Jede Gemeinde ist anders geprägt und hat mehr oder weniger Möglichkeiten, um gut in eine Endlich-Leben-Gruppenarbeit zu starten.

Oft haben wir beobachtet: Seel-Sorge führt in manchen Gemeinden ein stiefmütterliches Dasein. Dabei wird Lebenshilfe so dringend gebraucht. Wir haben 1994 selbst mit dem Konzept »Selbsthilfe« die Methodik zur selbstbewussten Entwicklung der eigenen Möglichkeiten für uns entdeckt. Uns hat begeistert, dass im Miteinander auf Augenhöhe Menschen zu mündigen und reifen Persönlichkeiten werden. Seitdem sind wir überzeugt von diesem Ansatz: Seelsorger:in ist, wer gut für seine Seele sorgt.

Seelsorge als Selbsthilfe definiert sich durch diese Faktoren:

- eigene Betroffenheit und ein eigenes Lebensthema,
- gegenseitiges Geben und Nehmen auf Augenhöhe,
- Fokus darauf, das Selbst zu entwickeln, und
- Bevollmächtigung eines jeden, einer jeden als Expert:in für sich selbst.

Endlich-Leben-Gruppen bieten die Chance, Selbsthilfe systematisch in eine christliche Gruppe oder sogar in die Ortsgemeinde zu integrieren. Vorhandene Seelsorge-Angebote werden außerdem durch diese Gruppen erweitert. Sie können für eine große Zahl Entfaltung suchender Menschen der geeignete Ort für Persönlichkeitsentwicklung sein.

Eine solche Seelsorge basiert auf dem evangelischen Prinzip der »Rechtfertigung des Sünders« und erlaubt Menschen, sich zu ihrem Ist-Zustand zu bekennen und doch mit Hoffnung auf eine von Gott angeleitete Entwicklung hin zu leben. Die entscheidende Kompetenz im 21. Jahrhundert wird die sein, dass Menschen authentische Persönlichkeiten werden. Alles Mögliche im Leben lässt sich »ergooglen«, nur das nicht!

Du hast gute Erfahrungen mit Selbsthilfe in deiner Gruppe gemacht. Du kannst damit Vervielfältiger:in dieses Anliegens werden, weil du mit deiner Geschichte überzeugend Mut machst. Selbst wenn du dich nicht als Gruppenmoderator:in siehst, könntest du es anderen näherbringen.

Welche Person fällt dir sofort ein, die vielleicht ein:e gute:r Moderator:in ist.

Für die eigene Seele gut sorgen und die eigene Ohnmacht annehmen

Ein bedeutender Schritt ist gemäß der 12-Schritte-Weisheit mit Schritt 1 getan, wenn du bereit bist, die eigene Machtlosigkeit wahrzunehmen und vor dir selbst einzugestehen. Dies ist nicht nur ein erster Schritt zu einem hoffnungsvollen Leben. Das gilt auch für die Gruppengründung. Wie immer deine Lebenssituation aussieht: Du kannst Hoffnungs- oder Mutmachpartner:in für die Entfaltung vieler werden – und dich dabei selbst ohnmächtig fühlen. Es fasziniert uns immer wieder zu erleben, wie Gott sich in unseren Gruppen Menschen als Diener:nnen für die Multiplikation seiner guten Botschaft beruft und sie ermutigt, Gruppen zu gründen.

Die meisten fühlen sich am Anfang noch unsicher. Diese Reaktion ist ganz natürlich. Du wirst eine unbändige Freude entdecken, wenn sich deine Entfaltung mit anderen Personen zusammen in einer Gruppe vermehren lässt. Das ist die Multiplikatoren-Freude. Der Sinn eines Baumes besteht, wie gesagt, nicht allein in der Produktion der guten Frucht, sondern in der Vervielfältigung durch die Pflanzung neuer, fruchtbringender Bäumchen. Starte in dieses Abenteuer ruhig mit Ohnmachtsgefühlen. Am besten sind Personen für die Moderation von Endlich-Leben-Gruppen geeignet, die ihre eigene Ohnmacht kennen und annehmen. Niemand sollte sich darum zum Gruppen-Macher aufschwingen. Jede:r heimliche Gruppenkönig:in verhindert, dass die Gruppenmitglieder für sich aufstehen und selbstmotiviert an sich arbeiten lernen.

Einfaches, verständliches und anschauliches Material

Dieses Arbeitsbuch ist ein reifes Produkt unserer »Endlich leben!-Reise« der letzten 25 Jahre. Es zeichnet sich aus durch Einfachheit in der Sprache und in der Anschaulichkeit durch die Geschichten von Nina, Thomas, Christian und Emma. Wir haben seit 1998 in neun Überarbeitungen das Material für Endlich-Leben-Gruppen weiter verbessert.

Erfahrungen unserer 25-jährigen Praxis im Endlich-Leben-Netzwerk mit bisher über 15.000 Gruppenmitgliedern waren meist gut. Geholfen hat uns:

- eine jahrelange Beschäftigung mit den Prinzipien der 12 Schritte,
- wissenschaftliche Modelle aus Psychologie und Theologie,
- unsere eigene empirische Wirksamkeitsforschung,
- das Studium umfangreicher Literatur zu Seelsorge und Psychotherapie,
- viele wertvolle, auch kritische Rückmeldungen von Gruppenteilnehmenden.

Dieser Erfahrungsschatz steht hinter dem Endlich-Leben-Netzwerk, das dich als Gruppenmoderator:in oder sogar in der Rolle der Koordination für mehrere Gruppen in deinem Umfeld begleitet. Nutze unsere Trainingsangebote: www.training.endlich-leben.net

Dieses »Einfach endlich leben!«-Arbeitsbuch macht es Menschen mit unterschiedlichen Anliegen einfacher, einen Weg zu finden, ihren Charakter und ihr Verhalten zu entwickeln. Da dies Zeit braucht, Anleitung und ein menschliches Gegenüber, bietet das Arbeitsmaterial Stoff für ein Jahr intensiver Arbeit an der eigenen Persönlichkeit.

Das gesammelt Wissen des Netzwerks ist im Mitarbeiterhandbuch »Die Mitte für Gott offenhalten« (Eigenverlag) aufbewahrt. Dort haben wir alles gewachsene Wissen, die Weisheit der letzten 25 Jahre und Erkenntnisse der Forschung und Wissenschaft in eine 12-Schritte-Lernform gegossen. Nur das Notwendigste für die Gruppenmoderation und einen vertieften Wandlungs-Prozess für Menschen, die für andere Verantwortung übernehmen, ist in diesem besonderen 12-Schritte-Programm für Leiter:innen aufgenommen.

Wenn du den Erkenntnisreichtum mit Hilfe weiterer Bücher entdecken willst, kannst du gerne auch das Arbeitsmaterial aus dem Literaturverzeichnis einsehen und über unsere Webseite www.shop.endlich-leben.net bestellen.

Warum wir auf den Baum kamen

Durch die Idee der Psychologin und Psychotherapeutin Nadine Synofzik wurde in über zehn Jahren ein Baummodell als Anschauungsmaterial in den Gruppen der evangelischen Kirchengemeinde Niederkaufungen (b. Kassel) entwickelt und erprobt. Im Netzwerk haben wir diese Ideenentwicklung und Früchte dieser Arbeit dann miteinander geteilt.

Das Bild eines Baums mit leckeren, süßen oder schadhaften, faulen Früchten scheint uns gut geeignet zu sein. Es hat eine mehrere tausend Jahre Tradition und wird hier auf dem Hintergrund eines systemisch-verhaltenstherapeutischen Modells gestaltet. So macht es die christliche Spiritualität als Hilfe und Ressource nutzbar.

Dein Vertrauen in ein über Jahrzehnte gewachsenes Selbsthilfe-Modell ist gerechtfertigt, da diese Gruppenarbeit in vielen Kirchengemeinden erprobt wurde, durch einige Überarbeitungsphasen gegangen ist und damit Hand und Fuß bekam. Dabei haben wir die 12 Schritte-Formulierungen angepasst, aber das Wesentliche dieser Prozessweisheit behalten.

Du bist informiert, um mit guten Gründen das Material anzuwenden. Wen in deinem Umfeld willst du noch zur Endlich-Leben-Arbeit motivieren?

Die Spurenelemente unserer Geschichte

Wußtest du eigentlich: Millionen von Menschen erlebten seit 1939 weltweit durch die 12-Schritte Hilfe und Veränderung. Die Original-Schritte haben wir im Kapitel »Copyright« (S. 359f.)« abgedruckt. Wir erlebten in unseren Endlich-Leben-Gruppen, wie Hoffnung, Entfaltung und Gelassenheit für unterschiedlichste Lebenfragen in unser Leben und das unserer Gemeinden kamen. Dadurch wurde uns der Wert der 12 Schritte erst so richtig bewusst. Damals begriffen wir – für uns völlig überraschend –, was es mit »Sucht«, »Abhängigkeiten« und »Co-Sucht« auf sich hat. Die Thematik der verschiedensten Alltags-Süchte hat uns seitdem nicht mehr losgelassen. In diesem Arbeitsbuch taucht das Thema hier und da noch auf. Wir konzentrieren uns bewusst nicht mehr nur auf die klassischen Suchtthemen, so dass viele Menschen vom 12-Schritte-Programm profitieren können.

Erste Erfahrungen mit dem christlichen 12-Schritte-Programm begannen in Deutschland im September 1994 in Lemgo unter der Leitung von Pfarrer Helge Seekamp in der ev. reformierten Lippischen Landeskirche. Etwa zur selben Zeit und unabhängig davon wurde in der Vineyard-Gemeinde Bern, in der Schweiz, unter der Leitung von Gero Herrendorff mit demselben 12-Schritte-Programm gearbeitet. Über 160 Gemeinden haben seitdem im deutschsprachigen Raum von diesem Selbsthilfegruppen-Format profitiert. Überall machten sie ähnliche wertvolle und lebensverändernde Erfahrungen! Übersetzungen ins Französische, Niederländische, Russische und Polnische folgten.

Impulse für ein befreiendes UND-Prinzip

Solltest du deine Gemeinde von dem Endlich-Leben-Programm überzeugen wollen, kannst du der Gemeinde-Leitung folgende Punkte weitergeben:

- Gesetzlichkeit, schwarz-weiß-Denken, zu simple Lösungsfantasien – wie der oft gehörte Auftrag »Bete und alles wird gut!« – führen in Kirchen zu unmündig machenden oder »co-abhängigen« Strukturen. Solche Vorstellungen werden durch diesen 12-Schritte-Prozess überwunden. Unsere Denkmodelle fördern die balancierte Ausgewogenheit ohne erhobenen Zeigefinger.
- Endlich-Leben-Gruppen fördern also eine solche christliche Gemeinschaft, die zum Ort der persönlichen Reifung wird. Wie von selbst machen diese Angebote Personen und Gemeinden dadurch widerstandsfähig gegen zwanghafte Tendenzen, wie sie in religiös-esoterischen oder christlich-fundamentalistischen Traditionen vorkommen.
- Endlich-Leben-Gruppen fördern auch eine offene Kirche, indem sie eine allgemein verständliche Sprache sprechen und Offenheit in Regeln, Werten und Überzeugung voraussetzen. Alles Verhalten in der Gruppe und im Alltag beruht auf einer Weisheit, die dazu hilft, Ausgewogenheit und seelische Balance zu entwickeln. Wir nennen es

das UND-Prinzip. Mit dieser balancierten Sichtweise sind Endlich-Leben-Gruppen Keimzellen einer Erneuerung nicht nur des eigenen Lebens, sondern ganzer Gruppen und Gemeinden.

- Gott macht das scheinbar Unmögliche möglich, wirkt heilsam im Leben von Menschen und stärkt sie von innen her. Gemeindemitglieder bekommen nur die Rolle als Moderator:in, sorgen für einen guten Rahmen und sind bevollmächtigt, mit Hilfe des Arbeitsbuches sich der Führung Gottes zu überlassen.

Und? Hast du nun Mut, selbst den Anstoß für neue Gruppen zu geben oder sogar Gruppen zu gründen? Prüfe dann abschließend, ob du zur/zum Gründer:in einer weiteren Endlich-Leben-Gruppe in deiner Umgebung werden willst. Es reicht schon, dass dich dieselbe Hoffnung, Entfaltung und Gelassenheit, die uns beflügelt hat, dazu antreiben. Finde eine/n Co-Moderator:in und melde deine Gruppe beim Netzwerk an! Wir begleiten dich mit Schulung und Fortbildung. Du hast bei allen Fragen Ansprechpartner:innen.

Das Endlich-Leben-Netzwerk für den Start der Gruppenarbeit nutzen

Seit 1998 fördert das Endlich-Leben-Netzwerk Interessierte dabei, Gruppen zur Entfaltung der Persönlichkeit zu gründen. Seit 2008 gibt es dazu nicht nur ein geordnetes Verfahren, einen Wertekodex und detallierte Hilfestellungen, sondern auch das vertraglich gut durchdachte Angebot für Gründungsberatung, Videokonferenzen zum Austausch, digitales Gruppenmoderator:innen-Training und eine Geschäftsstelle für den Support, wenn Fragen entstehen.

Wenn du an der Gründung deiner Gruppe für deine Freunde oder für deine Gemeinde interessiert bist, informiere dich auf unserer Webseite www.endlich-leben.net.

Weiteres Material steht dort für alle unsere Netzwerkmitglieder zur Verfügung. Endlich-Leben-Gruppen können so an möglichst vielen Orten Wurzeln fassen und Menschen, Gemeinden und die Gesellschaft zum Besseren entwickeln.

Die Wirksamkeit unserer Endlich-Leben-Gruppen wurde durch wissenschaftlich genormte Fragebögen in der Form von Selbsttests 7 Jahre lang laufend überprüfet. Darum können wir mit guten Gründen diese Arbeit empfehlen. Werde Botschafter:in für diese gute Nachricht und schließe dich dem Netzwerk als Mitglied an – wenn du willst.

Oder mach, was dir Spaß macht und was das Leben fördert. Hauptsache: Die wunderbare Vision »einfach endlich leben« geht weiter.

Adressen, Materialien, Copyright, Literatur

Gruppengründer:innen, Autor:innen, Lehrer:innen, Freund:innen und Multiplikator:innen, die mit unserem christlichen 12-Schritte-Material Endlich-Leben-Gruppen durchführen, haben sich zu einem Netzwerk zusammengetan: Endlich-Leben-Netzwerk oder endlich-leben.net e.V. mit Sitz in Lemgo.

Du kannst gerne Mitglied werden, deine Erfahrungen einbringen und von unseren profitieren. Das Endlich-Leben-Netzwerk organisiert sich als eingetragener, gemeinnütziger Verein. Triff uns auf der Jahreskonferenz. Durch diese Vernetzung werden Qualität von Endlich-Leben-Gruppen gesichert und neue Ideen gefördert.

Weiter stellen wir folgende Angebote zur Verfügung:

- Zentrale Schulungsveranstaltungen für (zukünftige) Gruppenmoderator:innen können im Internet oder bei der rechts genannten Geschäftsstelle erfragt werden.
- Gruppenmoderations-Arbeitsbuch: Helge Seekamp, Die Mitte für Gott offen halten! Das Handbuch und Arbeitsbuch für Gruppenmoderator:innen, ein 12-Schritte-Programm für die Gruppenleitung in Endlich-Leben-Gruppen. Mit diesem Material lässt sich alles gesammelte Moderator:innen-Wissen in der 12-Schritte-Logik erarbeiten.
- Flyer, Infobroschüren: Für eine professionelle Werbung bietet das Netzwerk Materialien an.
- Gruppeninteressierte können auch unsere digitalen Gruppenangebote nutzen, bevor sie vor Ort eine analoge Gruppe in Gemeinde oder ihrem Wohnzimmer gründen.
- Gruppengründer:innen, die als Partner:innen mit uns arbeiten, orientieren sich an den Regeln guter Selbsthilfearbeit. In unseren AGBs sind die Details definiert. So wirken wir auf Qualitätssicherung für deine Endlich-Leben-Gruppen-Arbeit vor Ort hin.
- Botschafter:innen für die Arbeit, die mit unseren Werten und dem Programm tief verbunden sind, organisieren sich als Mitglieder unseres Vereins. Und treffen sich einmal im Jahr bei der Jahreskonferenz oder beim Digitaltag zur Stärkung.

Schreib uns in der Geschäftsstelle, wenn du Fragen hast.

Kontaktadressen für Deutschland, Österreich, Schweiz:

Geschäftsstelle Endlich-Leben-Netz
Gruppenanmeldung, Gründungsberatung, Vereinsmitgliedschaft:

Gudrun Balden
Hohensonne 11
32699 Extertal

Geschäftsstelle: +49-(0)5261-94 32 598
E-Mail: netz@endlich-leben.net

Institut für Christliche Selbsthilfe
Materialentwicklung, Training, Forschung:

Helge Seekamp
Am Erbeskamp 24
D-32657 Lemgo

Institut: +49-(0)52 61-93 44 66
E-Mail: institut@endlich-leben.net

Internet: www.endlich-leben.net

Dort können diese Informationen zum Endlich-Leben-Netz abgerufen werden:

- Namen/Adressen von Verantwortlichen
- Informationen für Gruppenleiter:innen
- Schulungstermine/Konferenztermine
- Digitales Selbstlernsystem für Moderation und Gründung
- Gruppen-Gründungshilfen-Webinare
- Materialien für die Werbung und Wissensvertiefung im Internet-Shop
- Downloads für die Präsentation vor Interessierten

endlich leben

12 SCHRITTE FÜR DIE SEELE

Literatur, die dich ermutigt und weiterbringt

- Helge Seekamp, Die Mitte für Gott offenhalten. Das Mitarbeiterhandbuch, Lemgo 2010
- Helge Seekamp, Die guten Seiten der 7 Todsünden. Neue Landkarten für gutes und gelingendes Leben, Lemgo 2023 (Vertiefung des Wertequadrats von Schritt 6)
- Nadine Synofzik, Helge Seekamp, Eine Wirksamkeitsstudie der Endlich-Leben-Gruppenarbeit, Lemgo (digital: www.wirksamkeitsstudie.endlich-leben.net)
- Gero Herrendorff, Helge Seekamp, Karin Prentzel, Grundkurs Barmherzigkeit, Gießen 2002 (Handbuch für Gruppengründer:innen)

Hintergrundinformationen und weitere Methoden

- Anonyme Alkoholiker deutscher Sprache, (Hg.) AA wird mündig, 1990
- Sabine Bobert, Jesusgebet und neue Mystik: Grundlagen einer christlichen Mystagogik, 2010 (Atem, Meditation und Jesusgebet)
- Henry Cloud, J. Townsend, Nein sagen ohne Schuldgefühle. Wie man sich gegen Übergriffe schützt, 2008, 12. Auflage (Co-Sucht, gesunde Grenzen)
- Johanna Domek, Das Leben wieder spüren, 2001 (12-Schritte)
- Karl Frielingsdorf, Vom Überleben zum Leben. Wege zur Identitäts- und Glaubensfindung, 2001 (Pastoraltheologie)
- Reiner Fuchs, Inmitten von Scham, Gewalt und Angst. Theologische Fundierungen der Suchtkrankenpastoral, 2006 (Fachbuch zu 12 Schritte und Missbrauch)
- Klaus Grawe, Neuropsychotherapie, Hogrefe 2004 (Fachbuch zu Grundbedürfnissen)
- Helmut Harsch, Hilfe für Alkoholiker und andere Drogenabhängige, 1993 (12 Schritte mit der Transaktionsanalyse erklärt)
- Julius Kuhl, Spirituelle Intelligenz: Glaube zwischen Ich und Selbst, Freiburg i.Br. 2015 (Fachbuch zur Emotionsarbeit mit spiritueller Dimension)
- Julius Kuhl, Handlungspsychologische Grundlagen des Coaching: Anwendung der Theorie der Persönlichkeits-System-Interaktionen (PSI) (essentials), Wiesbaden 2014 (Fachbuch für Berater:innen)
- Garth Lean, Der vergessene Faktor. Vom Leben und Wirken Frank Buchmans, 1991 (Geschichte der 12-Schritte-Gruppenbewegung)
- Walther H. Lechler, So kann's mit mir nicht weitergehn! Neubeginn durch spirituelle Erfahrungen, Stuttgart 1996 (12 Schritte)

- Carsten Maurischat, Erfassung der „Stages of Change» im Transtheoretischen Modell Prochaska's – eine Bestandsaufnahme. Forschungsberichte des Psychologischen Instituts der Albert-Ludwigs-Universität Freiburg i.Br. Nr. 154, 2001
- Michael L. Moeller, Psychologisch-Therapeutische Selbsthilfegruppen, 1984 (Deutsche Geschichte von Selbsthilfe und Selbsthilfeprinzipien)
- Sebastian Murken, Religiosität, Kontrollüberzeugung und seelische Gesundheit bei Anonymen Alkoholikern, 1994 (Fachbuch empirische Religionspsychologie)
- Sebastian Murken, Gottesbeziehung und psychische Gesundheit. Die Entwicklung eines Modells und seine empirische Überprüfung, 1998 (Forschungsbericht)
- Walter Rebell, Alles ist möglich dem, der glaubt. Glaubensvollmacht im frühen Christentum, 1989 (Theologie, Glaube im neuen Testament)
- Walter Rebell, Psychologisches Grundwissen: Ein Handbuch für Theologinnen und Theologen, 2008 (Psychologie, Kompendium)
- Monika Rennert, Co-Abhängigkeit. Was Sucht für die Familie bedeutet, 1990 (Fachbuch, Co-Sucht, Rollenmodelle)
- Anne Wilson Schaef, Im Zeitalter der Sucht. Wege aus der Abhängigkeit, 1993 (Suchtsystem persönlich und gesellschaftlich)
- Anne Wilson Schaef, Die Flucht vor der Nähe. Warum Liebe, die süchtig macht, keine Liebe ist, 2005 (Beziehungssüchte, 12 Schritte)
- Lothar Schmidt, Fahrschule des Lebens, 2007 (12 Schritte Arbeitsbuch)
- Maja Storch, Wolfgang Tschacher: Embodied Communication. Kommunikation beginnt im Körper, nicht im Kopf. 2. erweiterte Aufl. Göttingen 2016 (Fachbuch PSI)
- Maja Storch, Julius Kuhl, Die Kraft aus dem Selbst. Sieben PsychoGyms für das Unbewusste, 2. Aufl. Göttingen 2013 (allgemeinverständliche Übungen)
- Friedemann Schultz von Thun, Klarkommen mit sich selbst und anderen: Kommunikation und soziale Kompetenz, Reinbek 2004 (Wertequadrat)

Übersetzungen unserer 12-Schritte-Programme

- Helge Seekamp, Gero Herrendorff, Karin Prentzel. Guérison Transformation Lâcher prise. Le Programme des 12 Etapes Un manuel pour un travail en groupes, Lemgo 2007 (Französisch)
- Helge Seekamp, Gero Herrendorff, Karin Prentzel. Nu echt leven. Hoop. Unfolding. Rust. Het 12 stappen programma. Een werkboek voor zelfhulpgroepen. Met zelfbevragingen, Lemgo 2015 (Niederländisch)
- Nadine Synofzik, Helge Seekamp; Po Prostu Wreszcie Żjć! Chryeścijański Program 12 kroków, Plock 2019 (Polnische Übersetzung)

Die 12-Schritte-Tradition und ihr Copyright

Urheberschutz für die 12 Schritte

1. **Schritt:** Wir gaben zu, dass wir dem Alkohol gegenüber machtlos sind – und unser Leben nicht mehr meistern konnten.
2. **Schritt:** Wir kamen zu dem Glauben, dass eine Macht, größer als wir selbst, uns unsere geistige Gesundheit wiedergeben kann.
3. **Schritt:** Wir fassten den Entschluss, unseren Willen und unser Leben der Sorge Gottes – wie wir ihn verstanden – anzuvertrauen.
4. **Schritt:** Wir machten eine gründliche und furchtlose Inventur in unserem Inneren.
5. **Schritt:** Wir gaben Gott, uns selbst und einem anderen Menschen gegenüber unverhüllt unsere Fehler zu.
6. **Schritt:** Wir waren völlig bereit, all diese Charakterfehler von Gott beseitigen zu lassen.
7. **Schritt:** Demütig baten wir ihn, unsere Mängel von uns zu nehmen.
8. **Schritt:** Wir machten eine Liste aller Personen, denen wir Schaden zugefügt hatten, und wurden willig, ihn bei allen wiedergutzumachen.
9. **Schritt:** Wir machten bei diesen Menschen alles wieder gut – wo immer es möglich war –, es sei denn, wir hätten dadurch sie oder andere verletzt.
10. **Schritt:** Wir setzten die Inventur bei uns fort, und wenn wir Unrecht hatten, gaben wir es sofort zu.
11. **Schritt:** Wir suchten durch Gebet und Besinnung die bewusste Verbindung zu Gott – wie wir ihn verstanden – zu vertiefen. Wir baten ihn nur, uns seinen Willen erkennbar werden zu lassen und uns die Kraft zu geben, ihn auszuführen.
12. **Schritt:** Nachdem wir durch diese Schritte ein spirituelles Erwachen erlebt hatten, versuchten wir, diese Botschaft an Alkoholiker weiterzugeben und unser tägliches Leben nach diesen Grundsätzen auszurichten.

Die 12 Schritte, wie sie in den Endlich-Leben-Gruppen formuliert werden, haben wir für die besondere Verwendung im christlichen Bereich und für Menschen mit unspezifischen Symptomen, Beschwerden und Herausforderungen gegenüber dem Original sprachlich leicht verändert:

Der Begriff »Alkohol« ist durch allgemeinere Begriffe wie »Abhängigkeiten und Probleme« ersetzt worden. In Schritt 2 wird das Konzept der seelischen Gesundheit nach dem Modell der WHO und Klaus Detlef Grawe eingeführt und damit auf den Stand heutiger Forschung gebracht. Schritt 3 lautet in Endlich-Leben-Gruppen temporal: »Gott, soweit wir ihn verstanden«.

Die 12 Schritte mit unseren Anpassungen werden gemäß den Leitlinien des AA-Welt-Dienstes (Alcoholics Anonymous World Services) in diesem Buch verwendet. Darum betonen wir:

Die Nutzung und Anpassung der Zwölf Schritte bedeutet nicht, dass AA zu den Inhalten dieser Veröffentlichung seine Zustimmung gegeben hat. AA hat auch nicht die Anschauungen dieses Buches geprüft oder sich zu eigen gemacht. AA ist ein Programm, das ausschließlich zur Genesung vom Alkoholismus beiträgt.

Die Verwendung der 12 Schritte in Zusammenhang mit Programmen, die sich zwar an AA orientieren, aber auch andere Probleme angehen, haben mit dem ursprünglichen Anliegen von AA nichts zu tun.

Endlich-Leben-Gruppen arbeiten im Unterschied zu AA an einer breiten Fülle von Lebensthemen und fördern damit die Persönlichkeitsentfaltung.

Selbsthilfegruppen ersetzen keine Therapie oder ärztliche Begleitung, sondern funktionieren am besten in enger Abstimmung mit Fachleuten.

Copyright »Nur für heute«

Die »Nur-für-heute«-Prinzipien haben die Emotions Anonymous (EA) als Erste entwickelt. In Deutschland entstanden 1972 in Verbindung mit Walther Lechler, Chefarzt der psychosomatischen Klinik Bad Herrenalb, die ersten EA-Gruppen. Sie haben dieses Material aus der amerikanischen Bewegung ins Deutsche übersetzt.

In vielen 12-Schritte-Gruppen orientiert man sich an diesen wertvollen Hinweisen im Sinne der täglichen Gelassenheit.

Copyright verschiedener Methoden

Aufgrund unser Forschungsarbeit beziehen wir uns auf wissenschaftlich begründete Verfahren, die durch Psychotherapieforschung und Wirksamkeitsforschung evaluiert wurden. Dabei spielte Professor Klaus Detlef Grawe mit seinem Team eine entscheidende Rolle. Er hat empirische Wirksamkeitsstudien zu allen Psychotherapieverfahren mit seinen wissenschaftlichen Mitarbeitern seit den 90ern veröffentlicht.

Weitere Ansätze sind durch Professor Julius Kuhl und sein Persönlichkeitsmodell, Osnabrück, und das Züricher Resourcenmodell (www.MajaStorch.de) beeinflusst worden. Hier hat Professorin Storch mit unterschiedlichen Kolleg:innen viele empfehlenswerte Methoden ausgearbeitet, die im Rahmen einer Selbsthilfegruppe helfen.

Wir sind gerade für die Selbsthilfe von der verbreiteten Idee überzeugt, die seelischen Resourcen zu nutzen und zu stärken. Beide Ansätze integrieren Bewusstes und Vorbewusstes (durch intuitive Verfahren). Zusätzliche systemtheoretische Ansätze (Anne Wilson Schaef) beschreiben die Effekte von Gruppen und können Prozesse wie den Suchtkreislauf, den wir im Arbeitsbuch Teufelskreis nannten, ausgezeichnet vertiefen.

Kopiervorlage Faule Früchte in Schritt 1

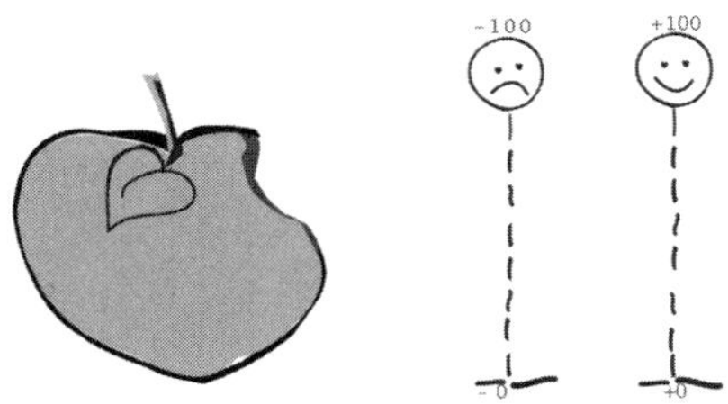

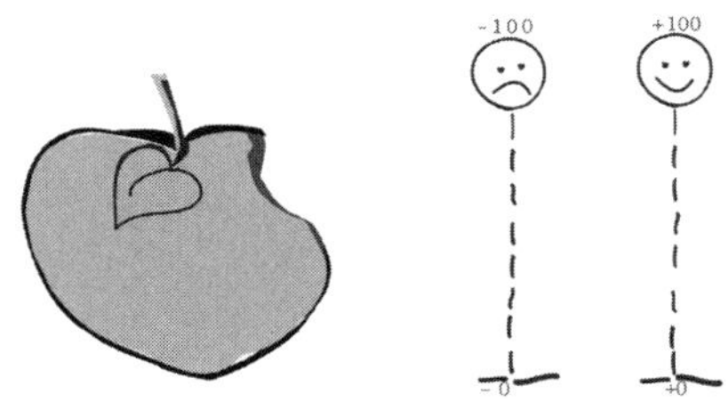

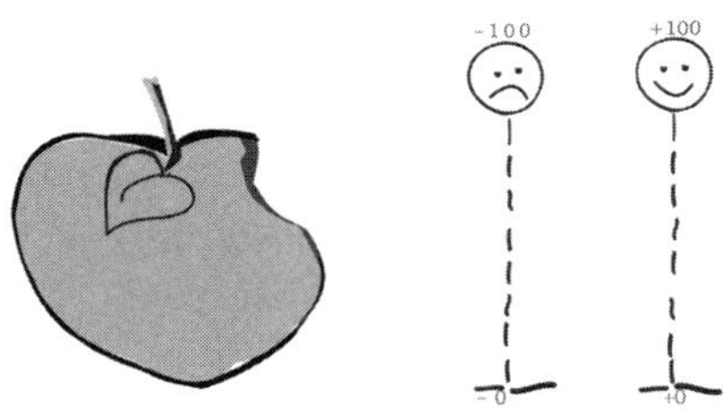

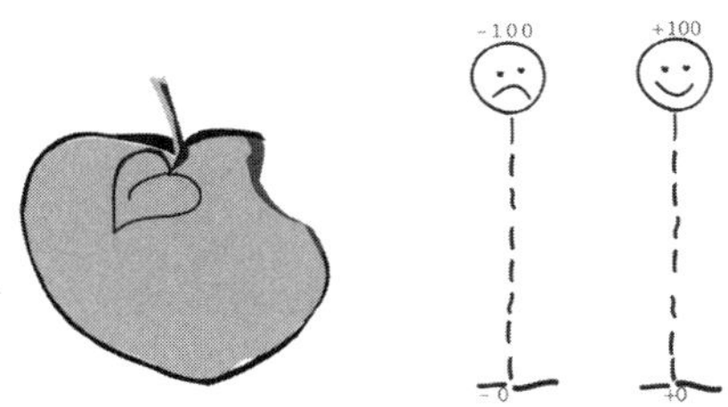

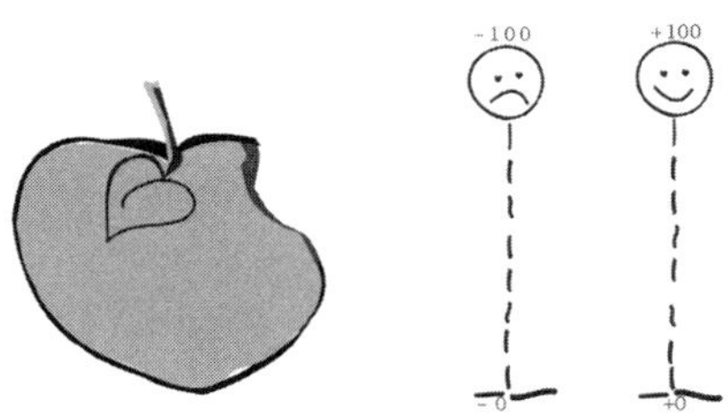

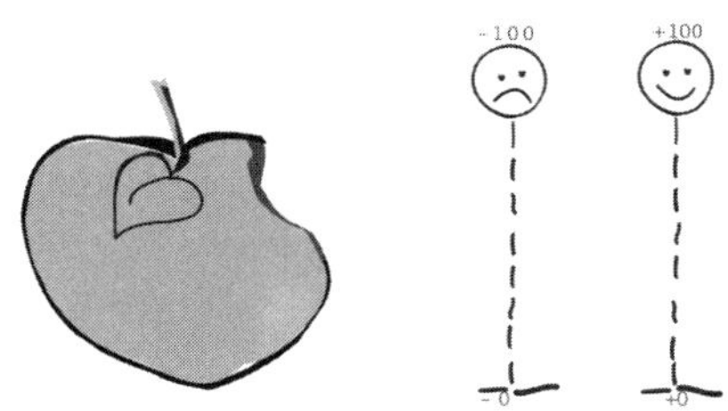

Kopiervorlage Ast-Frucht-Analyse in Schritt 1

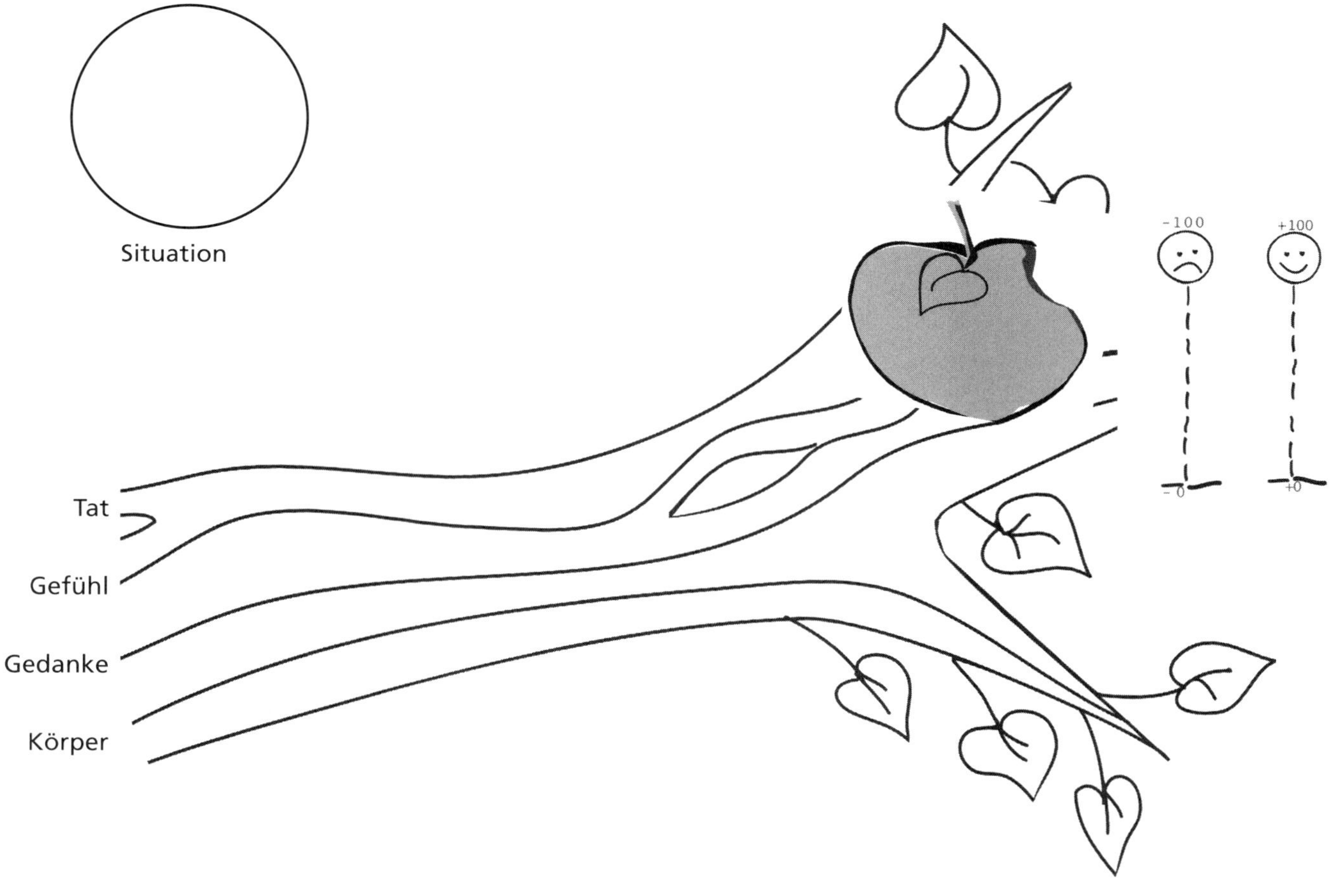

Ast-Frucht-Analyse in Schritt 1 von Thomas

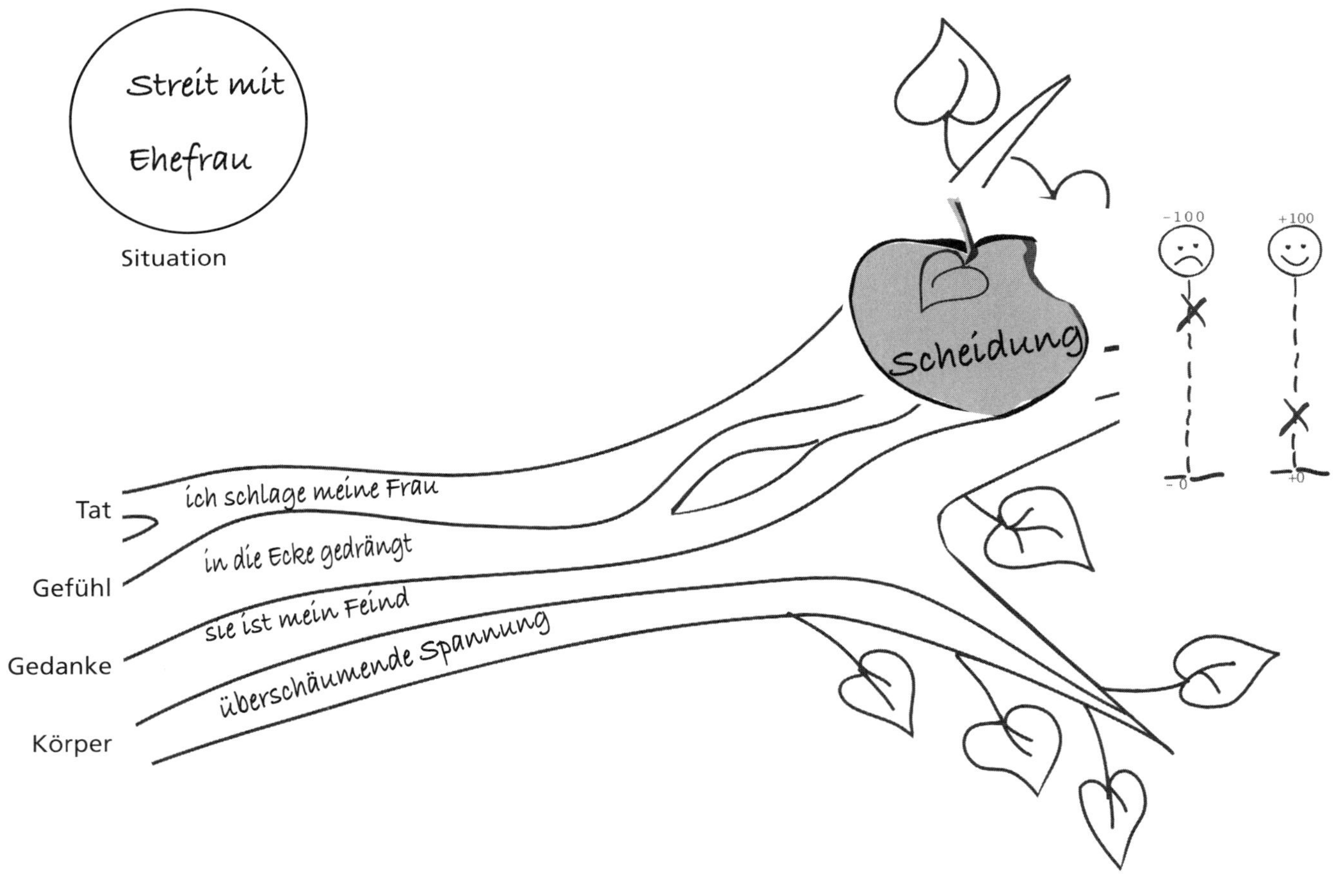

Ast-Frucht-Analyse in Schritt 1 von Emma

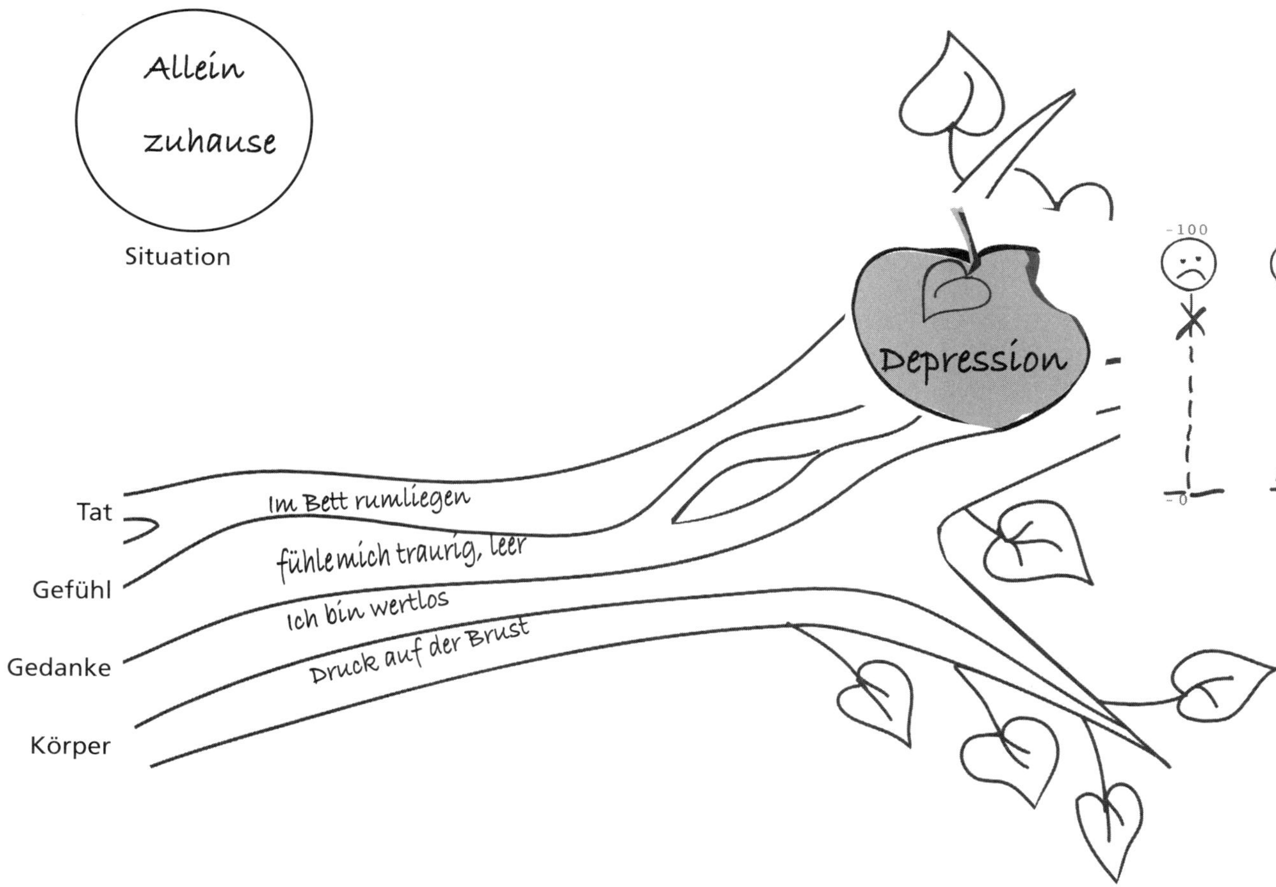

Ast-Frucht-Analyse in Schritt 1 von Nina

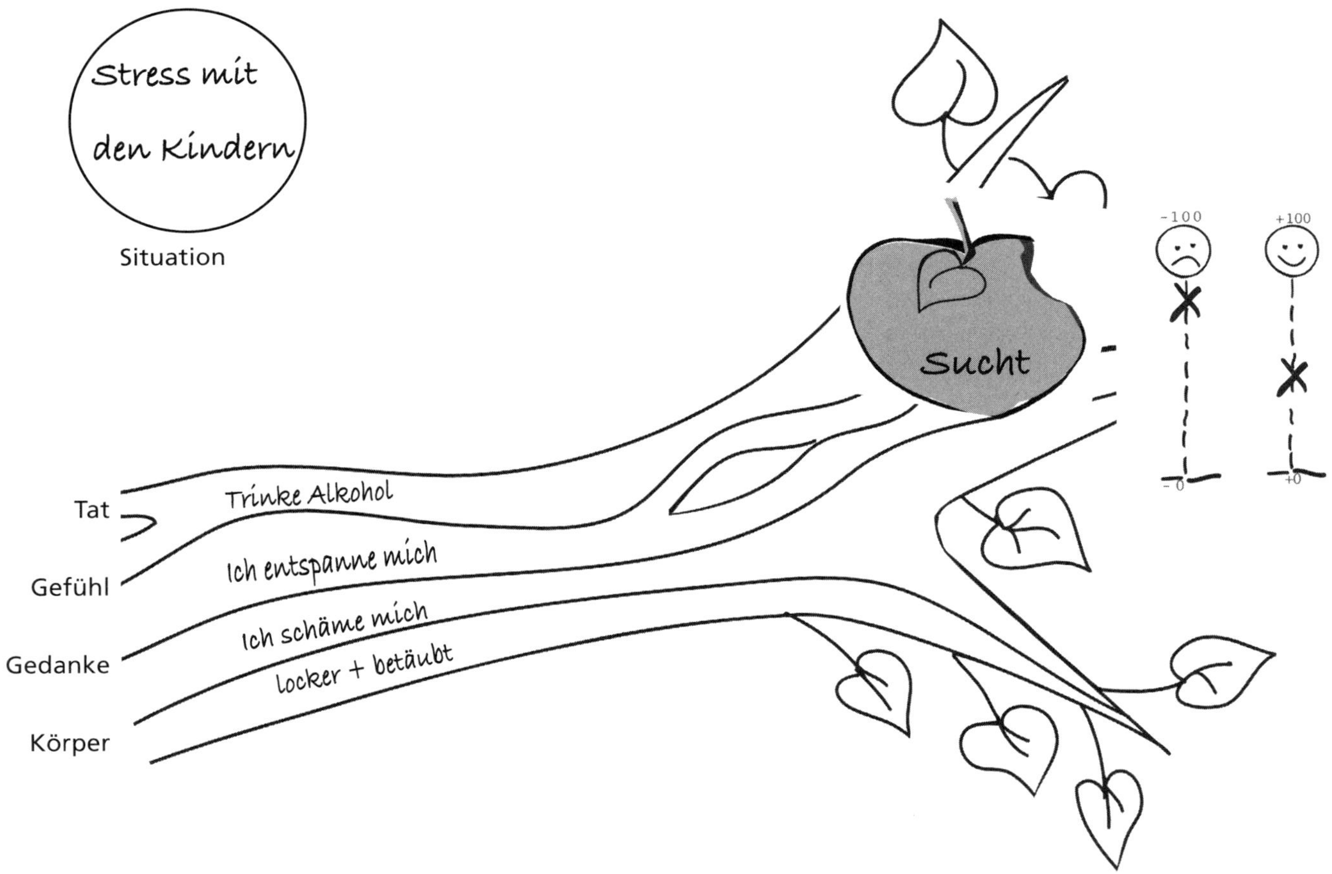

Kopiervorlage Teufelskreis der Selbstheilung

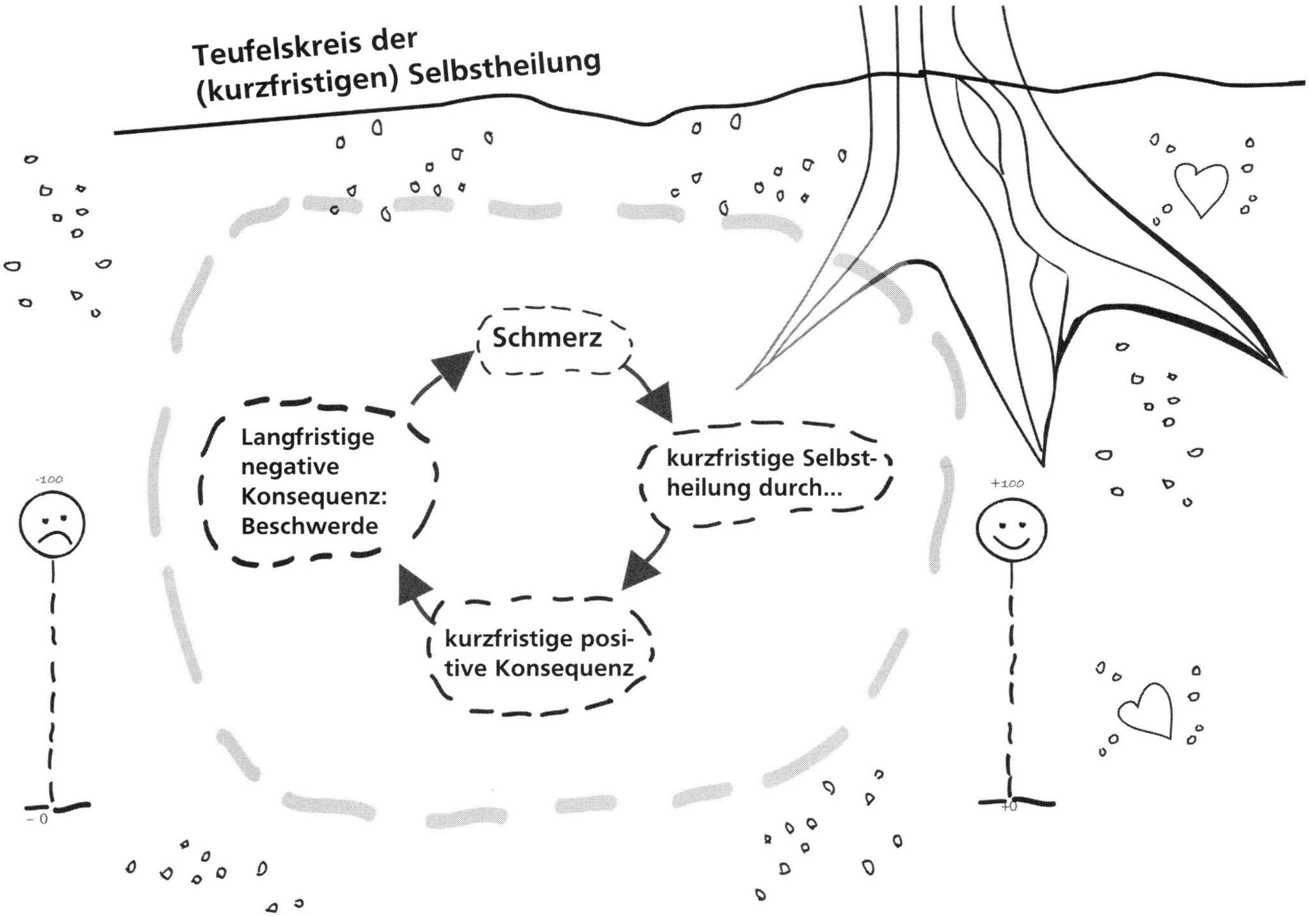

Emmas Teufelskreis der Selbstheilung

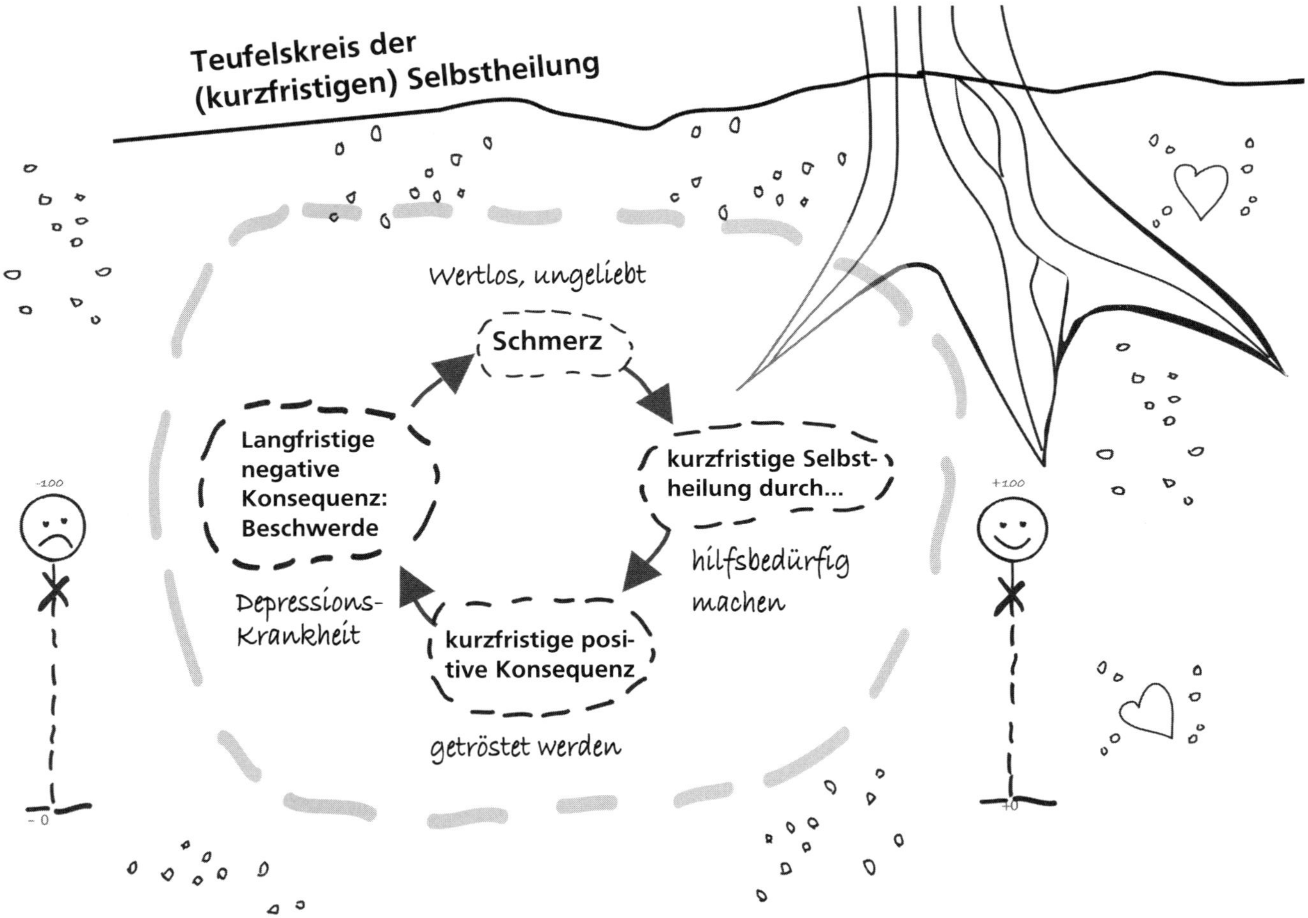

Christians Teufelskreis der Selbstheilung

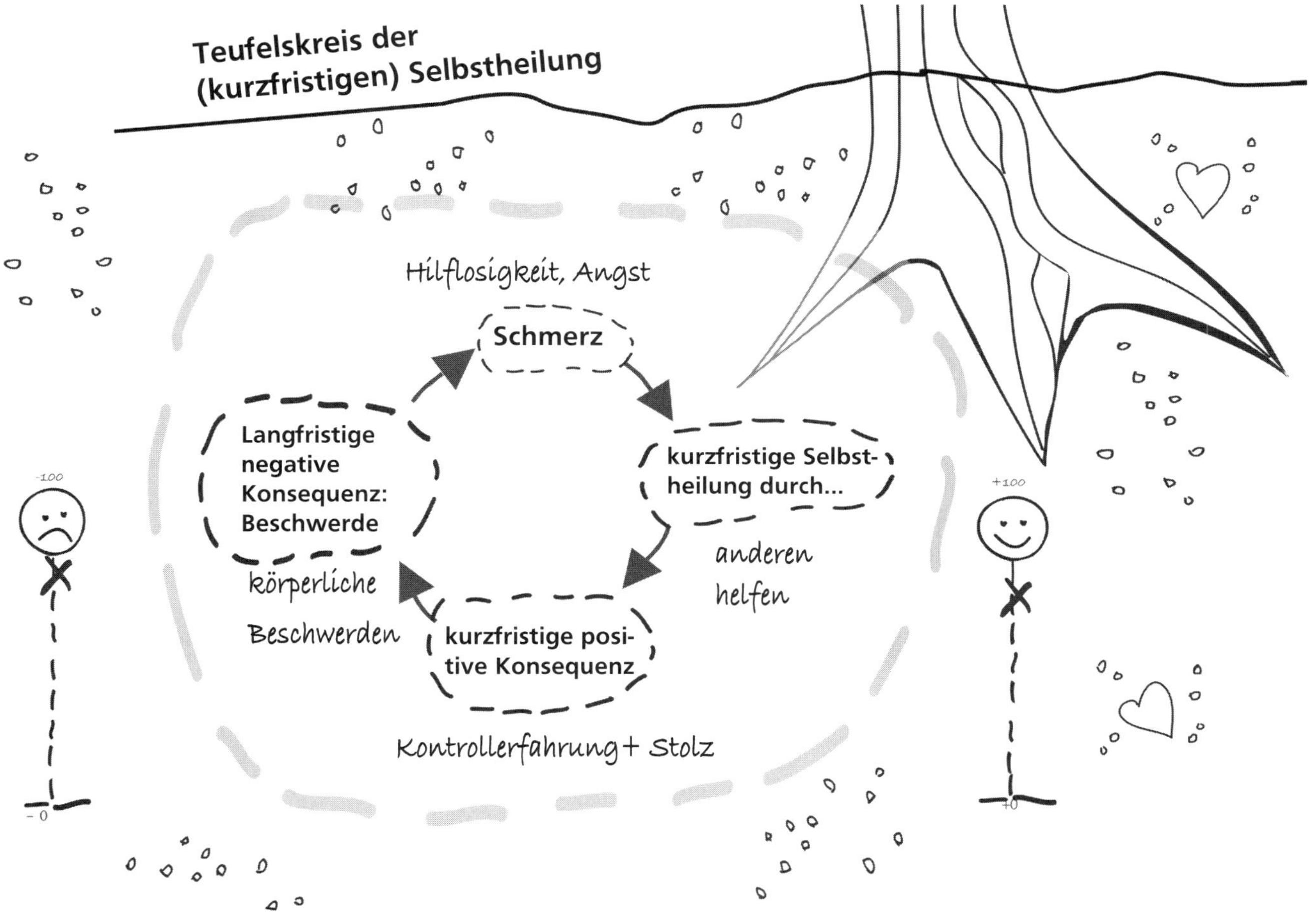

Ninas Teufelskreis der Selbstheilung

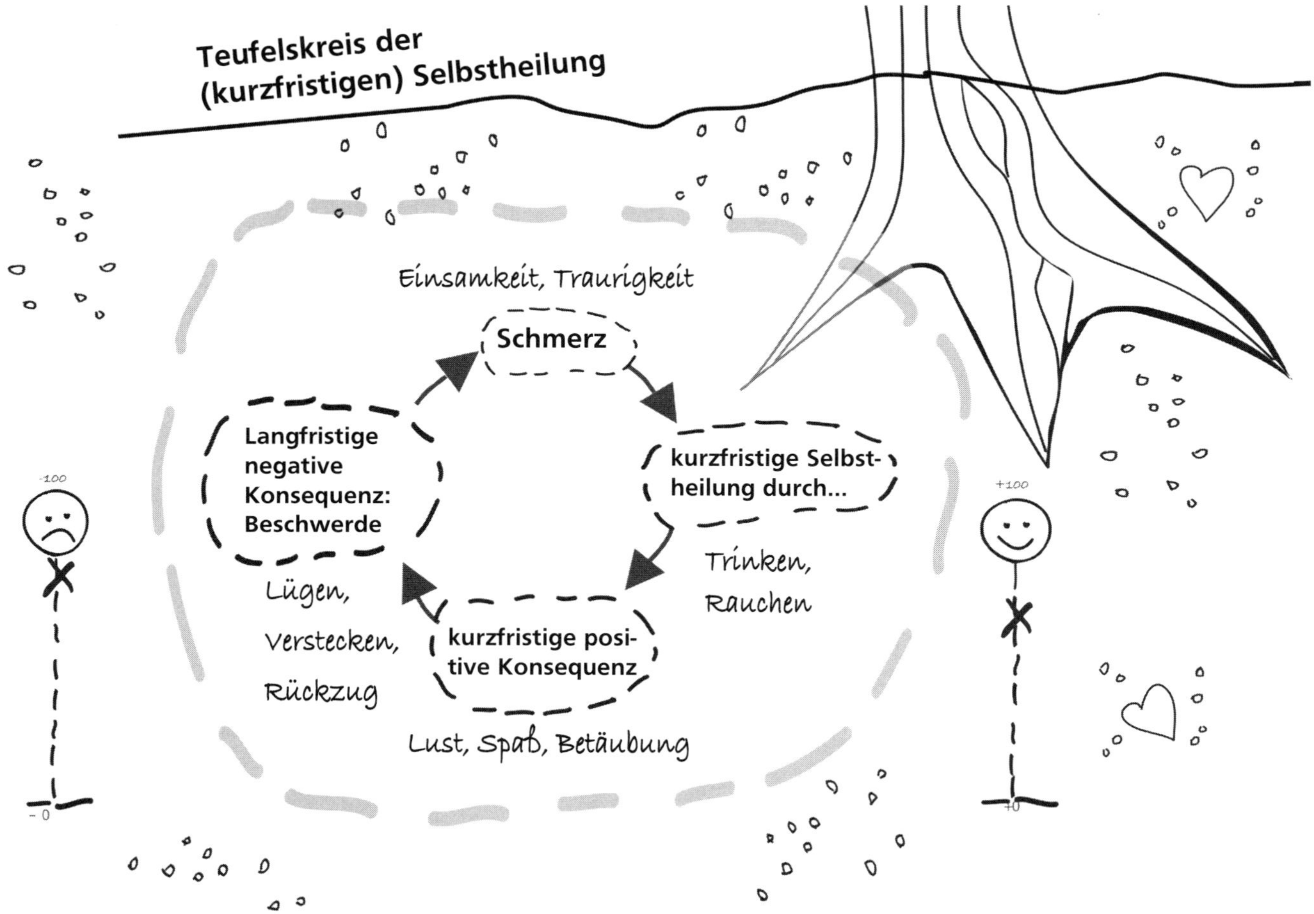

Wurzel »Schmerz« & Grundbedürfnisse in Schritt 2

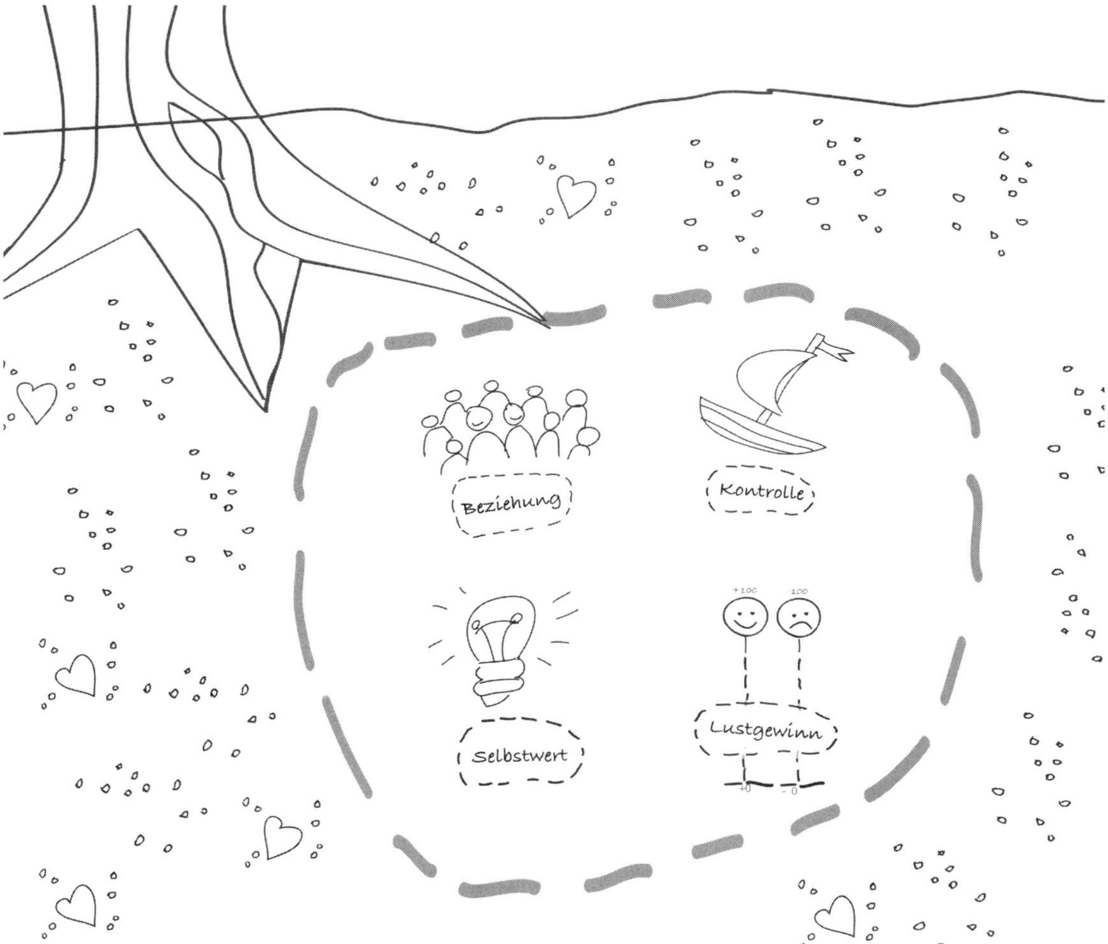

Inventur Kopiervorlage Schritt 4

A: Verhaltensmuster

Tat:

Gefühl:

Gedanke:

Körper:

B: soziales System

C: Beschwerden

C: Wohlbefinden

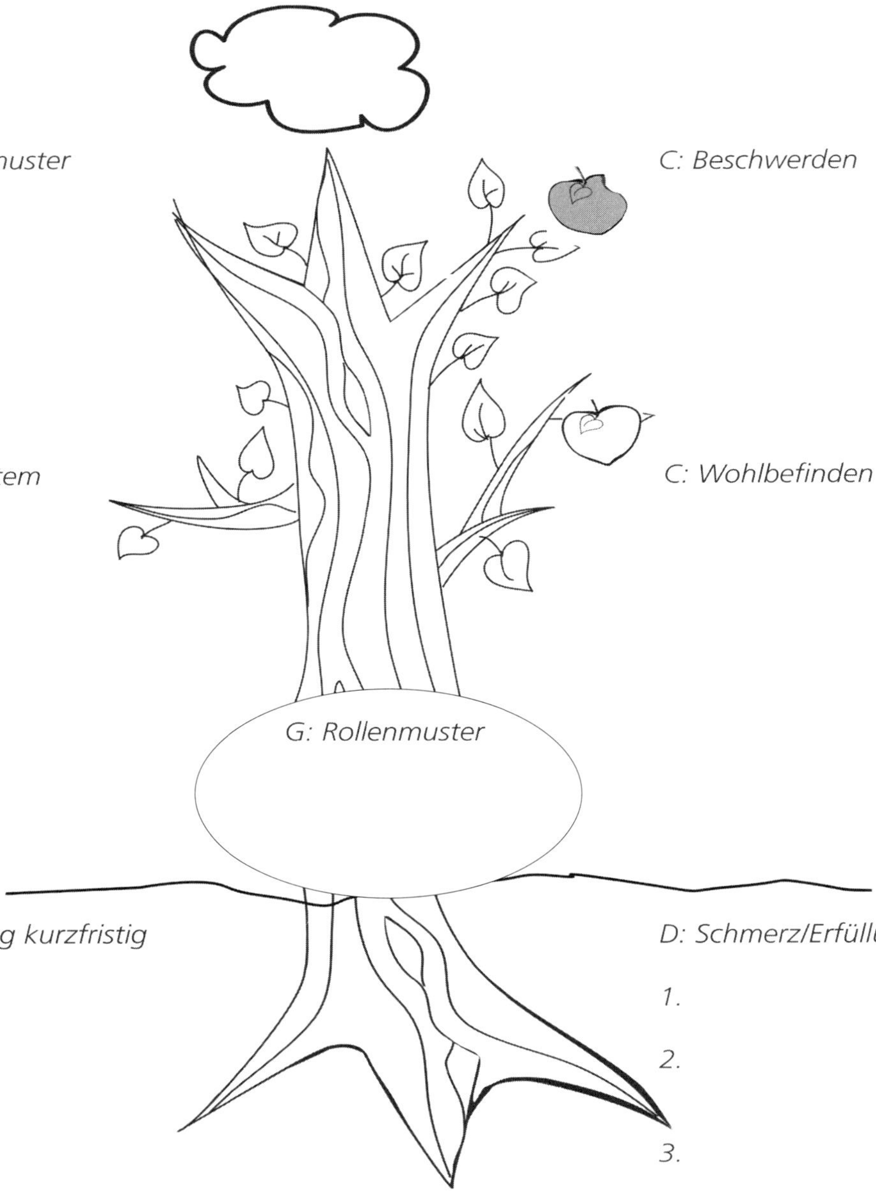

E: Selbstheilung kurzfristig

D: Schmerz/Erfüllung

1.

2.

3.

4.

F: Religion

Inventur Emma

Meine Herkunft

A: Verhaltensmuster

Tat: Rückzug in die Einsamkeit/Krankheit.

Gefühl: Verlorenheit

Gedanke: Schlechte Worte über mich.

Körper: starre, kalt

B: soziales System

Leistung, Geld, Ansehen

Atmosphäre:

kalt, unecht

C: Beschwerden

Depression. Krankheit. Selbstmordgedanken.

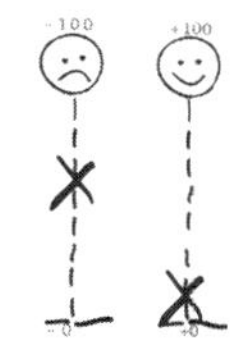

C: Wohlbefinden

Hatte Trost von meiner Mutter, aber zu hohem Preis.

G: Rollenmuster

Das Opfer. Ich bin schwach, hilflos, allein. Brauche Trost. Krankheit ist normal. Leer.

E: Selbstheilung kurzfristig

Ich suche Trost bei anderen. Stimmig fühlt es sich an, wenn ich schlecht von mir denke.

D: Schmerz/Erfüllung

1. Unsicher (zu 90%) Fühlte mich ungeliebt
2. Oft viel zu schwach, kann nichts tun. Hilflos ausgeliefert.
3. Ich bin wertlos. Besser, wenn es mich nicht gäbe
4. Selten Spaß. Nur, wenn wir essen gingen.

F: Religion

Gott spielte keine Rolle. Ich war mutterseelenallein.

Inventur Nina

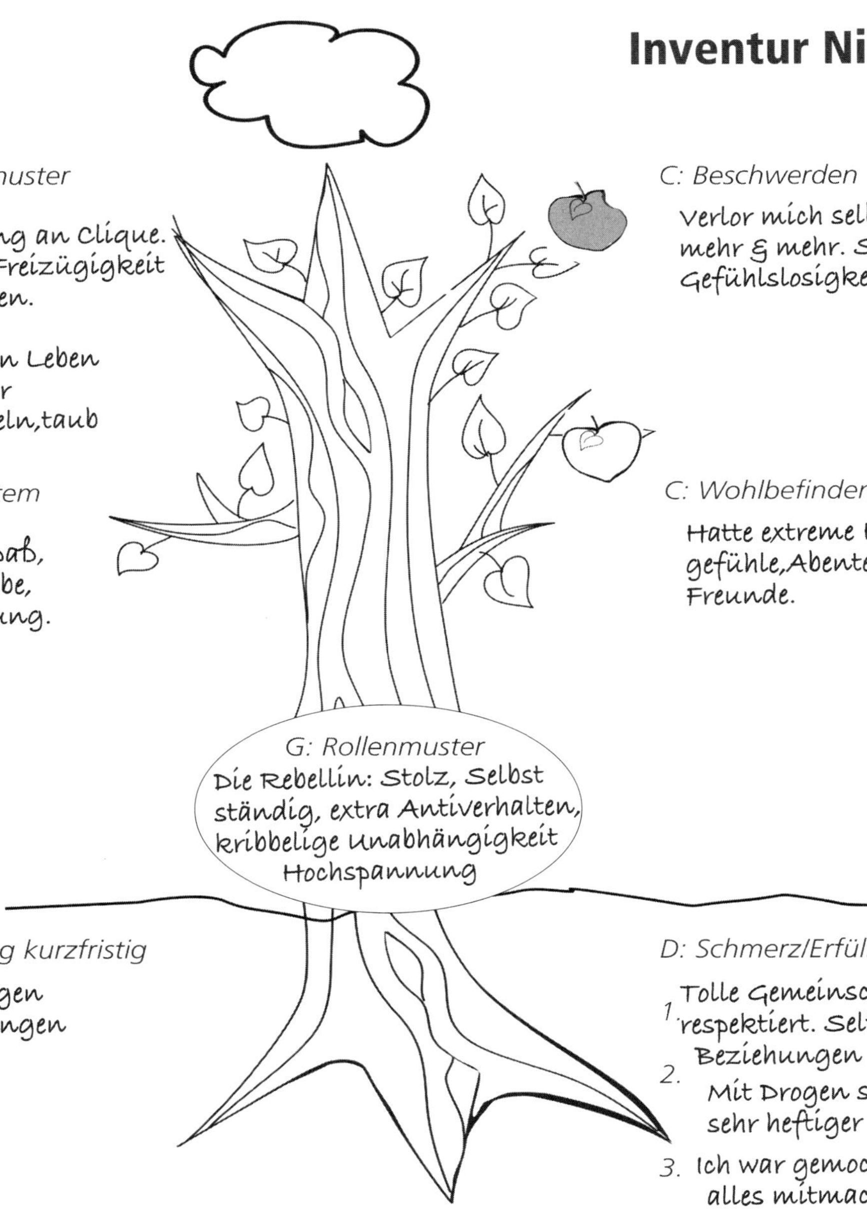

A: Verhaltensmuster

Tat: Anpassung an Clique. Sexuelle Freizügigkeit

Gefühl: Drogen.

Gedanke: Mein Leben gehört mir

Körper: Kribbeln, taub

B: soziales System

Rebellion, Spaß, Freiheit, Liebe, Anerkennung.

C: Beschwerden

Verlor mich selbst mehr & mehr. Sucht, Gefühlslosigkeit.

C: Wohlbefinden

Hatte extreme Hochgefühle, Abenteuer, Freunde.

G: Rollenmuster

Die Rebellin: Stolz, Selbst ständig, extra Antiverhalten, kribbelige Unabhängigkeit Hochspannung

E: Selbstheilung kurzfristig

Stoffe, Drogen + Beziehungen

D: Schmerz/Erfüllung

1. Tolle Gemeinschaft. Fühlte mich respektiert. Selten heftige, stressige Beziehungen
2. Mit Drogen super, bei Entzug sehr heftiger Konrollverlust!
3. Ich war gemocht, solange ich alles mitmachte. Scham.
4. Krasser Spaß. Super heftiger Entzug. Beides voll 100%.

F: Religion

Gott kenne ich nicht. Experimente mit übersinnlichen Kräften.

Inventur Thomas

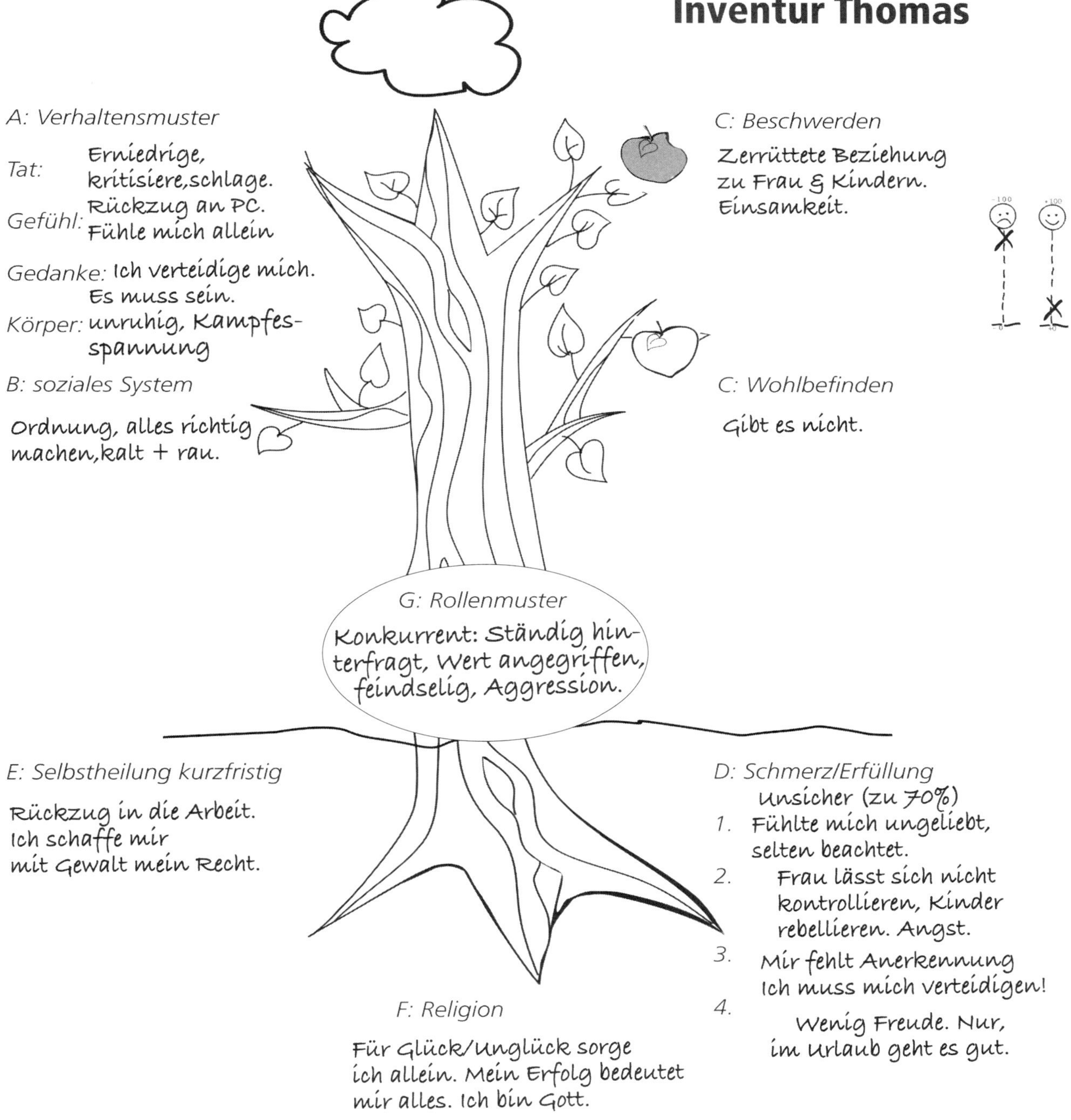

Inventur Christian

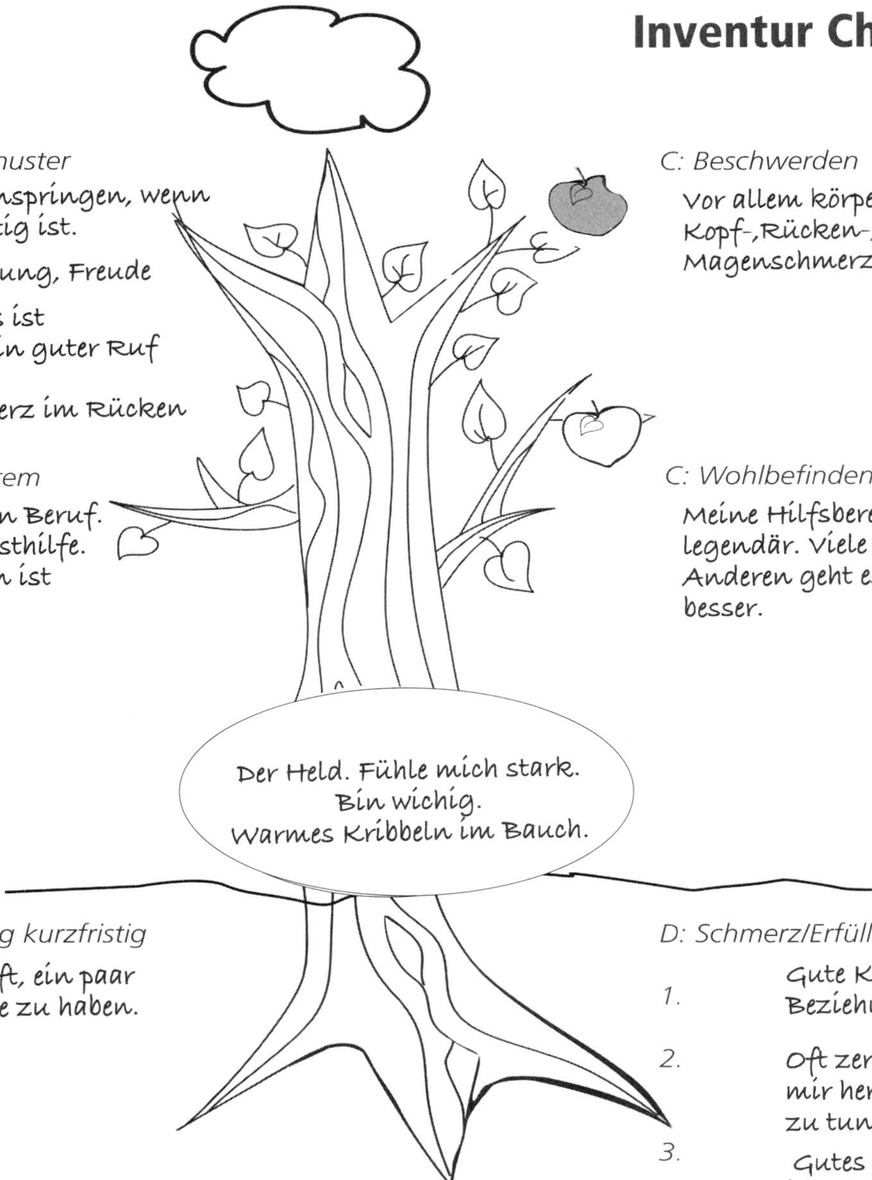

A: Verhaltensmuster

Tat: Sofort anspringen, wenn Hilfe nötig ist.

Gefühl: Erfüllung, Freude

Gedanke: Das ist mein guter Ruf

Körper: Schmerz im Rücken

B: soziales System

Helfen ist mein Beruf.
Hilfe zur Selbsthilfe.
Zu viel zu tun ist die Norm.

C: Beschwerden

Vor allem körperlich:
Kopf-, Rücken-,
Magenschmerz.

C: Wohlbefinden

Meine Hilfsbereitschaft ist legendär. Viele genießen es. Anderen geht es so viel besser.

E: Selbstheilung kurzfristig

Arbeiten hilft, ein paar gute Gefühle zu haben.

D: Schmerz/Erfüllung

1. Gute Kollegen-Beziehung (zu 80%)
2. Oft zerrte alle Welt an mir herum. Hilflos, zu viel zu tun.
3. Gutes Feedback, wenn ich tolle Leistung bringe. Sont so la la
4. Kopft brummt, Stress überwiegt.

F: Religion

Solange ich meine religiöse Pflicht tue, alles gut. Sehr anstrengend. Druck.

Anhang

Vorlage Schritt 7: Dein neuer, veredelter Baum

Nina: Mein neuer, veredelter Baum

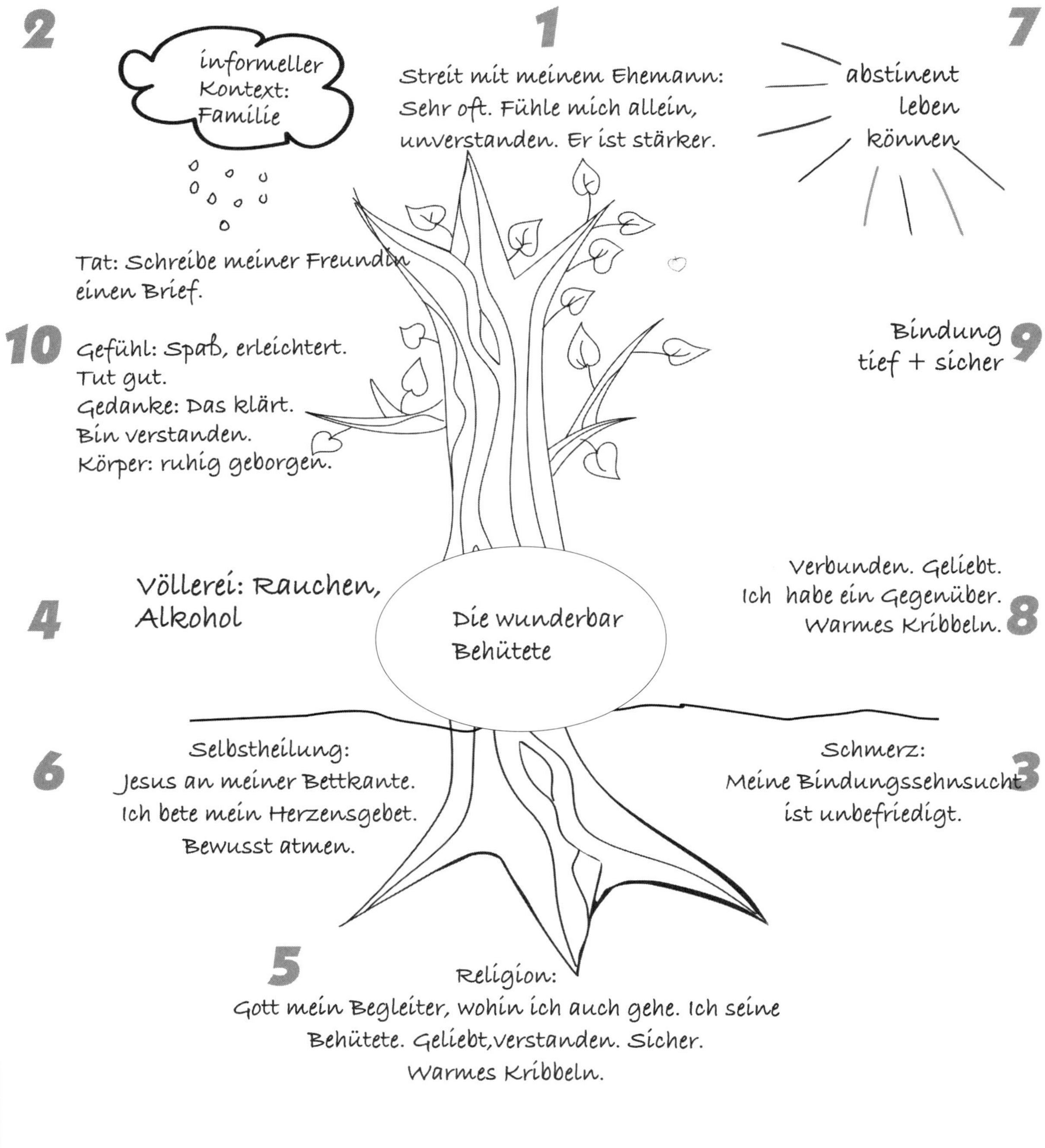

Emma: Mein neuer, veredelter Baum

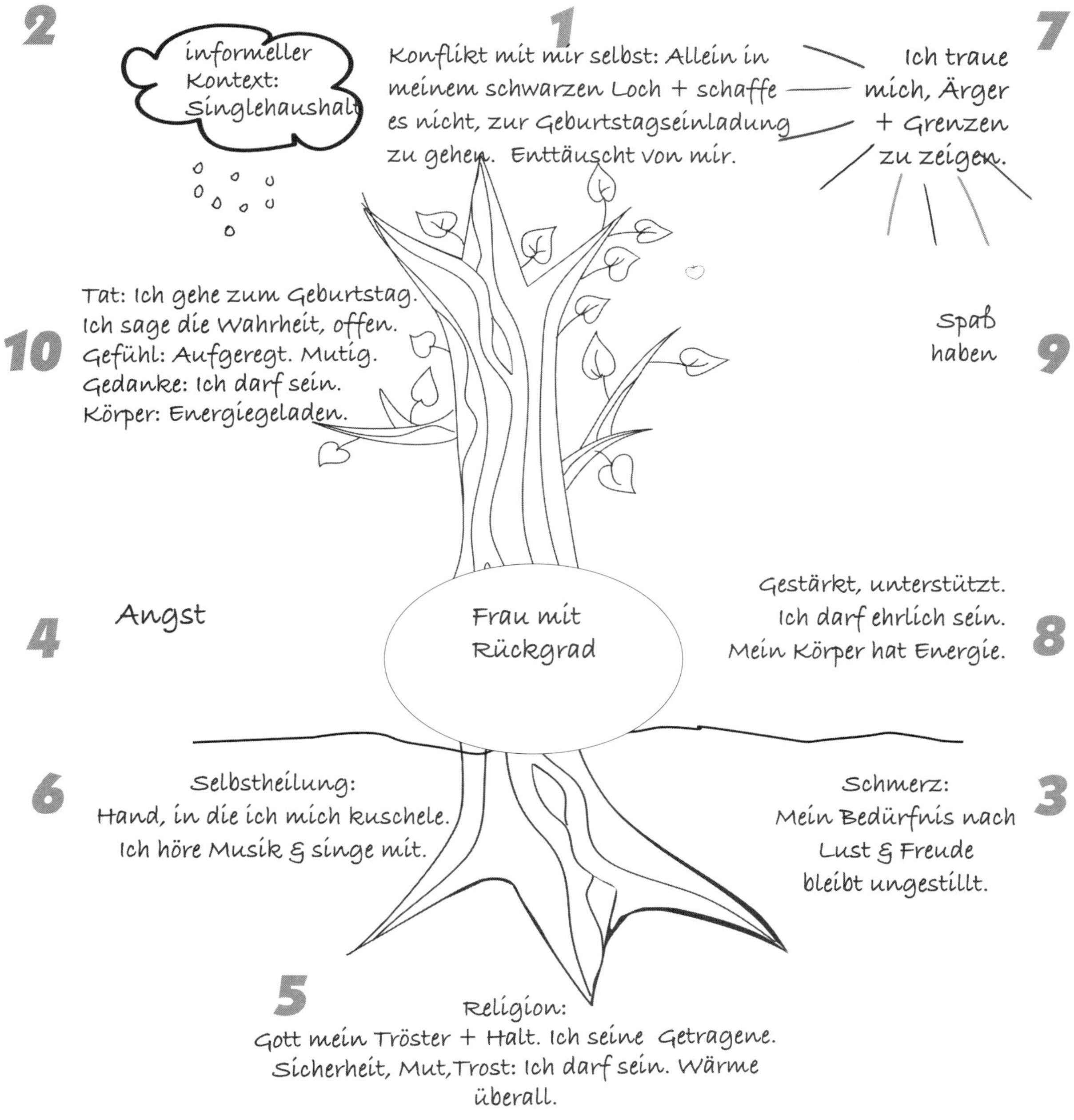

Anhang

Christian: Mein neuer, veredelter Baum

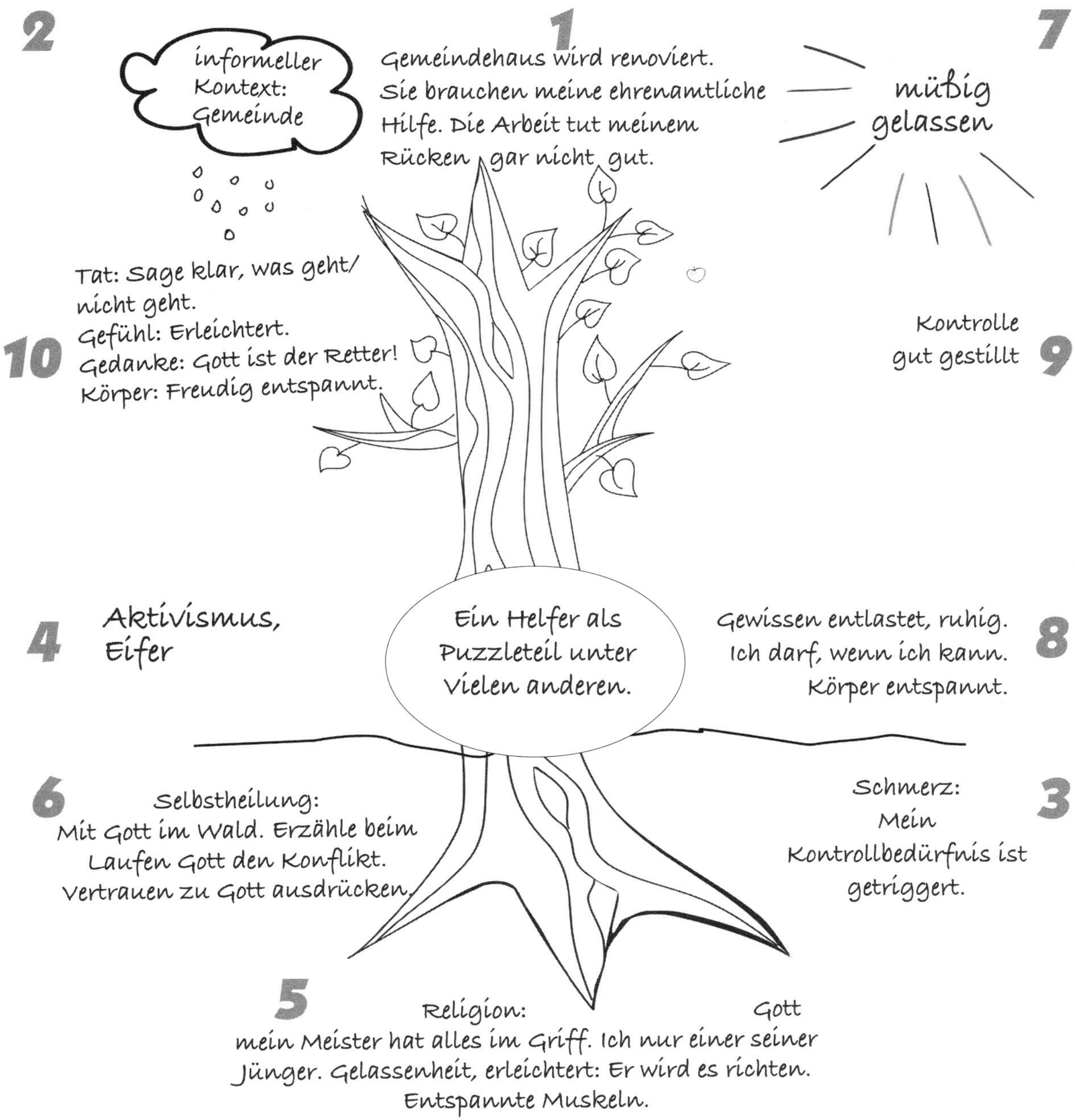

Schritt 10: Die tägliche 15-Minuten-Inventur

1. Grundbedürfnisbalance

Habe ich an meinen 4 Grundbedürfnissen heute Mangel erlebt und wenn ja, wie habe ich ihn gestillt? Waren die Grundbedürfnisse in Balance miteinander?

2. Tugendbalance

Habe ich in meinen Verhaltensmustern heute die Balance gefunden zwischen Über- und Untertreibung? Hat mir der Lebens-Fokus-Satz heute dabei genützt?

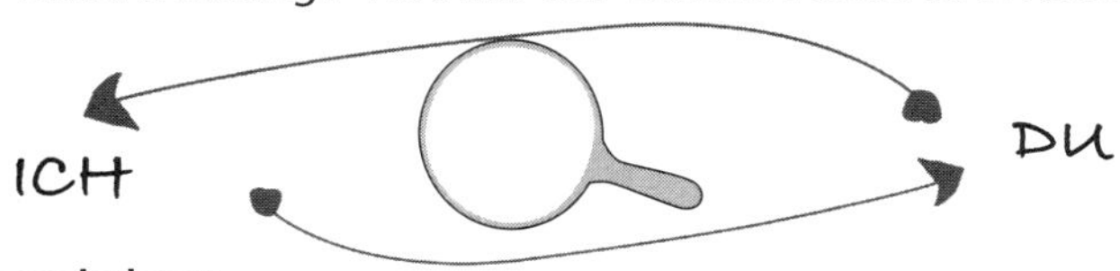

3. Beziehungsbalance

Wo habe ich mich so sehr um meine Dinge gekümmert, dass ich die anderen Menschen vernachlässigt habe?

Wo habe ich mich so sehr um anderer Leute Erwartungen gekümmert, dass ich mich vernachlässigt habe?

4. Spiritualität vertiefen

Wie hat Gott heute die Verbindung mit mir gehalten?

Welches Bild meiner Beziehung mit ihm hat mir geholfen, mit ihm heute zu leben?

Wofür möchte ich danken?

Was möchte ich bekennen?

Wo brauche ich einen Neubeginn?